Moïse et les Tables de la Loi dans *Les dix commandements*, de Cecil B. De Mille (avec Charlton Heston)

Sommaire

I. Les 3 religions du Livre

II. Aperçus sur les religions d'Extrême-Orient

III. Discussions et contestations

IV. Laissez-nous vivre !
(Les interdits dans la vie de tous les jours)

V. Au-delà des interdits, quelle morale ?

VI. Petit dictionnaire autour de 40 interdits et de quelques autres pratiques

par Charles Conte

Chroniques *coordonnées par Thierry Brésillon*

Éditorial

Les péchés mignons des grandes religions

par Guy Hennebelle

J'aime bien tout un pan de l'Église catholique.

D'un autre côté, elle m'agace. Un film comme *Thérèse*[1], par exemple, concentre une partie de ce que j'exècre dans sa fascination pour le dolorisme, sa prédilection pour le *Y a du mal à se faire du bien* et le *Y a du bien à se faire du mal.*

J'aime bien tout un pan de la culture juive[2] en même temps que j'attribue au judaïsme ce qui découle de la mentalité « peuple élu » et ce que Jacques Hassoun appelle ici une *« héraldique de la différence »* pour la différence.

J'ai bien aimé, du temps de ma jeunesse folle, ce qu'Isabelle Eberhardt désignait comme *« l'ombre chaude de l'islam »* mais je n'ai jamais pu supporter son Ramadan, sa conception de la femme et son conformisme sociologique. Et aujourd'hui le voile islamique, et ce qui s'ensuit : refus des cours de gym, de dessin, de musique, voire de biologie, pas de ça Lisette, ou Farida. Pas de ça ou pas ici.

Je ne connais presque rien des religions asiatiques mais, hormis les règles

1. *Film, fort beau sur le plan esthétique, d'Alain Cavalier. Je me souviens d'une critique de Pierre Murat dans* Télérama *qui commençait comme suit :* « Ce film m'énerve. C'est peu dire qu'il m'énerve ; il m'exaspère. »

2. *Cf.* Panoramiques *n° 7, « Juifs laïques », dirigé par Izio Rosenman. Albert Memmi, notamment, y dénonce la croyance en un peuple juif élu. Juif ou autre.*

d'une saine convivialité, ce que j'en lis ne me séduit pas particulièrement, ou me révolte (le système des castes dans l'hindouisme).

Davantage que de profondes réflexions philosophiques, ce dossier de *Panoramiques* est né de ce double mouvement d'empathie et de révulsion.

Je ne dois d'ailleurs pas être le seul puisqu'il est clair qu'en France, fille aînée de l'Église, l'écrasante majorité non seulement des gens mais des catholiques pratiquants eux-mêmes, tout en saluant certaines de ses fonctions, ne suivent plus ses préceptes en matière de morale sexuelle et sifflent l'Église « hors-jeu » comme titrait *Libération* : la contraception est largement répandue, la « cohabitation juvénile » (improprement nommée) se développe et l'avortement admis (fasse le ciel, cela étant, qu'il ne soit un jour plus nécessaire, grâce précisément à la contraception, car l'élimination des fœtus, c'est vrai, est une bien triste pratique).

Mais si les gens, face aux injonctions papales, s'inscrivent aux abonnés absents, la société française n'en reste pas moins marquée, jusqu'au tréfonds d'elle-même, par les névroses qu'a engendrées une certaine morale catholique. Hier plus qu'aujourd'hui et bien plus que demain, probablement, mais elle sévit encore.

C'est au contact du monde arabe, d'ailleurs, que j'ai découvert combien un pays comme la France pouvait être hanté par la notion de péché collectif et de culpabilité. En effet, l'islam, lui, n'éprouve que de la bonne conscience à l'égard de son passé, de son présent et de son avenir. Tous ses maux viennent des autres[3].

Au contraire, observez comme à peu près chaque trimestre la France s'offre un psychodrame à propos de ce qu'elle aurait dû faire et qu'elle n'a pas fait, hier, ici ou ailleurs, aujourd'hui, en Bosnie ou en Somalie. Toujours, nous sommes un peu coupables.

On me dira que cette inquiétude vaut toujours mieux que l'étalage de la bonne conscience crasse (laquelle peut fort bien aller de pair, l'homme étant contradictoire par nature, avec ces examens de conscience dont je dénonce le caractère névrotique). Cela se peut. Dans *Le voile et la bannière*[4], l'essayiste Slimane Zeghidour écrit pourtant que la France peut à la fois se montrer coupable des pires vilenies et capable des meilleurs rétablissements éthiques. Peu ou prou tous les pays et tous les hommes, probablement...

Que cette propension à l'autoaccusation soit d'origine chrétienne, j'en suis persuadé. Et comme le christianisme a développé depuis deux millénaires une incroyable phobie du sexe, je vois un lien culturel entre les deux.

Cela dit, nous n'en avons pas le monopole. Le même Slimane Zeghidour a écrit qu'il était frappé par le lourd climat de frustration sexuelle qui pesait sur les foules arabes qu'il croisait au Maghreb. On « lit » ce même climat sur les visages des jeunes Algériens interviewés dans le film-enquête d'Ahmed Lallem *Un été à Alger*.

---

3. *Cette différence de réactions s'explique presque certainement par la différence des notions de péché dans l'islam et dans le christianisme. Cf. dans* Panoramiques *n° 3, dirigé par Zakya Daoud, la page 152. Cf. aussi notre n° 1 « Islam, France et laïcité : une nouvelle donne ? », dirigé par Guy Gauthier et du même le n° 2 : « L'enseignement des religions au lycée : le loup dans la bergerie ? ».*

4. Le voile et la bannière, *Slimane Zeghidour, Hachette, 1990.*

C'est que, explique Malek Chebel dans son introduction à *Les lois secrètes de l'amour en islam*[5] : « *Dans le monde arabe, la sexualité est au cœur d'un paradoxe : d'un côté, les textes l'admettent et parfois l'encouragent ; de l'autre, les mœurs la condamnent, l'endiguent, tentent en somme de la limiter à sa stricte fonction de reproduction en tant que telle, en affectant les contraintes matérielles déjà existantes d'un surplus de morale qui inhibe complètement les amants.* »

Il y a belle lurette que, pour ma part, j'ai cessé de croire que les malaises du monde arabe étaient seulement d'ordre politique et économique. Ils sont aussi, je n'irai pas jusqu'à dire surtout, d'ordre sexuel et religieux. Comme me le disait un sociologue, dans un langage un peu cru : « *Ils sont mal dans leur zizi.*[6] »

Je connais moins bien la part juive de ces problèmes et l'on me dit que les interdits alimentaires y sont plus prégnants que les interdits sexuels.

Si j'expose de la sorte ces observations quotidiennes c'est pour expliquer l'origine et le sens que nous avons voulu donner à ce dossier. Son coordinateur, Charles Conte, se définit comme un libre-penseur. *Panoramiques* entend être une revue frontière, à la croisée de mouvances multiples. La question ici n'est pas de savoir si Dieu existe, ni si c'est le mien, le tien, le sien, le leur, qui est le bon, l'unique et le seul digne de nom. « *Dieu est Dieu, nom de Dieu* », éructait Maurice Clavel ! Ni même si tous expriment un peu quelque chose de celui qui est le vrai. Voltaire écrivait : « *Je ne peux croire que cette horloge existe et n'ait point d'horloger.* » D'ici quelques dizaines d'années, au mieux, nous serons, chacun, éternellement fixés sur cette grave interrogation existentielle qui nous taraude tous plus ou moins.

Pour le moment, nous sommes sur terre. Nous essayons de comprendre pourquoi, depuis très longtemps. Chaque religion, chaque civilisation aussi, a inventé son propre système, souvent complexe et même tarabiscoté. C'est bien. Ce qui l'est moins, bien, c'est qu'au nom des explications que les uns et les autres ont cru trouver, qui par le truchement de révélations à travers tel ou tel prophète sans femme (le Christ) ou à femmes (Mohamed), qui encore autrement, les hommes en viennent, d'une part, à se rendre la vie encore plus difficile par l'érection d'une batterie d'interdits qui briment l'épanouissement de leur personnalité, d'autre part, à se persécuter ou à se trucider parce que leurs croyances n'ont pas la même origine ou ont évolué quelque peu différemment en fonction d'aléas historiques.

Au fond, toutes les religions ont une double face : au revers les interdits, à part ne pas tuer, ne pas voler, ne pas mentir, ne pas commettre d'inceste,

---

5. Les lois de l'amour en islam, *par Omar Haleby et Paul de Regla, coll. Le Nadir dirigée par Jean-Pierre Péroncel-Hugoz, Balland, 1993. Préface de Malek Chebel.*

6. *Wilhelm Reich a montré le lien existant entre la répression sexuelle et la psychologie de masse du fascisme. On le lit sur les visages des foules iraniennes khomeinisées. Dans* Le Monde Diplomatique *de mars 1993, Florence Beaugé évoque dans un reportage en Algérie intitulé* « Batna, dans le vertige des peurs et des frustrations », « *l'attirance obsédante pour les filles, dont on parle sans répit entre garçons, vingt-quatre heures sur vingt-quatre, au point qu'il ne leur reste plus une minute pour étudier.* »

Et plus loin : « Pour les femmes, la peur, tout le temps la peur. "Ça commence dans la rue. Tu te sens comme une proie", raconte Farida, vingt ans, à bout de nerfs. "Hidjab ou pas hidjab, on t'ennuie à longueur de journée, c'est l'enfer. On te regarde, on te frôle, on te dit des mots vulgaires, et si jamais tu ne réponds rien ou au contraire que tu répliques, on t'insulte. C'est écœurant". »

Le premier imam de l'islam : Bilal, dans *Le messager*, de Mustapha Akkad

ne pas nuire à autrui, ils sont presque tous plus surréalistes et néfastes les uns que les autres (on en trouvera ici une large gamme étalée), mais sur l'avers, elles préconisent presque toutes l'amour de son prochain et même de son lointain, prêchent le plus souvent le pardon des offenses, s'efforcent généralement de susciter une convivialité entre les humains pour qu'ils fassent, en quelque sorte, contre mauvaise fortune bon cœur « *en cette vallée de larmes* », qu'ils se supportent et même qu'ils s'apprécient. En attendant mieux de l'autre côté. Ou dans une autre vie, selon les bouddhistes et les hindouistes.

Il n'y a qu'un seul domaine où elles pèchent, c'est bien le mot, toutes avec un bel ensemble, c'est dans leur dépréciation de la femme. Car même si, j'en suis désolé, et pour lui et pour nous, l'islam remporte haut la main la palme de la discrimination en la matière (Jean-Claude Barreau[7] a raison d'écrire qu'elle est noir sur blanc dans le Coran, alors qu'elle ne figure pas à proprement parler dans les Évangiles), il reste que la misogynie est commune à toutes.

De même que le souci d'« encager », j'y reviens, la sexualité dans des codes qui sont évidemment constamment transgressés. Les anthropologues diront peut-

7. De l'islam en général et du monde moderne en particulier, *Pré aux clercs, 1991.*

être que, ce faisant, les religions n'ont fait que chercher à canaliser une force presque tellurique qui, hors de toute convention sacrée, donc sociale, aurait été fichtrement dangereuse. C'est possible.

S'agissant du christianisme, notamment (et pardon si je connais moins les autres), il est certain qu'au-delà des névroses qu'un Solignac, et maintenant un Drewermann, s'attachent à circonscrire et à déconstruire, il a le mérite d'exalter une conception de la personne humaine, du couple, de la « charité » en général, qui sont à porter à son crédit et que tout le monde gagnerait à ce qu'elle soit plus répandue.

Mais la laïcité à la française — héritage béni de la Révolution qui fut souvent si odieuse — a fait beaucoup pour ôter à une autre face de la morale chrétienne tout ce qu'elle pouvait avoir de sclérosant et, osons le mot, de misérable : il suffit d'observer ce qui se passe en Pologne, voire en Irlande, quand elle croit avoir le champ libre et le pouvoir de crier comme le polémiste Louis Veuillot : *« Je vous ai réclamé la liberté au nom de vos principes, je vous la refuse désormais au nom des miens.* » Quand je lis que tel grand cinéaste polonais a voté une loi inique contre la liberté de l'avortement au Parlement de Varsovie, j'ai froid dans le dos et mal à l'âme. Et je suis encore plus effrayé quand je constate que rares sont les musulmans, même devenus, de facto, athées qui ont osé *clairement et sans détours* prendre position pour Salman Rushdie et poser que la notion de « blasphème » n'a pas de sens pour des non croyants, que l'on a le droit *et* de croire *et* de tourner en dérision les croyances religieuses quelles qu'elles soient, si tant est qu'on y trouve quelque plaisir ou nécessité...

Dans ce dossier, nous avons donc cherché à poser correctement la question des interdits religieux dans toute leur variété, puis à les discuter en sollicitant des auteurs très divers, tant par leurs croyances et leurs parcours que par leur profession et leur mouvance. Pour que chaque prise de position soit claire, nous avons rappelé brièvement dans le chapeau de chaque article qui était l'auteur.

La méthode de *Panoramiques* commence, espérons-nous, à être connue : il s'agit pour nous d'orchestrer une *vraie* question en la posant le plus honnêtement possible et en la discutant dans tous ses aspects avec une gamme d'intervenants variés, tout en dégageant une ligne de conclusion qui, en restant lestée de contradictions, débouche sur des orientations humanistes, dans l'éclairage des Lumières.

Nous n'avons pas cherché à être complets mais avons préféré mettre l'accent sur ce qui, dans chaque religion, domine en matière d'interdit car chacune a ses péchés... mignons. Celles-ci n'aiment pas le porc, celle-là aime trop la vache, celle-ci n'aime pas le vin, celle-là y voit parfois le sang divin, celle-ci préfère le célibat à l'amour humain, celle-là voit dans l'éjaculation l'équivalent de la prière mais retrouve les frustrations de la première par d'autres moyens...

Chères religions, aidez-nous à vivre mais, en même temps, laissez-nous vivre !

Les seuls sermons que l'on devrait prêcher sont les Sermons sur la montagne. Il en sera question dans un futur *Panoramiques* sur les fondements de la morale.

Guy HENNEBELLE

Préambule

Interdit d'interdire ?

par Charles Conte

On ne peut réduire l'étude d'une religion à l'examen des interdits qu'elle pose ou qu'elle impose. Toutefois, l'interdit est au cœur de ce phénomène sociologique. Émile Durkheim, fondateur de l'École française de sociologie, l'a magistralement démontré. Son analyse *Les formes élémentaires de la vie religieuse*[1] reste la base de la réflexion en ce domaine. On y trouve une solide définition : « *Une religion est un système solidaire de croyances et de pratiques relatives à des choses sacrées c'est-à-dire séparées, interdites ; croyances et pratiques qui unissent en une même communauté morale, appelée Église, tous ceux qui y adhèrent.* » Une interrogation générale sur les interdits, en particulier religieux, est donc intellectuellement légitime. Elle est aussi politiquement indispensable, en comprenant le mot « Politique » en son sens noble : l'organisation de la Cité par les citoyens.

1. *Émile Durkheim,* Les formes élémentaires de la vie religieuse, *Le Livre de Poche.*

Chrétiens, juifs et musulmans à la reconquête du monde

L'islam méditerranéen, le catholicisme européen, le protestantisme nord-américain et le judaïsme, en Israël comme en diaspora, connaissent un nouvel essor depuis le milieu des années 70. Cet essor est remarquablement décrit par Gilles Kepel dans *La revanche de Dieu*[2]. Le sous-titre de son livre, « Chrétiens, juifs et musulmans à la reconquête du monde » définit bien les objectifs planétaires de ces « *mouvements de réaffirmation de l'identité religieuse* ». Ces projets sont totalisants : ils règlent tous les aspects de la vie en définissant le permis et l'interdit. D'où l'idée de réaliser un *Panoramiques* sur les interdits religieux, en se posant cette question corollaire : en quoi tous les citoyens devraient-ils en être justiciables ?

La question du cléricalisme

Peut-être plus que pour tout autre thème, la réalisation de ce numéro pouvait être influencée par les opinions du coordinateur, en l'occurrence le libre-penseur que je suis, attaché à l'humanisme laïque et animé par la « passion de la République »[3]. Ces opinions apparaissent plus particulièrement dans le « Dictionnaire-express » final qui balise quarante interdits ou faits religieux de première évidence. Mais sans honnêteté intellectuelle, pas d'humanisme. Le lecteur jugera si l'exposé des faits est impartial.

Toutes les contributions de la première partie — sur les religions monothéistes — ont été rédigées par des croyants représentatifs : juifs, chrétiens, musulmans, dont les comportements nous concernent en France au premier chef.

La deuxième partie — sur les religions d'Extrême-Orient — est traitée principalement par des universitaires, tout comme les thèmes de la troisième, de la quatrième et de la cinquième, mais avec quelques exceptions. Enfin, le lecteur distinguera aisément les études distanciées et les textes engagés.

L'engagement dont il est ici question se détermine sur des problèmes concrets tels que la laïcité, la liberté d'expression, de la contraception, de l'avortement, voire l'eugénisme. Les croyants ont-ils le droit d'imposer à tous les interdits qu'ils estiment, pour leur part, devoir respecter ? Cette question renvoie à celle du cléricalisme, thème fréquent dans la tradition politique française. Quelle est la source légitime du pouvoir ? Les instances religieuses (et lesquelles ?) doivent-elles jouer un rôle de « surmoi » moral au-dessus de la volonté générale ?

---

2. *Gilles Kepel,* La revanche de Dieu, *Éd. du Seuil (et poche Seuil).*
3. *C. Nicolet, M. Vovelle, R. Huard, R. Martelli,* La passion de la République, *Messidor.*

S'agissant du christianisme, que faut-il penser des déclarations d'un des membres les plus éminents du protestantisme français, le pasteur André Dumas, selon lequel Jean Calvin *« a fourni un modèle de laïcité politique avec une transcendance légale, enracinée dans la morale, qui reste étonnamment fécond »* (*Réforme*, 17 mai 1986) quand on sait que Genève était, sous l'autorité de Calvin, une théocratie particulièrement rigoureuse ?

Faut-il suivre Jean-Marie Lustiger quand il écrit : *« Est-il au pouvoir d'un chef de gouvernement, d'un ministre, d'un chef d'État, de faire que les hommes veuillent le bien ? Le roi, pour être roi, souhaite secrètement être prophète et même prêtre. Mais j'ai dû rappeler au roi (je veux dire au ministre, à l'homme d'État) qu'il n'est que roi. C'est là peut-être sa souffrance, en tout cas la limite infranchissable de son pouvoir. Et cette infirmité du politique montre le rôle du prêtre et du prophète : c'est-à-dire le rôle du Christ-Messie, médiateur de l'humanité dans son rapport à Dieu* [4]. »

Quant au judaïsme, on sait que l'État d'Israël ne reconnaît pas la laïcité (par exemple il n'y existe pas de mariage civil). Et ne disons rien des États musulmans qui sont tous fondés sur une religion d'État, l'islam, même la Tunisie qui a pourtant aboli la polygamie. On sait, depuis l'affaire du foulard, que certains rêvent d'imposer en France une sorte de statut musulman pour une fraction des immigrés.

Face à ces conceptions, je suis de ceux qui pensent qu'il faut rappeler et approfondir la notion de souveraineté du peuple, de l'ensemble des citoyens libres et égaux selon l'article 3 de la Déclaration des Droits de l'Homme et du Citoyen de 1789 : *« Le principe de toute souveraineté réside essentiellement dans la nation, nul corps, nul individu ne peut exercer d'autorité qui n'en émane expressément. »*

L'organisation de ce numéro répond à une série d'interrogations, tant sur les listes d'interdits et leurs fondements théologiques que sur leurs conséquences pour tous les citoyens.

D'autre part, une sélection a été opérée : ont été délibérément laissés de côté les milliers de tabous recensés dans les sociétés dites primitives, de même que les prohibitions respectées dans les sectes (transfusion sanguine pour les Témoins de Jéhovah...) et aussi, après réflexion, de grandes figures médiatiques telles que le Dalaï Lama, dont la pensée a perdu tout ancrage historique.

Par ailleurs, analysés ou dénoncés nombre d'interdits qui briment l'épanouissement de la personne humaine, il reste à examiner les relations des interdits et de la morale. Mais ceci est une autre histoire... Suite à un prochain *Panoramiques*.

Charles CONTE

---

4. *J.-M. Lustiger,* La dimension spirituelle de l'Europe, *Commentaire Automne 1987.*

Le coordinateur

Charles Conte : secrétaire général de la Libre Pensée de 1988 à 1992, membre de l'Union rationaliste et de l'Association professionnelle des journalistes informateurs religieux. Participe à la rubrique Laïcité des *Lettres françaises.*

Les auteurs

Olivier Abel : professeur de philosophie et d'éthique à la Faculté de théologie protestante de Paris. Auteur de *La justification de l'Europe*, Éd. Labor et Fides, 1992.

Jean-Pierre Berthon : chargé de cours à l'Université de Paris X.

Dalil Boubakeur : président du Conseil de la coordination nationale des musulmans de France. Recteur de l'Institut musulman de la Mosquée de Paris.

Gérard Busquet : journaliste spécialiste de l'Asie, basé à Katmandou.

Henri Caillavet : membre honoraire du Parlement. Ancien ministre. Membre du Comité national d'éthique. Président du Comité Laïcité-République.

Guy Coq : professeur de philosophie, membre du comité de rédaction de la revue *Esprit*. Auteur de *Itinéraire vers la foi*, Le Seuil, 1993.

Olivier Christin : professeur à l'Université de Nancy. Auteur de *Une révolution symbolique. L'iconoclasme huguenot et la reconstruction catholique*, Éd. de Minuit, 1992.

Pierre De Locht : professeur émérite de l'Université catholique de Louvain, fondateur du Centre belge de pastorale familiale. Auteur de *Les couples et l'église* (Centurion), *L'avortement, les enjeux d'un débat passionné* (Vie ouvrière, Bruxelles) et *Morale sexuelle* et *magistère* (Cerf), prêtre.

Frère Ephraïm : catholique charismatique. Gouverneur spirituel de la Communauté des Béatitudes. Auteur de *Jésus, juif pratiquant*, Éd. du Lion de Juda, et Fayard, 1992.

Philippe Forget : docteur en philosophie morale et politique. Auteur (avec Gilles Polycarpe) de *L'Homme machinal. Technique et progrès : anatomie d'une trahison*, Syros, 1991.

Guy Gauthier : Ligue de l'enseignement. A coordonné les n° 1 et 2 de *Panoramiques* : « Islam, France et laïcité, une nouvelle donne ? » et « L'enseignement des religions au lycée : le loup dans la bergerie ? »

Michel Gugenheim : rabbin.

Muhammad Hamidullah : maître de recherche honoraire au CNRS.

Jacques Hassoun : écrivain, psychanalyste. Auteur (avec Cécile Wajsbrot) de *L'Histoire à la lettre*, Éd. Mentha, 1992.

Jacqueline Lalouette : chargée de recherches au CNRS.

Dominique Lecourt : titulaire de la chaire de philosophie au département de physique à l'Université de Paris VII. Auteur de *L'Amérique entre la Bible et Darwin*, PUF.

Hugo Marsan : journaliste, écrivain. Dirige la rubrique « Contrepied » aux *Lettres françaises*. Auteur de *Monsieur désire*, Éd. Zulma, 1992.

Marcel Oms : ancien professeur de philosophie.

Jean-Robert Ragache : ancien grand maître du Grand Orient de France. Rédacteur en chef de la revue *Humanisme.* Auteur (avec Gilles Ragache) de *La vie quotidienne des artistes et des écrivains sous l'Occupation*, Éd. Hachette.

Maxime Rodinson : directeur d'études à l'École pratique des hautes études. Section des sciences historiques et philologiques. Auteur de *De Pythagore à Lénine : des activismes idéologiques, L'islam, croyance et pratique,* Fayard, 1993, de *Islam et capitalisme*, et de *Mahomet*, etc.

Kristofer Schipper : directeur d'études à l'École pratique des hautes études. Auteur de *Le corps taoïste*, Fayard, 1992.

René Simon : fondateur de l'Association des théologiens pour l'étude de la morale (ATEM), auteur notamment de *Fonder la morale*, Seuil, 1974, et *Éthique de la responsabilité*, Cerf, 1993.

Pierre-André Taguieff : philosophe. Auteur de *La force du préjugé*, La Découverte.

Christophe Triollet : licencié en droit. Spécialiste des questions de censure.

Remerciements : Ce numéro a été réalisé avec un concours du CCOMCEN (Comité de Coordination des Mutuelles et Coopératives de l'Éducation Nationale), et en particulier CASDEN-BP, CAMIF, MAIF, MGEN ET MRIFEN-FP

Iconographie : Abbas Fahdel et Institut Jean-Vigo (Jacques Verdier), Jan Sekal.

Illustration de couverture : Fragment de Le Titien. *La chute de l'homme.* Musée du Prado, Madrid.

Rites e

	Christianisme	Judaïsme
Chiffres	• **Monde : environ 1,6 milliard,** principalement en Amérique, Europe, Afrique centrale et du Sud, Océanie. Depuis une vingtaine d'années, forte poussée en Asie (Corée, Chine et Japon).	• **Monde : 17 millions** de juifs. Envi 5 millions aux États-Unis, 4 en Israë dans l'ex-URSS et 700 000 en France. population juive dans le monde régre régulièrement.
Fêtes et prières	• **Fêtes :** Noël. Naissance de Jésus-Christ. Pâques : résurrection du Christ. Ascension : montée au ciel du Christ, 40 jours après Pâques. Pentecôte : descente de l'Esprit Saint sur les apôtres. Assomption : sanctification de Marie par sa montée au ciel. • **Prières :** commune à tous les chrétiens, le Notre Père. Catholiques et orthodoxes en utilisent d'autres (Je vous salue Marie...).	• **Fêtes :** le sabbat célèbre le 7e jour la création. Chômé du vendredi soir samedi soir. Rosh Haschana : derı jour du mois du jugement (septembre). Yom Kippour : jeûne, prière, purifi tion, dix jours plus tard. Soukkot : fête des Tabernacles. Pessa la Pâque juive (7 jours). • **Prières :** trois offices par jour. On ı debout, certaines prières doivent être d par dix hommes (minniane).
Rites	• **Naissance :** le baptême lave l'enfant du péché originel et marque son admission dans l'Église. Pratiqué par toutes les Églises chrétiennes. • **Mariage :** sacrement chez les catholiques et les orthodoxes. Simple bénédiction pour les protestants. • **Funérailles :** onction des malades chez les orthodoxes et les catholiques. Messe de funérailles à l'église chez les catholiques et les orthodoxes, mais pas forcément au temple chez les protestants.	• **Naissance :** prière du rachat pour premiers-nés garçons, qui sont circor à l'âge de huit jours, par un médecin un circonciseur (le mohal). • **Bar Mitzvah :** passage à l'âge ad (12 ans pour les filles, 13 pour garçons). • **Mariage :** la bénédiction peut se fa en tout lieu, simplement en présence témoins. • **Funérailles :** sept jours de deuil rit pour un proche. La prière des morts dit au cimetière. Le culte du souvenir une vertu souveraine.
Dieux et démons	• **Dieu unique** et d'éternité, en Trinité (Père, Fils et Saint-Esprit). Son Fils, Jésus, a sauvé les hommes du péché par son sacrifice. • **Diable et démons :** symboles du mal. Leur représentation traditionnelle vient du paganisme.	• **Un seul Dieu créateur du monde,** tra cendant et agissant. Les anges sont engendrés par Dieu, y co pris Satan, l'ange de la mort. Les démo eux, naissent des mauvaises actions hommes.
Devoirs et interdits	• **Définis par la Bible :** désobéir aux enseignements de l'Église constitue un péché. La confession est une obligation pour partager l'eucharistie chez les catholiques, elle est ignorée des protestants, qui refusent tout intermédiaire entre Dieu et les hommes.	• **613 commandements dans la Tor dont :** Séparation des hommes et des femr durant la période menstruelle, obligation procréer. Sanctification de l'alimentation (exemp la viande casher ne doit pas contenir sang).
Excommunication	• **Sept cas d'excommunication dans le catholicisme** (par exemple, l'hérésie, l'avortement, le sacrilège, la violence contre le pape...). Cette notion existe aussi chez les orthodoxes, mais pas chez les protestants.	• **On ne peut être banni du judaïsme,** m on peut être banni de la communa (exemple : le philosophe Spinoza XVIIe siècle). Les enfants adultérins (ma zerim) font l'objet d'une forme d'exclusi
L'au-delà	• **Les notions chrétiennes d'enfer et de paradis** sont sans doute celles qui se distinguent le moins des anciennes traditions païennes. La croyance en un paradis, retour à l'Eden originel, s'appuie sur l'immortalité de l'âme et la notion de vie éternelle. L'enfer est le séjour des morts et le lieu où souffrent éternellement les âmes des pécheurs non repentis. Le purgatoire est une création théologique, non mentionnée dans les Évangiles. Il n'existe que chez les catholiques.	• **L'au-delà est une notion relativem imprécise pour le judaïsme,** qui reconn l'immortalité de l'âme, mais ne parle d'enfer ni de paradis. Les âmes des morts sont, en quelque sor en réserve, en attente d'olam aba, le mor futur en cours de construction par l'ap cation des mitzvot, les commandemen L'arrivée des temps messianiques marqu une étape pour l'avènement du mor futur.

Nous remercions la revue *Ça m'intéresse* de nous autoriser à reproduire ces tableaux.

royances

lam	Bouddhisme	Hindouisme
londe : près de 900 millions de musul- ıs, dont la minorité est arabe (1/6). visions pour 2020 : 2 milliards. Forte centration en Indonésie, au Pakistan n Inde.	• **Monde : environ 310 millions** de bouddhistes, difficiles à comptabiliser, car ils appartiennent souvent à d'autres confessions. La plupart vivent en Asie de l'Est et du Sud-Est (Chine, Japon, Thaïlande...).	• **Monde : plus de 720 millions,** principalement en Inde, au Bangladesh et au Sri Lanka. On naît hindou : c'est la courbe démographique du continent indien qui tient lieu de statistique.
ête du sacrifice (en souvenir du sacri- d'Abraham) : dernier jour du pèleri- e à La Mecque. **ête de la rupture du jeûne :** premier r après le mois de ramadan, purifica- spirituelle. **a prière,** normalement obligatoire r les musulmans, se pratique cinq fois jour à heure fixe avec un rituel pré- pour se purifier, procéder à des ablu- s, se tourner vers La Mecque et réci- la 1re sourate du Coran.	• **A l'origine,** il n'existait pas de prières à Bouddha. Mais, au début de notre ère, certaines écoles ont imaginé que celui-ci, par bonté d'âme, pouvait sortir du nirvâna pour répondre à ses fidèles. Les bouddhistes font donc appel à une vieille croyance indienne, la puissance de la parole, pour que soient exaucées leurs prières. • **La principale fête bouddhiste** est celle de la fin de la retraite des moines, qui se produit à la fin de la saison des pluies.	• **Un calendrier liturgique lié à la lune** rythme l'année : de nombreuses fêtes marquent les changements de saisons ou célèbrent les plus grandes divinités (anniversaires de Krishna et de Râma, manifestation de la Grande Déesse, nuit de veille en hommage à Shiva...). • La récitation des « mantras » se fait chez soi, souvent dans la cuisine, pièce la plus pure, devant une représentation symbolisée de la divinité d'élection.
a circoncision, facultative, est le prin- l rite des musulmans. **lariage :** il ne s'agit pas d'un rite reli- x, mais d'un contrat négocié entre les x familles. Les futurs époux, accompa- des tuteurs, lisent le texte de l'acte juri- le du mariage et récitent quelques res. **es rites mortuaires** sont très dépouillés. cadavre doit être lavé et enroulé dans linceul blanc qui sera tourné en direc- de La Mecque. Par ailleurs, le tom- ı, en principe ne doit pas dépasser de urface de la terre.	• **Pour une naissance ou un mariage,** il n'y a en général aucun rituel particulier. Exceptionnellement, des moines peuvent être appelés à réciter des textes bouddhiques, supposés ajouter un complément de sérénité et porter chance au nouveau couple. • **Les funérailles,** en revanche, sont une cérémonie purement religieuse. Pour l'occasion, les moines sont réunis et chantent des textes souvent attribués à Bouddha. Cela afin d'obtenir des mérites et de les transmettre aux défunts dans leur vie future.	• **Le jeune garçon** est initié par un maître brahmane qui, à cette occasion, lui transmet un mantra et le « cordon sacrificiel ». • **Pour les femmes,** le mariage tient lieu d'initiation. Elles épousent la caste de leur mari, qui est aussi, nécessairement, celle de... leur père. La cérémonie est dirigée par un prêtre qui procède au sacrifice d'un animal et fait réciter des textes védiques. • **Les funérailles se font par crémation** et permettent au défunt de s'offrir lui-même, pour la première et dernière fois.
ans le panthéon de l'islam, on retrouve e une galerie de prophètes (Noé, Abra- ı, Moïse, Jésus...). ın existe, il représente le tentateur des ımes, mais n'a aucun pouvoir réel sur	• **Ici, pas de dieu unique.** Mais des hommes qui peuvent devenir, l'espace d'une vie, dieux ou démons. La récompense suprême, le nirvâna, est l'apanage des « méritants », les saints.	• **Dans le panthéon hindouiste,** les divinités peuvent être à la fois bénéfiques et maléfiques. C'est ainsi que l'une des plus vénérées, Shiva, est à la fois le dieu de la mort et celui de la fécondité.
inq « piliers » (obligations) : confesser Dieu est unique et Mahomet son pro- te, accomplir la prière et l'aumône elles, jeûner, faire le pèlerinage. **armi les interdits :** les relations sexuel- ors mariage, la conversion, la consom- ion de porc...	• **Obligations :** faire des dons, notamment aux moines, qui ne doivent pas travailler. Respecter les préceptes moraux : ne pas tuer un être vivant, ne pas voler, ne pas mentir, ne pas avoir une vie sexuelle dissolue, ne pas consommer de boissons énivrantes.	• **Les notions de « pureté » et d'« impureté »** impliquent de respecter les devoirs sociaux et religieux de sa caste. • **Interdits communs à tous les hindous :** l'adultère avec la femme de son maître, consommer vache ou alcool, voler de l'or.
'islam ne prévoit pas l'excommunica- . Cependant, le musulman gravement if peut être mis au ban de la société. Les stats, eux, sont passibles de sentence de t.	• **N'existe pas chez les laïcs bouddhistes.** Les notions de bien et de mal ne sont pas des notions définies par un dogme. Seule la pleine conscience de chacun de ses actes (karma) détermine ce qui est bon ou mauvais.	• **Interdiction aux hindous, jusqu'au début du siècle,** de quitter le territoire sacré de l'Inde sous peine d'excommunication. A l'étranger, il leur suffit désormais de surveiller leur nourriture et de se purifier à leur retour.
ne résurrection physique à la fin des ps est évoquée dans de nombreux pas- s du Coran. Les musulmans n'ont donc peur de la mort. Au contraire, elle doit ener directement dans un jardin luxu- appelé paradis. Ici, pas de purgatoire. nt à l'enfer, décrit comme un feu brû- , il n'est que temporaire pour les ants : le temps d'expier les péchés es.	• **Paradis ou enfer,** de toute façon, l'audelà n'est que provisoire, prélude à une nouvelle incarnation. A moins que l'adepte n'atteigne, au cours de ses différentes vies, le nirvâna : un état qui transcende la condition humaine. Une méditation ininterrompue, dans laquelle la pensée est vide de tout contenu. Pour parvenir à cette sérénité, l'intéressé doit suspendre son flux mental : aucun désir, aucune action, aucune passion ne vient plus troubler sa béatitude.	• **Paradis et enfer,** comme dans le christianisme, existent dans le védisme originel. Par la suite, le brahmanisme a changé la donne avec la notion de réincarnation. L'hindouisme a fait l'amalgame de ces deux traditions antagonistes : l'au-delà n'offre au défunt qu'un séjour de toute façon temporaire, puisque suivi d'une réincarnation. La seule éternité est celle du nirvâna, qui représente l'abolition de toute conscience.

Les interdictions

	Christianisme	Judaïsme
Divorce	• **L'Église catholique** condamne le divorce et refuse le remariage aux divorcés. Elle accorde ses sacrements aux divorcés non remariés qui ne vivent pas en concubinage. • **Pour les protestants,** le divorce est un drame personnel, mais aussi, parfois, un moindre mal. Le remariage des divorcés est donc éventuellement toléré. • **L'Église orthodoxe** déclare le mariage indissoluble mais accepte le divorce comme un moindre mal. Elle ne prive donc pas les divorcés des sacrements et autorise leur remariage.	• **Le divorce est autorisé** par le judaï sans aucune restriction. Il peut demandé par l'homme ou par la fem Mais, pour se remarier religieusement conjoint doit obtenir l'autorisation l'autre partie (guet).
IVG, contraception	• **Aux yeux de l'Église catholique,** « l'avortement est un crime abominable ». Seules sont admises les méthodes naturelles de contraception. • **Pour les protestants,** la contraception apparaît comme le meilleur moyen d'éviter l'avortement. Elle permet au couple de dissocier la relation d'amour de la procréation. • **L'Église orthodoxe** privilégie la liberté des couples en matière de contraception. L'avortement, quoique perçu comme un crime, doit entraîner la compassion.	• **Interdiction d'utiliser des préserva** Seule, dans certains cas, la contracep féminine est autorisée. • **L'avortement n'est pas absolum exclu** — avant quatre semaines de g sesse. Au-delà, les avortements médic peuvent être autorisés au cas par cas. cas de dilemme entre la vie de la m et celle du fœtus, le judaïsme privil toujours la vie de la mère.
Homosexualité	• **Proscrite** dans son principe par l'Église catholique. • **Attitude plus tolérante** de certaines Églises protestantes. • **Pas de position spécifique** pour l'Église orthodoxe.	• **Pas de tabous sexuels,** mais l'homose lité masculine est interdite. L'homose lité féminine ne fait pas l'objet de te particuliers. Certains rabbins voient d l'homosexualité une maladie.
Douleur	• **Pour le catholicisme,** souffrance et sacrifice ont une valeur rédemptrice intrinsèque, par imitation de la passion du Christ. • **Protestants et orthodoxes :** pour eux, la seule réponse est la lutte contre la souffrance.	• **Lutter contre toutes les souffrances un devoir religieux.** Il n'existe aucune dition de mortification ni de dolorisme d le judaïsme. Le jeûne du Yom Kipp n'est pas une fin en soi. La souffrance aucun sens.
Greffes d'organes	• **Les chrétiens admettent les greffes** à condition que le cadavre ne soit pas trop mutilé et la volonté du défunt respectée. Ils s'élèvent en revanche contre le commerce d'organes.	• **Admises** pour les transplantations foie et du rein. En revanche, les gre du cœur, qui, aux yeux de certains r bins, incarne l'essence des fonctions v les, sont à éviter.
Suicide, euthanasie	• **Chez les catholiques :** l'euthanasie est totalement condamnée. Début de tolérance à l'égard des suicidés (funérailles à l'église). • **Protestants et orthodoxes** refusent quant à eux de condamner le suicide. Avis partagés sur l'euthanasie.	• **Condamné.** Mais la tradition ju exalte, dans certains cas extrêmes, le cide collectif. • **Il est interdit d'abréger la vie d mourant.** Certains rabbins admett cependant la possibilité de « débranche un malade en état de mort cérébral
Peine de mort	• **Le Vatican et l'Église orthodoxe,** à l'inverse de la plupart des Églises protestantes, ne condamnent pas la peine de mort dans son principe. Mais la décision incombe aux gouvernants.	• **Prévue dans la Torah,** mais selon conditions si restrictives que, dans la p tique, elle ne peut être appliquée.

Nous remercions la revue *Ça m'intéresse* de nous autoriser à reproduire ces tableaux.

lon les religions

lam	Bouddhisme	Hindouisme
rupture du contrat de mariage par mme ou la femme est autorisée par Coran. Cependant, le divorce fait et d'une très forte réprobation. C'est quoi plusieurs procédures, destinées entir la séparation ou même à l'évi- sont prévues avant que la séparation oit définitivement avalisée par les ins- es compétentes en la matière (tribu- , oulémas, etc.).	• **La fidélité entre époux** est préconisée par les textes sacrés. Cependant, les mœurs ayant évolué, le bouddhisme ne s'oppose plus à une séparation dans le cas d'une mésentente grave. Mais c'est une affaire tout à fait séculière.	• **Toléré.** Traditionnellement, le divorce n'existait pas chez les hindous. Aujourd'hui, l'Inde moderne l'admet dans ses principes mais le pratique peu. A cela, deux raisons majeures : tout d'abord, le fait que les femmes ne puissent pas se remarier. Or, sans le sacrement du mariage, les femmes sont privées de la révélation védique et n'ont aucune existence sociale. Par ailleurs, le mariage demeure le symbole de l'union de deux familles. Une union pour la vie.
ontraception : les juristes musulmans oient pas d'obstacle strictement reli- x à la contraception. Néanmoins, la réation d'une famille nombreuse reste devoir moral. **vortement condamné** dès que l'âme re le fœtus (d'une à plusieurs semai- selon les pays musulmans). Car, sou- le Coran, « Dieu a interdit de tuer âme ». Un seul cas autorise la trans- sion de cette règle : lorsque la gros- représente un danger pour la vie de ère.	• **Contraception — ou plutôt contrôle des naissances — admise,** dans la mesure où aucun acte de violence n'est commis sur un être vivant. • **Avortement interdit,** en fonction de ce même principe.	• **La contraception, encouragée par le gouvernement,** est surtout pratiquée dans les villes. • **Les avortements se multiplient,** en revanche, depuis qu'il est possible de déterminer le sexe d'un fœtus : les hindous souhaitent en priorité avoir des garçons. Ces derniers jouent en effet un rôle religieux déterminant, dans la mesure où ils célèbrent le rite de crémation du père. Par ailleurs, ils assurent la retraite de leurs parents.
ondamnée : assimilée aux actes els hors mariage, elle est considérée me un péché grave, punissable de . Mais, depuis l'origine, le droit ulman a tenté d'adoucir cette tion.	• **L'une des quatre fautes les plus graves** dans la discipline monastique, pouvant entraîner l'expulsion définitive de la communauté des moines. Pour les laïcs, elle peut être regardée comme un interdit.	• **Pas d'interdit** pour l'homosexualité, dans la mesure où cette pratique sexuelle n'est pas revendiquée.
Pour chaque maladie, il existe un de », selon la tradition. Ainsi, les mes sont en droit d'alléger leurs frances en utilisant tous les moyens uats (médicaux ou psychologiques).	• **Refuse l'idée de douleur** aussi bien physique que morale car, dans les deux cas, elle est inutile et entrave la concentration mentale nécessaire à l'élévation spirituelle.	• **L'hindouisme préconise la maîtrise** aussi bien physique que psychologique de la douleur, notamment par le yoga, qui permet de la juguler.
ermises, même avec un non- ulman, dans la mesure où elles peu- sauver la vie.	• **Pas d'obstacle moral** si la science apporte un bienfait. Le corps physique n'a en effet aucune valeur sacrée. D'ailleurs, le Bouddha aurait fait don de ses organes au cours de ses vies antérieures.	• **La mutilation du corps est réprouvée,** car elle empêche de pratiquer les rites : seul un corps intact peut s'offrir aux divinités.
ondamnation catégorique de ces deux s : « Ne vous exposez pas à votre re perte », ordonne le Coran. « Il est dit de se faire du mal ou d'en cau- aux autres », confirme le Prophète.	• **Tout dépend de la motivation** de la personne. Si celle-ci met fin à ses jours avec une pensée haineuse pour elle-même ou pour les autres, c'est un acte répréhensible. En revanche, le suicide est admis s'il est abordé l'esprit tranquille.	• **Le suicide ne résout rien,** puisque le but ultime de l'hindouisme est de se défaire de tous les « karmas ». En revanche, le suicide du sage, qui suit un rituel très précis, est un bienfait : il lui permet de sortir de son corps une fois pour toutes et de ne plus se réincarner.
il s'agit d'un mal nécessaire — pour erver la société, par exemple —, la e de mort est autorisée par le Coran des cas comme le meurtre.	• **Incompatible avec la doctrine bouddhiste,** qui enseigne que les hommes fautent par ignorance et non par méchanceté. Il est donc injuste de les punir, il faut au contraire les éduquer.	• **La peine de mort n'est pas exclue** dans le cas d'une faute très grave. En retour, ce châtiment permet au condamné de se purifier avant d'aborder sa prochaine vie.

Une sédimentation culturelle profitable à tous

A la république des communautés s'oppose celle des citoyens, fondée sur les individus qui la composent, sur ce qu'ils mettent en commun pour vivre en commun. La laïcité, dans sa permanence, n'est point la juxtaposition des différences ; elle est plus exigeante que la seule tolérance ou la neutralité auxquelles on l'assimile. Elle réside dans la transcendance de nos diversités qui, seule, est susceptible de surmonter les réflexes d'exclusion, de permettre l'intégration de qui le veut dans un ensemble qui s'est donné des lois communes. « *Et si l'école républicaine était capable de dénouer les foulards ?* » écrivait Jean Daniel. Elle seule en est capable, qui apprend aux jeunes à partager des valeurs, des joies, des difficultés, des déceptions, des espoirs communs, à faire la part entre ce qui relève de l'intimité et du groupe. La France est une République laïque, dit l'article 2 de la Constitution. « *C'est quoi la laïcité ?* » interrogeait Serge July, qui répondait aussitôt : « *Pour simplifier, le laminage de l'assimilation pure et simple d'un côté, la promotion des ghettos à l'anglaise de l'autre au nom d'une exaltation du droit à la différence.* » La laïcité n'est ni l'un ni l'autre. Qui a dit que la laïcité était l'uniformisation, le nivellement, la mise en conformité dans un monde type ? Si l'école de Jules Ferry a imposé, il est vrai, la langue française à toutes les régions, peut-on dire pour autant qu'elle a laminé les pensées, les convictions, les cultures ? Elle s'y serait décidément bien mal prise, à voir, un siècle après, la diversité des unes et des autres.

N'est-il point concevable de considérer qu'en plus des richesses individuelles, dans leur diversité, il existe un fonds commun, qui est une culture commune, qui fait qu'en l'acceptant, on accepte de s'intégrer au groupe, à la commune, à la nation ? La culture commune n'est pas monolithique, elle n'a pas exclusivement ses racines chez « *nos ancêtres les Gaulois* » ; elle s'est nourrie de multiples apports qui, par sédiments, ont contribué à la personnaliser. Il n'empêche que la grandeur des individus est dans le sentiment de leur réciprocité. J'ai le droit d'être ce que je suis et celui de pouvoir compter sur les autres. J'ai le droit d'être homme et le devoir réciproque de retrouver l'être humain dans tous les autres. J'ai le droit de penser ce que je veux, de vivre comme je l'entends. J'ai le devoir de respecter la conscience des autres, la vie des autres. Nous avons des droits en commun, le travail, le logement, la santé, l'éducation. Nous avons le devoir commun de nous conformer aux règles qui les régissent parce qu'ensemble nous en avons décidé ainsi. Il n'y a pas d'autre laïcité que celle qui nourrit la citoyenneté. C'est sur elle que repose l'idée de nation, et non sur un habit d'Arlequin.

Guy GEORGES,
Les chemins de l'école, *Plon, 1991*

I

Les 3 religions du Livre

Dans le mariage seulement

La sexualité dans le judaïsme

par Michel Gugenheim

« Les théories psychologiques et psychanalytiques développées par Freud et ses successeurs ont provoqué un bouleversement profond de l'approche de la sexualité. Ce sujet qui était traditionnellement tabou, dont on ne parlait qu'avec gêne, s'est vu ainsi promu au rang des matières scientifiques, est devenu — grâce au professeur Kinsey et à ses émules — objet de statistiques, et a acquis droit de cité au sein de l'Université. Parallèlement, s'est développée une véritable "révolution sexuelle" qui a transformé radicalement non seulement les mentalités, mais aussi les comportements et les mœurs : ce qu'hier on désignait par licence et libertinage s'appelle aujourd'hui liberté... » explique le rabbin Michel Gugenheim dans ce texte qui, comme le suivant, est paru dans **Information juive.**

Dans cette perspective, toute tendance à réfréner le désir, les pulsions sexuelles, est suspecte, taxée de rétrograde, condamnée parce qu'archaïque, arriérée, et malsaine. Il paraît intéressant, dans ce contexte, de situer la position juive par rapport au courant contemporain, afin d'en apprécier le degré de modernité.

En fait, les théories modernes n'ont pas,

tant s'en faut, clarifié ni solutionné les problèmes. Nous en sommes quotidiennement témoins : chez les adeptes de ces mouvements de « libération », la cellule familiale s'est désagrégée, les valeurs morales traditionnelles sont piétinées, sans qu'en contrepartie ils aient accédé à une forme plus élevée de bonheur, ou même d'équilibre. Au contraire, le nombre des moroses, des insatisfaits, des frustrés, des malades de la solitude, des névropathes de tout acabit semble augmenter constamment... Ainsi que l'expose brillamment le rabbin-professeur Nahoum-Norman Lamm [1], la conscience occidentale est écartelée entre deux courants totalement antinomiques. D'une part, la foi et le respect mêlés de crainte, inspirés par une certaine psychanalyse qui érige le refoulement du désir en danger absolu, invitent à laisser libre cours à l'instinct. Cette philosophie de la sexualité n'est d'ailleurs nouvelle que par son « revêtement » scientifique et sa connotation existentielle.

Le christianisme primitif, qui identifiait sexe et péché originel, et voyait dans le mariage une concession aux « faiblesses de la chair », survit inconsciemment dans les mentalités et conduit, quoi qu'on en dise, à ressentir la sexualité comme une chose honteuse.

Dans le fond, une telle approche renoue avec des conceptions très anciennes qui, sous des formes diverses, depuis l'antique « prostitution sacrée » des Cananéens — dont la Bible elle-même se fait l'écho — jusqu'au fameux libertinage romain, exprimèrent la même « religion du plaisir ». D'autre part, le monde occidental reste, même s'il s'en défend, profondément influencé par le christianisme qui constitue la pierre angulaire de sa culture. Le christianisme primitif, qui identifiait sexe et péché originel, et voyait dans le mariage une concession aux « faiblesses de la chair », survit inconsciemment dans les mentalités et conduit, quoi qu'on en dise, à ressentir la sexualité comme une chose honteuse. Cette double tension est responsable du sentiment de culpabilité, générateur de névroses, si vivement dénoncé par les psychanalystes.

Le judaïsme permet d'échapper à ce dilemme tragique en offrant une troisième voie.

La Thora a toujours conféré à la sexualité une importance exceptionnelle. Les interdits sexuels, la sexualité illégale (incestes, adultère, relations en périodes de règles ou, après les règles, avant passage par le bain rituel) comptent parmi les trois défenses capitales de la Loi juive : il est prescrit de mourir plutôt que de les transgresser ! C'est, de plus, la zone génitale qui porte le sceau de l'Alliance — la circoncision. Enfin et surtout, l'acte sexuel fait l'objet de deux *mitsvot*, de deux commandements religieux.

Un aspect méconnu

Le premier est celui de la procréation : *Piria Verivia*. Quiconque se condamne à l'abstinence totale, commet une faute très grave : *« ... Celui qui ne s'applique pas à remplir son devoir de procréer, c'est comme s'il commettait un meurtre et réduisait l'Image de Dieu ; par sa faute, la Providence s'éloigne d'Israël. C'est que Piria Verivia* est la première des 613 *mitsvot* énoncées dans la Thora. Grâce à elle, l'homme se trouve l'associé de Dieu dans l'œuvre de la Création, volontairement inachevée, qu'il perpétue et complète. Cet aspect positif de l'acte sexuel est, il est vrai, méconnu par notre société de consommation qui ne recherche que plaisir et érotisme... Cependant, même lorsque les relations sexuelles sont dépourvues de toute finalité reproductrice (femme stérile, enceinte, ménopausée), elles font aussi l'objet d'une *mitsva : la Mitsvat Ona*. L'amour, en tant que tel, constitue un impératif religieux ! Du reste, existe-t-il un texte plus significatif et évocateur que celui de la Genèse (II, 18-25) : « ... *Il n'est pas bon que l'homme soit seul : Je veux lui faire une aide à ses côtés... C'est pourquoi l'homme laissera son père et sa mère, s'attachera à sa femme, et ils deviendront une seule chair.* » Et Rabbi Eliézer disait : « *Tout homme qui n'a pas de femme n'est pas un homme (!) car il est dit (Genèse V, 2) : "Mâle et femelle, il les créa... et les appela du nom d'homme."* »

L'analyse de la Mitsvat Ona permet de mieux cerner la conception juive de la sexualité. En premier lieu, ce devoir ne concerne que les époux : la Thora n'attribue de valeur positive à l'acte sexuel que dans le cadre conjugal. Toute relation hors mariage est carrément interdite. D'autre part, la *mitsva* incombe au seul mari : elle fait partie des obligations contractuelles qui le lient à son épouse de par le mariage lui-même. Ces deux particularités se complètent et s'expliquent mutuellement. La vie sexuelle n'est pas un but en soi, elle s'inscrit dans un contexte. Elle ne constitue qu'une des composantes d'une entreprise infiniment plus vaste, plus noble, plus ambitieuse : la réalisation d'une union authentique et profonde entre l'homme et la femme — qui constitue l'un des secrets de l'épanouissement, de l'équilibre et de la sérénité. Déconnectée du cadre conjugal, la sexualité perd l'essentiel de sa signification, elle est comme désincarnée. On conçoit, dès lors, que l'acte d'amour soit à considérer comme un dû plutôt qu'un droit. Pour remplir sa véritable fonction, il doit être avant tout envisagé comme le moyen d'apporter la jouissance à l'autre, et non comme une occasion de jouir égoïstement. Cette perspective qui élimine radicalement toute notion de femme-objet et conserve ou restitue à chacun des partenaires leur « dignité de personne », correspond à la véritable définition de l'amour. « *Aimer, c'est d'abord donner avant d'exiger pour soi* » ; c'est vouloir passionnément réaliser le bonheur de l'autre.

Inscrite dans un tel projet, l'union physique s'en trouve sublimée. Mais elle l'est encore davantage par le fait, justement, que son accomplissement a valeur de *mitsva*, et qu'elle actualise, par là même, la volonté divine. Elle rejoint ainsi l'un des objectifs primordiaux de tout juif ici-bas : accéder à la sainteté par le biais de la maîtrise du corps et de la part d'animalité qui réside en chaque homme, et de leur canalisation au service de Dieu. Les lois de pureté conjugale qui confèrent à la vie sexuelle du couple un rythme si particulier, le préservant « *des inconvénients aussi bien de l'excès que de l'habitude* » constituent avant tout le tremplin indispensable à la sainteté. Grâce à elles, le plus puissant de tous les instincts, celui de la reproduction, prend le pli de l'obéissance à Dieu — et la sexualité pénètre résolument dans le registre du sacré.

C'est cette même leçon qu'enseigne Rabbi Akiba de manière si lapidaire : « *L'homme et la femme : s'ils le méritent, la Providence est parmi eux ; sinon, un feu les dévore.* »

En effet, si on retire du mot *Ich* (l'homme) la lettre *Yod* qu'il contient, et du mot *Icha* (la femme) la lettre *Hé*, il ne reste que deux fois *Ech* — le feu : si l'étreinte amoureuse est vidée de tout contenu religieux, il ne subsiste plus qu'un feu dévorant et destructeur, celui de la passion. Si au contraire, le *Yod* et le *Hé*, qui forment le nom de Dieu, sont constamment présents dans la vie du couple, et même en ses moments les plus intimes, c'est une flamme joyeuse, réchauffante et éclairante qui illuminera leur foyer.

A de très nombreuses reprises, le Talmud évoque la sexualité et ses implications. Le lecteur est toujours frappé par la formulation et le ton, si systématiquement directs, libres et spontanés. Dépourvus de la moindre gêne, ces textes respirent la santé.

Le problème essentiel auquel se heurtent nos contemporains quant à la sexualité concerne le moyen de parvenir à l'appréhender et à la vivre de manière saine et équilibrée. Le judaïsme propose, à cet égard, la solution optimale. Quoi d'étonnant à cela ? La vie sexuelle représente le point de convergence absolue des forces physiologiques et psychologiques qui s'affrontent en l'homme. Or, ces énergies émanent elles-mêmes de deux entités antinomiques qui se partagent l'individu : le corps et l'âme. Seul Celui qui détient la connaissance des mécanismes qui commandent cette association mystérieuse — par le fait qu'Il en est l'auteur — est à même de définir le moyen de parvenir à l'équilibre idéal, à l'harmonie parfaite entre ces forces.

C'est parce que le monde contemporain n'a pas saisi cette vérité dans toute son ampleur, que le judaïsme reste, en ce domaine plus que dans aucun autre, en avance sur son temps.

Michel GUGENHEIM

---

1. *« Souga Bachochanim » édité à Jérusalem (BP 5067). Voir également* Les Portes de la Loi *de E. Gugenheim (Présences du judaïsme, Albin Michel, Paris, 1982), p. 138 à 141 dont cet article est largement inspiré.*

Les lois alimentaires juives

par Michel Gugenheim

« Il n'est pas rare, poursuit, toujours dans **Information juive,** ***le rabbin Michel Gugenheim, d'entendre et de lire des assertions ou des jugements concernant les lois alimentaires juives. Assez curieusement, estime l'auteur, ils dénotent souvent des conceptions étranges et des préjugés tenaces quant au contenu même de ces lois, ainsi qu'à la signification qu'il convient de leur attribuer. Cette ignorance (ou plutôt cet oubli) qui est, paradoxalement, le propre de ce qui nous est familier, usuel, voire banal, justifie un bref rappel de l'essentiel de cette législation et de l'esprit qui l'inspire. »***

En réalité, l'ensemble des règles de la *cachrout* constitue un réseau extrêmement dense qui recouvre des catégories alimentaires très variées. Pour des raisons de commodité et de clarté, il est utile d'adopter la classification suivante :

Les aliments d'origine animale

Ils font l'objet du plus grand nombre de défenses. En premier lieu, la Thora proscrit la consommation de nombreuses espèces — en fonction de différents critères :

Tous les vers et les insectes sont proscrits par la Thora. Sur le plan pratique, cela implique la nécessité de procéder à l'examen minutieux de la plupart des légumes et de nombreux fruits (salades, choux-fleurs, épinards, cerises, par exemple).

• Parmi les quadrupèdes, seuls les ruminants au sabot fendu sont autorisés.

• Le texte du Lévitique (chapitre 11) établit une liste de vingt espèces d'oiseaux interdits. L'impossibilité d'identifier un certain nombre de ces oiseaux a conduit, dans la pratique, à ne consommer que les espèces traditionnellement reconnues comme *cacher* (poules, oies, canards, dindes, etc.).

• Dans la faune aquatique, seuls les poissons dotés d'écailles et de nageoires sont permis (d'après le Talmud, s'ils présentent des écailles, ils ont toujours aussi des nageoires). Les crustacés, mollusques et batraciens (tels que les grenouilles) sont donc interdits.

Tous les vers et les insectes sont proscrits par la Thora. Sur le plan pratique, cela implique la nécessité de procéder à l'examen minutieux de la plupart des légumes et de nombreux fruits (salades, choux-fleurs, épinards, cerises, par exemple) ; un consommateur non averti ne soupçonne pas à quel point ils peuvent regorger de ce genre de parasites. Il est, en outre, à noter que les sous-produits d'un animal non *cacher* (laits, œufs de volaille, de poisson, et d'insecte, etc.) sont également prohibés.

En plus de ces distinctions entre les espèces, certaines défenses spécifiques viennent restreindre le domaine du « *cacher* » :

• L'abattage des quadripèdes et des volailles est soumis à des règles très précises — dont le non-respect, même partiel, rend la viande définitivement interdite. D'autre part, ces animaux ne doivent présenter aucune lésion qui les rendrait *terèfa*, c'est-à-dire malades au point d'en mourir au cours de l'année. (Par abus de langage, ce terme de *terèfa* a, d'ailleurs, fini par désigner tout ce qui n'est pas *cacher*.)

• Le sang de ces mêmes animaux (mais non celui des poissons) est interdit. D'où la nécessité de les vider de leur sang avant leur consommation, par les opérations de salage ou de grillage qui font l'objet d'une réglementation détaillée et précise.

Cette même défense s'applique également aux œufs qui présenteraient la moindre goutte de sang. Aussi est-on tenu d'examiner les œufs qu'on a ouverts, avant de les faire cuire.

• A l'instar du sang, des parties de la bête sont prohibées : certaines parties graisseuses, certains vaisseaux sanguins, et le nerf sciatique situé dans les parties arrière. L'extraction de ce dernier est extrêmement délicate et très « mutilante » pour la viande, vu ses nombreuses ramifications. Aussi, dans nos régions, a-t-on renoncé à consommer tout le quartier arrière.

La Thora interdit, enfin, de cuire ensemble le lait et la viande.

• La Thora interdit, enfin, de cuire ensemble le lait et la viande, ainsi que de manger et de tirer profit du résultat de cette cuisson. Cette défense de mélanger le *gras* et le *maigre* implique la nécessité d'utiliser deux vaisselles distinctes. Sur le plan de sa signification, elle est souvent mise en relation avec la défense générale du mélange des espèces.

Les aliments d'origine végétale

Nul n'ignore la coutume de confectionner des pains particuliers en l'honneur du Chabbat : les *'Halot*. L'origine de ce nom — et de cette coutume — réside, en réalité, dans la *mitsva* du prélèvement de pâte à laquelle est tenu tout juif possédant de la pâte à pain ou à gâteau au moment du pétrissage, si cette pâte contient une quantité importante de farine (au moins 1,200 kg). Si ce prélèvement n'est pas effectué, le pain et le gâteau, dans leur totalité, sont interdits à la consommation.

En Israël, des règles analogues de prélèvement s'appliquent à tous les végétaux, sans aucune distinction d'espèce.

Enfin, la loi de *Oria* (Lévitique 19, 23-24) interdit toute jouissance de tous les fruits des arbres, durant les trois premières années suivant leur plantation.

Les interdits rabbiniques

Aux défenses précédemment citées et qui trouvent leur base dans la Thora même, les rabbins ont ajouté différentes prescriptions concernant l'élaboration de certains aliments. C'est ainsi que toute une législation a été instituée pour la fabrication du vin, depuis le stade de la presse du raisin, jusqu'à la mise en bouteille. Les fromages, également, sont soumis à certaines normes et leur fabrication doit obligatoirement faire l'objet d'une surveillance rabbinique. Enfin, la cuisson proprement dite de nombreux aliments — phase capitale de leur préparation — requiert, pour être conforme, la participation au moins partielle d'une personne juive.

Les lois concernant les ustensiles

La réglementation alimentaire ne se borne pas exclusivement à la nourriture. Elle s'étend aussi à la vaisselle destinée à entrer en contact directe avec les aliments. Ainsi, tout ustensile neuf, métallique ou en verre, doit être purifié avant utilisation par immersion dans une eau vive (rivière, mer, bain rituel). De plus, tout récipient ayant été imprégné par un aliment interdit, devient lui-même interdit. Dans de nombreux cas, il peut être *cachérisé* selon des modalités suffisamment complexes pour requérir, le plus souvent, l'avis d'une autorité rabbinique.

Ces dernières règles ont, quant à elles, une base scripturaire (Nombres 31, 21).

Une valeur absolue

Telle est, schématiquement présentée, la physionomie de la *cachrout* dans son ensemble. D'aucuns n'hésitent pas à considérer ce secteur de la législation juive comme le plus négligeable : ils lui attribuent, en effet, un caractère particulièrement futile. Ainsi, la thèse la plus communément émise est d'ordre hygiénique : la *cachrout* serait une diététique spécialement appropriée au climat de l'Orient, à l'habitat et aux mœurs de nos lointains ancêtres, nomades dans le désert.

D'autres y voient l'expression des vestiges d'un totémisme primitif (le culte égyptien ne distinguait-il pas animaux profanes et sacrés ?) ; ou encore la volonté d'ériger une barrière entre Israël et les Nations ; ou enfin une forme d'initiation à l'autodiscipline.

On ne soulignera jamais assez qu'aucune de ces théories ne peut prétendre rendre compte du motif essentiel de ces lois. Leur caractère relatif ne saurait justifier la pérennité de ces règles, leur maintien intégral depuis l'époque de la Révélation jusqu'à nos jours. Liées au temps, à l'espace, ou à un autre paramètre, elles devraient nécessairement être abolies à certaines conditions. Si, par exemple, tels aliments sont proscrits pour cause de nocivité, un traitement approprié devrait pouvoir les neutraliser et les rendre comestibles. Tout poison n'a-t-il pas un antidote ?

En d'autres termes, les lois alimentaires ont, indubitablement, une valeur absolue. Cette valeur ressort clairement du texte même de l'Écriture. Chaque fois qu'il y est question de lois alimentaires, la Thora — sans jamais faire intervenir aucun argument diététique ou sociologique — insiste par contre sur la notion de sainteté. Or, la sainteté fut désignée au peuple juif comme son objectif suprême, dès le jour de sa consécration : *« Et vous serez pour moi un royaume de prêtres et une nation sainte. »* Ainsi, la nourriture apparaît comme le principal moyen d'atteindre cet objectif, et les lois de la *cachrout* comme l'outil primordial permettant à Israël de réaliser sa vocation de nation sainte.

Trois niveaux

C'est là que réside la valeur absolue et permanente de cette législation. Il convient d'ajouter que le processus d'accession à la sainteté à travers l'accomplissement de ces lois paraît parfaitement intelligible. Il se réalise, semble-t-il, à trois niveaux.

En premier lieu, l'observance de la *cachrout* amène chaque juif à assurer la domination de ses instincts par son esprit et sa volonté, à dompter la part d'animalité qui réside en lui. Il importe de souligner que cette soumission ne s'effectue pas pour le compte de la simple Raison, de la pure logique — mais pour celui de la volonté divine. L'instinct de nutrition, instinct de base, par excellence, prend ainsi le pli de l'obéissance à Dieu. On a souvent fait remarquer que, dans le récit biblique, chaque fois que l'Humanité prenait un nouveau départ, elle se voyait soumise à une défense alimentaire (Adam et le fruit défendu ; Noé et la défense de consommer un membre d'un animal encore vivant). C'est, en effet, que les lois alimentaires constituent l'introduction essentielle à toute œuvre d'éducation morale et religieuse.

Au second niveau, il convient d'observer que la pratique de la *cachrout* crée un climat très particulier. Chaque goutte bue, chaque bribe de nourriture absorbée est une occasion pour l'homme de penser à Dieu. La ménagère, dans sa cuisine, est confrontée, à chaque instant, à un commandement divin. Insensiblement, se crée un courant continu entre l'homme et Dieu, et le foyer revêt un parfum de sainteté, une pureté sereine spécifiques. Ainsi comprend-on pourquoi, dans le Lévitique, la Thora passe sans aucune transition du culte des sacrifices aux lois de la *cachrout*. « *Tant que le Temple existait*, enseigne le Talmud, *c'est l'autel qui apportait l'expiation à Israël. Maintenant, c'est la table de l'homme qui lui apporte l'expiation.* »

Mais le but suprême de ces lois apparaît à un troisième niveau. La spécificité essentielle de l'homme est de résulter de l'association de deux entités antinomiques : le corps et l'âme. La sainteté de l'homme doit se traduire par l'harmonie parfaite entre les énergies qui émanent de ces deux composantes ; en d'autres termes, par le point d'équilibre idéal dans la balance des forces physiologiques et psychologiques.

Une dimension sacrée

Si les lois alimentaires sont citées dans le Talmud comme faisant partie des lois irrationnelles, c'est que les mécanismes qui commandent cette association, cette liaison mystérieuse — et, à plus forte raison, son fonctionnement harmonieux — nous demeurent inconnus. Seul le Créateur détient la connaissance des rapports internes de l'âme et du corps. Il est cependant remarquable que des études menées récemment dans le cadre des sciences humaines, tendent précisément à mettre en valeur l'influence réciproque de la nourriture et de la personnalité, de l'art culinaire et des mentalités : la cuisine étant à la fois révélatrice d'un état d'esprit, et douée d'une certaine emprise sur l'esprit... « *... Vous ne vous souillerez pas par tous ces reptiles qui se meuvent sur la terre. Car Je suis l'Éternel qui vous ai fait monter du pays d'Égypte...* » Pourquoi est-il dit : qui vous ai fait monter (et non : sortir) ? Rabbi Ismaël a enseigné : « *Le Saint, béni soit-il dit : Si Je n'avais fait sortir Israël d'Égypte que pour cela, cela m'aurait suffi. Car le fait de ne point en manger constitue pour eux une grande élévation.* »

De tous les 613 commandements de la Thora, les prescriptions de la *Cachrout* sont peut-être les plus astreignantes, dans la mesure où elles concernent un besoin permanent et vital du corps. Mais c'est de leur observance minutieuse que dépendent, principalement, la sainteté du foyer, l'harmonie du corps et de l'âme, et le sentiment profond, pour chaque individu, de son identité spécifique et de son appartenance à la communauté juive.

Il est remarquable que la responsabilité de cette observance incombe, au premier chef, à la femme juive. En une époque où la cuisine est ressentie comme une tâche relativement ingrate et méprisable, il n'est pas inutile de souligner, au contraire, la dimension profondément sacrée, spirituelle, métaphysique, qui la caractérise.

Michel GUGENHEIM

Ce que dit la Bible

Les 365 interdictions juives

par Frère Ephraïm

La vie du juif religieux est réglée par 613* mitsvots *(mot qui signifie* commandements*). Parmi ceux-ci, 365 sont des interdictions. En voici le relevé minutieux. Il a été établi par Frère Ephraïm dans son livre* Jésus, juif pratiquant*. Nous en avons supprimé les références (Éditions Fayard-Lion de Juda) pour alléger la lecture.

L'idolâtrie et les pratiques s'y rapportant

Il est interdit de croire à l'existence de tout autre dieu que le Dieu unique. Il est interdit de faire des images pour soi-même ou pour les autres dans le but de leur rendre un culte ou dans toute autre intention. Il est interdit de rendre un culte à quoi que ce soit, sinon à Dieu, selon la manière prescrite pour son culte ou d'une autre manière particulière de vénération.

Ne sacrifiez pas d'enfants à Moloch (dieu païen).

Il est interdit de pratiquer la nécromancie ou de faire appel à des « esprits familiers », ou encore d'accorder du crédit à l'idolâtrie ou à sa mythologie. Il est interdit d'élever un pilier ou un dais, une estrade, même pour le culte de Dieu ou de planter des arbres dans le Temple.

Les femmes ne doivent pas porter des vêtements d'hommes, ni les hommes des vêtements de femmes. Ne vous tatouez pas comme les idolâtres. Il est interdit de porter des vêtements faits à la fois de laine et de lin et de se raser (avec un rasoir) les côtés de la tête ou la barbe.

Il est interdit de jurer par les idoles ou d'inciter un idolâtre à le faire, et d'encourager ou de persuader un non-juif ou un juif de rendre un culte aux idoles. Il est interdit d'écouter ou d'aimer quiconque propage l'idolâtrie et de s'empêcher de le haïr. Tu n'auras pas pitié d'une telle personne. Si quelqu'un essaie de te convertir à l'idolâtrie, ne prends pas sa défense et ne cache pas le fait.

Il est interdit de tirer profit des ornements des idoles. Il est interdit de rebâtir ce qui a été détruit en punition de l'idolâtrie ou de tirer profit de ses richesses. N'utilise rien qui soit en rapport avec des idoles ou l'idolâtrie. Il est interdit de prophétiser au nom d'idoles ou de prophétiser faussement au nom de Dieu. N'écoute pas celui qui prophétise au nom d'idoles et ne crains pas le faux prophète, ni ne fais pas obstacle à son exécution.

Il est interdit d'imiter les manières des idolâtres et de pratiquer leurs coutumes ; la divination, les incantations, les enchantements, la sorcellerie, les charmes, interroger les spectres, ou les esprits familiers et la nécromancie sont interdits. Les femmes ne doivent pas porter des vêtements d'hommes, ni les hommes des vêtements de femmes. Ne vous tatouez pas comme les idolâtres. Il est interdit de porter des vêtements faits à la fois de laine et de lin et de se raser (avec un rasoir) les côtés de la tête ou la barbe. Ne vous faites pas d'incision pour un mort.

Interdictions provenant d'événements historiques

Il est interdit de retourner en Égypte pour y habiter en permanence ou de se laisser aller à des pensées ou à des regards impurs. Il est interdit de faire un pacte avec les sept nations cananéennes (vivant sur la terre promise aux Hébreux) ou de sauver la vie de l'un quelconque de leurs membres. Ne fais pas miséricorde aux idolâtres ; ne les autorise pas à habiter la terre d'Israël ; ne contracte pas de mariage avec eux. Une juive ne doit pas épouser un Ammonite ou un Moabite même s'il se convertit au judaïsme, mais elle ne doit pas refuser (pour de seules raisons généalogiques) un descendant d'Esaü ou un Égyptien qui soit prosélyte.

Il est défendu de faire la paix avec les nations ammonites et moabites. Il est interdit de détruire des arbres fruitiers même en temps de guerre, de même que tout gaspillage inutile est défendu en tout temps. Ne crains pas l'ennemi et n'oublie pas le mal fait par Amalek.

Le blasphème

Il est interdit de blasphémer le Saint Nom, de rompre un serment proféré par lui, de le prononcer en vain, ou de le profaner. Ne tente pas le Seigneur Dieu. Il est interdit de supprimer le nom de Dieu des textes sacrés ou de détruire des établissements consacrés à son culte. Ne permets pas que le corps d'un pendu le reste jusqu'au lendemain.

Le Temple

Ne sois pas négligent dans la garde du Temple. Le grand prêtre ne doit pas entrer dans le Temple à n'importe quel moment. Un prêtre affligé d'une tare physique n'a pas le droit d'y entrer du tout ou de servir dans le sanctuaire. Et même si la tare est passagère, il n'a pas le droit de participer au service du Temple jusqu'à ce qu'elle ait disparu.

Les lévites et les prêtres ne doivent pas échanger leurs fonctions. Les personnes en état d'ivresse ne peuvent entrer dans le Sanctuaire ou enseigner la Loi. Il est interdit aux laïcs, aux prêtres impurs ou aux prêtres qui ont accompli les ablutions nécessaires mais se trouvent encore dans les limites de leur période d'impureté, de servir dans le Temple. Aucune personne impure n'est autorisée à entrer dans le Temple ou dans la colline du Temple.

L'autel ne doit pas être de pierres taillées et l'on ne doit pas y accéder par des marches. Le feu qui y brûle ne doit pas être éteint, de même qu'aucun encens, autre que celui qui est spécifié, ne doit être brûlé sur l'autel d'or. On ne doit pas préparer de l'huile avec les mêmes ingrédients et dans les mêmes proportions que l'huile de l'onction qui, elle-même, ne doit pas être employée à un usage inapproprié. On ne doit pas non plus préparer de l'encens avec les mêmes ingrédients et dans les mêmes proportions que celui qui est brûlé sur l'autel. Il est interdit de retirer les barres de l'Arche, de retirer le pectoral de l'éphod (ornement rituel) ou de faire une quelconque incision dans la partie supérieure des vêtements du grand prêtre.

Les sacrifices

Il est interdit d'offrir des sacrifices ou d'immoler des animaux consacrés à l'extérieur du Temple. Il est interdit de consacrer, d'immoler, d'asperger le sang ou de brûler les entrailles d'un animal affligé d'une tare, même si la tare est de nature passagère et même s'il est offert par des Gentils. Il est interdit d'infliger une tare à un animal consacré pour le sacrifice. Levain et miel ne peuvent être offerts sur l'autel, ni non plus ce qui n'est pas salé. L'animal reçu en paiement de prostitution ou comme prix d'un chien ne doit pas être offert.

Ne tue pas un animal et ses petits le même jour. Il est interdit d'utiliser de l'huile d'olive ou de l'encens dans le sacrifice pour le péché ou pour l'oblation de jalousie. Il est interdit de substituer un sacrifice à un autre même d'une catégorie à l'autre. Il est interdit de racheter le premier-né d'animaux règlementaires. Il est interdit de vendre la dîme du troupeau ou de vendre ou de racheter un champ consacré par le vœu de herem (interdit).

Quand on immole un oiseau pour un sacrifice pour le péché, il est interdit de lui fendre la tête. Il est interdit de travailler avec ou de tondre un animal consacré. Il est interdit d'immoler l'agneau pascal tant qu'il reste du levain quelque part ou de laisser pour le lendemain les morceaux qui doivent être offerts ou mangés. Il est interdit de garder jusqu'au troisième jour une part quelconque de l'offrande de fête, ou un morceau du deuxième agneau pascal ou de l'offrande d'action de grâce jusqu'au matin.

Il est interdit de rompre un os du premier ou du deuxième agneau pascal ou de transporter leur viande en dehors de la maison où ils sont mangés. Il est interdit de laisser les restes du sacrifice d'oblation fermenter. Il est également interdit de manger l'agneau pascal cru ou bouilli ou de permettre à un étranger, un incirconcis, ou un apostat d'en manger.

Une personne rituellement impure ne doit pas manger des choses consacrées et des choses consacrées qui sont devenues impures ne peuvent être mangées. La chair du sacrifice qui reste après la limite de temps, ou qui a été immolée avec de mauvaises intentions, ne doit pas être mangée. L'offrande des prémices de la moisson ne doit pas être mangée par un laïc, par l'hôte d'un prêtre ou le serviteur à gages, par un incirconcis ou un prêtre impur. La fille d'un prêtre qui est mariée à un laïc ne doit pas manger des choses consacrées.

Le sacrifice d'oblation du prêtre ne doit pas être mangé, ni non plus la chair du sacrifice pour le péché offerte dans le Sanctuaire ou les animaux consacrés qui sont devenus affligés d'une tare. Il est interdit de manger la deuxième dîme de blé, de vin ou d'huile, ainsi que les premiers-nés sans défaut, en dehors de Jérusalem. Les prêtres ne doivent pas manger les offrandes pour le péché ou pour les offenses en dehors du parvis du Temple, ni aucune chair des holocaustes (sacrifices par le feu). Les sacrifices mineurs ne peuvent être consommés avant l'aspersion de sang. Un laïc ne doit pas manger ce qui provient des sacrifices les plus saints et un prêtre ne peut consommer les prémices en dehors du parvis du Temple.

Personne ne peut manger la deuxième dîme en état d'impureté ou dans l'affliction. L'argent de son rachat ne peut être utilisé que pour de la nourriture et de la boisson. Il est interdit de manger un produit dont la dîme n'a pas été retirée ou de changer l'ordre de répartition des différentes dîmes.

Ne retarde pas le paiement des offrandes — qu'elles soient librement consenties ou obligatoires — et ne viens pas au Temple pour les fêtes de pèlerinage sans offrande. Ne viole pas ta parole.

Les prêtres

Un prêtre ne peut épouser une prostituée, une femme qui a été profanée, ou une divorcée. Le grand prêtre ne peut épouser une veuve ou en prendre une pour concubine. Les prêtres ne doivent pas entrer dans le Sanctuaire avec des cheveux trop longs ou avec des vêtements déchirés. Ils ne doivent pas quitter le parvis pendant le service du Temple. Un prêtre ordinaire ne doit pas se rendre rituellement impur sauf pour ses proches, comme spécifié, et le grand prêtre ne doit pas se rendre impur pour qui que ce soit et en aucune façon.

La tribu de Lévi ne recevra aucune part dans la répartition de la terre d'Israël ou dans les butins de guerre.

Il est interdit de se raser la tête en signe d'affliction pour ses morts.

Règles alimentaires

Un juif ne peut consommer du bétail impur, du poisson impur, de la volaille impure, des rampants ailés, des créatures qui rampent sur le sol, des reptiles, des vers trouvés dans les fruits ou dans des produits, ni aucune créature détestable.

Un animal mort de mort naturelle est impropre à la consommation, de même qu'un animal déchiré ou écorché. On ne doit pas manger un membre provenant d'un animal vivant. Sont également interdits le nerf sciatique de la hanche, le sang et certaines graisses. Il est interdit de cuire de la viande dans du lait et de manger une telle mixture. Il est également défendu de manger d'un bœuf qui a été condamné à être lapidé (quand bien même aurait-il été immolé comme il faut). On ne pourra pas manger de pain fait avec du blé nouveau ou le blé nouveau lui-même, qu'il soit grillé ou cru, avant que l'offrande d'Omer ne soit apportée au seizième jour du mois de Nissan. On ne doit pas manger d'orlah ou le fruit de cultures mixtes dans les vignes. Toute pratique de libation de vin aux idoles est interdite, de même que la gloutonnerie et l'ivresse. Il est interdit de manger quoi que ce soit le jour du Grand Pardon. Durant la Pâque, il est interdit de manger du levain ou quelque chose en contenant. Ceci est également défendu dès l'après-midi du quatorzième jour de Nissan, la veille de Pâque. Pendant la Pâque il ne doit se voir, ni se trouver de levain en votre possession.

Les nazirs

Un nazir (personne ayant fait vœu d'abstinence) ne peut boire de vin ou de toute boisson provenant de la vigne. Il ne peut manger des raisins frais, secs, des pépins de raisin ou de la peau de raisin. Il ne lui est pas permis de se rendre rituellement impur pour honorer ses morts ni d'entrer sous une tente où se trouve un cadavre. Il ne doit pas se couper les cheveux.

L'agriculture

Il est interdit de moissonner tout un champ sans en laisser les coins pour les pauvres. Il est également interdit de ramasser les épis de blé qui tombent pendant la moisson ou de cueillir les grappes de raisin mal formées ou celles qui tombent, ou de retourner chercher une gerbe oubliée. Il est interdit de semer ensemble différentes espèces de semence ou du blé dans une vigne. Il est également interdit de croiser différentes races d'animaux ou de travailler avec deux espèces différentes sous un même attelage. Il est interdit de museler un animal qui travaille dans un champ pour l'empêcher de manger. Il est interdit de travailler la terre, de tailler les arbres, de récolter (de façon habituelle) des produits ou des fruits qui ont poussé sans être cultivés pendant la septième année. On ne peut pas non plus travailler la terre ou tailler les arbres l'année du jubilé ; il est également interdit de récolter (de la façon habituelle) des produits ou des fruits qui ont poussé sans être cultivés, cette année-là.

On ne pourra pas vendre la terre dont on a hérité dans le pays d'Israël d'une manière permanente, ni changer les terres des lévites ou laisser les lévites sans ressources.

Les prêts, les affaires et le sort des esclaves

Il est interdit d'exiger le remboursement d'un prêt après la septième année. On ne doit pas, cependant, refuser de prêter au pauvre parce que cette année approche. Ne refuse pas au pauvre la charité, ni ne renvoie un esclave hébreu les mains vides quand il termine sa période de service. Ne harcèle pas celui qui a une dette envers toi quand tu sais qu'il ne peut pas payer. Il est interdit de prêter ou d'emprunter à intérêt à un autre juif ou de prendre part à un accord comportant un intérêt, que ce soit en tant que garant, témoin ou écrivain de contrat. Ne retarde pas le paiement du salaire. Il est interdit de prendre un gage à un débiteur par la violence, de garder le gage du pauvre quand il en a besoin, de prendre un gage quelconque à une veuve ou à tout débiteur, s'il s'agit de son gagne-pain. Il est interdit de kidnapper un juif. Ne vole ni ne dérobe par la violence. Ne retire pas une borne de terrain, ni ne fraude. Il est interdit de nier avoir reçu un prêt ou un gage et de prêter un faux serment au sujet de la propriété d'un autre homme. Il est interdit de tromper quiconque en affaires. On ne doit tromper personne même en paroles. Il est interdit de nuire à l'étranger qui demeure chez toi que ce soit en paroles ou en lui portant préjudice en affaires.

On ne doit pas renvoyer ou profiter de quelconque façon d'un esclave qui a fui son maître en terre d'Israël, même si son maître est juif.

Ne maltraite pas la veuve ou l'orphelin. On ne doit pas mal agir envers un esclave hébreu ni le vendre. Ne le traite pas cruellement et ne laisse pas un païen le maltraiter. Il est interdit de vendre sa servante juive, ou si on l'épouse, de la priver de nourriture, de vêtements et des droits conjugaux. On ne doit pas vendre une prisonnière ou la traiter en esclave. Ne convoite pas le bien d'autrui, même si tu es prêt à le payer. Même le seul désir est interdit.

L'ouvrier ne doit pas couper pendant son travail du blé sur pied ou cueillir plus de fruits qu'il n'en peut manger. On ne doit pas se détourner d'un objet perdu qui doit être rendu à son propriétaire. On ne doit pas non plus refuser d'aider un homme ou un animal qui s'écroule sous son fardeau. Il est interdit de frauder avec les poids et mesures, ou même d'avoir des poids inexacts en sa possession.

La justice

Un juge ne doit pas perpétuer l'injustice, accepter de pot-de-vin, être partial ou se laisser effrayer. Il ne doit pas favoriser le pauvre ou faire de distinction ou préjudice au méchant. Il ne doit pas avoir pitié du condamné ou pervertir le jugement de l'étranger ou de l'orphelin.

Il est interdit d'entendre un litige sans que l'autre partie soit présente. Un cas majeur ne peut être tranché par une majorité d'une voix. Un juge ne doit pas accepter l'opinion d'un collègue à moins d'être convaincu de sa probité. Il est interdit de nommer juge quelqu'un qui est ignorant de la loi.

Ne porte pas de faux témoignage, ni n'accepte le témoignage d'une personne perverse ou d'un parent d'une personne concernée par l'affaire. Il est interdit de prononcer un jugement à partir du témoignage d'un seul témoin. Ne tue pas.

On ne doit pas condamner à partir des seules preuves indirectes. Un témoin ne peut faire office de juge dans un cas majeur. On ne doit exécuter personne sans procès et jugement en bonne et due forme. Ne prends pas en pitié, ni n'épargne le plaignant. On n'appliquera pas la punition d'un acte commis sous la menace.

N'accepte pas de rançon pour un meurtrier ou un assassin.

N'hésite pas à sauver une personne en danger et ne laisse pas de pierre d'achoppement sur le chemin, ni n'induis quelqu'un en erreur par de mauvais conseils.

Il est interdit de donner au coupable un plus grand nombre de coups de fouet qu'il ne faut. Ne raconte pas d'histoires, ni n'entretiens de haine dans ton cœur. Il est interdit d'humilier un juif, de garder rancune, ou de se venger.

Ne prends pas la femelle quand tu prends les oisillons.

Il est interdit de raser une affection teigneuse ou de faire disparaître les signes de ce mal. Il est interdit de cultiver une vallée où l'on a trouvé un corps massacré et où l'on a en conséquence effectué le rituel de briser la nuque d'une génisse.

Ne souffre pas qu'une sorcière vive.

Ne force pas un fiancé à accomplir un service militaire pendant la première année de son mariage. Il est interdit de se rebeller contre ceux qui transmettent la tradition ou d'ajouter ou de soustraire aux préceptes de la loi.

Il est interdit de travailler le jour du shabbat ou de marcher au-delà des limites autorisées.

Ne maudis pas un juge, un gouvernant ou aucun juif. Ne maudis ni ne frappe un parent. Il est interdit de travailler le jour du shabbat ou de marcher au-delà des limites autorisées. On ne doit pas infliger de punition le jour du shabbat.

Il est interdit de travailler le premier et le septième jour de la Pâque, à Shavouot, à Rosh Hashanah, le premier et le huitième (jour de fête), jour de Soukkot et le jour du Grand Pardon.

L'inceste et autres rapports interdits

Il est interdit d'avoir des rapports incestueux avec sa mère, sa belle-mère, sa sœur, sa demi-sœur, la fille de son fils, la fille de sa fille, sa fille, toute femme et sa fille, toute femme et la fille de son fils, toute femme et la fille de sa fille, la sœur de son père, la sœur de sa mère, la femme de son oncle paternel, sa belle-fille, la femme de son frère et la sœur de sa femme.

Il est également interdit d'avoir des rapports sexuels avec une femme pendant ses règles.

Il est également interdit d'avoir des rapports sexuels avec une femme pendant ses règles.

Ne commets pas d'adultère.

Il est interdit à l'homme et à la femme d'avoir des rapports sexuels avec un animal. L'homosexualité est interdite, particulièrement avec son père ou son oncle. Il est interdit d'avoir un contact physique intime, même sans rapports effectifs, avec aucune des femmes avec lesquelles les rapports sont interdits.

Un Gamzer (enfant né d'une union interdite) ne peut pas épouser une juive. La prostitution est interdite. Une divorcée ne peut pas se remarier avc son premier mari si, entre-temps, elle en a épousé un autre. Une veuve sans enfant ne peut épouser quelqu'un d'autre que le frère de son défunt mari. Un homme ne peut pas divorcer d'une femme qu'il a épousée après l'avoir violée ou après l'avoir diffamée. Un eunuque ne peut pas épouser une juive.

La castration est interdite.

La monarchie

Il est interdit d'élire roi quiconque n'est pas de la race d'Israël. Le roi ne doit pas accumuler un nombre excessif de chevaux, de femmes ou de richesses.

Frère EPHRAÏM

Le document papal qui fait le plus problème aujourd'hui

L'encyclique *Humanae Vitae*

par Paul VI

Les interdits dans le catholicisme sont, en France, les plus connus puisque l'Église y occupe historiquement et culturellement une position dominante, ses fidèles étant majoritaires. Le nouveau Catéchisme a déjà eu, dit-on, près d'un demi-million d'acheteurs. Compte tenu de ce contexte, nous avons opté pour publier* in extenso *l'enclyclique* Humanae Vitae *qui définit l'interdiction la plus marquante, et la moins suivie, par les catholiques eux-mêmes : la contraception par des moyens dits non naturels. On sait, d'autre part, que la répression du « péché de la chair » a été, et reste, une préoccupation majeure du catholicisme.

Nous avons composé en caractères plus petits les passages qu'on peut éventuellement ne pas lire : les paragraphes en corps normal sont les plus significatifs.

La transmission de la vie

1. Le très grave devoir de transmettre la vie humaine, qui fait des époux les libres et responsables collaborateurs du Créateur, a toujours été pour ceux-ci source de grandes joies, accompagnées cependant parfois de bien des difficultés et des peines.

En tout temps, l'accomplissement de ce devoir a posé à la conscience des époux de sérieux problèmes ; mais l'évolution récente de la société a entraîné des mutations telles que de nouvelles questions se sont posées : questions que l'Église ne pouvait ignorer, en un domaine qui touche de si près à la vie et au bonheur des hommes.

I. Aspects nouveaux du problème et compétence du Magistère

Nouvelles données du problème

2. Les changements survenus sont effectivement notables et de plusieurs sortes. Il s'agit tout d'abord du rapide développement démographique. Beaucoup manifestent la crainte que la population mondiale n'augmente plus vite que les ressources à sa disposition ; il s'ensuit une inquiétude croissante pour bien des familles et pour des peuples en voie de développement, et grande est la tentation pour les autorités d'opposer à ce péril des mesures radicales. En outre, les conditions de travail et de logement, comme aussi les exigences accrues, dans le domaine économique et dans celui de l'éducation, rendent souvent difficile aujourd'hui la tâche d'élever convenablement un grand nombre d'enfants.

On assiste aussi à un changement, tant dans la façon de considérer la personne de la femme et sa place dans la société que dans la valeur à attribuer à l'amour conjugal dans le mariage, comme aussi dans la manière d'apprécier la signification des actes conjugaux par rapport à cet amour.

Enfin et surtout, l'homme a accompli d'étonnants progrès dans la maîtrise et l'organisation rationnelle des forces de la nature, au point qu'il tend à étendre cette maîtrise à son être lui-même pris dans son ensemble : au corps, à la vie physique, à la vie sociale et jusqu'aux lois qui règlent la transmission de la vie.

3. Un tel état de chose fait naître de nouvelles questions. Étant donné les conditions de la vie moderne, étant donné la signification des relations conjugales pour l'harmonie entre les époux et pour leur fidélité mutuelle, n'y aurait-il pas lieu de réviser les règles morales jusqu'ici en vigueur, surtout si l'on considère qu'elles ne peuvent être observées sans des sacrifices parfois héroïques ?

Étendant à ce domaine l'application du principe dit « de totalité », ne pourrait-on admettre que l'intention d'une fécondité moins abondante, mais plus rationalisée, transforme l'intervention matériellement stérilisante en un licite et sage contrôle des naissances ? Ne pourrait-on admettre, en d'autres termes, que la finalité de procréation concerne l'ensemble de la vie conjugale, plutôt que chacun de ses actes ?

On demande encore si, étant donné le sens accru de responsabilités de l'homme moderne, le moment n'est pas venu pour lui de confier à sa raison et à sa volonté, plutôt qu'aux rythmes biologiques de son organisme, le soin de régler la natalité.

Compétence du Magistère

4. De telles questions exigeaient du Magistère de l'Église une réflexion nouvelle et approfondie sur les principes de la doctrine morale du mariage : doctrine fondée sur la loi naturelle, éclairée et enrichie par la Révélation divine.

Aucun fidèle ne voudra nier qu'il appartient au Magistère de l'Église d'interpréter aussi la loi morale naturelle. Il est incontestable, en effet, comme l'ont plusieurs fois déclaré Nos Prédécesseurs, que Jésus-Christ, en communiquant à Pierre et aux apôtres sa divine autorité, et en les envoyant enseigner ses commandements à toutes les nations, les constituait gardiens et interprètes authentiques de toute la loi morale : non seulement de la loi évangélique, mais encore de la loi naturelle, expression elle aussi de la volonté de Dieu, et dont l'observation fidèle est également nécessaire au salut.

Conformément à cette mission qui est la sienne, l'Église a toujours donné — et avec plus d'ampleur à l'époque récente — un enseignement cohérent, tant sur la nature du mariage que sur le juste usage des droits conjugaux et sur les devoirs des époux.

Études spéciales

5. La conscience de cette même mission Nous amena à confirmer et à élargir la Commission d'étude que Notre prédécesseur Jean XXIII, de vénérée mémoire, avait instituée en mars 1963. Cette Commission, qui comprenait, outre plusieurs spécialistes des différentes disciplines concernées, également des couples, avait pour but de recueillir des avis sur les nouvelles questions relatives à la vie conjugale, et en particulier celle de la régulation de la natalité, et de fournir d'opportuns éléments d'information, pour que le Magistère pût donner, à l'attente non seulement des fidèles, mais de l'opinion publique mondiale, une réponse adéquate.

Les travaux de ces experts, complétés par les jugements et conseils que Nous fournirent, soit spontanément, soit sur demande expresse, bon nombre de Nos frères dans l'épiscopat, Nous ont permis de mieux mesurer tous les aspects de cette question complexe. Aussi exprimons-Nous à tous de grand cœur Notre vive gratitude.

La réponse du Magistère

6. Les conclusions auxquelles était parvenue la Commission ne pouvaient toutefois être considé-

rées par Nous comme définitives, ni Nous dispenser d'examiner personnellement ce grave problème, entre autres parce que le plein accord n'avait pas été réalisé au sein de la Commission sur les règles morales à proposer ; et surtout parce qu'étaient apparus certains critères de solutions qui s'écartaient de la doctrine morale sur le mariage proposée avec une constante fermeté par le Magistère de l'Église.

C'est pourquoi, ayant attentivement examiné la documentation qui Nous a été soumise, après de mûres réflexions et des prières assidues. Nous allons maintenant, en vertu du mandat que le Christ Nous a confié, donner notre réponse à ces graves questions.

II. Principes doctrinaux

Une vision globale de l'homme

7. Comme tout autre problème concernant la vie humaine, le problème de la natalité doit être considéré, au-delà des perspectives partielles — qu'elles soient d'ordre biologique ou psychologique, démographique ou sociologique — dans la lumière d'une vision intégrale de l'homme et de sa vocation, non seulement naturelle et terrestre, mais aussi surnaturelle et éternelle. Et puisque, dans leur tentative de justifier les méthodes artificielles de contrôle des naissances, beaucoup ont fait appel aux exigences soit de l'amour conjugal, soit d'une « paternité responsable », il convient de bien préciser la vraie conception de ces deux grandes réalités de la vie matrimoniale, en Nous référant principalement à ce qui a été récemment exposé à ce sujet d'une manière hautement autorisée, par le IIe Concile du Vatican, dans la Constitution pastorale *Gaudium et Spes*.

L'amour conjugal

8. L'amour conjugal révèle sa vraie nature et sa vraie noblesse quand on le considère dans sa source suprême, Dieu qui est amour, *« le Père de qui toute paternité tire son nom, au ciel et sur la terre »*.

Le mariage n'est donc pas l'effet du hasard ou un produit de l'évolution de forces naturelles inconscientes : c'est une sage institution du Créateur pour réaliser dans l'humanité son dessein d'amour. Par le moyen de la donation personnelle réciproque, qui leur est propre et exclusive, les époux tendent à la communion de leurs êtres en vue d'un mutuel perfectionnement personnel pour collaborer avec Dieu à la génération et à l'éducation de nouvelles vies.

De plus, pour les baptisés, le mariage revêt la dignité de signe sacramentel de la grâce, en tant qu'il représente l'union du Christ et de l'Église.

Ses caractéristiques

9. Dans cette lumière apparaissent clairement les notes et les exigences caractéristiques de l'amour conjugal, dont il est souverainement important d'avoir une idée exacte.

C'est avant tout un amour pleinement *humain*, c'est-à-dire à la fois sensible et spirituel. Ce n'est donc pas un simple transport d'instinct et de sentiment, mais aussi et surtout un acte de la volonté libre, destiné à se maintenir et à grandir à travers les joies et les douleurs de la vie quotidienne, de sorte que les époux deviennent un seul cœur et une seule âme et atteignent ensemble leur perfection humaine.

C'est ensuite un amour *total*, c'est-à-dire une forme toute spéciale d'amitié personnelle, par laquelle les époux partagent généreusement toutes choses, sans réserves indues ni calculs égoïstes. Qui aime vraiment son conjoint ne l'aime pas seulement pour ce qu'il reçoit de lui, mais pour lui-même, heureux de pouvoir l'enrichir du don de soi.

C'est encore un amour *fidèle et exclusif* jusqu'à la mort. C'est bien ainsi, en effet, que le conçoivent l'époux et l'épouse le jour où ils assument librement et en pleine conscience l'engagement du lien matrimonial. Fidélité qui peut parfois être difficile, mais qui est toujours possible et toujours noble et méritoire, nul ne peut le nier. L'exemple de tant d'époux à travers les siècles prouve non seulement qu'elle est conforme à la nature du mariage, mais encore qu'elle est source de bonheur profond et durable.

C'est enfin un amour *fécond*, qui ne s'épuise pas dans la communion entre époux, mais qui est destiné à se continuer en suscitant de nouvelles vies. « Le mariage et l'amour conjugal sont ordonnés par leur nature à la procréation et à l'éducation des enfants. De fait, les enfants sont le don le plus excellent du mariage et ils contribuent grandement au bien des parents eux-mêmes. »

La paternité responsable

10. L'amour conjugal exige donc des époux une conscience de leur mission de « paternité responsable », sur laquelle, à bon droit, on insiste tant aujourd'hui, et qui doit, elle aussi, être exactement comprise. Elle est à considérer sous divers aspects légitimes et liés entre eux.

Par rapport aux processus biologiques, la paternité responsable signifie connaissance et respect de leurs fonctions : l'intelligence découvre, dans le pouvoir de donner la vie, des lois biologiques qui font partie de la personne humaine.

Par rapport aux tendances de l'instinct et des passions, la paternité responsable signifie la nécessaire maîtrise que la raison et la volonté doivent exercer sur elles.

Par rapport aux conditions physiques, économiques, psychologiques et sociales, la paternité responsable s'exerce soit par la détermination réfléchie et généreuse de faire grandir une famille nombreuse, soit par la décision, prise pour de graves motifs et dans le respect de la loi morale, d'éviter temporairement ou même pour un temps indéterminé une nouvelle naissance.

La paternité responsable comporte encore et surtout un plus profond rapport avec l'ordre moral objectif, établi par Dieu, et dont la conscience droite est la fidèle interprète. L'exercice responsable de la paternité implique donc que les conjoints reconnaissent pleinement leurs devoirs envers Dieu, envers eux-mêmes, envers la famille et envers la société, dans une juste hiérarchie des valeurs. Dans la tâche de transmettre la vie, ils ne sont par conséquent pas libres de procéder à leur guise, comme s'ils pouvaient déterminer de façon entièrement autonome les voies honnêtes à suivre, mais ils doivent conformer leur conduite à l'intention créatrice de Dieu, exprimée dans la nature même du mariage et de ses actes, et manifestée par l'enseignement constant de l'Église.

Respecter la nature et les finalités de l'acte matrimonial

11. Ces actes, par lesquels les époux s'unissent dans une chaste intimité, et par le moyen desquels se transmet la vie humaine, sont, comme l'a rappelé le Concile, *« honnêtes et dignes »*, et ils ne cessent pas d'être légitimes si, pour des causes indépendantes de la volonté des conjoints, on prévoit qu'ils seront inféconds : ils restent en effet ordonnés à exprimer et à consolider leur union. De fait, comme l'expérience l'atteste, chaque rencontre conjugale n'engendre pas une nouvelle vie. Dieu a sagement fixé des lois et des rythmes naturels de fécondité qui espacent déjà par eux-mêmes la succession des naissances. Mais l'Église, rappelant les hommes à l'observation de la loi naturelle, interprétée par sa constante doctrine, enseigne que tout acte matrimonial doit rester ouvert à la transmission de la vie.

Deux aspects indissociables : union et procréation

12. Cette doctrine, plusieurs fois exposée par le Magistère, est fondée sur le lien indissoluble, que Dieu a voulu et que l'homme ne peut rompre de son initiative, entre les deux significations de l'acte conjugal : union et procréation. En effet, par sa structure intime, l'acte conjugal, en même temps qu'il unit profondément les époux, les rend aptes à la génération de nouvelles vies, selon des lois inscrites dans l'être même de l'homme et de la femme. C'est en sauvegardant ces deux aspects essentiels, union et procréation, que l'acte conjugal conserve intégralement le sens de mutuel et véritable amour et son ordination à la très haute vocation de l'homme à la paternité. Nous pensons que les hommes de notre temps sont particulièrement en mesure de comprendre le caractère profondément raisonnable et humain de ce principe fondamental.

Fidélité au dessein de Dieu

13. On remarque justement, en effet, qu'un acte conjugal imposé au conjoint sans égard à ses conditions et à ses légitimes désirs, n'est pas un véritable acte d'amour et contredit par conséquent une exigence du bon ordre moral dans les rapports entre époux. De même, qui réfléchit bien devra reconnaître aussi qu'un acte d'amour mutuel qui porterait atteinte à la disponibilité à transmettre la vie, que le Créateur a attachée à cet acte selon des lois particulières, est en contradic-

tion avec le dessein constitutif du mariage et avec la volonté de l'auteur de la vie. User de ce don divin en détruisant, fût-ce partiellement, sa signification et sa finalité, c'est contredire à la nature de l'homme comme à celle de la femme et de leur rapport le plus intime, c'est donc contredire aussi au plan de Dieu et à sa volonté. Au contraire, user du don de l'amour conjugal en respectant les lois du processus de la génération, c'est reconnaître que nous ne sommes pas les maîtres des sources de la vie humaine, mais plutôt les ministres du dessein établi par le Créateur. De même, en effet, que l'homme n'a pas sur son corps en général un pouvoir illimité, de même il ne l'a pas, pour une raison particulière, sur ses facultés de génération en tant que telles, à cause de leur ordination intrinsèque à susciter la vie, dont Dieu est le principe. « *La vie humaine est sacrée*, rappelait Jean XXIII ; *dès son origine, elle engage directement l'action créatrice de Dieu.* »

Moyens illicites de régulation des naissances

14. En conformité avec ces points fondamentaux de la conception humaine et chrétienne du mariage, nous devons encore une fois déclarer qu'est absolument à exclure, comme moyen licite de régulation des naissances, l'interruption directe du processus de génération déjà engagé, et surtout l'avortement directement voulu et procuré, même pour des raisons thérapeutiques.

Est pareillement à exclure, comme le Magistère de l'Église l'a plusieurs fois déclaré, la stérilisation directe, qu'elle soit perpétuelle ou temporaire, tant chez l'homme que chez la femme.

Est exclue également toute action qui, soit en prévision de l'acte conjugal, soit dans son déroulement, soit dans le développement de ses conséquences naturelles, se proposerait comme but ou comme moyen de rendre impossible la procréation.

Et on ne peut invoquer comme raisons valables, pour justifier des actes conjugaux rendus intentionnellement inféconds, le moindre mal ou le fait que ces actes constitueraient un tout avec les actes féconds qui ont précédé ou qui suivront, et dont ils partageraient l'unique et identique bonté morale. En vérité, s'il est parfois licite de tolérer un moindre mal moral afin d'éviter un mal plus grand ou de promouvoir un bien plus grand, il n'est pas permis, même pour de très graves raisons, de faire le mal afin qu'il en résulte un bien, c'est-à-dire de prendre comme objet d'un acte positif de volonté ce qui est intrinsèquement un désordre et, par conséquent, une chose indigne de la personne humaine, même avec l'intention de sauvegarder ou de promouvoir des biens individuels, familiaux ou sociaux. C'est donc une erreur de penser qu'un acte conjugal rendu volontairement infécond et, par conséquent, intrinsèquement déshonnête, puisse être rendu honnête par l'ensemble d'une vie conjugale féconde.

Licéité des moyens thérapeutiques

15. L'Église, en revanche, n'estime nullement illicite l'usage des moyens thérapeutiques vraiment nécessaires pour soigner des maladies de l'organisme, même si l'on prévoit qu'il en résultera un empêchement à la procréation, pourvu que cet empêchement ne soit pas, pour quelque motif que ce soit, directement voulu.

Licéité du recours aux périodes infécondes

16. A cet enseignement de l'Église sur la morale conjugale, on objecte aujourd'hui, comme Nous l'observions plus haut (n. 3), que c'est la prérogative de l'intelligence humaine de maîtriser les énergies offertes par la nature irrationnelle et de les orienter vers un but conforme au bien de l'homme. Or, certains se demandent : dans le cas présent, n'est-il pas raisonnable, en bien des circonstances, de recourir au contrôle artificiel des naissances, si on obtient par là l'harmonie et la tranquillité du foyer et de meilleures conditions pour l'éducation des enfants déjà nés ?

A cette question, il faut répondre avec clarté : l'Église est la première à louer et à recommander l'intervention de l'intelligence dans une œuvre qui associe de si près la créature raisonnable à son Créateur, mais elle affirme que cela doit se faire dans le respect de l'ordre établi par Dieu.

Si donc il existe, pour espacer les naissances, de sérieux motifs dus soit aux conditions, physiques ou psychologiques des conjoints, soit à des circonstances extérieures, l'Église enseigne qu'il est alors permis de tenir compte des rythmes naturels, inhérents aux fonctions de la génération, pour user du mariage dans les seules périodes inféçondes et réguler ainsi la natalité sans porter atteinte aux principes moraux que Nous venons de rappeler.

L'Église est conséquente avec elle-même quand elle estime licite le recours aux périodes inféçondes, alors qu'elle condamne comme toujours illicite l'usage des moyens directement contraires à la fécondation, même inspirés par des raisons qui peuvent paraître honnêtes et sérieuses. En réalité, il existe entre les deux cas une différence essentielle : dans le premier cas, les conjoints usent légitimement d'une disposition naturelle ; dans l'autre cas, ils empêchent le déroulement des processus naturels. Il est vrai que, dans l'un et l'autre cas, les conjoints s'accordent dans la volonté positive d'éviter l'enfant pour des raisons plausibles, en cherchant à avoir l'assurance qu'il ne viendra pas ; mais il est vrai aussi que dans le premier cas seulement ils savent renoncer à l'usage du mariage dans les périodes fécondes quand, pour de justes motifs, la procréation n'est pas désirable, et en user dans les périodes agénésiques, comme manifestation d'affection et sauvegarde de mutuelle fidélité. Ce faisant, ils donnent la preuve d'un amour vraiment et intégralement honnête.

Graves conséquences des méthodes de régulation artificielle de la natalité

17. Les hommes droits pourront encore mieux se convaincre du bien-fondé de la doctrine de l'Église en ce domaine, s'ils veulent bien réfléchir aux conséquences des méthodes de régulation artificielle de la natalité.

Qu'ils considèrent d'abord quelle voie large et facile ils ouvriraient ainsi à l'infidélité conjugale et à l'abaissement général de la moralité. Il n'est pas besoin de beaucoup d'expérience pour connaître la faiblesse humaine et pour comprendre que les hommes — les jeunes, en particulier, si vulnérables sur ce point — ont besoin d'encouragement à être fidèles à la loi morale, et qu'il ne faut pas leur offrir quelque moyen facile pour en éluder l'observance. On peut craindre aussi que l'homme, en s'habituant à l'usage des pratiques anticonceptionnelles, ne finisse par perdre le respect de la femme et, sans plus se soucier de l'équilibre physique et psychologique de celle-ci, n'en vienne à la considérer comme un simple instrument de jouissance égoïste, et non plus comme sa compagne respectée et aimée.

Qu'on réfléchisse aussi à l'arme dangereuse que l'on viendrait à mettre ainsi aux mains d'autorités publiques peu soucieuses des exigences morales. Qui pourra reprocher à un gouvernement d'appliquer à la solution des problèmes de la collectivité ce qui serait reconnu permis aux conjoints pour la solution d'un problème familial ? Qui empêchera les gouvernants de favoriser et même d'imposer à leurs peuples, s'ils le jugeaient nécessaire, la méthode de contraception estimée par eux la plus efficace ? Et ainsi les hommes, en voulant éviter les difficultés individuelles, familiales ou sociales que l'on rencontre dans l'observation de la loi divine, en arriveraient à laisser à la merci de l'intervention des autorités publiques le secteur le plus personnel et le plus réservé de l'intimité conjugale.

Si donc on ne veut pas abandonner à l'arbitraire des hommes la mission d'engendrer la vie, il faut nécessairement reconnaître des limites infranchissables au pouvoir de l'homme sur son corps et sur ses fonctions ; limites que nul homme, qu'il soit simple particulier ou revêtu d'autorité, n'a le droit d'enfreindre. Et ces limites ne peuvent être déterminées que par le respect qui est dû à l'intégrité de l'organisme humain et de ses fonctions, selon les principes rappelés ci-dessus et selon la juste intelligence du « principe de totalité » exposé par Notre prédécesseur Pie XII.

L'Église garante des authentiques valeurs humaines

18. On peut prévoir que cet enseignement ne sera peut-être pas facilement accueilli par tout le monde : trop de voix — amplifiées par les moyens modernes de propagande — s'opposent à la voix de l'Église. Celle-ci, à vrai dire, ne s'étonne pas d'être, à la ressemblance de son divin Fondateur,

un « signe de contradiction » : mais elle ne cesse pas pour autant de proclamer avec une humble fermeté, toute la loi morale, tant naturelle qu'évangélique. Ce n'est pas elle qui a créé cette loi, elle ne saurait donc en être l'arbitre ; elle en est seulement le dépositaire et l'interprète, sans pouvoir jamais déclarer licite une chose qui ne l'est pas à cause de son intime et immuable opposition au vrai bien de l'homme.

En défendant la morale conjugale dans son intégralité, l'Église sait qu'elle contribue à l'instauration d'une civilisation vraiment humaine ; elle engage l'homme à ne pas abdiquer sa responsabilité pour s'en remettre aux moyens techniques ; elle défend par là même la dignité des époux. Fidèle à l'enseignement comme à l'exemple du Sauveur, elle se montre l'amie sincère et désintéressée des hommes, qu'elle veut aider, dès leur cheminement terrestre, « à participer en fils à la vie du Dieu vivant, Père de tous les hommes ».

III. Directives pastorales

L'Église « mater et magistra »

19. Notre parole ne serait pas l'expression adéquate de la pensée et de la sollicitude de l'Église, Mère et Maîtresse de toutes les nations, si, après avoir rappelé les hommes à l'observance et au respect de la loi divine au sujet du mariage, elle ne les encourageait pas dans la voie d'une honnête régulation de la natalité, même au milieu des difficiles conditions qui éprouvent aujourd'hui les familles et les peuples. L'Église, en effet, ne peut avoir, vis-à-vis des hommes, une conduite différente de celle du Rédempteur : elle connaît leur faiblesse, elle a compassion de la foule, elle accueille les pécheurs ; mais elle ne peut renoncer à enseigner la loi qui est en réalité celle d'une vie humaine rendue à sa vérité originelle et conduite par l'esprit de Dieu.

Possibilité de l'observance de la loi divine

20. La doctrine de l'Église sur la régulation des naissances, qui promulgue la loi divine, pourra apparaître à beaucoup difficile, pour ne pas dire impossible à mettre en pratique. Et certes, comme toutes les réalités grandes et bienfaisantes, cette loi requiert une sérieuse application et beaucoup d'efforts, individuels, familiaux et sociaux. On peut même dire qu'elle ne serait pas observable sans l'aide de Dieu qui soutient et fortifie la bonne volonté des hommes. Mais si l'on réfléchit bien, on ne peut pas ne pas voir que ces efforts sont ennoblissants pour l'homme et bienfaisants pour la communauté humaine.

Maîtrise de soi

21. Une pratique honnête de régulation de la natalité exige avant tout des époux qu'ils acquièrent et possèdent de solides convictions sur les vraies valeurs de la vie et de la famille et qu'ils tendent à acquérir une parfaite possession d'eux-mêmes. La maîtrise de l'instinct par la raison et la libre volonté impose sans nul doute une ascèse pour que les manifestations affectives de la vie conjugale soient dûment réglées, en particulier pour l'observance de la continence périodique. Mais cette discipline, propre à la pureté des époux, bien loin de nuire à l'amour conjugal, lui confère au contraire une plus haute valeur humaine. Elle exige un effort continuel, mais grâce à son influence bienfaisante, les conjoints développent intégralement leur personnalité, en s'enrichissant de valeurs spirituelles : elle apporte à la vie familiale des fruits de sérénité et de paix, et elle facilite la solution d'autres problèmes ; elle favorise l'attention à l'autre conjoint, aide les époux à bannir l'égoïsme, ennemi du véritable amour, et approfondit leur sens de responsabilité. Les parents acquièrent par là la capacité d'une influence plus profonde et plus efficace pour l'éducation des enfants : l'enfance et la jeunesse grandissent dans la juste estime des valeurs humaines et dans le développement serein et harmonieux de leurs facultés spirituelles et sensibles.

Créer un climat favorable à la chasteté

22. Nous voulons à cette occasion rappeler l'attention des éducateurs et de tous ceux qui ont des tâches de responsabilité pour le bien commun de la société sur la nécessité de créer un climat favorable à l'éducation de la chasteté, c'est-à-dire au triomphe de la saine liberté sur la licence par le respect de l'ordre moral.

Tout ce qui, dans les moyens modernes de communication sociale, porte à l'excitation des sens, au dérèglement des mœurs, comme aussi toute forme de pornographie ou de spectacles licencieux, doit provoquer la franche et unanime réaction de toutes les personnes soucieuses du progrès de la civilisation et de la défense des biens suprêmes de l'esprit humain. Et c'est en vain qu'on chercherait à justifier ces dépravations par de prétendues exigences artistiques ou scientifiques, ou à tirer argument de la liberté laissée en ce domaine par les autorités publiques.

Appel aux pouvoirs publics

23. Aux gouvernants, qui sont les principaux responsables du bien commun, et qui peuvent tant pour la sauvegarde des valeurs morales. Nous disons : ne laissez pas se dégrader la moralité de vos peuples ; n'acceptez pas que s'introduisent, par voie légale, dans cette cellule fondamentale de la société qu'est la famille, des pratiques contraires à la loi naturelle et divine. Toute autre est la voie par laquelle les pouvoirs publics peuvent et doivent contribuer à la solution du problème démographique : c'est la voie d'une prévoyante politique familiale, d'une sage éducation des peuples, respectueuse de la loi morale et de la liberté des citoyens.

Nous sommes bien conscient des graves difficultés dans lesquelles se trouvent les pouvoirs publics à cet égard, spécialement dans les pays en voie de développement. A leurs légitimes préoccupations, Nous avons consacré Notre encyclique *Populorum progressio*. Mais avec Notre prédécesseur Jean XXIII, Nous répétons : *« Ces difficultés ne doivent pas être résolues par le recours à des méthodes et à des moyens qui sont indignes de l'homme, et qui ne trouvent leur explication que dans une conception purement matérialiste de l'homme et de sa vie. La vraie solution se trouve seulement dans le développement économique et dans le progrès social qui respectent et promeuvent les vraies valeurs humaines, individuelles et sociales. »* Et l'on ne saurait, sans une grave injustice, rendre la divine Providence responsable de ce qui dépendrait au contraire d'un défaut de sagesse de gouvernement, d'un sens insuffisant de la justice sociale, d'un accaparement égoïste, ou encore d'une blâmable indolence à affronter les efforts et les sacrifices nécessaires pour assurer l'élévation du niveau de vie d'un peuple et de tous ses enfants.

Que tous les pouvoirs responsables — comme certains le font déjà si louablement — renouvellent généreusement leurs efforts. Et que l'entraide ne cesse de s'amplifier entre tous les membres de la grande famille humaine : c'est un champ d'action presque illimité qui s'ouvre là à l'activité des grandes organisations internationales.

Aux hommes de science

24. Nous voulons maintenant exprimer Nos encouragements aux hommes de science, qui « peuvent beaucoup pour la cause du mariage et de la famille et pour la paix des consciences si, par l'apport convergent de leurs études, ils s'appliquent à tirer davantage au clair les diverses conditions favorisant une saine régulation de la procréation humaine ». Il est souhaitable, en particulier, que, selon le vœu déjà formulé par Pie XII, la science médicale réussisse à donner une base suffisamment sûre à une régulation des naissances fondée sur l'observation des rythmes naturels. Ainsi les hommes de science et, en particulier les chercheurs catholiques, contribueront à démontrer par les faits que, comme l'Église l'enseigne, *« il ne peut y avoir de véritable contradiction entre les lois divines qui règlent la transmission de la vie et celles qui favorisent un authentique amour conjugal. »*

Aux époux chrétiens

25. Et maintenant Notre parole s'adresse plus directement à Nos fils, particulièrement à ceux que Dieu appelle à le servir dans le mariage. L'Église, en même temps qu'elle enseigne les exigences imprescriptibles de la loi divine, annonce le salut, et ouvre par les sacrements les voies de la grâce, laquelle fait de l'homme une nouvelle créature, capable de répondre dans l'amour et dans la vraie liberté au dessein de son Créateur et Sauveur, et de trouver doux le joug du Christ.

Que les époux chrétiens, dociles à sa voix, se souviennent donc que leur vocation chrétienne, commencée au baptême, s'est ensuite spécifiée et confirmée par le sacrement du mariage. Par lui, les époux sont affermis et comme consacrés pour accomplir fidèlement leurs devoirs, pour réaliser leur vocation jusqu'à la perfection et pour rendre chrétiennement le témoignage qui leur est propre en face du monde. C'est à eux que le Seigneur confie la tâche de rendre visibles aux hommes la sainteté et la douceur de la loi qui unit l'amour mutuel des époux à leur coopération à l'amour de Dieu auteur de la vie humaine.

Nous n'entendons aucunement dissimuler les difficultés, parfois graves, qui sont inhérentes à la vie des époux chrétiens : pour eux, comme pour chacun, « étroite est la porte et resserrée est la voie qui conduit à la vie ». Mais l'espérance de cette vie doit illuminer leur chemin, tandis qu'ils s'efforcent courageusement de vivre avec sagesse, justice et piété dans le temps présent, sachant que la figure de ce monde passe.

Que les époux affrontent donc les efforts nécessaires, soutenus par la foi et par l'espérance qui « ne trompe pas, car l'amour de Dieu a été répandu dans nos cœurs par l'Esprit Saint qui nous a été donné » ; qu'ils implorent par une persévérante prière l'aide divine ; qu'ils puisent surtout dans l'Eucharistie à la source de la grâce et de la charité. Et si le péché avait encore prise sur eux, qu'ils ne se découragent pas, mais qu'ils recourent avec une humble persévérance à la miséricorde de Dieu, qui est accordée dans le sacrement de pénitence. Ils pourront de cette façon réaliser la plénitude de la vie conjugale décrite par l'Apôtre : *« Maris, aimez vos femmes comme le Christ a aimé l'Église. (...) Les maris doivent aimer leurs femmes comme leur propre corps. Aimer sa femme, n'est-ce pas s'aimer soi-même ? Or, personne n'a jamais haï sa propre chair ; il la nourrit, au contraire, et l'entretient, comme le Christ le fait pour l'Église. (...) Grand est ce mystère, je veux dire par rapport au Christ et à l'Église. Mais en ce qui vous concerne, que chacune aime son épouse comme lui-même et que l'épouse respecte son mari. »*

Apostolat entre foyers

26. Parmi les fruits qui proviennent d'un généreux effort de fidélité à la loi divine, l'un des plus précieux est que les conjoints eux-mêmes éprouvent souvent le désir de communiquer à d'autres leur expérience. Ainsi vient s'insérer dans le vaste cadre de la vocation des laïcs une nouvelle et très remarquable forme de l'apostolat du semblable par le semblable ; ce sont les foyers eux-mêmes qui se font apôtres et guides d'autres foyers. C'est là sans conteste, parmi tant de formes d'apostolat, une de celles qui apparaissent aujourd'hui les plus opportunes.

Aux médecins et au personnel sanitaire

27. Nous avons en très haute estime les médecins et les membres du personnel sanitaire, qui, dans l'exercice de leur profession, ont à cœur, plus que tout intérêt humain, les exigences supérieures de leur vocation chrétienne. Qu'ils continuent à promouvoir en toute occasion les solutions inspirées par la foi et par la droite raison, et qu'ils s'efforcent d'en susciter la conviction et le respect dans leur milieu. Qu'ils considèrent aussi comme un devoir professionnel l'acquisition de toute la science nécessaire dans ce domaine délicat, afin de pouvoir donner aux époux qui les consultent les sages conseils et les saines directives que ceux-ci attendent d'eux à bon droit.

Aux prêtres

28. Chers fils prêtres, qui êtes par vocation les conseillers et les guides spirituels des personnes et des foyers, Nous Nous tournons maintenant vers vous avec confiance. Votre première tâche, spécialement pour ceux qui enseignent la théologie morale, est d'exposer sans ambiguïté l'enseignement de l'Église sur le mariage. Soyez les premiers à donner, dans l'exercice de votre ministère, l'exemple d'un assentiment loyal, interne et externe, au Magistère de l'Église. Cet assentiment est dû, vous le savez, non pas tant à cause des motifs allégués que plutôt en raison de la lumière de l'Esprit Saint, dont les pasteurs de l'Église bénéficient à un titre particulier pour exposer la vérité. Vous savez aussi qu'il est de souveraine importance, pour la paix des consciences et pour l'unité du peuple chrétien, que dans le domaine de la morale comme dans celui du dogme, tous s'en tiennent au Magistère de l'Église et parlent un même langage. Aussi est-ce de tout Notre âme que Nous vous renouvelons l'appel angoissé du grand Apôtre Paul : *« Je vous en conjure, frères, par le nom de Notre-Seigneur Jésus-Christ, ayez tous un même sentiment ; qu'il n'y ait point parmi vous de divisions, mais soyez tous unis dans le même esprit et dans la même pensée. »*

29. Ne diminuer en rien la salutaire doctrine du Christ est une forme éminente de charité envers les âmes. Mais cela doit toujours être accompagné de la patience et de la bonté dont le Seigneur lui-même a donné l'exemple en traitant avec les hommes. Venu non pour juger, mais pour sauver, il fut certes intransigeant avec le mal, mais miséricordieux envers les personnes. Au milieu de leurs difficultés, que les époux retrouvent toujours, dans la parole et dans le cœur du prêtre, l'écho de la voix et de l'amour du Rédempteur.

Parlez avec confiance, chers fils, bien convaincus que l'Esprit de Dieu, en même temps qu'il assiste le Magistère dans l'exposition de la doctrine, éclaire intérieurement les cœurs des fidèles en les invitant à donner leur assentiment. Enseignez aux époux la voix nécessaire de la prière, préparez-les à recourir souvent et avec foi aux sacrements de l'eucharistie et de la pénitence, sans jamais se laisser décourager par leur faiblesse.

Aux évêques

30. Chers et vénérables frères dans l'épiscopat, avec qui Nous partageons de plus près le souci du bien spirituel du peuple de Dieu, c'est à vous que va Notre pensée respectueuse et affectueuse au terme de cette encyclique. A tous Nous adressons une pressante invitation. A la tête des prêtres, vos coopérateurs, et de vos fidèles, travaillez avec ardeur et sans relâche à la sauvegarde et à la sainteté du mariage, pour qu'il soit toujours davantage vécu dans toute sa plénitude humaine et chrétienne. Considérez cette mission comme l'une de vos plus urgentes responsabilités dans le temps présent. Elle comporte, comme vous le savez, une action pastorale concertée dans tous les domaines de l'activité humaine, économique, culturelle et sociale : seule, en effet, l'amélioration simultanée dans ces différents secteurs permettra de rendre non seulement tolérable, mais plus facile et plus joyeuse la vie des parents et des enfants au sein des familles, plus fraternelle et plus pacifique la vie en commun dans la société humaine, dans la fidélité au dessein de Dieu sur le monde. (...).

Appel final

31. Vénérables frères, chers fils, et vous tous, hommes de bonne volonté, grande est l'œuvre d'éducation, de progrès et d'amour à laquelle Nous vous appelons, sur le fondement de l'enseignement de l'Église, dont le successeur de Pierre est, avec ses frères dans l'épiscopat, le dépositaire et l'interprète. Grande œuvre, en vérité. Nous en avons l'intime conviction, pour le monde comme pour l'Église, puisque l'homme ne peut trouver le vrai bonheur, auquel il aspire de tout son être, que dans le respect des lois inscrites par Dieu dans sa nature et qu'il doit observer avec intelligence et amour. Sur cette œuvre Nous invoquons, comme sur vous tous, et de façon spéciale sur les époux, l'abondance des grâces du Dieu de sainteté et de miséricorde, en gage desquelles Nous vous donnons Notre Bénédiction apostolique.

Donné à Rome, près Saint-Pierre, en la fête de l'apôtre saint Jacques, le 25 juillet de l'année 1968, de Notre pontificat la sixième.

Paulus PP. VI

Vingt-cinq ans après « Humanae vitae »

Le pape publiera avant l'été une encyclique réaffirmant les principes de la morale catholique

Dans quelques semaines, Jean-Paul II va publier une encyclique, du nom de *Splendor veritatis (Splendeur de la vérité)*, réaffirmant les grands principes de la morale de l'Eglise catholique, en matière sexuelle notamment. Comme on l'a vu récemment à propos de la prévention du sida, les prises de position de l'Eglise en matière morale font l'objet de critiques nombreuses (1), auxquelles vient de faire écho un article remarqué de la revue *Etudes* dans sa livraison de mai. Cette nouvelle encyclique était en préparation depuis six ans.

Vingt-cinq ans après la publication par Paul VI, en juillet 1968, de l'encyclique *Humanae vitae* sur la contraception, source d'une incompréhension qui n'a cessé de [illegible]

Elle est liée à *« une méditation quotidienne sur sa mission, sur le sens de l'homme et de son salut »*. Et si le divorce entre la morale de l'Eglise et l'opinion n'est pas contesté, il est inséparable, dit-on à Rome, d'une crise globale de la société, en mal de valeurs et de références incontestables.

Le débat n'en est pas moins ouvert, y compris au Vatican, comme le montre la lenteur inhabituelle de publication d'une telle encyclique. A une conception qui intègre les données de la culture et de l'anthropologie modernes s'oppose une morale purement objective et normative. A cet égard, la revue *Etudes* vient de publier un article courageux de son rédacteur en chef, le Père Jean-Yves Calvez, qui s'étonne du décalage entre la *« morale sociale »* de l'Eglise, qui distingue *« les niveaux, les critères et les orientations »*, et sa *« morale sexuelle »*, qui ne retient que *« le langage des normes, de la licéité et de l'illicéité »*.

Le Monde

L'interdit et les protestants

par Olivier Abel

Professeur de philosophie et d'éthique à la Faculté de théologie protestante de Paris, Olivier Abel analyse les tenants et aboutissants de la morale protestante, notamment calviniste. Il montre en quoi elle diffère de celle du catholicisme et comment elle a débouché, en bien comme en moins bien, sur certaines conceptions modernes.

« Je sais bien qu'il n'y a rien d'impur, sinon pour celui qui estime une chose impure », *écrivait Paul (Épître aux Romains-14). Calvin commente :* « Par lesquelles paroles il soumet toutes choses externes à notre liberté, pourvu que l'assurance de cette liberté soit certaine à nos consciences envers Dieu. »

Institution de la religion chrétienne, *Paris, Les Belles Lettres, 1961, tome 4, p. 136*

Ces deux petites paroles condensent assez bien le sentiment protestant quant aux « interdits ». L'idée centrale est que les choses en elles-mêmes sont indifférentes à ceux qui en usent avec sobriété : c'est lorsqu'elles sont l'objet de cupidité ou de superstition qu'il est bon de s'en abstenir (Calvin, *op. cit.*, p. 138-139-140 et 196). On pourrait montrer comment les objets habituels de l'interdiction religieuse (comme l'argent ou la sexualité) tombent sous le coup de cette critique de la superstition et de la cupidité : mais c'est surtout la religion elle-même qui est visée. Parlant des obligations et interdits religieux, Calvin écrit qu'*« il faut toujours soigneusement prendre garde en de telles observances qu'elles ne soient estimées néces-*

saires au salut, pour lier les consciences » (p. 192). Ou encore : « *Quoi ? Y a-t-il si grand mystère en la coiffure d'une femme, que ce soit un grand crime de sortir en la rue nue tête ?* » (p. 193).

Le premier acte de la Réforme fut de désacraliser les interdits : de toute façon, nul ne peut pratiquer parfaitement la Loi et la Justice de Dieu.

Le premier acte de la Réforme fut de désacraliser les interdits : de toute façon, nul ne peut pratiquer parfaitement la Loi et la Justice de Dieu.

Le but de ce genre de remarques est d'abord de désacraliser les formes de vie imposées par les religions, de montrer qu'elles sont relatives à des traditions et des contextes. Calvin refuse d'ailleurs l'argument qui consiste à dire que pour ne pas scandaliser les fidèles, il faut « *les nourrir de lait* », et les maintenir sous des interdits et des obligations qui les infantilisent ; en effet, « *jusques à quand abreuveront-ils leurs enfants d'un même lait ? Car s'ils ne grandissent jamais jusqu'à porter quelque légère viande, il est certain que jamais ils n'ont été nourris de bon lait* » (p. 145). De même que Paul relativise les prescriptions judaïques, les réformateurs rompent les interdits alimentaires, l'obligation du célibat des prêtres, l'interdiction du prêt à intérêt, l'interdiction du divorce ; et c'est du même mouvement qu'aujourd'hui les protestants acceptent la pilule, l'IVG, et les mariages mixtes.

Mais l'argument de fond tient au cœur même de la théologie protestante, tel que formulé par Luther : c'est qu'en aucun cas la Loi religieuse (le Décalogue, par exemple), serait-elle observée jusque dans ses moindres détails, ne peut nous conduire au « salut » et à la « grâce » divine. Ceux-ci ne dépendent absolument pas de nos bonnes œuvres (ni de notre obéissance aux puissances ecclésiastiques !), mais d'un don gratuit de Dieu. Par ce don nous sommes libérés de ce que les obligations et les interdits religieux pouvaient avoir d'obsessionnels. Notons que ce qui distingue cette liberté de la servitude à la Loi est que celle-ci est une servitude à soi-même. Celui qui ne s'intéresse qu'à la Loi est quelqu'un qui s'intéresse trop à son propre salut ou à son propre bien. Calvin écrit : « *Il nous faut démettre de toute cogitation de la Loi (...) et détourner notre regard de nous-mêmes* » (p. 130). D'ailleurs, Calvin propose pour règle de « *ne nous pas contenter nous-mêmes, mais qu'un chacun contente son prochain* » (p. 142). Telle est la liberté dont parle la petite phrase placée en exergue.

La prédication luthérienne de la Grâce seule est en rupture avec toute prétention à fonder une morale chrétienne. En effet, toute morale reste une tentative d'autojustification. Il ne faut pas confondre le registre évangélique de la sanctification par la foi, la libération dont nous venons de parler, et le registre de la justice humaine, qui maintient un certain ordre moral de rétribution, car les humains restent esclaves de leurs passions, de leurs envies et de leurs peurs. En ce sens, la Justice du Jugement dernier ne nous appartient pas. Il faut dire « *L'éthique est humaine* » comme on dit : « *L'erreur est humaine.* » Et il n'y a pas de législation juridique, ni de projet politique, qui puissent se donner pour fondés sur la Loi de Dieu.

C'est là peut-être le grand « interdit » luthérien : il est jeté contre toute prétention à faire la synthèse entre le politique et le religieux, contre toute sacralisation. Le scandale, c'est lorsqu'on ne demande à la religion que de sacraliser une morale, dont l'élaboration hiérarchique ou démocratique, peu importe ici, est toujours le fait des hommes, et donc ceux-ci restent de part en part responsables. Dire « *cette morale est divine* » est un énoncé ridicule (mais parfois meurtrier).

La subjectivisation de l'interdit structure la responsabilité tout intériorisée du sujet lecteur, artiste et interprète des interdits et des obligations qu'il se donne.

Si la désacralisation des interdits est poussée plus loin encore chez Calvin que chez Luther, c'est parce qu'elle s'y accompagne probablement d'une plus grande « intériorisation » des interdits. L'interdit devient subjectif, l'espace même de la subjectivité peut-être. Pour Calvin, en effet, les textes bibliques, les évangiles, les paraboles n'enseignent

La subjectivisation de l'interdit structure la responsabilité tout intériorisée du sujet lecteur, artiste et interprète des interdits et des obligations qu'il se donne.

rien mais placent l'auditeur en position de responsabilité : qu'est-ce que je fais de ce texte dans ma vie ? qu'est-ce que cela modifie ? Le texte biblique ne se réfère pas à un cosmos mythologique ou allégorique, mais ouvre un monde, devant lui, dans lequel les acteurs que nous sommes vivons. En ce sens, le protestantisme n'est pas un christianisme (il développe trop peu d'interdits pour être religieux), et il n'est pas davantage un humanisme (il est trop pessimiste sur la nature humaine) : c'est plutôt un art, une interprétation poétique des traditions.

Cet art d'interpréter est un art éthique, car ce que l'imagination poétique ouvre, c'est une autre manière de percevoir et d'agir. L'interprétation du texte s'entend comme de l'interprétation théâtrale ou musicale : c'est un acte singulier, personnel, et attaché à la singularité des situations. Ce n'est pas un acte sans règle, car il y a des règles de l'art, et toute interprétation développe ses propres règles. Mais les règles de son jeu, l'« *interprète* » en est responsable, « *devant Dieu* » ; il est responsable de sa manière de « *répondre* ». On peut suivre une règle même si elle ne tombe pas du ciel. Un catholique écrivait récemment que « *la liberté ne consiste pas en l'absence de règles, mais en la possibilité d'obéir ou non* ». C'est ainsi que dans la tradition française, catholique jusque dans son anticléricalisme, une loi n'a de sens que par rapport à sa possible transgression : il ne viendrait pas à l'idée que l'on peut vouloir suivre une règle qu'on se donne, même si elle n'est pas imposée de l'extérieur, par simple fair-play !

Cette intériorisation des obligations et des interdits fait que la loi de charité et d'équité (aimer son prochain comme soi-même et ne pas le traiter comme on ne voudrait pas qu'il nous traite) n'est « *autre chose sinon un témoignage de la loi naturelle et de la conscience, laquelle notre Seigneur a imprimée au cœur de tous les hommes* ». Par ce travail de subjectivisation du droit, Calvin fait l'économie d'une légalisation interminable : chaque lecteur porte désormais en lui une structure de responsabilité qui mesure l'« inter-dit » entre les Écritures et le monde où elles s'appliquent. Suspendue et comme vidée de tout souci de soi par la lecture, sa subjectivité est formée et disciplinée par un texte qui éprouve sa capacité à respecter la pluralité des interprétations tout en attestant la cohérence de la sienne. Le danger de cette subjectivisation, c'est que l'interdit, brisé comme obligation religieuse, peut réapparaître comme le sentiment d'une exigence ou d'une dette infinie, sans limite. Ici apparaît le « type » du protestant torturé, comme hanté par une conscience malheureuse ; mais ce type ne doit pas occulter le premier « type » du protestant, celui qui est libéré des obligations-interdits pour inventer sa manière de rendre grâce, sa manière d'aimer la vie.

Qu'est-ce que le puritanisme ? C'est ce qui a permis la substitution d'une éthique du contrat à une éthique de l'honneur. Cela n'a pu se faire sans une terrible discipline.

Qu'est-ce que le puritanisme ? C'est ce qui a permis la substitution d'une éthique du contrat à une éthique de l'honneur. Cela n'a pu se faire sans une terrible discipline.

Le protestantisme a une solide réputation d'austérité, de discipline morale, qui s'accorde mal avec tout ce que nous venons de dire à propos de la critique « théologique » de l'interdit. Disons d'abord que le puritanisme est cette éthique politique et économique par laquelle on a pu attribuer au calvinisme la paternité d'un certain individualisme. De fait, Calvin est « nominaliste » et ne croit pas à l'existence d'entités comme l'Église : « *Estimer l'Église déjà sainte et immaculée, de laquelle les membres soient encore souillés et immondes, n'est-ce pas pure moquerie ?* »

(p. 169). Cet individualisme éthique, par lequel seule existe la responsabilité individuelle de chacun, nous montre après la Chute une humanité méchante, séparée de Dieu et des autres hommes, et ayant besoin de freins moraux puissants.

Mais cette première figure du puritanisme calviniste, pessimiste et individualiste, doit être complétée par une seconde, plus communautaire et plus épique. Calvin ne cherche pas à percer les mystères de la foi mais à organiser une communauté d'écoute ou de lecture, et ce qui l'intéresse, c'est le partage équitable des tâches et des biens entre les membres de la communauté. Le calvinisme inaugure l'histoire des révolutions, c'est-à-dire l'organisation d'un groupe d'individus ayant la même utopie révolutionnaire, et ce que les calvinistes ont dit du saint, d'autres plus tard l'ont dit du citoyen, vertueux et discipliné.

Le puritanisme, autrement dit, c'est ce qui a permis la substitution d'une éthique du contrat à une éthique de l'honneur. Cela n'a pu se faire sans une terrible discipline. Il y a dans le calvinisme naissant un constant exercice de soi : tous ces militants furent « étrangers » dans le monde où ils se dressèrent, et dont il leur fallait détruire les ressorts. Mais ils furent aussi étrangers dans le monde qu'ils permirent, parce qu'on ne comprenait plus leur violence, même si c'est cette discipline qui a permis par la suite le libéralisme de Locke (par la capacité à se gouverner soi-même), ou le capitalisme (par l'accumulation des signes d'élection de Dieu jointe à la sobriété : ne pas dépasser le « besoin »). Ceux qui, en dehors de ce contexte polémique, ont maintenu les formes de cette discipline, ont défiguré le puritanisme en un moralisme individualiste, presque narcissique tant il est obsédé par le salut privé, et plus ou moins hypocrite.

Ce que nous venons de dire du puritanisme vaut pour ce qu'on appelle la « prédestination » (idée selon laquelle, quoi qu'on fasse, c'est Dieu qui nous a prédestinés au salut ou à la perte, si cette distinction signifie encore quelque chose ici). La « prédestination », elle aussi, est la force qu'il a fallu à une règle pour constituer une sphère proprement éthique : à partir de la séparation entre les actes et les intentions, la prédestination m'oblige à considérer d'une part que l'intention de mon voisin répond à (et donc dépend de) la vocation divine, et d'autre part, que je ne connais pas celle-ci. Si la conscience est le siège des intentions, non seulement elle se tient devant Dieu, mais elle est ce qui, en moi, loin de pouvoir dépendre des pouvoirs civils et religieux, ne dépend pas même de moi : le sujet éthique, en ce sens, ne s'appartient pas, il n'appartient qu'à Dieu. C'est la simplicité presque brutale de cet argument chez Calvin qui a fait sa force de libération.

Dans l'éthique protestante, le sexe n'est pas si important que ça : il est un des lieux où la responsabilité est aussi un plaisir.

Dans l'éthique protestante, le sexe n'est pas si important que ça : il est un des lieux où la responsabilité est aussi un plaisir.

Il ne sera pas inutile, pour finir, d'en revenir à ce que l'on a l'habitude de considérer comme les objets habituels de l'interdit religieux, et notamment le sexe et l'argent, avec cette idée initiale que c'est lorsqu'ils sont l'objet de cupidité ou de superstition qu'il est bon de s'en abstenir. Le puritanisme anglo-saxon, qui est ici la figure de proue de la morale sexuelle protestante, a fondé la « *constancy* », la constance conjugale, sur une relation très égalitaire entre le mari et la femme associés étroitement dans le projet familial. Je n'hésiterai pas à dire que cette discipline de la véracité, qui a donné à l'individu cette capacité à se juger lui-même, a paradoxalement eu comme résultat lointain une liberté sexuelle inédite : en effet, c'est la discipline individualiste, l'obligation d'être conscient de ce qu'on fait, d'être autonome, d'être sincère, qui a le plus contribué à briser les vieux liens de fidélité.

D'ailleurs on peut observer que c'est le pays où les puritanismes sexuels ont été et sont encore les plus exacerbés, les USA, qui est aussi celui où la civilisation des sex-shops a triomphé le plus fort, comme s'il y avait une complicité discrète entre les deux. Je ne crois pas qu'il s'agisse d'une similitude économique, où il s'agirait de « rentabiliser » le désir, par la procréation ici, et là par la mercantilisation : en effet le puritanisme plaçait la constance conjugale elle-même, et le plaisir sexuel qui s'y accomplissait, bien plus haut que les justifications utilitaristes de la sexualité. C'est plutôt que la structure de l'éthique puritaine privilégie le libre contrat individuel, et la formation à la responsabilité individuelle (contraception, préservatifs surtout aujourd'hui, etc.), et qu'à terme cela ne pouvait pas rester sans conséquences sur les formes de conjugalité.

Il faut dire, enfin, que l'éthique « protestante romane » des protestants français atténue tout cela par son appartenance au monde latin, méditerranéen. Une certaine dose de marivaudage ne lui fait pas peur, tout ce « théâtre » et ce travail du langage, cet « amour parlé », par lequel on essaye diverses manières de se raconter dans des relations, de se représenter, de sortir des rôles établis, d'essayer d'autres soi-même. Une certaine tendresse aussi, dans le style si classique pour la France de Brassens, un certain refus de juger les autres, tout cela est caractéristique aussi bien de la manière dont les théologiens (André Dumas par exemple) ont parlé du couple amoureux (en s'attristant de sa raréfaction !) que de la manière dont les protestants « sociologiques » ont vécu les dernières décennies.

Ni la cupidité de la possession ou de l'instrumentalisation de l'autre, ni la superstition qui sacralise la sexualité et en exagère l'importance, et qui, par l'interdit, allume les passions, telle est la sobriété plutôt courtoise de l'éthique protestante en matière sexuelle.

La morale protestante, par sa méfiance envers toute dépense improductive, a très tôt encouragé une éthique de l'argent, qui fait aujourd'hui problème.

Max Weber montre que c'est la morale protestante, par l'interdiction qu'elle jetait contre toute dépense improductive, par la bénédiction qu'elle voyait dans les fruits d'un travail bien fait, par la fraternité émulatrice qu'elle organisait entre les membres d'une congrégation (secte), qui a servi de vecteur au développement du capitalisme. Il est vrai que Calvin, le premier dans le monde chrétien, a autorisé le prêt à intérêt (ce qui ne sera le cas en France qu'après la Révolution), sous l'argument que si l'argent est en soi stérile, tout est stérile sauf si on y adjoint un travail : un prêt de production est licite, car c'est de l'argent qui permettra un travail et augmentera la production, et donc le bien général, etc.

Dans l'ascétisme calviniste, comme le reste, l'argent est moralement indifférent pour ceux qui en usent avec sobriété ; c'est lorsqu'il devient objet de cupidité ou de superstition qu'il faut s'en abstenir. En suivant cette indication, l'éthique de l'argent peut être développée selon deux caractéristiques de l'argent lui-même : 1. L'argent donne une « limite » à la cupidité, en obligeant son utilisateur à ne pas vouloir tout en même temps, et en l'obligeant à choisir ; par là s'est effectuée, au long des siècles, une éducation à la responsabilité et à la cohérence des décisions tout à fait importante. 2. L'argent libère celui qui était attaché à une habitude, à la superstition d'un mode de vie, en lui proposant la configuration d'autres « possibles », l'imagination des divers usages qu'il peut en faire ; par là s'est développée, au long des siècles, une capacité d'anticipation, d'invention d'autres biens, d'autres services, d'autres échanges, qui a favorisé une grande diversité du tissu social.

Le problème qui se pose maintenant à l'éthique protestante est le suivant : jusqu'où l'argent donne-t-il une limite à la cupidité par un principe de non-contradiction qui oblige les acteurs de l'échange à un minimum de cohérence, de solidarité ? N'est-il pas en train de devenir lui-même l'objet d'un désir illimité, d'une cupidité que plus rien ne freine, et qui conduit les acteurs à exclure sans sourciller du jeu social ceux qui ne sont plus dans la course, ceux qui ne sont plus solvables ? Et jusqu'où l'argent, comme pur symbole, anticipe-t-il et permet-il l'invention de la pluralité des types d'échanges et donc de valeurs et de libertés ? N'est-il pas en train de devenir le meilleur moyen d'écraser la diversité humaine, d'obliger tous les autres à entrer dans un jeu unique qui se prend pour la réalité même, bref n'est-il pas en train de devenir une superstition folle ? Si c'est le cas, il faudra s'en abstenir et inventer autre chose, capable d'assurer en même temps ces deux fonctions.

Olivier ABEL

Les interdits dans l'islam

par Dalil Boubakeur

« L'islam, explique Dalil Boubakeur, recteur de la Mosquée de Paris, a pour caractéristique d'avoir un certain nombre d'obligations rituelles, d'obligations de comportement et par corollaire un certain nombre d'interdits. En théorie, tout est licite sauf ce qui est interdit. Cela semble un truisme, mais découle pourtant du texte coranique. Dieu a créé la nature comme un vaste champ pour les hommes d'où ils peuvent tirer leur subsistance et leur bonheur. Mais cette permission a été balisée par un certain nombre d'interdits rituels qui ont découlé de la révélation progressive qui s'est faite dans le Coran. Au fur et à mesure, des comportements à éviter sont apparus, avec des effets sur la vie quotidienne, déterminant le licite et l'illicite. »

La transgression de l'illicite est donc un péché. Cette transgression peut avoir un caractère plus ou moins grave. Il y a des péchés qui sont mineurs, en arabe les *saghaïr*. Et il y a les péchés majeurs : *El Kabaïr*, avec lesquels nous entrons dans le véritable domaine des interdits. La transgression de ces péchés majeurs est une grande faute qui sera jugée le jour de la Résurrection, le jour du Jugement dernier.

C'est toute la vie du musulman qui est concernée par les interdits. Les Européens connaissent de l'islam les interdits alimentaires et ceux qui régissent les rapports sexuels, le comportement conjugal, mais il y a aussi ceux qui régissent les comportements religieux, social, économique. On compte 70 grands interdits. Le plus important, c'est le polythéisme, l'islam dit « *l'associationnisme* », qui consiste à associer à Dieu d'autres divinités. C'est le péché des péchés. Lorsqu'on meurt et bien avant d'ailleurs, on doit absolument réciter la profession de foi attestant qu'il n'y a qu'un seul Dieu, la *Chahada*. La première question que le mort se voit poser dans sa tombe est « *Comment s'exprime ta foi ?* ». Le fait majeur consiste à reconnaître l'unicité divine. Le polythéisme est le péché fondamental.

Les sept péchés majeurs sont : le polythéisme, la magie, le meurtre, la confiscation des biens des orphelins, l'usure, la fuite lors du combat pour Dieu, l'accusation de fornication sans preuve.

Selon le *hadith*, les sept péchés majeurs sont : le polythéisme *(chizk)*, la magie *(sihr)*, le meurtre, la confiscation des biens des orphelins, l'usure, la fuite lors du combat pour Dieu, l'accusation de fornication sans preuve.

A côté de cela, un catalogue d'interdits balise la vie du musulman, qui fait qu'il se présente en état de licéité, de paix avec lui-même, au moment de sa mort ou, au contraire, en état de remords pour n'avoir pas suivi les principales obligations qui sont : la profession de foi, la prière, la *zakat* (aumône légale), le jeûne pendant le mois de Ramadan, le pèlerinage à La Mecque (obligatoire si on en a les moyens).

Dans le domaine de la vie quotidienne, les interdits alimentaires viennent en premier : le porc, les boissons fermentées, alcoolisées, les substances psychotropes, donc la toxicomanie, et en général tout ce qui peut détourner de la vie religieuse, ainsi que les ruses qui consistent à donner à un aliment interdit un autre nom : eau-de-vie au lieu de vin... En ce qui concerne le vin en particulier, il est interdit de le consommer, de cultiver la vigne pour fabriquer le vin, de commercialiser son produit alcoolisé et même de l'apporter à celui qui va le consommer, bref d'en tirer un profit quelconque.

Le porc est formellement interdit. Selon les savants musulmans, cette viande peut être source de nocivité, de maladies (si on ne les connaît pas aujourd'hui, elles nous seront un jour dévoilées : mais il faut éviter de rationaliser ce qui relève du domaine de la spiritualité).

La viande de porc

Nous lisons dans le Coran, dans la Sourate V, *La table : « Il vous est interdit de manger la chair d'une bête morte, le sang, la viande de porc, la viande d'animal sur lequel on aura invoqué en l'égorgeant le nom d'une divinité autre que Dieu, la viande de bête morte par étouffement ou sous un coup de corne, mise en pièce par des fauves, qui n'a pas été saignée à temps, immolée sur des pierres dressées. Il vous est interdit d'attribuer des parts de viande d'une bête égorgée en commun par tirage au sort au moyen des flèches, ce qui est une perversité. Quiconque contreviendra à ces interdictions par contrainte et non dans l'intention de commettre délibérément un péché sera absous car, en vérité, est clément et compatissant. »*

Dans la même Sourate V, verset 90 il est dit : *« Ô Croyants, les boissons fermentées, les jeux de hasard, les stèles érigées, les flèches divinatoires ne sont pas autre chose qu'une souillure diabolique. Évitez-les et vous serez heureux. »*

Ces dispositions mettent le croyant en situation de soumission à la volonté divine, et à rien d'autre, que ce soit le hasard ou les forces diaboliques. Il n'y a pas de partage de la volonté dans le destin, sinon ce que Dieu veut. Diriger une destinée par les flèches divinatoires, l'astrologie, la chiromancie... est interdit. On ne doit pas se soumettre à un non-arbitre, à quelque chose d'impur.

Sur le plan sexuel, il y a dans le Coran des interdictions qui sont importantes pour le développement de la personne et du couple : « *Ne forniquez point.* » On lit dans la Sourate XVII, verset 17 : « *La fornication est en vérité une turpitude et un mauvais chemin.* » Cela veut dire que le seul rapport recommandé et licite doit avoir pour cadre la vie conjugale, dans des conditions normales. Ce qui exclut les perversions sexuelles, l'homosexualité, le lesbianisme, la sodomie, la pédérastie, l'inceste ; ce sont des déviations, des interdits, des péchés majeurs (Coran II 22).

Un autre interdit important est posé, notamment dans la Sourate XVII, verset 33 : « *Ne tuez pas sans droit votre semblable dont Dieu a rendu la vie sacrée pour vous. Quiconque est injustement tué, nous donnons à son proche parent un pouvoir à son sujet, mais que celui-ci n'excède pas les limites du meurtre. Il sera assisté.* » Cela veut dire que, après le polythéisme, le deuxième grand péché est l'assassinat. Tu ne tueras point. Sans référence explicite à la loi du talion. Il est donné au proche parent le pouvoir de demander justice ou de faire justice, ce n'est pas précisé. Mais il ne faut pas utiliser le système de l'Arabie anté-islamique. Quand un membre d'une tribu tuait, c'est à toute la tribu qu'on imputait le crime. C'est ce qui se passait en France sous l'occupation quand un Allemand était tué. C'est une pratique barbare que l'islam a interdite. Seul l'assassin doit être condamné à mort. Cet interdit est donc un interdit positif.

L'homicide est interdit, sauf dans trois cas : le crime de meurtre, l'apostasie et l'adultère (prouvé par quatre témoins oculaires).

L'homicide est interdit, sauf dans trois cas : le crime du meurtre, l'apostasie et l'adultère (prouvé par quatre témoins oculaires). Dans la plupart des pays musulmans, on constate une évolution dans la prise en compte des circonstances et surtout de la responsabilité. L'homicide involontaire, en cas de légitime défense, ou commis par un dément ou un mineur n'est pas puni de mort. Le Coran, qui s'adresse 800 fois à des peuples doués de raison, ne permet pas d'appliquer la justice d'une manière brutale ou aveugle. D'où l'émergence d'une casuistique, d'une jurisprudence qui intègre la responsabilité individuelle.

Le cas d'apostasie le plus célèbre fut celui du grand mystique Al Hallaj. Au Xe siècle, à Bagdad, sa soif, son amour de Dieu étaient tels qu'il proclamait être Dieu, non pas simplement uni à Dieu mais être fondu en Dieu : « *Je suis Dieu* » affirmait-il, causant ainsi un grand scandale. Convoqué devant des théologiens, il persista dans cette affirmation, en pleine connaissance des risques encourus. Les juges déclarèrent : « *Répandre ton sang est licite* » et il fut crucifié.

Dans l'affaire Salman Rushdie, il aurait fallu pouvoir réunir un aréopage de juristes, de théologiens, comme cela pouvait se faire à Badgad au temps du Califat sous la poussée populaire. Pour Rushdie, je ne peux pas me prononcer, étant donné que la condamnation a émané d'une seule instance qui était l'imam Khomeiny. Je n'ai pas eu connaissance des décisions des autres instances. Sans concertation, je me garderai bien de porter un jugement. Le Prophète ne reçoit que des messages divins et ne parle jamais sous l'empire de la passion. Et c'est tout. Cela n'a jamais soulevé de grands problèmes théologiques. J'ai essayé moi-même de lire le livre de Rushdie. J'ai entendu dire qu'il y avait à Londres un club des gens qui avaient réussi à lire vingt-cinq pages de ce livre. Je n'ai pas réussi à dépasser les trois premières pages. Je n'ai donc pas véritablement d'éléments pour juger ce qu'il voulait dire.

La justice musulmane est beaucoup plus élaborée que la caricature qu'on en a fait. La notion de responsabilité est particulièrement importante. Il faut relativiser un fait répréhensible au vu de la qualité et de la capacité de jugement de celui qui a commis l'acte délictueux, y compris le blasphème. Comment condamner un ignorant ? Je vous donne un exemple : le Calife Omar a eu une fois devant lui une femme qui s'accusait elle-même d'adultère. Après consultation d'Ali, lui-même futur Calife, ils se sont avisés que cette femme n'avait pas commis effectivement cette faute. Elle fut aussitôt libérée. On le voit : même devant une autoaccusation, le jury doit être très circonspect. Une enquête est nécessaire pour juger en toute connaissance de cause, en toute connaissance de responsabilité.

A propos de l'adultère, il faut savoir que celui-ci doit être constaté par quatre témoins oculaires, ce qui rend l'accusation extrêmement difficile. De manière générale, les femmes étaient, dans la tradition biblique, justiciables d'un certain nombre de reproches : par exemple, c'est Ève qui serait à l'origine du péché originel. Cette accusation n'est pas reprise dans l'islam. On ne reproche pas, dans notre religion, à Ève, et aux femmes à sa suite, d'avoir poussé Adam à commettre ce péché pour lequel il a été pardonné. La vie musulmane se déroule sans qu'il y ait lieu de pourvoir au rachat d'un péché général. Dans la tradition biblique, la femme a aussi été décrite comme séductrice, incitatrice au péché, etc.

Dans le Coran, il y a deux grands interdits pour les femmes. D'une part, elles ne doivent pas prier à côté des hommes, mais derrière eux, et dans le rituel elles ne doivent pas élever la voix alors que les hommes le font. Mais, à part cela, les obligations rituelles sont les mêmes. D'autre part, les femmes ne doivent pas se montrer en public sans s'habiller de manière décente et se couvrir la tête, ce qui a fait couler beaucoup d'encre. Ce n'est pas une tradition uniquement musulmane, mais la doctrine musulmane le dit.

L'adultère est strictement interdit ; dans la tradition musulmane, la femme adultère était lapidée, mais dans la tradition biblique aussi. En revanche, la contraception n'est pas interdite par l'islam. Le mariage est réglementé : par exemple, un musulman peut épouser une non-musulmane si elle appartient à un peuple du Livre : juive ou chrétienne. Le Prophète a lui-même épousé une juive, Saphia, et une chrétienne, Maryam (Marie). Une musulmane ne peut pas épouser un non-musulman. L'explication est directement religieuse : dans l'islam, la femme épousée voit son propre statut religieux garanti, elle restera juive ou chrétienne si elle le désire ; en revanche, ce statut n'est pas forcément respecté pour les musulmanes dans d'autres traditions religieuses.

La pudeur est demandée aux femmes : ne pas élever la voix, ne pas être aguichante et susciter la concupiscence. Un hadith dit : « *Lorsqu'une femme s'isole à côté d'un homme étranger, le diable se met entre eux.* » Il ne faut pas créer d'occasion de déviation à la fidélité conjugale. La femme n'a pas droit, l'homme non plus, à l'homosexualité. Mais les femmes ont un statut spirituel égal à celui des hommes ; elles vont au Paradis comme les hommes. Selon la tradition, elles s'y retrouvent dans la fleur de leurs vingt ans, quel que soit l'âge auquel elles décèdent.

Dans l'islam il n'y a pas d'interdit racial, quelle que soit l'ethnie. Je vous cite deux versets du Coran : « *Point de contrainte en religion.* » La conversion à l'islam n'est jamais forcée. Et « *Il n'y a pas de prédominance de l'Arabe sur le non-Arabe, si ce n'est par la foi* ». Le fait d'être Arabe n'est pas un avantage devant Dieu.

Il n'y a pas non plus d'interdit social résultant de la richesse, mais l'usure est interdite. Dans la doctrine économique de l'islam, on n'a pas le droit de prêter avec intérêt. C'est donc tout le système bancaire occidental qui n'est pas licite. Certains économistes musulmans ont élaboré des solutions, basées en partie sur la *Zakat*, l'aumône, en imaginant des formules qui évitent l'usure dans le prêt ou l'emprunt. L'association entre le riche et le pauvre est licite, le riche apportant son capital, le pauvre son travail. Ils s'associent dans les bénéfices et les pertes dans des proportions fixées par contrat. Les conséquences de l'usure peuvent être observées au niveau mondial, notamment dans le tiers monde.

Dans l'islam, l'interdit est fondé sur l'évitement des choses qui sont nocives pour l'homme : soit que cette nocivité soit aujourd'hui évidente, soit que cette évidence nous soit dévoilée plus tard. Éviter les péchés c'est restaurer notre nature spirituelle. Même si la liste des péchés peut être trouvée longue, leur essence, c'est l'interdit du polythéisme. Polythéisme qui obscurcit la transparence spirituelle qui fait de nous les miroirs de Dieu.

Propos transcrits par Charles CONTE

Al Kabaïr

Les 70 interdits de l'islam

d'après Adh-Dahabi

Dalil Boubakeur vient de le rappeler, selon un hadith (tradition rapportant les dits et gestes du Prophète), Mahomet a déclaré : **« Évitez les sept périls que sont le polythéisme, la magie, le meurtre, le vol des orphelins, la fuite lors de la guerre sainte, la calomnie des femmes mariées, l'usure. »**
Le théologien Ibn Abbas, suivi par la tradition musulmane, a précisé : **« Ils sont plus près de 70 et de 7. »** *Voici la liste de ces 70 grands péchés, adaptée d'un livre justement intitulé* **Al-Kabaïr (Les grands péchés).** *L'auteur, Adh-Dahabi, a passé la majeure partie de sa vie à Damas où il est né en 673 de l'Hégire (1274 de l'ère chrétienne). Son ouvrage a été réédité par les Éditions Dar el Fiker (Beyrouth), dans une version bilingue, arabe et française, établie par Saïd Al-Laham.*

1. Le polythéisme.
2. Le meurtre.
3. La magie.
4. La négligence de la prière.
5. La non-acquitation de l'aumône.
6. La rupture du jeûne, lors du mois de Ramadan, sans excuse valable (maladie, voyage...).

7. La négligence du pèlerinage alors qu'on est matériellement en mesure de le faire.
8. L'ingratitude envers son père ou sa mère.
9. Le refus d'aider des parents proches dans le besoin.
10. L'adultère.
11. L'homosexualité.
12. L'usure.
13. L'oppression d'un orphelin, et le détournement de ses biens.
14. L'invention de mensonges sur Dieu et son messager.
15. La fuite du combat lors de la guerre sainte.
16. Le gouvernement injuste, qui ne suit pas les prescriptions de l'islam.
17. L'orgueil, la magnificence.
18. Le faux témoignage.
19. La consommation de boissons alcoolisées, la toxicomanie en général (haschich compris).
20. Les jeux de hasard.
21. La calomnie des femmes mariées.
22. La fraude, devant le trésor public ou avec les biens des aumônes.
23. Le vol.
24. Le banditisme de grand chemin, le gangstérisme.
25. Le faux serment.
26. L'injustice en général, le fait de ne pas suivre la charia (les lois de l'islam).
27. La dîme, pratique anté-islamique de ceux qui prélevaient un dixième du montant des marchandises lors du passage d'un village, d'un pont..
28. L'acquisition de biens par des moyens illicites : faux serment, vol, escroquerie, jeu de hasard...
29. Le suicide.
30. Le mensonge.
31. Le jugement non conforme aux révélations de Dieu.
32. Le pot-de-vin.
33. L'imitation des femmes par les hommes, et réciproquement, le travestisme et, *a fortiori*, le transsexualisme.
34. Le proxénétisme.
35. Le mariage blanc, mariage de pure convention conclu par intérêt.
36. La souillure, en particulier par l'urine.
37. L'hypocrisie, en particulier la simulation de la foi.
38. La dissimulation de la révélation divine, ou la manipulation des textes révélés, par des gens du Livre.
39. La trahison.
40. Le reproche joint à l'aumône.
41. La négation du destin décidé par Dieu, l'« existentialisme ».
42. L'espionnage de personnes privées, l'indiscrétion.
43. La calomnie, la diffamation.
44. La malédiction.
45. La perfidie.
46. La croyance aux devins, aux astrologues, aux cartomanciennes...
47. L'insubordination de la femme, si le mari est juste.
48. Les représentations figurées, les idoles, les sculptures.
49. L'affliction exagérée et non sincère lors d'un décès (référence aux « pleureuses » anté-islamiques).
50. L'iniquité, la rébellion sans justification.
51. L'oppression (et les mauvais traitements) des faibles : esclaves, pauvres, femmes, concubines, orphelins et aussi animaux.
52. La méchanceté envers son voisin.
53. L'offense et la calomnie des musulmans.
54. L'empiètement sur les droits des pauvres.
55. L'arrogance, aussi bien dans le port de riches vêtements que dans la démarche.
56. Le port, par les hommes, de vêtements en soie et de bijoux en or.
57. La fuite pour un esclave, si le maître est juste.
58. Le sacrifice adressé à un autre qu'à Dieu.
59. Le reniement de son père, en particulier par l'adoption d'un autre nom.
60. La vaine querelle, la discussion malhonnête, le goût de la dispute.
61. Le refus de donner de l'eau.
62. La fraude, pour un marchand, dans la mesure des marchandises.
63. Le doute de la toute puissance de Dieu sur le cœur des hommes.
64. Le préjudice causé à de bons serviteurs de Dieu.
65. L'abandon de la prière en groupe pour prier seul.
66. La persistance de l'abandon de la prière en groupe, en particulier celle du vendredi.

67. Le tort causé à un héritier, par l'invention de dettes imaginaires ou tout autre moyen.

68. La ruse, la tromperie.

69. L'espionnage des autres musulmans et la révélation de leurs faiblesses.

70. L'injure, en particulier aux compagnons du Prophète.

En Islam, les interdits sont de trois types :

A. Interdits alimentaires. Alcools, euphorisants, drogues diverses, viande de porc, de sanglier, d'animaux domestiques et de chiens. En outre, un frein psychologique est posé à l'endroit des animaux licites qui n'ont pas été égorgés rituellement. Une tolérance relative est observée pour le gibier, à condition qu'il subisse ne serait-ce que par symbolisation l'acte d'immolation. Des dispositions sont en effet prévues pour que le chasseur puisse rendre sa licéité (*tahlîl*, litt. « *rendre licite* ») à un gibier fraîchement capturé. Une bête non égorgée rituellement est impropre à la consommation. Viscères et sang subissent une forte réprobation, et si les premiers peuvent être consommés sous certaines conditions, le sang est totalement impropre à la consommation. Il est intéressant de noter ici que tout gibier est, sur ordre formel du Coran (V, 96), strictement interdit au musulman lorsqu'il est dans un état de sacralisation (*ihrâm*).

B. Interdits en relation avec la vie sociale. Spéculation financière, enrichissement illégal, usure, jeux de hasard, jeux à gage, thésaurisation sont soit interdits *(harâm)*, soit réprouvés *(makroûh)*. Le bien d'autrui est sacré, notamment celui des mineurs et des personnes sous tutelle (orphelins, enfants adoptifs, esclaves, femmes et enfants) : « *Donnez aux orphelins les biens qui leur appartiennent (...). Ne mangez pas leurs biens en même temps que les vôtres : ce serait vraiment un grand péché* » (IV, 2/Mas.).

La filiation illégitime et la paternité en terre arabe sont ramenées, par convention, à des calques de ce type où l'axe licite/illicite est le gouvernail. Le bâtard est ainsi appelé : *Ibn al-Harâm*, litt. « *l'enfant illicite* », tandis que l'enfant né sous un toit paternel est, lui « *Enfant licite/du Licite* » *(Ibn al-Halâl)*. Il va sans dire que dans un monde où la paternité est plus structurante que tout le reste, le doute émis par un tiers sur la descendance de quelqu'un constitue une insulte grave. A contrario, *Ibn al-Halâl* (litt. « *Enfant d'un lit honnête* » [légitime]) est une expression d'hommage.

C. Interdits touchant la sphère intime (morale individuelle, *hârîm*, vêtements, coquetterie, irrationnel, éthique sexuelle). Homosexualité masculine, lesbianisme, zoophilie, homophilie, sodomie, perversions sexuelles (fétichisme, exhibitionnisme, sadisme, masochisme, etc.) sont abhorrés par l'islam, tant au niveau des textes que dans la réalité. Le commerce sexuel avec une femme pendant sa période de règles n'est pas recommandable, de même qu'une réserve prononcée touche la conjonction sexuelle avec une femme tout juste après son accouchement. Enfin, une hygiène stricte est préconisée en ce qui concerne la temporalité sacrée (Ramadhân, pèlerinage, durant les prières quotidiennes, etc.) et dans l'espace (mosquée, espace sacré de La Mecque et notamment de la Kaaba, dit également le *harâm*, et partant dans tous les lieux de culte ou d'enseignement : médersas, oratoires, cimetières, mausolées, etc.). Les vêtements en soie, trop ostentatoires, sont déconseillés. Les ors, le tatouage, les perruques, les faux-cils, le maquillage et les scarifications sont également proscrits, tandis qu'une ferveur particulière — qui relève indéniablement du sacré — entoure la manifestation divine *(tadjellî)*, tant en ce qui concerne l'écrit (Coran, et partant la graphie arabe dans son ensemble) que les personnes ayant effectué le pèlerinage rituel *(hajj*, pl. *houjjâj)*, ou ayant reçu une quelconque bénédiction d'ordre maraboutique. Dans la cosmogonie arabe, le *harâm* et le *halâl* sont des axes verticaux qui articulent la pratique avec les étages supérieurs de la foi. Leurs pendants concrets, leur revêtement tangible ont pour nom : purification et souillure.

Malek CHEBEL
L'imaginaire arabo-musulman,
PUF, 1992.

Bon pour la santé...

Pourquoi jeûner ?

par Muhammad Hamidullah

Toutes les civilisations anciennes, toutes les religions ont imposé à leurs adhérents quelques jours de jeûne par an. Pourquoi ? Était-ce simple superstition, ou cette pratique comportait-elle une quelconque utilité ? Maître de recherches honoraire au CNRS, Muhammad Hamidullah donne ici le point de vue musulman.

Le jeûne dans les autres religions

L'islam se considère comme religion révélée de tout temps à l'Humanité par l'intermédiaire des prophètes successifs, venus raviver la Vérité Éternelle et la purifier des apports ultérieurs, étrangers à l'enseignement de chaque Envoyé, chargé par mission divine de guider son peuple.

Sabéisme : en l'honneur de la lune, les Sabéens de Harrân observaient un jeûne de trente jours, ne mangeant ni ne buvant de l'aube au coucher du soleil.

A l'encontre de la tradition païenne, le Coran, lui, interdit d'adorer le soleil ou la lune. Mais il prescrit à ses fidèles un mois de jeûne.

Judaïsme : les israélites jeûnent un jour par an, le Yom Kippour, le 10 de Tichri, le premier mois de leur calendrier, vingt-quatre heures durant, d'un coucher de soleil à

Le jeûne et le Coran

Voici ce que dit le Coran à propos du jeûne :

« Hô, les Croyants ! On vous a prescrit le jeûne comme on l'a prescrit à ceux d'avant vous — peut-être seriez-vous pieux ! — pendant des jours comptés. Donc, quiconque d'entre vous est malade, ou en voyage, alors qu'il compte d'autres jours. Mais pour ceux qui pourraient le supporter, il y a une rançon : la nourriture d'un pauvre. Et si quelqu'un fait plus, c'est bien pour lui ; mais il est mieux pour vous de jeûner, si vous saviez !

C'est dans le mois de Ramadan qu'on a fait descendre le Coran comme Guidée pour les gens et en preuves de Guidée et de discernement. Donc quiconque d'entre vous est présent à ce mois, qu'il le jeûne ! Et quiconque est malade ou en voyage, alors qu'il compte d'autres jours — Dieu veut pour vous la facilité. Il ne veut pas pour vous la difficulté, mais que vous en accomplissiez bien le nombre et proclamiez la grandeur de Dieu pour ce qu'il vous a guidés. »

l'autre. Les plus pieux parmi les juifs jeûnent les lundi et jeudi de chaque semaine, en souvenir, expliquent-ils, de Moïse, qui est monté sur le mont Sinaï un jeudi, et en est redescendu quarante jours après, un lundi, muni des Tables de la Loi.

Christianisme : Jésus jeûnait (peut-être à la façon juive) et a recommandé de l'imiter, mais sans préciser l'époque ni la durée de ce jeûne. Les premiers chrétiens ont pensé à son célèbre jeûne de quarante jours dans le désert, et leur carême fut consacré à l'abstinence et à la pénitence, en souvenir du Christ. Mais cette pratique n'était pas uniforme. Avant 439, les chrétiens de Rome jeûnaient pendant trois semaines, et ceux d'Alexandrie pendant sept semaines, avec cette particularité que les samedis et les dimanches n'étaient pas jeûnés, sauf le samedi saint. Cela faisait 36 jours en tout.

On pensait que ces 36 jours représentaient la dixième partie d'une année complète. De même qu'on payait, à titre d'impôt religieux, la dîme (dixième partie) sur les biens, on la payait ainsi sur les aliments et les boissons.

Le jeûne n'incombait aux chrétiens qu'à l'âge de vingt et un ans. A la fin du IVe siècle, le jeûne pouvait être rompu aussitôt après la neuvième heure (depuis le lever du soleil), c'est-à-dire trois heures de l'après-midi, « *moment où Jésus expira* ». Un capitulaire de Charlemagne portait peine de mort contre les infractions à la loi du Carême.

Un capitulaire de Charlemagne portait peine de mort contre les infractions à la loi du Carême.

Chez les Indiens Peaux-Rouges de l'Amérique : au Mexique, les chefs religieux jeûnent 160 jours.

Dans certaines religions anciennes, le jeûne était prescrit au printemps afin de diminuer les viols, très fréquents à cette époque. Rappelons au passage cette citation du Prophète : *« O jeunes gens, celui d'entre vous qui est capable d'entrer en ménage doit se marier, quant à celui qui n'en a pas les moyens, qu'il jeûne, le jeûne lui est calmant. »*

Hindouisme : les brahmanistes de l'Inde jeûnent religieusement lors des jours qu'ils considèrent comme importants : à l'anniversaire des fondateurs de leur religion, aux éclipses de lune ou de soleil... Ils s'abstiennent de s'alimenter jusqu'à trois heures de l'après-midi. D'aucuns se contentent de modifier leurs habitudes : ils prennent du lait au lieu de pain.

Bouddhisme : on peut dire que c'est l'hindouisme réformé. Seuls les lamas (moines) jeûnent chez eux parfois, jamais les masses.

Différentes sortes de jeûnes

Le jeûne peut présenter un caractère obligatoire pour tous, hommes et femmes adultes, c'est le cas du jeûne du mois de Ramadan. En d'autres occasions, il n'est obligatoire que pour les auteurs de certaines transgressions, à titre de pénitence ou d'expiation (par exemple, si, contraint par les circonstances, on a violé un serment).

Les chrétiens font une distinction entre le clergé et les laïcs. Les prêtres et les moines jeûnent probablement dans une certaine mesure aujourd'hui encore, mais les laïcs en sont pratiquement exemptés : quiconque travaille n'est pas tenu de jeûner, qu'il soit étudiant, professeur, ouvrier, commerçant, etc.

Chez les juifs, la rigueur du seul long jeûne annuel de vingt-quatre heures semble expliquer le fait que très peu de gens d'esprit religieux l'observent.

L'époque du jeûne

Les juifs, les chrétiens et les hindous vivent au rythme de l'année solaire, soit directement, soit par l'intermédiaire d'un calendrier lunaire avec jours intercalaires. Ainsi le temps du jeûne revient toujours à la même saison.

Les musulmans suivent un calendrier purement lunaire, et par conséquent leur temps de jeûne, le mois de Ramadan, passe successivement par toutes les saisons de l'année.

Quel est le système préférable à l'autre ? Le globe terrestre sur lequel nous vivons ne connaît pas partout le même climat. L'homme souffre des températures excessives, qu'elles soient trop chaudes ou trop froides. Les saisons chaudes et les saisons froides ne sont pas ressenties de la même façon d'une région à une autre. Ainsi l'hiver est une époque agréable à La Mecque, mais non près des pôles (au Canada, au nord de l'Europe par exemple).

L'été est la meilleure saison près des pôles, mais absolument pas près de l'équateur et dans les déserts sablonneux.

Le printemps peut être une saison tempérée, mais plusieurs pays près de l'équateur (le sud de l'Inde par exemple) ne le connaissent pas, car il n'y a là que trois saisons : l'hiver, l'été et la saison des pluies.

Dans une religion à vocation universelle, un jeûne fixé dans une saison déterminée apportera donc constamment des avantages aux uns, constamment des difficultés aux autres, ou une gêne au moins, pour les habitants de telle ou telle région.

Mais si les saisons du jeûne changent régulièrement, il y aura alternance des avantages et des difficultés, et nul ne s'en prendra au législateur. En outre, cette rotation accoutumera chacun à jeûner en toute saison. Cet entraînement, cette capacité à s'abstenir de boire et de manger pendant un hiver froid ou un été brûlant donnera aux croyants une endurance qui leur servira dans l'adversité.

Le sens du jeûne

Aspects spirituels. L'expérience démontre que les aveugles ont souvent une meilleure mémoire que ceux qui voient, et que certains de leurs sens sont plus développés. En d'autres termes, si certaines capacités demeurent sans emploi, elles peuvent, à différents égards, aider à en renforcer d'autres. Il en va de même dans les rapports entre le corps et l'âme, de même qu'un arbre que l'on émonde porte plus de fleurs et de fruits.

Lorsque nous jeûnons, nous avons une conscience plus aiguë du mal et nous résistons mieux aux tentations. Le jeûne nous conduit en outre à penser davantage à Dieu, à mieux pratiquer la charité, et nous permet de goûter la joie de l'obéissance au Seigneur.

Lorsqu'un homme jeûne, il renonce à satisfaire ses désirs, mais fait la charité, aide les malheureux, nourrit les pauvres et cherche de toutes les manières à faire le bien, ce qui lui apporte une perception des qualités célestes qu'ont pu ressentir tous ceux qui en ont fait l'expérience, mais que l'on ne saurait décrire.

Par ailleurs, l'homme, dans sa faiblesse, commet parfois des péchés ou autres transgressions. Si, plus tard, sa conscience peut le convaincre qu'il a mal agi, il se repent. On sait par expérience que lorsque le coupable se tourmente dans son repentir, il est consolé en proportion de ce repentir et de la réparation qu'il aura apportée à sa faute.

Dans cet esprit, il y a des châtiments prévus pour tous les crimes, que ceux-ci aient été de nature spirituelle ou matérielle, qu'ils aient été perpétrés par l'âme ou par le corps.

La destruction de soi-même étant exclue, quelle pénitence affligera plus un homme que la privation de ses satisfactions fondamentales, boire et manger ?

Les vertus du jeûne sont multiples et de nombreux propos du Prophète en font état. Il n'est peut-être pas nécessaire ici d'entrer dans les détails. Contentons-nous de rappeler que le jeûne minimum consiste, en son degré inférieur, à s'abstenir de nourriture, de boisson et d'acte charnel de l'aurore au coucher du soleil, et en son degré supérieur à s'abstenir en outre de tout acte, toute parole, toute pensée susceptibles d'avilir l'âme. Sans cela, il n'y aurait pas de différence entre le jeûne et le simple fait d'avoir faim, en dehors

Méthodes de jeûne

Le jeûne comprend :
— l'expression de l'intention de jeûner,
— l'abstention de manger, de boire, de fumer, de l'aube (environ une heure et demie avant le lever du soleil) au crépuscule.

Entre le coucher du soleil et l'aube, l'assouvissement de nos besoins et désirs normaux n'est pas limité. La vie de famille n'est pas interdite non plus. Quant à la nourriture, le Prophète a recommandé de prendre un repas normal le soir *(iftar)* au coucher du soleil, et un repas léger juste avant l'aube *(sahur)*.

Ainsi qu'on a procédé pour débuter le jeûne, on emploie une formule pour exprimer l'intention de le rompre au coucher du soleil. On rapporte que le Messager de Dieu disait au moment de la rupture du jeûne : *« O Dieu, pour Toi j'ai jeûné, en Toi j'ai cru, et avec Ta nourriture je romps le jeûne. »*

Il peut arriver que par mégarde, on mange ou boive involontairement. Cela n'affecte point la validité du jour de jeûne : dès que l'on se souvient qu'on est en temps de jeûne, on doit cesser de boire, de manger, de fumer, etc.

L'hygiène étant un élément indispensable à la vie du musulman — « La propreté est un acte de foi » — il va sans dire que le bain, même quotidien, n'a aucun effet invalidant sur le jeûne. Il est d'ailleurs recommandé d'en prendre un avant la prière du vendredi. Lorsqu'on fait ses ablutions et que l'on se rince la bouche avec l'eau, cela non plus ne compromet pas le jeûne.

Les enfants mineurs et les infirmes sans ressources sont dispensés de jeûne. Les infirmes, s'ils sont riches, doivent, en remplacement du jeûne, nourrir un pauvre par jour de jeûne. En dehors de ces exceptions, tout adulte musulman, homme ou femme, est tenu par la religion de jeûner chaque jour du Ramadan. Les malades et les voyageurs ont le droit de retarder le jeûne pour la durée de leur empêchement jusqu'à un moment plus opportun. Les femmes ne doivent pas jeûner durant leur menstruation, le temps des lochies d'après l'accouchement, et le temps de l'allaitement, si un bébé fragile ou malingre risque de pâtir d'un allaitement moins riche. Elles rendront ces jours au cours de l'année au moment de leur choix.

Normalement, le jeûne ne doit rien changer aux occupations quotidiennes, ni servir de prétexte pour négliger ses devoirs. L'islam n'approuve jamais — et demande moins encore — que l'on veille la nuit entière, et qu'ensuite la journée se passe dans le sommeil ou l'indolence. Le jeûne implique un effort supplémentaire, l'accomplissement des devoirs habituels et peut-être plus encore : travail, prière, bonté ont plus d'importance qu'à l'accoutumée, et tout cela sans nourriture, ni boisson.

de toute signification spirituelle. Et pourtant, quelle différence n'y a-t-il pas entre ces deux états !

Aspects matériels. Les étudiants travaillent durant plusieurs mois consécutifs, puis prennent leurs vacances d'été. Les employés travaillent cinq, six jours, le reste de la semaine étant un temps de repos et de loisirs. Les humains accomplissent, le jour durant, des efforts physiques ou cérébraux, après quoi le sommeil vient renouveler leurs facultés pour le jour suivant. Les machines elles-mêmes, les outils ont besoin de repos, ainsi qu'on l'observe pour les automobiles, les locomotives, les avions, etc.

N'est-ce donc pas raisonnable de penser que notre système digestif a, lui aussi, besoin de repos ? En fait, c'est à peu près à cette conclusion qu'est arrivée la médecine moderne. De nombreux médecins, en Suisse, en Allemagne et ailleurs, prescrivent la faim et la soif dans le cas de bien des maladies chroniques, et cela pour des durées plus ou moins longues, selon la nature de la maladie et la résistance du malade.

Ces médecins ont également constaté que la faim et la soif provoquent une sécrétion d'acides de différentes glandes, entraînant ainsi la destruction de nombreux germes pathogènes, c'est-à-dire porteurs de maladies. Les statistiques démontrent ainsi qu'on trouve plus rarement certaines maladies, du système digestif entre autres, chez des sujets accoutumés à jeûner chaque année.

Nous savons que l'homme a besoin de changer de climat, d'air et d'eau de temps en temps. Les médecins envoient les gens qui relèvent de maladie vers d'autres lieux que ceux où ils vivent ordinairement. Les plus favorisés des Occidentaux passent un mois de vacances, l'été, hors de chez eux. En d'autres termes, il est nécessaire, de temps à autre, de changer ses habitudes. C'est, là aussi, une forme de repos. Nous voyons, par exemple, les agriculteurs faire alterner les semences sur un même champ afin de donner ainsi un « repos » à la terre.

L'uniformité étant néfaste, l'islam a interdit de jeûner l'année entière, même à ceux qui voudraient en retirer des avantages spirituels. L'expérience a démontré également que si l'on jeûne sans interruption, cela devient une habitude, une seconde nature, et que le jeûneur n'en retire pas autant d'avantages que celui qui jeûne par intermittence. Si l'on jeûne en effet plus de quarante jours de suite, on s'y accoutume et si l'on jeûne moins d'un mois, cela n'a que peu d'effet.

Du point de vue militaire même, l'habitude de jeûner présente de grands avantages. Les soldats, qui doivent parfois se battre jour et nuit, n'ont pas toujours à boire et à manger. Quiconque a l'habitude de jeûner tout le mois de Ramadan, et qui est accoutumé aux prières supplémentaires du Tarawih durant la nuit, est naturellement mieux préparé à ces épreuves que le soldat qui n'a jamais pratiqué ces « exercices ».

L'habitude de cette pratique permettra aux civils eux-mêmes de supporter avec plus d'aisance certaines contraintes, telles que le couvre-feu, par exemple, qui n'est pas, hélas, une chose exceptionnelle de par le monde.

Enfin ceux qui jeûnent sur ordre médical, ou par obligation quelconque, en retirent les avantages matériels inhérents à cette pratique, mais n'y associant aucune intention spirituelle, ils n'en bénéficient pas spirituellement. Les musulmans jeûnent dans l'intention de se conformer aux ordres de Dieu. Ils agissent donc par piété et en sont récompensés. En même temps, ils n'en perdent pas les avantages physiques et matériels.

Bref, de quelque manière que l'on considère le jeûne des musulmans, il se compare favorablement avec la manière dont on jeûne partout dans le monde.

Muhammad HAMIDULLAH
(extraits)

UN AUTRE REGARD SUR LE JEÛNE

RENÉ LEJEUNE *

Un agent de guérison et de fête

La haute ascèse du jeûne est en déclin, au sein de l'Église, depuis une trentaine d'années. Les causes en sont multiples. À une époque où, sous la pression des médias et de la publicité, consommer est devenu une obsession, et « se faire plaisir », une vertu, toute forme de contrainte jugée inutile est rejetée. Le jeûne est rangé parmi ces entraves, par la majorité des chrétiens. À l'appui de ce refus, on sort parfois des versets bibliques hors de leur contexte pour en forcer le sens, tel le fameux : « Le jeûne que je préfère : rompre les chaînes injustes... libérer les opprimés (Is. 58, 6). Bref, le jeûne est tombé en désuétude. Vatican II lui consacre quatre lignes ; le *Dictionnaire de la vie spirituelle* (1983) l'ignore complètement ; dans l'index analytique, il renvoie aux mots « pénitence », « austérité », deux termes à forte connotation péjorative dans l'environnement moral actuel.

Curieusement, ce déclin survient en un temps où la médecine et la diététique découvrent d'étonnantes vertus au jeûne. Il s'agit plutôt d'une redécouverte. Les Pères de l'Église, grands jeûneurs, ont constaté que le jeûne ne concerne pas seulement l'âme, mais aussi l'esprit et le corps. L'époque des Pères est l'âge d'or du jeûne. Le grand Athanase (295-373), qui parle d'expérience, écrit : « Le jeûne guérit les malades, il dessèche tout écoulement. Il repousse les démons et expulse les pensées malsaines. Il rend l'esprit plus clair et purifie le cœur. Il sanctifie le corps et transporte l'homme sur le trône de Dieu. Le jeûne est une grande force. Il mène à de grands succès. »

Voilà une excellente évocation du jeûne global. Toutes les dimensions de l'homme sont concernées. Aux États-Unis, en Allemagne et en Suisse, de nombreux médecins utilisent le jeûne thérapeutique comme puissant auxiliaire de guérison ; il nettoie, désintoxique l'organisme qui retrouve ainsi le moyen de combattre la maladie, grâce à ce que Paracelse nommait la « *vix medicatrix natural* – la puissance de guérison de la nature ». Cet aspect thérapeutique n'est pas négligeable dans une société encrassée par suralimentation, et éprouvée par des maladies iatrogènes de plus en plus nombreuses.

Quant aux effets du jeûne sur l'esprit, Socrate, Platon, Gandhi, Lanza del Vasto, et bien d'autres, ont évoqué la légèreté et la lucidité qu'il produit. Quant à sa dimension spirituelle, le jeûne est lié à la prière et au partage comme l'arbre à la graine qui l'a produit. C'est le trinôme de la justice biblique. Le jeûne dissocié de la prière et de l'aumône est rejeté par le Seigneur. C'est précisément le sens de Is 58, 6 replacé dans son contexte. « Jeûner et partager : la prière prend son envol portée par ces deux ailes », disait saint Augustin. Le jeûne est théandrique, il tient de l'humain et du divin en nous.

Le Christ donne l'exemple. Il n'a pas commencé le chemin pascal par la proclamation des Béatitudes, mais par un long jeûne. A-t-on assez remarqué que sur le Thabor, où Jésus a laissé transparaître sa divinité à travers son humanité, il était en compagnie des deux autres grands jeûneurs de la Bible ? N'y a-t-il pas là comme une invitation cachée ? Saint Jean Climaque († 649), voit dans le jeûne « un flambeau de l'âme, garde de l'esprit, illumination des ténèbres de notre cœur. Le jeûne est une porte du paradis, une volupté toute céleste ». Enflure verbale ? Seuls ceux qui ont pratiqué le long jeûne savent à quel point le précurseur de la mystique byzantine dit vrai.

« Le jeûne deviendra (...) allégresse, joie, jours de fête plein de gaîté », lit-on dans l'Ancien Testament déjà (Za 8, 19). Thomas d'Aquin reprend l'expression biblique « jeûne d'allégresse », puissant auxiliaire, pour le chrétien, de sa transformation en homme nouveau.

Il reste aux chrétiens à redécouvrir le jeûne, à porter sur lui un nouveau regard. Qu'ils créent également des lieux où le jeûne soit un agent de guérison et de fête.

Certains monastères et couvents ne pourraient-ils pas trouver là une vocation complémentaire ? Les fruits en seraient abondants, particulièrement en ce temps de profondes mutations. La renaissance du jeûne constituerait un témoignage efficace de solidarité avec les immenses foules d'affamés dans le tiers monde ; elle induirait une croissance plus rapide de la foi agissante : « La foi de ceux qui jeûnent, dit la liturgie ambrosienne, est plus nourrie, l'espérance plus vigoureuse, la charité plus forte. » Ce serait également un signe, celui du vivre de peu – *vivere parvo* – et de l'humilité dans un univers de dérèglement des sens, privé qu'il est de repères spirituels et moraux. Enfin, le jeûne aiderait le monde occidental et, plus particulièrement, la France cartésienne, à sortir du dualisme où ils se complaisent, dans leur conception d'une dimension spirituelle et morale autonomes. Dans le jeûne, l'âme n'est pas dissociée du corps ; par l'expérience du jeûne long et global, on retrouve la vision hébraïque de l'homme « âme incarnée et corps animé ».

Il est temps que les chrétiens jouent pleinement le rôle que le Christ Jésus leur assigne, celui d'être sel, levain, lumière. À Mère Teresa, prophète pour notre temps, le dernier mot : « Prière et jeûne nous donnent un cœur pur. Un cœur pur peut voir Dieu. Quand nous verrons Dieu dans notre prochain, alors nous aurons la paix. »

* Auteur de *Jeûner, guérison et fête du corps et de l'esprit*. Éditions du Parvis, 3e édition 1992.

La Croix, 6 mars 1992

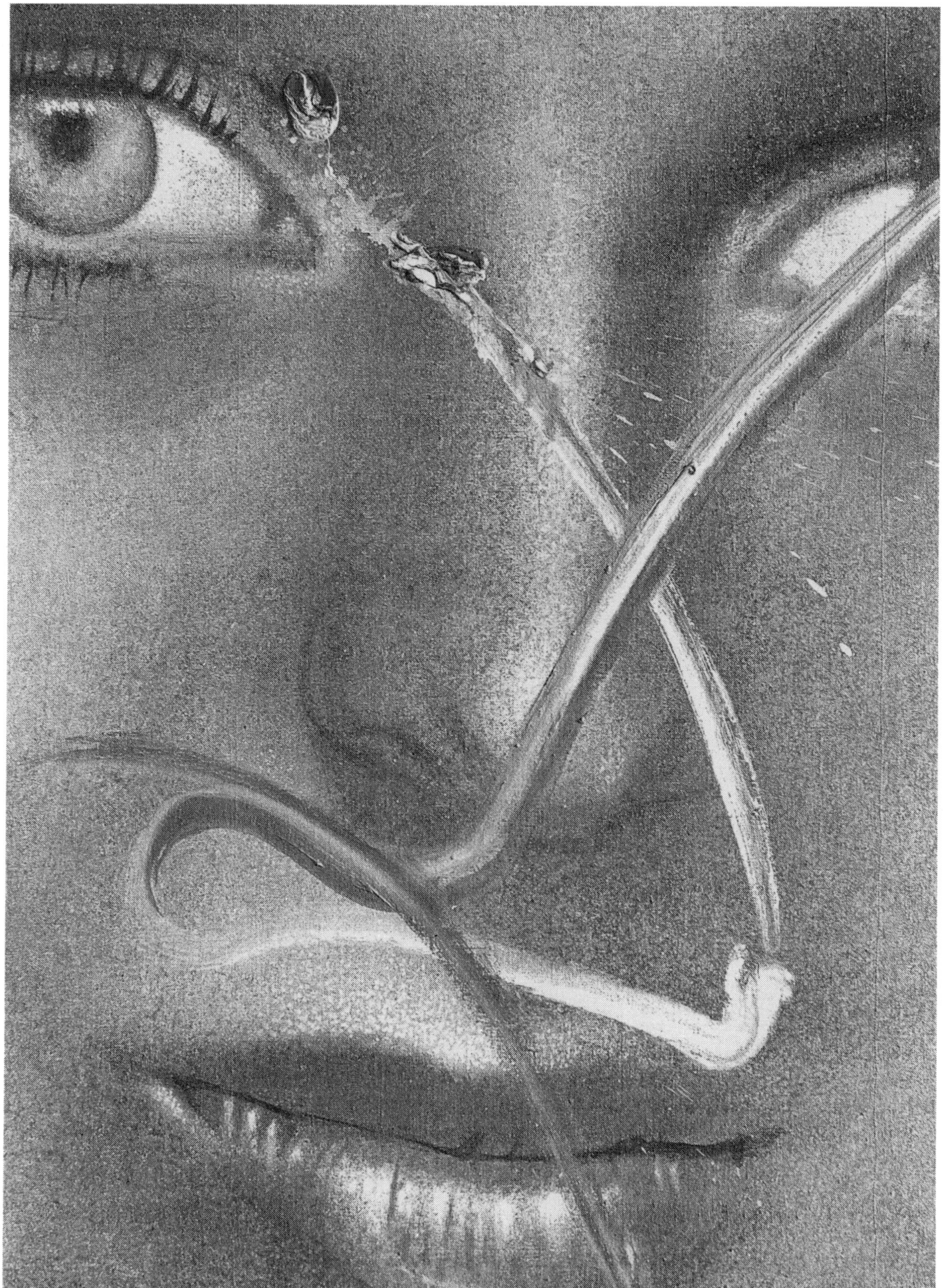

Rudolf Fila : *Le rayage*, huile sur table, 1992

II

Aperçus sur les religions d'Extrême-Orient

Les interdits de l'hindouisme : complexes

par Gérard Busquet

« L'hindouisme ressemble à ces banians séculaires qui ombragent les routes indiennes, arbres immenses où il est difficile de distinguer les branches des racines noueuses. L'hindouisme est, à la fois, un monothéisme et un polythéisme foisonnant avec ses innombrables divinités. Il englobe une multitude de croyances et de rituels allant des plus élaborés aux plus simples », explique Gérard Busquet, journaliste basé à Katmandou.

Le sacré, multiple et omniprésent, envahit les moindres aspects de la vie quotidienne en Inde ainsi que le soulignait W.J. Wilkins, missionnaire anglais du siècle dernier qui définissait ainsi cette religion : « *l'hindouisme... réglemente les cérémonies qui doivent être observées lors de la naissance d'un individu, son éducation, sa nourriture et la manière dont elle doit être préparée, le type de vêtements qu'il doit porter, sa profession, son mariage et ses distractions — sa vie entière en fait avant sa conception et plusieurs générations après sa mort* ».

Les *Dharma shastras* et *Manu Smriti* (Lois de Manu), textes de lois écrits en sanscrit il y a deux millénaires par des lettrés brahmanes, avaient pour objet de réglementer tous les domaines de l'activité humaine, dans la vie religieuse comme dans la vie civile. L'individu était censé se plier rigoureusement à ces injonctions — interprétées par des spécialistes — sous peine d'être rejeté par la société.

Aux yeux d'un hindou, l'hérétique *(pashanda)* n'était pas celui qui remettait en question un dogme central et rigide (comme dans les religions sémitiques) mais celui qui négligeait les règles de conduite et les tabous prescrits par les *Dharma shastras*.

Castes et notions de pureté

Avant d'aborder le sujet des innombrables interdits se rapportant au corps, à la nourriture, à la commensalité et aux grands événements du cycle de vie, il convient tout d'abord de définir les données de base que sont le système de castes qui structure la société indienne et les notions fondamentales de pureté et d'impureté qui régissent les rapports sociaux.

Les castes représentent le système de stratification sociale le plus complexe et le plus rigide du monde. A l'époque védique (1er millénaire av. J.-C.), la société était divisée en quatre grandes « classes » ou *varnas* qui regroupaient : les brahmanes (prêtres) partageant le sommet de la hiérarchie avec les *kshatriyas* (guerriers monopolisant le pouvoir temporel), les *vaisyas* ou marchands et les *sudras*, serviteurs et artisans. Les anciennes populations aborigènes conquises par les envahisseurs aryens constituaient les intouchables ou *avarna*.

Au cours des siècles, cette ossature théorique se diversifia en une multiplicité de *jatis* ou sous-castes qui se définissent par leur profession héréditaire en rapport direct avec leur degré de pureté et impureté. « *La caste, collectivement et héréditairement, se voit attribuer un degré spécifique de pureté et d'impureté, degré qui définit son statut dans la hiérarchie... Tous les membres de la caste sont solidaires pour la préservation de ce statut ; c'est à ce niveau que sont définies les prohibitions (alimentaires ou autres) ainsi que la nature et la fréquence des purifications destinées à préserver le statut de pureté spécifique de la caste.* » (M. Gaborieau.)

La pureté ou l'impureté d'un *jati* est déterminée par son éloignement ou sa proximité de sources de pollution que constituent les cadavres humains ou animaux, les excréments, déchets, peaux d'animaux, les vêtements souillés. Ainsi la caste des *doms* (chargés des crémations), celle des *chamars* (vidangeurs/balayeurs) et des fabricants de tambours sont considérées comme intouchables. Les blanchisseurs ou barbiers sont impurs. A l'autre extrémité de cet éventail, les brahmanes représentent l'essence même de la pureté car leurs fonctions les préservent de toute souillure.

Un individu ne peut s'élever par ses propres mérites hors de sa caste. Un fils de cordonnier demeurera dans la caste des cordonniers même s'il devient paysan ou enseignant. Le statut d'un *jati* ne peut évoluer dans la hiérarchie des castes que si son pouvoir politique ou économique s'accroît. Mais ses membres devront alors s'astreindre à certaines règles de conduite calquées sur le modèle des hautes castes, telles que l'adoption d'un régime alimentaire végétarien.

L'impureté n'a pas seulement une dimension collective au niveau social mais une dimension cosmique. Lors des éclipses solaires ou lunaires, l'atmosphère et la terre deviennent impures. Aucun hindou ne pouvait (et ne peut encore s'il observe strictement les injonctions des *shastras*) se nourrir, déféquer ou uriner durant cette période. De même, la terre Mère devenait impure pendant trois jours, lors de ses menstruations annuelles qui avaient lieu durant la saison des pluies. Les veuves du Bengale (région renommée autrefois pour son orthodoxie brahmanique) ne pouvaient alors prendre la moindre nourriture ou boire une gorgée d'eau.

Les interdits dans la vie quotidienne

Le corps

Selon l'éminent érudit indien Nirad Chaudhury la conception de la vie pour un hindou est dominée par la notion d'impureté de manière aussi obsessionnelle que le péché pour les chrétiens. En effet, les gestes les plus banals de la vie quotidienne sont effectués en fonction de dictats aussi précis que millénaires. Aujourd'hui encore, tous les Indiens mangent avec la main droite, la main gauche étant réservée aux ablutions intimes. La dextre doit être soigneusement lavée avant et après les repas.

La bouche est considérée comme très impure, car source constante de pollution. Le baiser est rarement dépeint dans les célèbres sculptures érotiques de Khajuraho et était encore, jusqu'à une date récente, banni sur les écrans.

Quant aux rapports sexuels, ils étaient rigoureusement interdits entre époux durant la journée et lors de nombreuses périodes jugées inauspicieuses. De nos jours, l'épouse pieuse, qu'elle ait eu des relations sexuelles avec son mari ou non, doit, après s'être levée, enlever son vêtement de nuit et se changer avant de pénétrer dans la cuisine pour préparer le repas du matin.

Les tabous alimentaires

La liste des nourritures interdites et autorisées aux membres de diverses castes occupe plusieurs pages des Lois de Manu. Je ne mentionnerai ici qu'un seul paragraphe sur les laitages. « *Ne buvez pas le lait d'une vache qui va mettre bas dans les dix jours qui suivent, le lait d'une chamelle... ou d'une brebis, d'une vache en chaleur ou d'une vache dont le veau lui a été enlevé et évitez de boire le lait d'une femme, le lait d'animaux sauvages dans la nature — à l'exception de bufflesses — et toutes les nourritures aigres ou fermentées. Le yaourt, par contre, peut être consommé ainsi que tout ce qui est extrait de fleurs, racines et fruits auspicieux.* » (Manu, 5.10.)

Les anciens Aryens avaient une nourriture carnée. Ils consommaient beaucoup de bœuf qui était alors considéré comme un plat de choix que l'on offrait à des *rishis* (sages) ou à des hôtes distingués. Depuis la sacralisation de la vache, aux alentours de l'ère chrétienne, les hautes castes et les castes pures pratiquent le végétarianisme. Pour les végétariens stricts, les œufs, et même les oignons et l'ail (considérés comme des excitants), sont proscrits. De nombreux Indiens mangent cependant de la viande. Parmi les viandes « nobles » figurent le mouton ou la chèvre, le canard, les pigeons.

Les Bengali de toutes castes mangent du poisson, ce qui choque particulièrement les hindous orthodoxes d'autres régions qui les traitent de cannibales. *Matsya*, le poisson, est en effet le premier avatar du dieu Vishnou.

Des règles strictes président à la préparation et à la consommation de la nourriture. Les femmes qui ont leurs règles sont jugées impures et ne peuvent préparer les repas, ni même pénétrer dans la cuisine. Aucune personne d'un statut inférieur n'est autorisée à entrer dans la cuisine ou même à toucher les plats qui seraient alors « pollués » et devraient être jetés. La première bouchée ou première gorgée du repas doit être offerte aux dieux. Les hindous acceptent des aliments crus (céréales, légumes) de n'importe quelle caste, et de l'eau de castes pures seulement. Mais ils ne peuvent, en principe, accepter de nourriture cuite à l'eau (par exemple riz ou lentilles) que de coreligionnaires d'un statut égal ou supérieur au leur. On peut, par contre, recevoir des aliments cuits dans du lait ou de l'huile de n'importe quelle caste pure. Ces tabous alimentaires sont encore observés dans les villages, mais souvent ignorés dans l'anonymat des grandes villes. Qui peut savoir, en effet, si le cuisinier d'un grand restaurant, ou d'un établissement plus modeste, est un brahmane, un hindou de basse caste ou un chrétien ou musulman, considérés comme impurs ?

Interdits du cycle de vie
La naissance

Bien que la naissance d'un enfant (particulièrement d'un fils) soit considérée comme très auspicieuse la famille et les membres du clan sont frappés d'impureté pendant dix jours. Nul ne peut alors accepter d'eau de leur part, ni *a fortiori* de nourriture cuite. Au sein d'une famille traditionnelle, particulièrement en milieu rural, la mère, après avoir donné naissance à l'enfant, est confinée dans une pièce obscure afin de ne pas souiller le soleil par son impureté. Le placenta et le cordon ombilical, jugés extrêmement polluants, sont enterrés dans un endroit à l'écart. La mère ne peut faire la cuisine, ni vaquer à ses autres occupations domestiques pendant vingt et un jours.

Cette période de pollution rituelle n'est observée que dans les milieux aisés ruraux et urbains. Dans le cas de familles pauvres où l'épouse est seule à assumer les tâches domestiques, la durée de ces rites est écourtée.

Les rites de puberté

Lors de ses premières règles, la jeune fille est enfermée dans une pièce obscure pendant dix à quinze jours car elle ne doit pas voir le soleil. Elle doit se purifier tous les matins avant le lever du jour. Lorsque la période d'impureté est terminée, ses frères aînés lui offrent ses premiers vêtements de femme. Elle fait ensuite une offrande au soleil. Ces rites de puberté, pas toujours traumatisants, peuvent représenter, en fait, une période très agréable dans la vie d'une adolescente, ainsi que le souligne une jeune ethnologue décrivant ce rituel dans un contexte rural népalais. Les adolescentes *« étaient ravies de ne pas avoir à aller chercher de l'eau, moudre le grain, couper l'herbe... Elles restaient toute la journée à se reposer, bavarder avec leurs amies qui venaient leur rendre visite. »* (V. Bouillier.)

Le mariage

Rigoureusement proscrits dans les textes sacrés écrits il y a plus de deux mille ans, les mariages entre castes différentes demeurent encore l'exception en Inde, à l'aube du XXIe siècle. Un homme d'une caste inférieure pouvait (et peut encore) épouser une femme d'une caste inférieure mais le contraire n'était pas admis. *« Un homme (de haut statut) perd sa caste quand il épouse une* shudra *ou s'il a un enfant d'elle... Un brahmane qui a des relations sexuelles avec une* shudra *va en enfer ; s'il lui fait un enfant il perd son statut de brahmane... Les ancêtres et les dieux... n'acceptent pas les offrandes d'un tel homme et il n'ira pas au ciel. »* (Lois de Manu.)

En milieu urbain les unions inter-castes sont devenues aujourd'hui plus fréquentes, mais elles ne représentent encore qu'une infime fraction des mariages qui sont encore arrangés par les parents dans la majorité des cas. Les critères de sélection de l'époux — ou de l'épouse — ne sont cependant plus les mêmes que par le passé. Plus que le haut statut rituel du conjoint, les parents se soucient avant tout de ses qualifications professionnelles ou de l'aisance de la future belle-famille qui doit appartenir à la même caste que la leur.

La mort

Lors de la mort d'une personne, la maison et tous les membres de la famille sont frappés d'impureté pendant dix à treize jours. Durant cette période, ils sont virtuellement intouchables ; nul ne peut visiter la demeure d'un défunt car il deviendrait alors impur. Le fils aîné doit se raser le crâne, se vêtir de blanc (la couleur du deuil) et vivre en reclus dans une partie de l'habitation. Il est astreint à un régime alimentaire strict. Un brahmane vient ensuite accomplir des rites funéraires destinés à purifier la maison. Les proches et amis peuvent alors se réunir pour un banquet, mais le fils aîné devra garder le deuil pendant un an.

La condition des veuves hindoues demeure pathétique. Elles doivent se vêtir de blanc, ne porter aucun ornement et sont astreintes — dans les familles orthodoxes — à un régime alimentaire sévère. Elles sont souvent maltraitées par leurs enfants ou leurs brus et ne peuvent assister aux grandes fêtes du cycle de vie — initiations, mariages — car leur présence est jugée extrêmement inauspicieuse. Nombre d'entre elles quittent leur demeure ou sont chassées par leurs enfants et se réfugient dans les temples où elles mènent une vie très austère. Les veuves continuent encore à être rendues responsables de la mort de leur époux. Afin d'éviter cette condition si peu enviable, la plupart des épouses hindoues jeûnent une fois par semaine afin d'assurer une longue vie à leur époux.

Les moyens de se purifier

Le foisonnement d'interdits et de tabous qui ponctuaient — et continuent encore à réglementer — la vie d'un hindou peut apparaître extrêmement contraignant.

Les règles de conduite prescrites par les auteurs des Lois de Manu étaient si complexes et pointilleuses qu'il était pratiquement impossible, même pour l'hindou le plus orthodoxe, de ne pas pécher ou commettre de fautes de manière accidentelle. Ces « péchés » couvraient toutes les transgressions possibles qui pouvaient être commises par des hindous dans la vie quotidienne. Les lois sacrées distinguaient les fautes vénielles, mineures et graves. Parmi les péchés mineurs figuraient le meurtre d'un domestique, le vol, l'usure ainsi que le fait d'être mordu par un âne ; les péchés graves incluaient la consommation de nourritures interdites, l'adultère avec la femme d'un maître spirituel, le meurtre d'une vache, l'inceste, la consommation d'alcool, l'homosexualité. Dans le cas de fautes vénielles, qui se rapportaient surtout à une pollution accidentelle, la purification pouvait être obtenue par une aspersion d'eau consacrée, l'utilisation de basilic, de bouse de vache sacrée, un bain rituel ou un jeûne d'une journée. Pour les péchés plus graves, les livres sacrés prévoyaient toute une série de châtiments qui allaient des plus extrêmes (émasculation, absorption d'urine ou d'alcool bouillant) à des mesures plus modérées telles que de longs jeûnes, des pèlerinages, ou des dons aux brahmanes. Les fautes graves entraînaient le plus souvent la perte de caste — sanction pire que l'excommunication dans le moyen âge chrétien — et nécessitaient l'intercession des brahmanes, qui, seuls, pouvaient, après de longs et coûteux rituels de purification, réintégrer le coupable dans sa caste.

Dans les centres urbains, les interdits sont moins rigoureusement observés que par le passé en raison de l'impact des idées nouvelles et des changements dans le style et le cadre de vie de la classe moyenne hindoue. Pour ne prendre qu'un exemple, il est difficile pour une épouse — seule à effectuer les tâches domestiques — vivant en famille nucléaire dans un appartement de deux pièces, d'observer les interdits rituels de pollution lors de ses règles ou d'effectuer les rites de puberté de sa fille. De même, les tabous alimentaires entre personnes de castes différentes sont souvent ignorés dans l'ambiance plus permissive d'une ville cosmopolite, comme Bombay ou Calcutta.

Par contre, ces interdits ont conservé toute leur force dans les zones rurales, où vit encore 70 % de la population, et particulièrement au sein de familles élargies aisées, bastions du conservatisme social et religieux.

Gérard BUSQUET

INDE : après la destruction de la mosquée d'Ayodhya

Les émeutes ont déjà fait plus de 700 morts

Les émeutes qui ont suivi la destruction, le 6 décembre, de la mosquée d'Ayodhya, ont déjà fait plus de 700 morts. L'Etat le plus touché est le Maharashtra, dont la capitale est Bombay : 130 victimes ont été recensées dans la capitale économique du pays, où les musulmans sont nombreux, et 70 autres ont péri ailleurs dans l'Etat. Très touchés également sont l'Uttar-Pradesh, le Gujarat et l'Assam. Cependant, le président de la Chambre a prié, mercredi 9 décembre, les députés d'aller calmer leurs électeurs. Les travaux parlementaires reprendront le 16. Des manifestations se sont poursuivies mercredi au Bangladesh. Trois enfants hindous ont été brûlés vifs par des émeutiers En Grande-Bretagne, où vit une nombreuse communauté venue du sous-continent, une mosquée a été incendiée, après que cinq temples eurent été endommagés dans des circonstances suspectes.

Les musulmans, une minorité très exposée

La coexistence des 725 millions d'hindous avec leurs cent millions de compatriotes musulmans, qui forment la première minorité religieuse de l'Inde, est d'autant moins aisée que flottent encore, sur la région, les cruels souvenirs de la partition de 1947.

L'indépendance a donné naissance à deux Etats – et non pas à un seul, comme l'avaient longtemps imaginé, toutes appartenances religieuses confondues, les militants anti-britanniques. Outre l'Inde, précisément, est né le Pakistan, conçu *in fine* pour être le pays d'accueil des musulmans de tout le sous-continent. Ce climat initial de suspicion n'a certes pas été amélioré après que le Pakistan eut, à son tour, éclaté, en 1971 pour donner naissance au Bangladesh, à la suite d'une guerre qui a opposé les musulmans de l'aile occidentale du pays à ceux de l'Est, puissamment aidés par New-Delhi.

en quarante-cinq ans d'indépen-

religion est affaire privée, et ceux

rat, qui a alors connu les premières graves émeutes communautaires après 1947.

Aux points de rencontre entre quartiers hindous et musulmans rôde en permanence le risque que dégénère une querelle entre voisins. Les jours de fêtes religieuses, quand les esprits sont survoltés, sont propices au dérapage. Tout peut alors passer pour provocation : un musulman qui bouscule une vache, un hindou qui pousse un cochon chez « les autres », un Coran manié sans respect, la statue devant un temple qu'érafle une voiture, etc. Une fois l'émeute lancée, on en profite, naturellement, pour régler les comptes, grands et petits, avec « ceux d'en face ». Le risque est alors celui du pillage des boutiques de la communauté rivale qui réussit trop bien.

Les extrémistes des deux bords connaissent à merveille le carac-

Le Monde

Bouddhisme, taoïsme, confucianisme

Les codes chinois

par Kristofer Schipper

Très tôt, la Chine a su pratiquer une certaine forme d'intégration de plusieurs religions : le bouddhisme, le taoïsme et le confucianisme. Chacune avait ses pratiques, ses sacrifices et ses interdits. Mais chacun restait libre de choisir celle qui lui convenait le mieux. Dans* Le rêve du pavillon rouge, *un roman fleuve qui décrit la vie d'une famille aristocratique à Pékin, au XVIIIe siècle (publié en français dans La Pléiade), la matriarche, chef de famille, est une dévote bouddhiste. Ses fils et petits-enfants sont de hauts fonctionnaires, donc confucianistes. Mais un fils qui n'a pas opté pour des fonctions officielles est taoïste...

Dans chaque religion on trouve un certain nombre de règles à observer, et donc des interdits. Dans le bouddhisme, ces règles sont le *"Penta çila"*, les cinq interdits définis par le Bouddha lui-même : le meurtre, l'abus sexuel (viol, adultère...), le mensonge, le vol, l'abus d'alcool.

Tout au long de la vie religieuse, s'imposaient des interdits plus nombreux et plus élaborés, en particulier dans la vie monastique, où l'on dénombre onze interdits, puis vingt-sept, et enfin une centaine. Dans le taoïsme, qui apparaît constitué vers le Ve siècle avant notre ère, il y a des règles d'ordre moral et pratique : le non-agir, la non-intervention, une attitude douce, le pardon. Son système est individuel et non communautaire. Les stades franchis par l'individu s'accompagnent à chaque fois d'un apprentissage de la méditation, d'une pratique de la diététique associée à de nouveaux interdits. Les simples croyants suivent neuf règles, auxquelles s'ajoutent dix autres pour les novices.

Pour les maîtres laïcs, on comptait 180 interdits, qui formaient un ouvrage de référence. Il y avait des règles de comportement avec la nature : on n'avait pas le droit d'abattre des arbres n'importe comment, de creuser des puits n'importe où, de détruire des nids, de polluer les sources... et il y avait aussi des règles de comportement en société : on ne devait pas devenir haut fonctionnaire, se marier avec eux, fréquenter les nobles... L'homme devait, globalement, retrouver sa spontanéité primitive. On y trouvait donc un certain refus de l'ambition, de la culture, de la vie de cour. Pour les moines, le nombre des interdits atteignait 360.

Dans le confucianisme, qui est en Chine la plus ancienne doctrine, les règles religieuses s'appelaient les rites. Le mot vient d'ailleurs de « règle ». L'enseignement fondamental de Confucius était que l'observation des rites (dans le sacrifice, le sport, l'étiquette, le mariage, le deuil...) devait être très stricte car chacun permettait de conserver l'harmonie de la société et de l'univers. Le fond de chaque rite, même si ce n'était pas immédiatement évident, était basé sur une morale. Il ne s'agit pas de vaines convenances, pour l'étiquette par exemple : tout y est basé sur une morale qui veut que chaque être soit plein de bonté, d'altruisme, de droiture.

Dans le bouddhisme, l'interdit fondamental est de tuer un être vivant. Il ne faut rien vouloir pour soi, cette religion prône l'abnégation totale, le refus de toute possession ou de tout désir qui sont à l'origine des souffrances dans le monde.

Dans le taoïsme, la grande originalité est que tous les interdits tendent à l'insertion de l'homme dans la nature, la réalisation de l'homme entier, en parfaite harmonie avec son environnement. La sexualité, à ses yeux, est une donnée positive, qu'on peut aussi spiritualiser : c'est l'union du yin et du yang. Dans le confucianisme, les convenances, les règles, le comportement correct ont une importance sacrée.

Aujourd'hui que la religion impériale n'existe plus, que reste-t-il de tout cela ?

Le bouddhisme, s'il n'a pas vraiment survécu en Inde, est très présent en Asie centrale : au Tibet, en Mongolie, au Japon et, bien sûr, en Chine. Les communautés bouddhistes, composées de laïcs et de religieux, sont très nombreuses. L'enseignement des règles y est donné à chaque enfant, qui est présenté au temple et prononce le triple vœu d'adhésion au Bouddha, à sa Loi et sa Communauté et qui fait la promesse d'observer les cinq interdits, le *Penta çila*.

Le taoïsme est devenu inséparable de la société chinoise dans son ensemble. C'est une religion ethnique comme le judaïsme. Il y a, bien sûr, des moines taoïstes mais pour le commun des mortels il n'existe pas d'entrée officielle dans cette religion. Chacun y est « pris » dès sa naissance et appartient automatiquement à sa structure. Les interdits y sont surtout d'ordre pratique : on ne doit pas manger certains aliments hors saison, du bœuf, du buffle par exemple. Les animaux consommés (le poulet, le porc) sont ceux qui sont élevés à cette fin : c'est leur fonction dans l'écosystème. La fonction du buffle est d'aider à l'agriculture. Ayant rempli sa tâche, il a le droit de mourir de sa belle mort. C'est un équilibre exemplaire : les villages chinois ne produisent quasiment aucun détritus. C'est le même équilibre pour le corps humain, le rendre malade, en abuser par trop de jouissance, trop d'excitants est interdit. La sexualité, l'alcool... sont des dons du ciel, indispensables, dont il faut cependant user avec mesure. Il y a encore des interdits liés à l'habitat : on ne peut construire n'importe où, il faut que les constructions s'insèrent dans le paysage selon des lois de géomancie très précises. Tout ce système des forces cosmiques, du yin et du yang, des principes mâle et femelle, imprègne la vie quotidienne. Sur les calendriers il y a chaque jour des choses qu'on doit faire ou qu'on ne doit pas faire. Par exemple, le 21 décembre 1992 (selon le calendrier occidental) est une journée placée sous le signe de la Chèvre ; il y a tout un système de correspondance entre les heures, les cycles cosmiques qui font que les femmes enceintes et les personnes âgées de soixante-huit ans (soixante-sept ans pour nous) doivent, ce jour-là, faire attention ; ce n'est pas un bon jour pour construire, et pour chercher fortune il vaut mieux se tourner vers le sud. Il y a ainsi toutes sortes de règles heure par heure. Ce genre de calendrier se trouve dans toutes les familles chinoises.

Le confucianisme demeure très prégnant ; ses rites et ses interdits sont enseignés aux enfants à qui on indique la tenue correcte, la façon de saluer et surtout à qui l'on enjoint de donner à autrui le nom qui convient : le tutoiement, par exemple, est à utiliser à bon escient et il y a toute une nomenclature de la parenté extrêmement précise dont la fonction est d'insérer l'individu dans la société et les structures familiales. Les relations entre père et fils, chef et subalterne, homme et femme, frère et sœur, ou entre amis sont réglées de la sorte ; entre père et fils, il y a obligation de fraternité d'amour et de respect ; entre supérieur et inférieur, il y a obligation de bienveillance et d'obéissance ; entre homme et femme, il y a obligation de répartition du travail ; entre frère et sœur, il y a obligation de fraternité, entre amis il y a obligation de bonne foi et d'honnêteté. Si vous manquez à ces obligations, que tout le monde connaît, on vous considère comme le dernier des barbares. De toutes ces relations la plus importante, celle qui fonde toutes les règles, est la piété filiale, l'amour que l'on doit à ses parents. C'est le seul amour correct, le seul convenable. Tous les interdits du confucianisme tendent à imposer une attitude positive devant la vie, à faire en sorte que l'on prenne la société telle qu'elle est, à travailler pour réussir. Fondamentalement, le système est fondé sur la reconnaissance envers les parents et l'amour qu'on doit leur porter.

Pour les taoïstes, l'amour en général, entre homme et femme, ou pour les animaux, est bon. L'amour est source de vie, d'énergie. Pour les bouddhistes, l'amour est ce qu'il y a de plus funeste : c'est le désir, l'attachement à la vie, alors que le monde n'est qu'une illusion dont il faut se libérer.

Dans la communauté chinoise française, on retrouve ces trois doctrines. Le choix s'établit donc au niveau de l'individu. Certains choisissent l'idéal bouddhiste fait de pureté, de refus de tuer, de sortie du monde. D'autres le taoïsme et sa prédilection pour le soin du corps, sa gymnastique, le Taï Chi Chuan, le travail du souffle. Chez les grands commerçants, les ingénieurs, les grandes familles, c'est le confucianisme qui a la cote. Chaque choix individuel est précis et respecté.

De façon générale, les interdits religieux se retrouvent partout en Chine. Ils sont liés à l'épanouissement de l'individu. Cela peut paraître paradoxal, surtout quand on pense à la religion traditionnelle, le taoïsme, qui veut que l'homme soit spontané et naturel. Les règles ne sont-elles pas ce qu'il y a de moins naturel ? Mais le taoïsme considère qu'il faut observer des règles parce que, au départ, nous avons justement perdu notre spontanéité. Pour les trois doctrines, c'est le moyen de retrouver l'épanouissement de notre personne et d'aller au bout de nos possibilités, de réaliser ce qu'il y a de meilleur en nous. Il faut intérioriser les règles, et donc les interdits, jusqu'à ce qu'ils deviennent une partie de nous-mêmes. On accède ainsi à une forme d'existence plus haute, dotée d'un sens profond.

Propos de Kristofer SCHIPPER
recueillis par Charles CONTE

Les religions de la Chine

Les trois religions chinoises sont fort différentes des religions monothéistes nées au Proche-Orient. Sans aucune référence à un Dieu unique, personnel, tout-puissant, ce sont pourtant des religions à part entière dotées de mythologie, clergé, rites et bien sûr interdits. Ces trois religions n'ont pas fusionné en syncrétisme, chaque Chinois choisit une religion en fonction de critères personnels et sociaux.

Taoïsme : de « *Tao* » qui signifie « *Voie* ». Le Tao est le grand principe universel, synthèse de l'opposition du *yin* (force associée au féminin, au froid, à l'ombre, au négatif) et du *yang* (force associée au masculin, au chaud, à la lumière, au positif). Le Tao est aussi la Voie suivie par ceux qui cherchent la sagesse. Le peuple chinois s'est constitué autour du taoïsme qui imprègne toujours la vie quotidienne. Le taoïsme philosophique aurait été fondé par Lao-Tseu (VIe siècle av. J.-C.), autour du Tao Teiking (Le Livre de la Voie).

Les règles

I. Les neuf règles du Vieux Maître

(les plus anciens commandements taoïstes parvenus jusqu'à nous, probablement des alentours du début de l'ère chrétienne).

Pratiquez ceci :

1. Le « non-agir » :
(n'intervenez pas dans le cours naturel des choses).
2. La douceur :
(ne vous opposez jamais aux forces de la nature).
3. Le maintien de votre féminité, ne prenez jamais l'initiative :
(en toutes circonstances, adoptez une attitude féminine ; ceci s'applique surtout aux hommes).
4. Le « sans-nom » :
(cherchez l'obscurité).
5. La pureté.
6. Toutes les bonnes actions.
7. La fidélité et le respect des parents.
8. Le contentement.
9. La modestie.

Ceux qui pratiquent les neuf règles se préparent à la divine immortalité ; ceux qui en pratiquent six connaîtront la longévité ; ceux qui en pratiquent trois verront leurs jours augmenter.

II. Les dix règles des novices qui embrassent la discipline taoïste (VIe siècle de notre ère)

1. Ne commettez pas d'actions nuisibles et cachées qui font tort aux autres dans le but d'en profiter vous-même ; pratiquez les bonnes actions anonymement, sans demander quoi que ce soit en retour ; secourez de façon la plus large possible tous les êtres.
2. Il ne faut point tuer des êtres vivants ni les enfermer pour vous nourrir de leur chair. Pratiquez la bonté et la miséricorde, même aux insectes et vermisseaux.
3. Évitez la luxure, pour ne pas nuire à l'intégrité de votre être, pour ne pas polluer l'esprit sacré qui est en vous. Gardez votre chasteté, sans aucune faille.
4. N'entravez point la réussite des autres ; évitez de séparer les gens ; aidez tous les êtres grâce au Tao ; faites que tous les membres d'une même famille vivent en paix et en harmonie.
5. Ne calomniez point les sages et les braves gens. Ne faites pas étalage de vos dons et vos vertus. Louez toujours les bons côtés des autres ; ne diminuez jamais leurs mérites et aptitudes.
6. Ne buvez pas trop de boissons alcoolisées ; ne mangez pas de viande en opposition aux interdits ; harmonisez vos souffles et énergies vitales ; appliquez-vous à demeurer pur et sans désir.
7. Ne convoitez pas des possessions ; sachez vous modérer ; n'accumulez pas de richesses, mais dispersez-les ; soyez économe, afin de pouvoir secourir les pauvres.
8. Ne fréquentez pas des gens amoraux ; ne résidez pas dans des lieux malpropres ; soyez respectueux de votre personne ; rassemblez-vous dans la pureté et la vacuité.
9. Ne manquez pas à la fidélité, au respect envers les parents, à la bonté envers les autres, à la confiance donnée ; soyez d'une parfaite honnêteté envers vos proches, vos supérieurs et envers tous les êtres.
10. Ne parlez pas et ne niez pas à la légère ; ne répandez pas des choses vulgaires ; gardez une attitude sérieuse et riez peu ; en toutes circonstances, préoccupez-vous du Tao et de sa vertu.

Bouddhisme : Doctrine prêchée par le Bouddha (« Illuminé » ou « Eveillé »), en Inde au VIe siècle av. J.-C. Hors du système des castes hindouistes, elle prône la délivrance (« nirvana ») de la transmigration des âmes par l'extinction de tout désir et donc de toute action. D'abord destinée à une « élite » de moines masculins, elle se transforme en religion complète. S'il a quasiment disparu en Inde, le bouddhisme s'est répandu en Asie du Sud-Est, en Chine et au Japon, pays dans lequel il a subi une sorte de « nationalisation » culturelle.

Confucianisme : Du nom de la doctrine de Confucius (forme latine de K'ong Fou Tse) au VIe siècle av. J.-C., qui devint une véritable religion nationale. Ses règles (dites « rites ») garantissent l'harmonie universelle par le maintien d'un rigoureux ordre familial, social et céleste. Le confucianisme est historiquement la religion de l'Empereur (Fils du Ciel) et des fonctionnaires.

Ch. C.

du taoïsme

III. Les cent quatre-vingts interdits pour les maîtres (règles pour le clergé séculier taoïste, du IIIe siècle de notre ère)

(extraits)

1. N'ayez ni serviteurs, ni concubines.
2. Ne convoitez pas l'épouse d'autrui.
3. Ne volez pas les choses des autres.
4. Ne portez pas atteinte à la vie d'un être vivant, quel que ce soit.
5. N'acceptez pas sans raison valable de l'argent de quelqu'un, au-dessus de la valeur d'une sapèque.
6. Ne détruisez pas, ne brûlez pas des objets appartenant à autrui d'une valeur supérieure à une sapèque.
7. Ne jetez pas de denrées alimentaires dans le feu.
8. Ne possédez pas de buffle, ni de cochon.
9. Ne cherchez pas à entrer en possession, par des moyens détournés, d'un objet appartenant à autrui.
10. Ne mangez pas d'ail, ni d'épices relevées.
11. Ne rédigez pas de billets informels à l'adresse d'autrui.
12. N'écrivez pas trop de lettres amicales.
13. Ne pratiquez pas d'avortement (par la médecine des plantes, les maîtres étant pratiquants de la médecine chinoise).
14. N'incendiez pas les champs ni les forêts (pour la pratique de l'agriculture sur brûlis).
15. Ne mangez pas dans une vaisselle faite de métaux précieux.
16. Ne cherchez pas à connaître les événements politiques ou militaires ; ne faites pas de pronostics à leur sujet.
17. Ne vous liez pas d'amitié de façon excessive avec des militaires ou des brigands.
18. N'abattez pas d'arbres sans raison.
19. Ne cueillez pas sans raison des herbes ou des fleurs.
20. Ne fréquentez pas les souverains de ce monde ni les fonctionnaires ; ne vous liez jamais par le mariage à eux.
21. Ne traitez pas vos disciples avec mépris ; ne pratiquez jamais de favoritisme, pour éviter de nuire à leur nature innée.
22. N'attachez pas de valeur aux possessions ou richesses.

...

26. Ne mangez pas seul.

...

36. Ne jetez pas des substances toxiques dans les sources, les lacs, les fleuves et les mers.

...

39. Ne vous suicidez pas.

...

49. Il ne faut pas à tort et à travers creuser la terre, aplanir les collines, combler les ravins.

...

51. Ne pratiquez pas l'acharnement thérapeutique.

...

95. Ne détruisez pas les insectes en hibernation.

...

97. Ne montez pas dans les arbres pour chercher les œufs dans les nids des oiseaux.

...

100. Ne polluez pas les sources et les puits.

Etc.

Shintoïsme, bouddhisme, taoïsme

Le syncrétisme japonais

par Jean-Pierre Berthon

« La pluralité des croyances et des pratiques religieuses japonaises — reflet d'influences culturelles continentales (Chine, Corée) et de traits spécifiques autochtones —, explique Jean-Pierre Berthon, spécialiste du Japon, offre un ensemble divers et contrasté de défenses, d'interdictions, de règles d'observance et de prescriptions rituelles d'une exceptionnelle richesse. »

Plus ou moins suivis selon les lieux (plus stricts à la cour que dans les provinces) et les époques (plus forts dans la société citadine du Xe siècle que dans la société antique), les interdits religieux tendent à devenir de plus en plus diffus, au fur et à mesure que prend forme un véritable syncrétisme religieux constitutif d'une conception du monde marquée par l'immanence du sacré et le rejet de la transcendance. La relation triangulaire qui lie entre eux les êtres humains, les dieux et la nature, se fonde, dans le cas japonais, sur des rapports de complémentarité réciproques qui rendent peu pertinente une opposition stricte entre les domaines du sacré et ceux du profane. Nombre d'observances religieuses marquent la présence discrète, dans la vie sociale, d'un religieux diffus, multiple par ses sources, et proche par ses manifestations.

Shintoïsme, bouddhisme et taoïsme ont exploré, façonné et circonscrit, au cours des siècles, des espaces et des temps spécifiques, à l'intérieur desquels s'opère une véritable transformation corporelle et spirituelle. Actes préventifs, aussi bien que réparateurs, les divers interdits rituels visent à réintroduire, dans l'univers quotidien, un équilibre rompu par une agression, souvent d'origine étrangère.

Interdits (imi) *et souillures* (kegare) *dans le Japon ancien*

La vie religieuse du Japon prébouddhique porte une attention toute particulière aux contacts avec un pouvoir supranaturel dont la manifestation est ambiguë, chaque divinité possédant à la fois un « esprit de violence » *(ara-mi-tama)* et un « esprit de douceur » *(nigi-mi-tama)*. Les « huit cents myriades » de divinités *(kami)* qui peuplent le territoire national sont en conséquence objet de craintes révérencieuses, mais aussi de multiples sollicitudes.

Le mot ancien *imi* exprime la notion générale d'interdit ou d'abstinence, et renvoie à ces deux axes des croyances religieuses. Selon la graphie employée, *imi* — également lu *sai* en lecture sino-japonaise — indiquera, tantôt, un acte de sanctification par une parole ou un objet d'essence divine, tantôt, une proscription qui vise à protéger le caractère sacré d'un objet ou d'un être, et qui nécessite une abstinence rituelle.

On trouve trace de cette ancienne conception du sacré, et des interdits qui s'y rattachent, dans le nom donné à certains objets, lieux ou fonctions d'ordre religieux. C'est ainsi qu'existait, à l'époque antique, une corporation en charge des célébrations du culte national, dénommée *Imibe* ou *Imbe* (« groupe chargé des abstinences »). Après deux ans de résidence passés dans un bâtiment à l'abri de toute souillure, le *Shosaiin*, la vestale du grand sanctuaire d'Ise, qui effectuait une retraite d'une année dans la « résidence de la campagne » *(no-no-miya)*, porte le titre de *saigû* (« personne du sanctuaire taboué/consacré »). Par ailleurs, la salle à l'intérieur de laquelle se tient Amaterasu Omikami — ancêtre de la Maison impériale — lorsque son frère y laisse tomber, par un trou pratiqué en son sommet, un poulain de couleur pie, est dénommée « salle de confection des vêtements sacrés » *(imi-hata-ya)*.

Le rite de purification est, dans la religion shintô, le rite par excellence. Il établit avec le sacré une relation privilégiée dont se trouvent investis certains personnages, êtres humains ou dieux. Se préserver de toute souillure *(kegare)*, et conserver le maximum de pureté est donc le premier des actes rituels.

Échappé du pays des ténèbres où il est poursuivi par son épouse dont le corps en pourriture fourmille de vers, le dieu Izanagi va se purifier à l'embouchure d'une rivière. Chacune de ses ablutions donne naissance à une divinité. De son œil gauche, naît Amaterasu Omikami, de son nez, Susano-o no mikoto, son frère impétueux, le dieu décepteur.

A la cour, se tenait, deux fois l'an, une cérémonie dite de la Grande purification *(Oharae)* qui visait à débarrasser le royaume des fautes *(tsumi)* accomplies au cours des six derniers mois.

Le rite de purification est, dans la religion shintô, le rite par excellence.

Dans les Règlements de l'ère Engi (début du IXe siècle), les livres relatifs aux cérémonies annuelles nous offrent un tableau détaillé des nombreux interdits, et de leur durée, frappant les personnes considérées comme « impures ». Trente jours d'interdits après la mort d'une personne, sept jours après une naissance, six jours après la mort d'un animal domestique (trois jours après sa naissance). Les restrictions quant à l'accès au palais impérial étaient encore plus nombreuses. Pendant les jours qui suivaient ou précédaient certains grands rituels, moines, nonnes, personnes en deuil et voleurs ne pouvaient franchir les portes du palais. En toute occasion, une fausse couche, survenue au-delà de quatre mois, en interdisait l'accès pendant une période de trente jours. A l'époque de

Fautes célestes et fautes terrestres

Ces « actes fautifs » étaient répartis en deux catégories : les « fautes célestes » et les « fautes terrestres ».

Les premières concernaient des offenses préjudiciables à une société fondée sur la riziculture, et s'énuméraient ainsi :
— rompre les digues (des rizières),
— combler les canaux d'irrigation,
— ouvrir les vannes,
— mal planter le riz,
— ficher des pieux dans le sol,
— dépecer un animal vivant,
— dépecer (un animal) à l'envers,
— déféquer (au mauvais endroit).

Les secondes renvoyaient à des interdits sociaux ou à des maladies causées par un agent extérieur.

Quatorze fautes étaient mentionnées :
— blessure infligée à une personne vivante,
— blessure infligée à un cadavre,
— lèpre blanche,
— maladies de la peau,
— viol de sa propre mère,
— viol de son propre enfant,
— viol d'une mère et de son enfant,
— viol d'un enfant et de sa mère,
— rapports sexuels avec un animal,
— calamités provoquées par des insectes,
— calamités provoquées par des divinités d'en haut,
— calamités provoquées par des oiseaux d'en haut,
— mort d'animaux domestiques,
— sortilèges.

La pollution engendrée par ces actes répréhensibles était symboliquement transférée sur des supports matériels (« fins morceaux de bois » et « feuilles de carex ») qui étaient jetés dans une rivière, puis emportés vers la mer par la divinité des eaux tumultueuses, Seoritsuhime.

Heian (784-1185), plusieurs dizaines de jours étaient dévolus, au cours de l'année, aux diverses retraites et abstinences rituelles.

Calendrier et interdits de direction

Bouddhisme et taoïsme (théorie de la Voie du yin et du yang) introduisirent également tout un ensemble d'observances qui en vint à instaurer un véritable partage du calendrier. Apparurent ainsi des « jours d'interdits » *(hi no imi)*. Au cours de ces journées, une nourriture pouvait être proscrite (défense de manger du poisson lors de cérémonies bouddhiques), une cérémonie déconseillée (célébration d'un événement faste lors d'une journée dite de la « disparition du bouddha » — *butsumetsu* —, ou funérailles lors du jour où l'on « tire un ami » — *tomobiki*), un travail interdit (jour dit des « trois maisons détruites » — *sanrinbô* — par crainte d'un incendie). Moments principalement consacrés à l'arrêt de toute activité professionnelle, ils rythmaient le cycle annuel des travaux et des jours. Nombreux étaient les *hi no imi* placés aux périodes charnières du calendrier (période du nouvel an tout spécialement).

Les « interdits de direction » *(kata-imi)* désignaient des orientations particulièrement néfastes, le plus souvent, à la suite de la présence temporaire d'une divinité qui circulait autour des quatre orients. C'est ainsi qu'arrêtée au nord-est (direction nommée « porte du démon »), la divinité du métal, Ushitora no Konjin, était particulièrement redoutée. Pendant ces périodes, qui pouvaient s'étendre sur plusieurs jours, il était également interdit de pénétrer dans les terres, ou de faire des constructions. Corollaires de ces interdits, remarquables sont également les pratiques dites de « transformation de la direction » *(kata-tagae)* qui permettaient, par de savants calculs et des chemins détournés, de s'en libérer. Elles sont le reflet d'un pragmatisme religieux, constant dans la culture japonaise. Certaines divinités *(kimon-yoke no kami)* étaient spécialement chargées de la protection et du renvoi d'entités néfastes situées dans ces directions. D'autres encore, d'aspect effrayant comme le « moinillon borgne » ou le « kami unijambiste » auraient été, au contraire, craintes afin que les villageois respectassent scrupuleusement les réclusions prescrites au début des fêtes calendaires.

Tout au long de l'année, des périodes de réclusion et d'abstinence *(mono imi)* sont les marques de cérémonies d'ouverture et de fermeture qui encadrent le rite proprement dit. Elles permettent, principalement aux personnes en charge des cultes, mais parfois à tout un groupe social, de se préparer à la rencontre avec une puissance sacrée (période dite d'« accueil de la divinité »), puis, à la fin du rite, de réintégrer progressivement le monde profane de la vie ordinaire (période dite de « renvoi de la divinité »). Le contact avec la divinité est également entouré de prescriptions diverses ayant pour but de conserver le plus possible pureté et énergie vitale, ainsi accumulées. Les grands complexes rituels du nouvel an et de la fête des morts *(bon)* — périodes où les divinités et les ancêtres viennent rendre visite au monde des vivants, apportant bonheur et réconfort — sont jalonnés de périodes d'interdits et de retraites purificatrices. Les premières commencent généralement, pour le nouvel an, autour du 12, voire du 8, du dernier mois de l'année précédente. Reflets du syncrétisme shintô-bouddhique, les lieux d'abstinence ont des appellations très diverses. Outre les « pavillons d'abstinence » *(shôjin-dô)* ou les « cabanes d'ascèse » *(gyôya)* que possèdent maints villages, se rencontrent également les « chapelles de la divinité Kannon *(Kannon-dô)*, ou les « oratoires des grands maîtres » *(Daishi-dô)*, bâtiments bouddhiques qui servaient occasionnellement de lieux d'abstinence. Certains sanctuaires shintô sont célèbres en tant que « lieux de retraite » *(o-komori)*, tout spécialement pendant la nuit du nouvel an. Au cours de ces retraites nocturnes, chacun s'abstient de manger les aliments « taboués », se débarrasse de ses impuretés par de multiples ablutions d'eau bouillie ou d'eau de mer. Dans certains villages, il arrivait que l'ensemble de la population participât à ces réclusions rituelles en s'enfermant à l'intérieur du sanctuaire. Les personnes étrangères au village, ou bien celles parties chercher de la nourriture à l'extérieur, ne pouvaient pénétrer le territoire villageois qu'après avoir été purifiées par le sel et l'eau.

Selon l'adage *« Ichinen no kei wa gantan ni ari »* (le compte de l'année se fait le premier jour de l'an), cette journée est réservée à la première visite au sanctuaire tutélaire. Le temple bouddhique ne recevait, traditionnellement, la visite des paroissiens qu'à partir du quatrième jour de l'année, reflet d'un sentiment qui associait — et qui associe toujours — le bouddhisme aux rites funèbres, et donc à des activités impures. Les jours qui précèdent le *bon* sont également, bien que pour des périodes plus courtes, précédés par des interdits temporels. Dans certaines régions du pays, ce sont les enfants qui perpétuent encore ces anciennes observances (« petite cabane du *bon* » — *bongoya* —, dans la préfecture de Tokushima, le plus souvent brûlée après la cérémonie). Il semble que pour le *bon* également, ces groupes d'enfants ou bien de vieillards aient participé à des retraites collectives. Dans l'île d'Okinawa, les abstinences pouvaient durer un mois entier.

Par ailleurs, la crainte du « mois sans dieu » *(kannazuki)* au moment des récoltes d'automne peut être considérée comme la trace d'anciens interdits rituels pendant cette période.

La mort, considérée comme la souillure suprême, fut longtemps entourée de proscriptions strictes. Un ensemble complexe d'obligations rituelles isolait la famille du mort. Les visiteurs venus présenter leurs condoléances étaient accueillis dans un lieu extérieur à la maison du mort. La nourriture devait être préparée sur un feu spécialement réservé à cet effet, tout comme l'était la marmite dans laquelle cuisait cette nourriture. Les impuretés liées à la mort se propageaient, pensait-on, à travers le feu. Nombre de termes liés à l'ensemble de ces interdits portent mention du feu *(hi)*. C'est ainsi que la période d'abstinence se dénomme « porter le feu » *(hi wo kaburu)*, et la levée de cette période *« hi-agari »* (la levée du feu). La visite au sanctuaire shintô était, il va de soi, interdite, comme le mentionnent nombre de documents de l'époque médiévale tel le *Sho-sha kinki* (interdits relatifs aux visites dans les sanctuaires shintô). Parmi les interdits les plus souvent cités, nous relevons la souillure due à la naissance, la souillure due à la mort, le contact avec une impureté, la fausse couche, la grossesse, les menstrues, la pollution causée par la naissance ou la mort des six animaux domestiques (le cheval, le bœuf, la brebis, le chien, le porc et le poulet). Les activités de la vie ordinaire reprenaient aux alentours du quarante-neuvième jour après le décès. Le port du vêtement de deuil pouvait durer de treize à quinze mois. De nos jours, outre la période de deuil, et la plaque fixée sur le devant de la maison portant la mention « en deuil » *(kichû)*, reste la pratique de ne pas adresser de cartes de vœux l'année où une mort est survenue dans la famille.

Impuretés tricolores

Pour le shintô, religion de la vie, de la croissance et de la régénération de l'univers, les interdits les plus nombreux s'attachent aux souillures corporelles : « les impuretés rouges » — *akafujô* — (les menstrues), les « impuretés blanches » — *shirofujô* — (la naissance), les « impuretés noires » — *kurofujô* — (la mort). Dans le Japon traditionnel, existaient des cabanes construites à l'extérieur du village, où pendant leurs règles, les femmes vivaient, prenant leurs repas sur un « feu séparé » *(bekka)*. Des ablutions à l'extérieur de la hutte, une nouvelle nuit passée à l'intérieur, étaient nécessaires avant que la personne puisse réintégrer la société villageoise. Ces interdits, qui s'appliquaient aussi au moment des premières règles, constituaient, par ailleurs, une sorte de rite de passage qui introduisait alors la jeune fille dans la société des adultes.

Non seulement l'accouchement, mais aussi la période de la grossesse, donnaient lieu à des proscriptions semblables à celles des menstrues. La période d'isolement était cependant plus longue (entre 24 et 75 jours pour la personne concernée, 33 jours pour l'enfant, 7 jours pour le mari), et la souillure s'étendait à l'ensemble des membres de la famille. La visite au sanctuaire, les activités rituelles, mais aussi professionnelles, des hommes étaient interdites.

Les interdits frappent les femmes

Si les femmes ont joué un rôle religieux de premier plan tout au long de l'histoire japonaise — depuis l'impératrice Himiko décrite dans les anciennes chroniques, jusqu'aux fondatrices de nouveaux mouvements religieux à la fin de l'époque d'Édo — elles ont également subi une discrimination sexuelle qui leur interdit longtemps la participation à certains rituels, travaux, ou encore les empêcha de pénétrer dans les montagnes sacrées. Notons qu'il existe aussi, dans le bouddhisme japonais, un type de sûtra dit *« Sûtra du bol de sang » (Ketsubon-kyô)* qui explique comment les femmes sont tombées dans les enfers bouddhiques, après avoir souillé le dieu de la terre et les rivières.

Ce système d'interdiction à l'encontre des femmes *(nyonin kinsei)* était lié, à la fois, aux souillures par le sang qui rendaient la femme impure pendant un temps déterminé, mais aussi aux cultes des montagnes qui considéraient les femmes comme des rivales potentielles des divinités de la montagne, souvent perçues comme des divinités féminines. Les interdits frappant les femmes étaient également répandus parmi les pêcheurs pour les mêmes raisons (la divinité de la mer est, elle aussi, de sexe féminin). Faire monter une femme à bord d'un bateau de pêche est, dit-on, un signe de mauvais augure ; une femme qui enjambe des poissons ou des coquillages est le signe d'une mauvaise pêche, etc. Si les interdictions ne sont plus guère marquées que par des repères matériels (pierres dites « pierres de nonnes » fichées dans le sol au flanc d'une montagne, ou huttes dénommées « abri de femmes » qui marquait la limite au-delà de laquelle les femmes ne pouvaient pénétrer plus avant dans les montagnes), nombre de croyances populaires portent encore trace de ces interdits.

Les interdits et le langage

La croyance selon laquelle les mots renferment une puissance spirituelle *(kotodama)* semble être à l'origine de restrictions quant à l'emploi de certains mots en des lieux et des moments déterminés. Ces mots « taboués » sont remplacés par d'autres qui en suppriment l'effet néfaste. Les *oki-kotoba* (« mots du large ») désignent les mots dont l'emploi est interdit lorsqu'on se trouve en mer (le serpent — *hebi* — est nommé *nagamono*, le singe — *saru* — devient *hayamono*, la sardine — *iwashi* — est appelée *komamono*). De la même façon, les *yama-kotoba* (« mots de montagne ») renvoient au vocabulaire spécifique des chasseurs, bûcherons et autres travailleurs de la montagne (le singe sera ici nommé *ete, sune, shine*, ou encore *yamana no oji* ; le lièvre — *usagi* — deviendra *mimina* ; le serpent — *hebi* — se transformera en *nagamushi* ; l'expression « entrer dans la montagne » sera remplacée par celle de « interdit de montagne »). En règle générale, les voix se feront basses, les flûtes et les chants seront interdits.

Certains moments de l'année calendaire, comme le nouvel an, sont frappés de « mots taboués », plus nombreux qu'à l'ordinaire. Il existe également des interdits de langage pour la nuit. Enfin, un exemple particulier est celui du grand sanctuaire d'Ise d'où, à l'époque ancienne, tout vocabulaire bouddhique était banni. La princesse consacrée *(Itsuki no miya)* devait s'abstenir de prononcer deux séries de sept mots dits « intérieurs » et « extérieurs ». Les premiers sont tous des mots relatifs au bouddhisme, religion étrangère, qui auraient pu choquer les divinités autochtones. C'est ainsi que le Bouddha était nommé l'« enfant du milieu », les sûtra, « papiers de couleur », les moines, « cheveux longs », etc. La deuxième série énonce les mots évocateurs de souillures. La mort était nommée *naoru* (« guérir »), le sang, *ase* (« sueur »), la tombe, *tsuchikure* (« motte de terre »), etc.

Les interdits alimentaires

Nous ne pouvons dresser un catalogue des innombrables interdits alimentaires qui ont varié au cours du temps, reflets de préoccupations religieuses, psychologiques, voire économiques. Même le rejet de la consommation de viande animale — l'une des cinq défenses dans la doctrine bouddhique — fut suivi avec plus ou moins de sévérité. La découverte récente (1985 et 1986) dans le quartier de San'ei-chô, à l'ouest de Tôkyô, d'ossements d'animaux datant de la fin du XVIIIe-début du XIXe siècle, confirme que la population urbaine consommait de l'ours, du daim, du sanglier, du chien, du cheval ainsi que des mammifères de plus petite taille, tels le singe, la loutre *(kawauso)*, le renard, et le blaireau *(tanuki)*.

Les interdits les plus fréquents concernant la nourriture sont les « mélanges déconseillés » *(kuiawase)* : l'anguille et la prune salée, ou encore, les beignets de légumes et de poisson *(tempura)* et la pastèque. La même attention est portée au feu, propagateur de maladies. La cuisson sur un « feu commun » *(aibi)* était interdite lors des périodes d'abstinence en relation avec un accouchement ou une mort. De même, les personnes en charge d'un culte rendu à une divinité, préparaient la cuisine sur un feu spécial, à l'abri de toute souillure. La mise en forme d'un temps sacré — par opposition à un temps profane — se lit dans nombre de dictons qui proscrivent, en temps normal, certains gestes, comme, par exemple, de « ne pas planter les baguettes dans le riz » (par analogie avec l'offrande du bol de riz que la femme du défunt emportait au cimetière, lors des funérailles), ou bien de « ne pas placer le plateau du repas à gauche » (en relation avec un système directionnel qui attribue au côté gauche, ou au nord, une connotation mortuaire).

Les interdits alimentaires sont le plus souvent liés à un mythe ou à une légende locale. C'est ainsi que dans certaines régions du Japon on ne cultivait, ni le concombre *(kyûri)*, ni le sésame *(goma)*. Le premier, parce que le motif représenté par un concombre tranché serait, dit-on, similaire au blason *(mon)* de la divinité de Gion ; le deuxième, parce que les graines de sésame blessent les yeux des divinités et des ancêtres. Jusqu'au début de l'époque Meiji, une cinquantaine de plantes étaient, soit interdites à la culture, soit non consommées. En Izumo, fameuse est la légende selon laquelle le coq, qui chante au petit matin, gêne les échanges amoureux des dieux. Coqs, poules, œufs ne se rencontrent guère, en conséquence, dans les villages environnants. De manière générale, les animaux messagers des divinités sont frappés de tabous. On n'élève guère de chevaux ou de chiens blancs, on ne pêche pas de carpes.

Il semble que le non-respect ou la transgression d'un interdit entraîna, au Japon, plus un malheur d'ordre physiologique qu'une sanction morale appliquée par un groupe social ou une autorité politique. Nombreux sont les interdits liés à des souillures physiques ou à des maladies potentielles. Nécessaire cependant est le fait de se rappeler que tout interdit est aussi la manifestation d'un pouvoir qui vise à la mise en ordre de la société. Le régime des Tokugawa sut, du XVIIe au XIXe siècle, avec efficacité, user des systèmes de tabous pour maintenir un contrôle sur les hommes, sur leurs actes et sur leurs pensées.

Jean-Pierre BERTHON

La voie lactée, de Luis Buñuel

III

Discussions et contestations

Un appel à la responsabilité morale

Les fondements d'une encyclique contestée

par René Simon

Toutes les religions ont plus ou moins fait du sexe leur épouvantail majeur. C'est le cas dans le catholicisme, religion dominante en France. Pourtant les catholiques eux-mêmes ne suivent guère les préceptes de leur Église en la matière. Le texte qui fait le plus problème est l'encyclique **Humanae Vitae** ***que nous avons reproduit*** **in extenso** ***dans la première partie. René Simon, théologien, en explique ici les fondements, tout en montrant,*** **in fine,** ***qu'elle pourrait bien évoluer. Un jour...***
(Les titres sont de notre rédaction).

Dans ce numéro de *Panoramiques* consacré aux interdits religieux, l'encyclique est *Humanae Vitae* publiée intégralement. Pourquoi ? Je n'ai pas à répondre directement à cette question. Je suppose cependant qu'une des raisons déterminantes de ce choix tient au fait que le texte pontifical a été perçu par les gens, croyants et incroyants — et il le demeure — comme un cas exemplaire d'interdit religieux. Comme par hasard cet interdit est relatif à la sexualité, au couple, au mariage, à la transmission de la vie, à l'intervention de l'« artifice » dans l'intimité de la relation hétérosexuelle, tous domaines qui, plus ou moins directement, ont rapport à la vie et à la mort. Serait-ce pour cela que le texte a revêtu dans l'opinion publique la sévérité du *« non potest »*, du *« non licet »* et qu'il a été si fraîchement accueilli par elle ? Il est vrai que les travaux de la Commission consultative laissaient entrevoir de la part de la majorité de ses membres une réponse ouverte. La réaction fut à la mesure de la déception.

Mais voyons les choses de plus près. Dans les pages qui suivent je tâcherai, au-delà de ma position personnelle sur le sujet, d'être attentif à la complexité du problème et d'éviter le court-circuit d'une analyse unilatérale, braquée uniquement sur l'interdit.

L'étonnant, c'est qu'avec l'interdit, la règle morale prend la tournure négative de la défense : *« Tu ne tueras pas, tu ne coucheras pas au hasard de tes rencontres et de ton envie, tu ne mentiras pas, tu ne voleras pas... »* Pourquoi, d'ailleurs, un commandement : *« Fais à ton prochain ce que tu voudrais qu'on te fît à toi-même » ?* Prescrire une conduite implique d'emblée la possibilité de sa transgression et appelle l'interdiction, la défense d'actualiser celle-ci. Commander, prescrire n'auraient pas de sens si la conduite prescrite ne trouvait pas de résistance dans le sujet. Jusqu'en sa forme positive, le précepte apparaît comme la résistance à cette résistance. Tout impératif (positif) désigne en filigrane un interdit.

L'interdit est donc bien, en sa signification première, le signe d'une fracture. En moi, en nous comme groupe social, comme communauté dont les membres partagent les mêmes valeurs, quelque chose fait obstacle à ce qui nous paraît relever du bien moral. Paul Ricœur estime que nous sommes ici devant un état de scission *« qui résulte de la quasi-transcendance des valeurs par rapport à nos désirs non conformes, donc déviants. Le non-préférable est alors mis à part, frappé d'une valeur négative »*. La scission se situe entre ce qu'on peut considérer comme un procès d'humanisation tendu vers une utopie mobilisatrice toujours à venir, d'une part, et ce qui, d'autre part, en moi et en nous, oppose une résistance à cette effectuation, prend le contre-pied de cette « intention », de ce procès. La scission se situe en profondeur en sein de l'intention éthique elle-même comme sa face négative.

Trois interdits majeurs : meurtre, inceste, mensonge

L'interdit, en pointant vers cette faille, se trouve doublement caractérisé et se voit confier un double rôle : *défendre* et *autoriser, tracer des barrières* et *ouvrir* l'espace de l'agir. Selon la première direction, l'interdit barre la route à l'envie qui est en moi, en toi, en nous, de tuer, de « baiser », de mentir (les trois interdits majeurs du meurtre, de l'inceste, du mensonge), de m'identifier à l'immédiateté et à l'illimitation imaginaire de la pulsion, d'abolir toute distance entre moi et elle, toute distance aussi entre moi et autrui. Céder à cette envie reviendrait à laisser la place au chaos indifférencié d'une violence universelle, aux accouplements sans règle et à la méfiance généralisée, destructrice de la convivialité humaine. Le rôle de l'interdit est précisément, dans un premier temps, de délimiter, de poser des frontières, de vaincre une opposition ou une confusion généralisée, qui seraient la mort de l'individu et de la société.

Le deuxième rôle de l'interdit est lié au premier : l'écart étant ainsi inauguré entre moi et moi-même, entre moi et les autres, le champ est ouvert à l'échange. L'interdit crée la possibilité d'un espace de liberté dans lequel rencontre, affrontement et dépassement de celui-ci, reconnaissance et communication effectives peuvent s'inscrire. Tout se passe comme si l'interdit donnait à la rencontre et à la communication originaires la possibilité de déployer leurs énergies. Dans ce contexte l'interdit permet à la norme et à la règle d'apparaître comme la voie d'un partage réglé de nos différences ou, ce qui revient au même, la voie de la rencontre et de la reconnaissance réglées de nos désirs et de nos libertés. En reprenant le jeu de mots qu'autorise l'étymologie du terme, l'interdiction de l'interdit devient une *entre-diction*, un *entre-dire*, une *inter-locution* qui s'accomplissent dans *l'inter-action*. Car l'interdit ne se comprend, en sa dimension éthique, que s'il se prolonge, dans son effectuation : négative, de la défense, positive, de l'échange. C'est ainsi que l'interdit du meurtre se développe en conduites dont les unes canalisent la violence et dont les autres autorisent et aménagent la convivialité et les multiples manières de faire triompher les énergies de la vie sur les forces de la mort ; l'interdit de l'inceste, en comportements dont les uns s'opposent à la fusion négatrice de la différence sexuée et dont les autres déploient, au contraire, les capacités créatrices de cette différence vécue dans l'échange charnel, le partage des tâches et l'intention de don réciproque et de promotion des personnes ; l'interdit du mensonge, en pratiques dont les unes évitent *« la confusion des langues »* (voir Genèse) et la violence verbale et dont les autres établissent, sur la base d'une confiance réciproque, la communication et le dialogue selon la vérité des sujets et de leur dire.

C'est sous ce dernier aspect qu'il convient d'aborder la lecture d'*Humanae Vitae*. Cela signifie que l'on doit être attentif — et la remarque vaut en général — à l'antériorité positive, par rapport au négatif de l'interdit, à ce qu'avec Paul Ricœur on peut désigner par l'expression d'intention éthique originaire, avec Emmanuel Lévinas, dans une perspective assurément différente, par celle de relation d'altérité, avec la théologie biblique par celle d'« économie » du don et de l'amour. Il faut d'ailleurs noter que c'est sous cet angle que l'encyclique envisage la question de la régulation des naissances. Elle esquisse, en effet, préalablement à ce qui peut relever de la notion d'interdit, les traits, selon elle, essentiels, d'une anthropologie de la vie et de la relation conjugales : nécessité d'inscrire une telle anthropologie dans une vision intégrale de l'être humain et (pour le chrétien) de sa vocation théologale ; d'où importance accordée à l'amour et, dans le cas présent, à l'amour conjugal, caractérisé par l'intime compénétration du « sensible » et du « spirituel », par le don total réciproque des deux époux, par leur fidélité exclusive et par la fécondité.

La nature du mariage

La paternité (on parlerait aujourd'hui de paternité *et* de maternité) responsable s'enracine donc dans une anthropologie. On nous rappelle qu'elle comporte la connaissance des processus biologiques et le respect de leurs fonctions, la maîtrise de l'instinct et des passions. L'éthique intervient ici d'une manière déterminante. A vrai dire, elle est déjà présente dans la description anthropologique précédente, marque indéniable de la difficulté de délimiter la frontière entre éthique et anthropologie. Mais l'insistance en cet endroit du texte porte sur l'« objectivité » de l'ordre moral, qui ne peut dépendre de l'arbitraire de la volonté humaine. Pour l'encyclique, cet ordre, qui est fidèlement interprété par la conscience droite, est établi par Dieu, l'intention créatrice étant *« exprimée dans la nature même du mariage et de ses actes »* et notamment dans les *« rythmes naturels inhérents aux fonctions de la génération »*. Le caractère indissociable de ce que l'encyclique désigne par les termes d'union et de procréation s'adosse dès lors à une conception tout ensemble anthropologique, éthique et théologique. L'interdit découle de là. Mais avant de prendre en considération ce dernier point, je noterai encore que la visée profonde d'*Humanae Vitae* est de sauvegarder les valeurs humaines inhérentes à l'union des sexes : la relation hétérosexuelle, en ses dimensions érotiques et ludiques mêmes, engage trop profondément homme et femme en leur être et en leur devenir pour que l'on puisse faire l'impasse sur les implications qu'elle a pour l'un et pour l'autre et pour le « tiers » qui peut naître de leur union. L'encyclique rejoint par là les recherches faites à partir des années 30 par le théologien catholique Doms sur la valeur relationnelle et médiatrice d'amour de l'acte sexuel ; dans cette perspective, la fécondité charnelle apparaît elle-même comme une dimension de l'amour. La constitution pastorale *Gaudium et spes* de Vatican II s'orientait déjà dans ce sens, mettant l'accent sur la priorité de la communauté de vie et d'amour des conjoints. On peut dire que la fécondité de l'amour conjugal déborde les limites de la fécondité strictement procréatrice, car elle englobe, avec la constitution du couple et de son unité, le dynamisme de sa croissance, la procréation de l'enfant et son éducation, la formation progressive de la communauté familiale avec l'ensemble de ses composantes. Cette visée de l'encyclique est à retenir, au-delà des critiques que l'on peut lui faire d'un point de vue anthropologique, éthique et théologique.

Et ces critiques, comme on sait, n'ont pas manqué.

Je me contenterai de relever les points suivants : présentation discutable de la théologie de la création (une forme de positivisme théologique) qui aplatit la distance entre le Dieu créateur et la création, tout se passant comme si *« l'intention créatrice »* était tout bonnement lisible dans les structures anthropologiques de l'être humain (forme contemporaine du procès de Galiliée ?), anthropologie peu ouverte aux recherches contemporaines sur la sexualité, notamment à la psychanalyse (rien n'est explicitement dit sur le désir et le plaisir, pas plus que la division du sujet quant à son inconscient), réaffirmation du principe de totalité comme si l'intervention technique de l'homme dans les processus « *naturels* » était exclue une fois pour toutes sauf pour des raisons thérapeutiques, le recours au principe de l'autorité magistérielle, auquel on a déjà fait allusion et qui vaut « *raison* », abolissant de ce fait la possibilité de tout débat et appelant une soumission *(« un assentiment loyal interne et externe au Magistère de l'Église »)* que la référence au fondement christologique vient justifier.

L'interdit formulé dans *Humanae Vitae* découle de ces prémices, notamment de l'affirmation relative au lien indissoluble existant pour tout acte conjugal entre union et procréation. Ce lien exclut tout recours à l'artifice, tout en autorisant l'utilisation des périodes « naturellement », biologiquement, agénésiques. D'où les formulations, sans ambiguïté, du paragraphe 14, qui s'étendent au-delà de la simple contraception artificielle : *« Est absolument à exclure comme moyen licite de régulation des naissances [...] l'avortement [...], la stérilisation directe [...], toute action qui [...] se proposerait [au plan même de l'acte conjugal] de rendre impossible la procréation.* » L'absolu de l'interdit est accentué par la déclaration que l'acte conjugal volontairement infécond est « *intrinsèquement déshonnête* » et que l'on ne saurait, à son propos, recourir au principe de totalité selon lequel l'ouverture à la transmission de la vie concernerait l'ensemble de la vie conjugale et non chaque acte particulier. Notons, en passant, que cette condamnation est reprise, avec une fermeté parfois plus grande encore dans l'expression, dans les interventions ultérieures du Magistère. C'est notamment le cas de l'Instruction *Donum Vitae* de la Congrégation pour la doctrine de la foi sur le respect de la vie naissante et la dignité de la procréation. C'est un des thèmes sur lesquels Jean-Paul II revient inlassablement (voir par exemple *Familiaris consortio*, 32). Nous sommes donc bien ici en face d'une forme d'interdit, dont la connotation éthique est évidente et qui s'arc-boute en outre sur une certaine théologie de la création et de l'autorité magistérielle. Tous semble dès lors réuni pour donner à l'interdit son maximum de sévérité et de contrainte ou d'obligation.

La notion de « loi naturelle »

Je prolongerai cette réflexion dans les deux directions suivantes : la première est relative à la notion de « *loi naturelle* », la seconde, au rapport de l'interdit aux conditions concrètes, existentielles, de l'action.

L'encyclique utilise peu l'expression de « *loi naturelle* », mais la notion est introduite dans le texte avec le concept « *nature* », qui est largement explicité. Comme on l'a laissé entendre, les concepts de nature et de loi naturelle, théologiquement adossés à ceux de volonté divine et de plan du Créateur, constituent l'armature théorique qui donne au texte sa cohérence logique, à la règle morale édictée sa rigueur préceptive, à l'obéissance du fidèle ses raisons d'être ; les finalités biologiques, considérées comme expression de l'intention créatrice de Dieu sont, dans leur ordre, indicatrices de la loi et de la « pratique morale ». Rappelons ici que la notion de « *loi naturelle* » est prise en sa distinction d'avec la « *loi évangélique* ». Cet emploi est classique en théologie et n'est qu'un cas particulier de la distinction entre « *nature* » et « *grâce* » et de leurs relations. Prise dans ce cadre, la « *loi naturelle* » désigne simplement la loi morale humaine, la loi de l'agir humain comme telle, en son autonomie propre et abstraction faite de l'apport de la foi et de la Révélation. Dans l'utilisation qu'en font le Magistère et nombre de théologiens, c'est saint Thomas qui demeure le maître à penser. Aux yeux de celui-ci la simple donnée « *naturelle* » ne saurait être, comme telle, moralement normative, pas plus qu'aucune autre donnée simplement factuelle. Elle ne le devient que par l'intervention de la raison pratique, d'un jugement de raison (implicite ou explicite). C'est bien ce qui apparaît dans la manière de procéder de saint Thomas d'Aquin, quand il détermine les préceptes premiers de la « *loi naturelle* » à partir des tendances fondamentales de l'être humain : tendances à la conservation de l'être, à la multiplication de l'espèce, à la vie avec Dieu et en société, auxquelles correspondent ce qu'aujourd'hui nous appellerions les interdits du meurtre, de l'inceste et du mensonge. L'intérêt de la pensée thomiste est ici qu'elle fait appel, pour établir cette table des tendances fondamentales et des préceptes correspondants, à la raison pratique, qui les appréhende « *naturellement* » comme biens humains. Ce n'est pas dans leur pure facticité, dans le simple fait d'être là comme tendances, que les deux premières d'entre elles, en particulier, entrent dans la sphère de la morale et donnent lieu à des formulations de préceptes moraux, mais bien par l'intervention de la raison pratique qui leur donne sens et signification et les élèves par là même à l'ordre des valeurs.

Ajoutons que, si la conception thomiste garde une grande souplesse, elle ne saurait, à notre avis, être reconduite purement et simplement aujourd'hui. Les connaissances scientifiques et les possibilités techniques acquises par l'homme changent de manière suffisamment profonde sa relation à son environnement (écosphère et biosphère) pour que les concepts de nature et de loi naturelle, en leur usage classique, deviennent impropres à désigner le nouveau type de rapport à instaurer. Raison pratique et liberté humaine ne peuvent plus se contenter de reconnaître l'ordre des structures et des finalités naturelles et d'y acquiescer ; elles se trouvent devant l'impérieuse nécessité, à la fois vitale et morale, d'utiliser la maîtrise scientifique et technique pour construire d'une manière sensée l'existence individuelle et collective ; les concepts théologiques d'intention et de plans divins, de volonté de Dieu et de création, s'en trouvent profondément modifiés. C'est ainsi, pour m'en tenir à ce seul exemple, que la catégorie de création, téléologiquement beaucoup plus indéterminée aujourd'hui dans son contenu que dans la littérature théologique du passé, présente l'œuvre de Dieu comme une œuvre inachevée, offerte à l'activité transformatrice de l'homme. Ces nouveaux pouvoirs définissent aussi le devoir de celui-ci : il doit porter une attention extrême à l'importance qu'il convient d'accorder aux équilibres écologiques et biologiques, indispensables, en leur dynamisme et leur fragilité, à la survie de l'espèce et au mieux-être de l'humanité.

C'est dans ce contexte que le recours aux catégories classiques et de nature et de loi naturelle, pour trancher un problème comme celui de la régulation des naissances, n'est plus pertinent. La maîtrise que l'homme s'est donnée dans le domaine de la fécondité par ses connaissances et ses découvertes techniques renvoie aux motivations fondamentales qui restent moralement déterminantes pour la solution à trouver. On comprendra que, dans ces conditions, la tendance à l'œuvre dans *Humanae Vitae* à élever les « *rythmes naturels de fécondité* » au plan de structures ontologiquement prescriptives (tout se passe ou semble se passer comme si leur facticité avait valeur de norme morale) n'est pas tenable. Sans doute le passage n'est jamais fait. Mais la tendance à le faire est fâcheusement soulignée par l'appel à « *l'intention créatrice exprimée dans la nature même du mariage et de ses actes* ». La force du précepte édicté par l'encyclique et de l'interdit qui l'accompagne s'en trouve du fait même affaibli. Et cela sans tenir compte de la légitimité de l'artifice humain, qu'une autre conception anthropologique et théologique (théologie de la création) pourrait mettre en avant.

La notion de principe

Après ces dernières remarques, je passe au deuxième point, annoncé plus haut et qui concerne le rapport de l'interdit aux conditions concrètes de l'action, ici, de la régulation des naissances. J'aurai recours à la notion de « principe » plus générale que celle d'interdit. Qu'il faille des principes à la source de la vie morale, je suppose que cela est admis ici. Ce que je voudrais, par contre, montrer, c'est que l'invocation de principes, pour indispensable qu'elle soit, ne saurait suffire à la justification d'un acte ou à sa qualification négative. C'est dans cette perspective qu'on peut réenvisager le principe et l'interdit formulés par *Humanae Vitae*. Disons d'abord que la nouveauté des situations et des problèmes surprend presque toujours la certitude de nos principes et le confort de nos assurances légales.

Ce n'est pas pour autant qu'ils sont nécessairement périmés. L'invocation de principes immuables ne saurait cependant suffire ; elle peut même être moralement néfaste. Non pas, encore une fois, qu'il faille en rejeter le bien-fondé, car la prétention à l'universalité et à la permanence joue un rôle non négligeable.

Mais une fois ce principe énoncé, tout reste encore à faire et il faut passer à l'analyse des situations de malheur, d'injustice et de mensonge dans lesquels les hommes sont engagés et de leur production historique. On pourra alors trouver, plus ou moins bien, les solutions qui donneront chair au principe.

La généralité abstraite des principes risque donc de les rendre peu opératoires. De plus, on ne peut tenir ces principes pour absolus, purement et simplement, sans autre forme de procès. Une telle prétention pourrait recouvrir une peur des remises en question nécessaires et voiler les vrais problèmes. La vérification des principes par l'expérience humainement sensée est un processus indispensable pour s'assurer de leur valeur ou, s'il le faut, pour en modifier éventuellement l'expression. Et il ne faut pas attendre, pour agir, que toutes les difficultés théoriques et pratiques soient levées, qu'aucun doute ne subsiste plus sur la pertinence du principe, en sa formulation actuelle ou en son rapport à l'action à entreprendre. La qualité morale de l'action peut être acquise par un jugement prudentiel en situation sans que sa cohérence avec le principe pris dans la rigueur de son abstraction et de sa généralité soit assurée. S'en tenir à cette rigueur formelle pour porter un jugement de valeur sur telle situation ou telle action équivaudrait à un tutiorisme inhumain et conduirait à se réfugier pour l'ensemble de notre existence dans l'abstention et l'inaction.

C'est dans cette perspective qu'on peut réenvisager la question du principe (la norme) et de l'interdit dans *Humanae Vitae*. On n'a pas attendu, pour adopter les méthodes contraceptives, à supposer que leur usage soit moralement légitime, que les moralités de toute obédience philosophique ou théologique donnent le feu vert ; on a commencé par les pratiquer ; l'officialisation moralement légitimante ou condamnatrice est venue ensuite. Se référant à l'encyclique *Humanae Vitae*, Karl Rahner fait l'hypothèse qu'un changement pourrait se produire dans la position magistérielle et il note, après avoir cité des exemples de semblables modifications : « *Médités concrètement, ces exemples montrent aussi que ce n'est pas seulement* après *que la révision a été effectuée universellement dans l'Église que l'on peut tenir compte de la réformabilité.* » De même n'a-t-on pas attendu qu'on lève l'interdit concernant le prêt à intérêt pour le considérer comme moralement légitime, ni à la proclamation par Vatican II de la liberté religieuse pour l'inscrire dans les lois civiles. De l'avis général, l'encyclique *Humanae Vitae* n'est pas revêtue du sceau de l'infaillibilité. La réformabilité de la norme et de l'interdit est donc envisageable ; et elle entraîne la possibilité d'une pratique et d'une conception théorique se situant à distance de l'une et de l'autre. Si l'on revient aux deux dimensions par lesquelles on caractérisait l'interdit au début de cet article (défense et autorisation), on peut dire que c'est la deuxième dimension qui a la priorité sur l'autre, dans le cas où un écart peut se creuser entre elles. Dans le cas d'*Humanae Vitae* cela voudrait dire que l'ouverture de l'union à la transmission de la vie caractérise la totalité de la vie conjugale et non le rapport sexuel singulier. La norme n'est pas niée ; elle est modifiée tout en maintenant cette ouverture. L'interdit se trouve du fait même modifié lui aussi dans le même sens.

Je terminerai sur la remarque suivante. L'interdit édicté par *Humanae Vitae* a eu cet effet, somme toute positif, que l'accueil qu'il a reçu a suscité, notamment de la part des croyants concernés, une prise de conscience de leur responsabilité morale, en ce sens que la formulation des normes, si elle relève à un titre particulier de l'autorité magistérielle, est aussi le fait de tous les chrétiens. Un écart peut dès lors se créer entre celle-là et ces derniers ou une fraction plus ou moins importante de ceux-ci. Le dialogue et le débat s'imposent alors pour maintenir la communion des esprits, sans annuler pour autant une diversité qui s'alimente, en dernière analyse, comme la communion elle-même, à la liberté qui vient de l'Esprit.

René SIMON

Même les catholiques n'en ont cure

Humanae Vitae : une morale sexuelle inapplicable... et inappliquée

par Pierre De Locht

Théologien moraliste, ancien aumônier national des scouts belges, Pierre de Locht conteste de fond en comble le bien-fondé de l'encyclique* Humanae Vitae. *Il ressort clairement de son texte qu'elle est restée inappliquée parce qu'inapplicable. Le titre et le surtitre sont de notre rédaction.

La lettre encyclique sur la transmission de la vie humaine *Humanae Vitae*, promulguée le 25 juillet 1968, devait, dans l'intention du pape Paul VI, clôturer de manière définitive les longs débats soulevés dans l'Église catholique, depuis des décennies, concernant la régulation des naissances.

L'explosion démographique dans de multiples régions du monde suscitait de graves questions de politique générale, qui rejoignaient la préoccupation de nombreux couples. Ceux-ci avaient de plus en plus conscience que le développement de la culture, l'éducation généralisée, les progrès techniques, la civilisation urbaine avec ses problèmes de logement... rendaient peu souhaitable de susciter tous les enfants qu'ils auraient été capables d'engendrer. Mettre un être au monde, en effet, ce n'est pas seulement lui donner la vie physique, mais lui apporter, autant que faire se peut, tout ce qu'implique la « mise au monde » complète, les ressources biologiques et alimentaires, certes, mais aussi l'éducation adaptée à la culture ambiante, les forces psychologiques, sociales... dont il a besoin pour pouvoir se réaliser en tant que personne humaine.

Ce n'est donc pas, comme on est trop souvent tenté de le croire, un certain égoïsme conjugal qui amène beaucoup de parents à limiter les naissances, mais leur souci d'une fécondité vraiment humaine.

Ce n'est donc pas, comme on est trop souvent tenté de le croire, un certain égoïsme conjugal qui amène beaucoup de parents à limiter les naissances, mais leur souci d'une fécondité vraiment humaine. Ils se savent responsables des conditions dans lesquelles ils suscitent la vie et pourront la déployer dans une saine éducation.

On ne peut perdre de vue que la limitation des naissances a toujours existé. Elle était due jadis principalement à la mortalité infantile, aux maladies, épidémies et cataclysmes divers. Les progrès récents de la médecine, ainsi que d'autres facteurs d'évolution, en luttant efficacement contre ces forces meurtrières et en accroissant grandement la longévité, ont modifié fondamentalement les données du problème. Aujourd'hui, une saine et clairvoyante responsabilité des conjoints est appelée à prendre le relais de ces forces obscures qui décimaient les populations et maintenaient aveuglément un équilibre démographique. N'est-il pas autrement plus humain que cet indispensable équilibre soit dorénavant le résultat de la lucidité et de la responsabilité ? Car la population ne peut croître indéfiniment et à un rythme aussi rapide. Sait-on qu'il faut actuellement moins de douze années pour que la terre croisse d'un milliard de personnes ? Même si se réalisait une authentique répartition des ressources diverses (ce qui, malheureusement, est loin d'être le cas), comment, entre autres, l'indispensable éducation pourrait-elle suivre un rythme de croissance aussi accéléré ?

Une responsabilité qui bouleverse tant de réflexes ancestraux

Accepter une limitation volontaire de la fécondité va quelque peu à l'encontre de perspectives profondément ancrées, au moins dans le milieu catholique. Et cela particulièrement sur deux points.

Tout d'abord, on met en question la fécondité, inlassablement proclamée par l'Église catholique comme fin première du mariage. Ce n'est qu'au dernier concile du Vatican (qui s'est tenu à Rome de 1962 à 1965) que cette priorité de la fécondité sur l'amour conjugal n'a plus été revendiquée.

D'autre part, la procréation était considérée comme le principal correctif au risque de voir l'amour conjugal s'enliser dans un égoïsme à deux. Avoir un enfant le plus rapidement possible dès le début du mariage était considéré comme une importante règle de sagesse du couple. En ce sens, l'Encyclique sur « *la régulation des naissances* » est tout autant une encyclique sur « *la régulation de la vie sexuelle dans le mariage* », les exigences de la procréation ayant toujours été considérées comme le meilleur garant de la tempérance conjugale.

N'est-ce pas pour cela que les seuls moyens de limitation des naissances considérés par l'Église officielle comme moralement acceptables, ainsi que l'avait déjà proclamé Pie XI en 1930 dans son encyclique *Casti connubii*, sont ceux qui requièrent une abstinence au moins périodique ? Ne serait-ce pas dans la même perspective que les découvertes faites vers les années 20 par les docteurs Ogino d'une part, et Knaus d'autre part, puis, un peu plus tard, « *la méthode des températures* » (qui permet de déterminer, avec une relative précision, les périodes de fécondité de la femme, durant lesquelles, dès lors, l'abstinence était requise lorsqu'une limitation de la fécondité était jugée nécessaire) ont été progressivement accréditées, et elles seules, par l'Église officielle ?

« *La pilule* »

Au cours des années 50, la mise au point des inhibiteurs de l'ovulation (la pilule) allait relancer, avec une acuité accrue, le débat moral dans l'Église catholique. Cette fois, les conjoints allaient pouvoir disposer de moyens plus sûrs d'empêcher la fécondité, tout en n'étant plus contraints à des temps d'abstinence qui n'étaient pas nécessairement adaptés à leurs besoins et désirs mutuels. C'était en même temps une crise de conscience accrue de la légitimité de la vie amoureuse des époux, et son autonomie possible par rapport aux impératifs de la procréation. Sans pour autant méconnaître ni la valeur ni la joie de la fécondité, s'annonçait le dépassement possible d'une dépendance biologiquement impérative entre fécondité et amour conjugal. La fécondité ne sera-t-elle pas d'autant plus valable qu'elle est choisie plus librement, ont pensé de nombreux conjoints, leur vie sexuelle pouvant dès lors aussi se vivre davantage dans la responsabilité mutuelle.

L'autorité de l'Église catholique n'accepte que les moyens fondés sur l'alternance physiologique des temps de fécondité et d'infécondité chez la femme, en l'absence de toute intervention « *artificielle* ». Ce respect des rythmes « *naturels* » serait, d'après le Magistère, seul attentif à la nature féminine, seul garant par sa capacité d'abstinence de la qualité de l'amour conjugal, seul respectueux aussi de la souveraineté de Dieu sur la vie.

Perspective largement contestée à de multiples titres. La « *nature* » est ici revendiquée dans sa dimension seulement biologique, comme si l'usage de la raison et de la liberté responsable n'était pas des éléments constitutifs de la nature de la personne humaine. N'agit-on d'ailleurs pas, à tout moment, sur la nature pour la mettre au service des valeurs humaines ? La transformation de la nature biologique est permanente : vaccins, prothèses, opérations chirurgicales, greffes d'organes..., de l'artificiel qui est le fait de l'art humain. Et n'intervient-on pas aussi sur les processus « *naturels* » de fécondation par le calcul d'Ogino ou des températures ?

Les grands enjeux du débat sur la contraception

Les enjeux sous-jacents à la mise au point de moyens de maîtrise efficaces de la procréation sont donc loin d'être anodins. C'est tout particulièrement la sauvegarde du sens et du goût de la fécondité au-delà des impératifs biologiques. C'est la sauvegarde d'une vie conjugale, dont les exigences de vérité, de fidélité, de qualité, tiendront, non nécessairement aux impératifs de la procréation, mais à la vérité même de la relation amoureuse interpersonnelle.

Mais l'Église officielle, à tort ou à raison, refusait de reconnaître l'autonomie possible de l'amour conjugal et, à plus longue échéance, de la sexualité. Aussi, maintenait-elle l'exigence de garder à chaque relation sexuelle sa possibilité fécondante, et ne reconnaissait-elle comme légitimes que les moyens dits « *naturels* » de limitation des naissances. Cette référence contraignante aux moyens « *naturels* » ouvrait un nouveau débat.

La « nature » *est ici revendiquée dans sa dimension seulement biologique, comme si l'usage de la raison et de la liberté responsable n'était pas des éléments constitutifs de la nature de la personne humaine. N'agit-on d'ailleurs pas, à tout moment, sur la nature pour la mettre au service des valeurs humaines ?*

Qu'il puisse y avoir préférence pour telle méthode contraceptive au nom des sensibilités et possibilités personnelles (à débattre entre conjoints), peut-être aussi en fonction de critères médicaux, sans négliger les coefficients plus ou moins grands de sécurité, certes. Le débat est ouvert, et doit le rester. Mais en quoi la foi chrétienne est-elle à ce point impliquée dans ces questions, pour que l'Église catholique porte un tel jugement de condamnation sur toute autre méthode de régulation de la fécondité que les méthodes dites « *naturelles* », considérées du reste par beaucoup comme trop « artisanales » ?

Un enseignement de plus en plus largement contesté

Tel est le contexte dans lequel, durant les années 50-60, a grandi la demande de voir l'Église catholique réexaminer la question, pour nuancer sa doctrine ou, aux yeux de certains, pour la réaffirmer avec une nouvelle vigueur. Et cela, au vu des recherches et possibilités médicales, mais aussi à la lumière d'une perception en partie nouvelle des besoins des personnes, des modalités de vie des couples, de la légitimité et de la valeur de l'épanouissement sexuel, d'une relation réassumée différemment entre fécondité et amour conjugal.

La question de la moralité des moyens efficaces de régulation des naissances interpellait vivement les milieux catholiques depuis des décennies, au point que l'Église centrait à peu près sur elle l'essentiel, voire le tout de la morale conjugale. Beaucoup ont espéré que le concile du Vatican (1962 à 1965) apporte les éclaircissements et adaptations souhaités. Paul VI, cependant, a enlevé cette question (de même que le divorce et le célibat sacerdotal) à la libre discussion du Concile. En partie pour éviter un débat public avec toutes les répercussions médiatiques qu'il susciterait, mais aussi parce qu'avait été mise sur pied, dès septembre 1963, une commission de théologiens, entourés d'experts divers, chargés d'étudier le problème de la procréation et des moyens moralement légitimes de la réaliser. Commission restée secrète jusqu'à la fin de l'année 1965.

La commission pontificale pour l'étude de la population

Les moyens mis en œuvre pour soutenir le travail de cette Commission furent exceptionnels ; ils ont permis un travail d'une particulière qualité. (J'en ai relaté avec précisions les étapes et les conclusions dans mon livre *Les couples et l'Église. Chronique d'un témoin*, éditions du Centurion, 1979.) Le noyau central de la Commission était composé de théologiens, car c'était à eux qu'était demandé un avis théologique fondé et circonstancié sur la doctrine jusqu'ici enseignée par l'Église catholique. Ils étaient entourés d'experts de différentes disciplines — couples, démographes, médecins, psychologues... — avec lesquels ils ont longuement dialogué. Théologiens et experts étaient choisis dans les différentes régions du monde, en un minutieux dosage où dominait cependant quelque peu, au moins en ce qui concerne les théologiens, la tendance conservatrice.

Cependant, grâce au sérieux et au dynamisme de la recherche, plusieurs théologiens pour lesquels la condamnation des moyens contraceptifs était jusque-là une évidence incontestable, ont progressivement évolué. Peu à peu, une large majorité des théologiens de la Commission, stimulés entre autres par les interpellations des divers experts, en sont arrivés à la conclusion que le caractère « *intrinsèquement mauvais* » des techniques de contraception ne s'imposait pas, et que la doctrine officielle de l'Église catholique en la matière pouvait être revue. Le vote final des théologiens a abouti, par quinze voix contre cinq, à la conclusion que le jugement d'immoralité des moyens artificiels de régulation de la fécondité ne devait pas être maintenu.

Insuffisamment rassuré par ces conclusions, Paul VI désigne alors quinze cardinaux et évêques pour que, après discussions avec ces théologiens et experts, ils donnent à leur tour leur avis. Semaine passionnante de dialogue entre représentants du Magistère, théologiens et experts. Cette fois encore, les cardinaux et évêques ont donné un avis très majoritairement favorable à une évolution de l'enseignement de l'Église catholique dans ce domaine. Avant de se quitter, ils ont rédigé, avec l'aide des théologiens, un texte de déclaration officielle qu'ils proposaient au pape pour faire comprendre aux catholiques, et à tous ceux qui s'y intéresseront, le pourquoi de cette évolution. Ainsi s'est terminé, le 25 juin 1966, ce long travail de réflexion et d'élucidation de la pensée de l'Église catholique.

Deux années d'attente

Vu les conclusions largement majoritaires, tant des théologiens que des cardinaux et évêques de la Commission, on s'attendait à une rapide prise de position de Paul VI. Ce ne fut pas le cas. Les mois passèrent. A l'une ou l'autre reprise, le pape fait savoir que la question n'est pas encore assez décantée, qu'une étude ultérieure est requise... Comment et pourquoi, on ne le saura pas. La minorité, loin de désarmer, semble avoir eu un ascendant grandissant sur le pape.

Durant ces années, Paul VI a répété « *qu'il lui incombait de décider seul* ». Déclaration qui correspond à une certaine image du rôle de la papauté, mais qui mériterait un débat ouvert.

Différentes hypothèses eurent cours durant cette attente. Pour les uns, renforcés d'ailleurs par les déclarations romaines, la doctrine « *traditionnelle* » gardait toute sa pertinence aussi longtemps qu'elle n'était pas éventuellement modifiée par l'autorité religieuse. Aux yeux des autres, la perversité morale de l'emploi des moyens nouveaux de régulation de la fécondité n'allait pas de soi, le doute s'étant insinué à tous les niveaux, y compris auprès d'un nombre non négligeable de membres de la hiérarchie. D'ailleurs, pensaient-ils, la moralité d'un acte n'est pas *déterminée* par l'autorité religieuse ; elle est dans la réalité vécue, le Magistère ayant éventuellement comme tâche, non de décider si un acte est moralement bon ou mauvais, mais d'éclairer la réalité vécue à la lumière de l'Évangile, de la tradition...

Les mois passant, certains en sont même arrivés à penser que Paul VI ne se prononcerait pas, au moins pour le moment, laissant la vie décanter peu à peu une question qui n'avait pas encore suffisamment révélé toutes ces implications.

L'encyclique Humanae Vitae

C'est dans un tel contexte que parut, le 25 juillet 1968, l'encyclique *Humanae Vitae*. Faut-il rappeler que la France, et plus largement l'Occident, ne s'était guère encore remise du choc de la révolte étudiante de mai 68, et que dans les premiers jours d'août 1968, on apprenait, consternés, l'invasion de la Tchécoslovaquie ?

Une encyclique, on le sait, porte comme titre les premiers mots du texte, dans sa rédaction latine. Il s'agit ici de « *la transmission de la vie humaine* », dans la forme inversée de la construction latine de la phrase.

Par cette encyclique, Paul VI entendait avant tout remettre en évidence la grandeur de la tâche, confiée aux époux, de transmettre la vie, dans le cadre de leur amour conjugal. Mission qui leur appartient en propre et constitue leur rôle spécifique, et qui leur est présentée dès l'entrée en matière comme un grand devoir.

Après avoir évoqué les problèmes nouveaux qui rendent plus difficile la réalisation de ce devoir (la croissance démographique, les conditions de travail et de logement, les exigences accrues de l'éducation, et aussi le statut de la femme, la signification des actes conjugaux dans le cadre de l'amour...), l'encyclique tient à justifier le rôle de gardien et d'interprète, non seulement de la loi évangélique, mais également de la loi naturelle, qui appartiendrait au Magistère de l'Église.

L'encyclique, si elle reconnaît la légitimité de la régulation des naissances « *pour de graves motifs et dans le respect de la loi morale* » (n° 10), refuse de dissocier les deux finalités de la relation conjugale, l'amour mutuel et la fécondité : « *Tout acte matrimonial doit rester ouvert à la transmission de la vie* » (n° 11). Est par conséquent refusée l'idée, assez largement répandue, que l'orientation vers la fécondation incombe au mariage, et non à chaque acte conjugal. Dieu, ayant sagement fixé les lois et rythmes naturels de la fécondité « *qui espacent déjà par eux-mêmes la succession des naissances* », seule l'observance des rythmes naturels, par lesquels les époux harmonisent vie sexuelle et limitation des naissances, respecte l'ordre établi par le Créateur. Il nous faut reconnaître « *des limites infranchissables au pouvoir de l'homme sur son corps et sur ses fonctions* ». « *Nous ne sommes pas maîtres des sources de la vie humaine, mais plutôt les ministres du dessein établi par le créateur* » (n° 13).

Sont donc à exclure, comme moyens légitimes de régulation des naissances, outre l'avortement, l'interruption directe du processus de génération déjà engagé, la stérilisation directe, mais également toute action qui *« se proposerait comme but ou comme moyen de rendre impossible la procréation »*. Très concrètement, un acte conjugal rendu volontairement infécond est intrinsèquement déshonnête (n° 14). Est seul licite le recours aux périodes infécondes, qui diffèrent essentiellement de toute autre méthode, car dans un cas les conjoints usent légitimement d'une disposition naturelle ; dans l'autre cas, ils empêchent le déroulement des processus naturels (n° 16).

Au n° 17, est alors brossé un tableau particulièrement sombre des conséquences des méthodes de régulation artificielle de la natalité : voie large et facile ouverte à l'infidélité conjugale, à l'abaissement général de la fécondité, perte de respect de la femme réduite à un instrument de jouissance égoïste, danger de laisser à la merci des autorités publiques l'imposition de méthodes contraceptives.

Viennent enfin des *« Directives pastorales »*, d'autant plus longuement développées que Rome ne cache pas combien cette prise de position aura de la peine à être reçue... *« car trop de voix — amplifiées par les moyens modernes de propagande — s'opposent à la voix de l'Église »* (n° 18). (Voix de l'Église totalement identifiée ici, comme trop souvent, à la voix du Magistère.) Ce qui amène Paul VI à exhorter les prêtres à *« donner, dans l'exercice de leur ministère, l'exemple d'un assentiment loyal, interne et externe, au Magistère de l'Église »*. Serait-ce une certaine faiblesse de l'argumentation étayant cet enseignement qui amène le pape à ajouter : *« Cet assentiment est dû, vous le savez, non pas tant à cause des motifs allégués que plutôt en raison de la lumière de l'Esprit Saint, dont les pasteurs de l'Église bénéficient à un titre particulier pour exposer la vérité »* (n° 28) ?

La peur du sexe

— Vous parlez de sexualité. Pour la morale chrétienne, n'est-elle pas forcément utilitaire puisqu'elle vise principalement la reproduction ?

Absolument pas : elle a semblé l'être parce que les textes officiels chrétiens, pendant des siècles, ont largement privilégié la finalité procréatrice. Cependant, au même moment, différents auteurs disaient sa dimension relationnelle, l'expression de la tendresse, qui a été officiellement réhabilitée au XXe siècle. Je citerai, parmi bien d'autres, Jean Chrysostome, Hugues de Saint-Victor, François de Sales.

La primauté procréatrice n'est pas le propre du judéo-christianisme : l'Église catholique a hérité de ce point de vue traditionnel et universel plus qu'elle n'en a été l'auteur. Cette subordination, dans le christianisme, avait des raisons spécifiques qui n'étaient pas exactement utilitaires : les penseurs chrétiens, surtout depuis saint Augustin, parlaient du principe que la sexualité est fondamentalement désordonnée, transgressive, débordante, qu'elle fait donc peur. Elle paraissait échapper à la volonté, donc à l'esprit, qui leur semblait la gouverner uniquement dans sa fonction procréatrice.

En fait, considérant les trois dimensions de la sexualité (procréatrice, relationnelle, érotique) on constate que la mise en avant de la dimension relationnelle est récente, tandis que la dimension érotique est encore très timidement prise en compte.

Xavier LACROIX,
auteur de Le corps de chair,
Le Cerf, 1992, interviewé par
Djénane Kareth Tager,
Actualité religieuse dans le monde,
15 décembre 1992

Un accueil particulièrement houleux

L'encyclique *Humanae Vitae* a suscité immédiatement de sérieux remous. Une partie de la communauté catholique s'est ralliée facilement à un document dont l'enseignement correspondait à ses propres options. D'autres s'y sont ralliés par soumission, en fonction d'une obéissance qu'ils jugent due inconditionnellement à la parole du Magistère. Mais de nombreux époux, ainsi que des prêtres et des théologiens, ont réagi vivement au contenu de l'encyclique. Tellement nettement que — événement tout à fait inédit — plusieurs conférences épiscopales ont été amenées à publier des mises au point apaisantes, précisant que *Humanae Vitae* n'engage pas l'infaillibilité, que la conscience reste juge en dernière analyse de la conduite à tenir.

L'épiscopat français, rassemblé à Lourdes en novembre 1968, publie un document dans lequel on peut lire : « *Nous ne saurions prêter trop d'attention à la souffrance de consciences divisées entre leur volonté de fidélité à l'enseignement du pape et les difficultés quasi insurmontables auxquelles elles se heurtent ; nous savons également le malaise de ceux qui, au terme d'études sérieuses, étaient parvenus à des conclusions différentes. Nous voudrions aider ces hommes de bonne volonté à comprendre la pensée du Saint Père et à retrouver la paix du cœur.* » Les évêques déclarent : « *La contraception ne peut jamais être un bien. Elle est toujours un désordre, mais ce désordre n'est pas toujours coupable... A ce sujet, nous rappelons exactement l'enseignement constant de la morale : étant donné une alternative de devoirs où, quelle que soit la décision prise, on ne peut éviter un mal, la sagesse traditionnelle prévoit de rechercher devant Dieu quel devoir, en l'occurrence, est majeur. Les époux se détermineront au terme d'une réflexion commune, menée avec tout le soin que requiert la grandeur de la vocation conjugale.* »

Les réactions à l'encyclique, beaucoup plus vives que ne provoque habituellement la publication d'un texte officiel de l'Église catholique, s'expliquent d'abord par le fait que la prise de position romaine atteignait directement la vie d'un grand nombre dans sa réalité quotidienne la plus personnelle et la plus intime. Elles s'expliquent aussi par le fait qu'au cours des dernières années, les grands moyens de diffusion, et même l'annonce répétée par le Vatican de nouveaux délais, avaient, en quelque sorte, fait monter l'effervescence. Divers éléments, entre autres quelques interventions importantes de personnalités de grand format au Concile (le patriarche Maximos IV, les cardinaux Léger, Suenens, Alfrink...), ainsi que la publication interdite des conclusions largement ouvertes de la Commission chargée par le pape de l'examen du problème, laissaient espérer et entrevoir une importante ouverture de l'enseignement de l'Église. A ajouter encore, le caractère péremptoire et absolu de la prise de position romaine, faisant appel à l'argument d'autorité plus qu'à une argumentation ouverte, suscitant une réflexion constructive.

Aujourd'hui, où en sommes-nous ?

Vingt-cinq années se sont écoulées sans susciter aucun rapprochement des points de vue, ni même ouvrir un véritable dialogue. On doit même reconnaître que le fossé grandit entre le Magistère romain, qui réaffirme constamment la malice intrinsèque de la contraception, et une partie non négligeable de la catholicité, de plus en plus indifférente à l'enseignement officiel, et qui, en tout cas, n'en tient, en toute sérénité, aucun compte, dans sa pratique quotidienne.

Le dialogue est pourtant indispensable, parce que la mise en question de l'autorité de l'Église dans l'opinion publique comme auprès d'un nombre important de théologiens depuis l'encyclique *Humanae Vitae*, menace de s'étendre du refus de son éthique sexuelle à bien d'autres domaines. Indispensable aussi parce que la réaction des chrétiens à une prise de position du Magistère, loin d'être un élément négligeable, constitue un facteur constructif dans l'élaboration de la pensée chrétienne concernant les problèmes d'actualité. Le « *sensus fidelium* », cette saisie par le bon sens des fidèles, ou encore ce que l'on appelle « *la réception* » chrétienne d'un document officiel, ont toujours pesé dans l'élaboration doctrinale. La réaction critique d'une partie importante des chrétiens ne peut pas être considérée comme un simple phénomène de contestation négative. N'est-elle pas, elle aussi, action de l'Esprit, pour permettre une compréhension plus large des valeurs impliquées dans la question de la contraception ? Sans négliger ce que pensent les non-chrétiens, « *tous ces hommes de bonne volonté* » auxquels s'adresse également l'encyclique, attentifs, eux aussi, à « *la loi naturelle* », et qu'anime aussi le souci des valeurs de parenté responsable, de fidélité, d'amour. Les époux, qui seuls vivent la réalité dont la morale disserte, n'ont-ils pas une parole particulièrement autorisée, qui doit être écoutée ? Non seulement les conjoints qui approuvent, en parole et surtout dans leur vécu concret, l'enseignement officiel, mais aussi ceux que leur expérience et leur recherche vécues dans la fidélité à l'Évangile conduisent à une compréhension en partie différente de leur responsabilité morale.

Mais il importe d'abord de se garder

d'attribuer à priori à l'aveuglement moral, au manque de sens des responsabilités ou à la décadence des mœurs une pratique de parenté responsable qui ne se situe pas entièrement dans la ligne de l'enseignement officiel.

Un dialogue ouvert et franc devrait également permettre, au-delà de la faiblesse de l'argumentation et des normes éventuellement contestables de l'encyclique, d'en mieux percevoir certaines intuitions et questions fondamentales.

Mais il faut qu'on puisse se rendre compte que la prise de position de Paul VI, ainsi que la constance à en défendre depuis lors la pertinence, ne tiennent pas à une impossibilité pour le Magistère à reconnaître qu'un enseignement dans lequel l'autorité romaine a engagé dans le passé toute son autorité, puisse éventuellement être remis en question. L'Église officielle verrait-elle donc son autorité ébranlée si elle reconnaissait que les données actuelles requièrent un enseignement renouvelé ? Au contraire, peut-être !

Le rédacteur en chef des *Etudes* ose la question

Morale sexuelle : à quand l'ouverture ?

Dans un article courageux qui paraît dans le numéro de mai de la revue jésuite *Etudes (1)*, le père Jean-Yves Calvez, son rédacteur en chef, pose publiquement une question que nombre de chrétiens portent sur le cœur parfois depuis longtemps comme une blessure : pourquoi l'Eglise catholique a-t-elle un discours ouvert et "nuancé" lorsqu'elle parle de morale sociale et "plutôt abrupt" lorsqu'il s'agit de morale sexuelle ?

« *Ce texte, je l'ai écrit en fonction d'une expérience*, précise le père Calvez. *Spécialiste de morale sociale, j'interviens souvent sur ce thème devant des chrétiens et des non-chrétiens de tous âges et de toutes sensibilités. Ceux-ci font généralement bon accueil au discours social de l'Eglise. Alors, immanquablement, vient la question : qu'est-ce qui empêche l'Eglise d'adopter le même type de discours en matière de morale sexuelle ?* »

Apesteguy/Gamma

Le père jésuite Jean-Yves Calvez, un grand spécialiste de la morale sociale.

Son discours moral n'est pas normatif.

On repère avec beaucoup de netteté, surtout depuis le Concile, dans les déclarations pontificales, l'affirmation qu'une morale sociale zaine d'années, qu'il s'agisse de la vie sexuelle au sens strict ou de bioéthique, on trouve un autre "style". Les conclusions pratiques apparaissent formulées avec la même rigueur, le même caractère

La Vie, 6 mai 1993

Un dialogue renouvelé sur cette question avec une part très importante de la catholicité, et entre autres avec de nombreux théologiens, au-delà du jugement de condamnation de la contraception dite artificielle, permettrait de creuser dans la sérénité certaines interrogations cruciales qu'aborde l'encyclique.

D'une part, le caractère totalement indissociable du lien entre union et procréation, portant non seulement sur l'orientation générale du couple, mais sur chaque acte conjugal, au point que la relation dont est écartée la possibilité d'engendrement s'en trouve non seulement appauvrie, mais intrinsèquement viciée. La fécondité, considérée comme essentielle à l'union conjugale, et lui donnant toute sa densité, est-elle seulement la fécondité dans l'engendrement, ou également cette fécondité qui se continue dans l'éducation des enfants déjà mis au monde, ainsi qu'à travers bien d'autres modalités de créativité ?

Il faudra aussi se demander si le lien maintenu indissociable entre union et procréation constitue la garantie de sauvegarde de la vérité et de la qualité de l'amour sexuel qui, sans l'ouverture procréatrice, serait menacé de toutes les dégradations. En d'autres mots, n'y a-t-il pas dans la nature même de la relation amoureuse des exigences et valeurs suffisantes pour en sauvegarder et promouvoir la qualité, ou celles-ci ne peuvent-elles se garantir que dans son lien à la procréation ?

D'autre part, la volonté du Créateur se lit-elle seulement, ou même avant tout, dans la structure biologique de la nature humaine, telle que l'état actuel des connaissances permet de la percevoir, ou plus largement dans la nature de la personne humaine, responsable, située dans une histoire en constante mouvance ?

Bien au-delà de la question précise des moyens contraceptifs, c'est l'interrogation, combien cruciale et urgente, sur le pouvoir que l'homme acquiert, grâce à un extraordinaire développement scientifique et technique, de modifier de plus en plus profondément ses données d'existence. Quelle est la légitimité de ce pouvoir, quels en sont les risques et les avantages, quel en est le sens, quelles en sont les limites ?

Ces questions, et bien d'autres, seul un dialogue — combien urgent — entre l'autorité enseignante et l'expérience concrète peut les poser avec le réalisme et l'ampleur requis, et esquisser les réponses tâtonnantes, ouvertes, que notre époque réclame. Car non seulement le Magistère, mais aussi les chrétiens dans leur vie concrète portent témoignage de ce que signifie la Bonne Nouvelle de Jésus-Christ dans le monde présent.

Pierre De LOCHT

Les affres du péché de chair : enfer et damnation

De la concupiscence

par Dominique Lecourt

Analysant « Les formes élémentaires de la vie religieuse », le sociologue Émile Durkheim notait, en 1912, à propos du « système totémique en Australie » l'existence, consubstantielle à toute religion, d'un « système d'interdits » destinés, en définitive, à séparer nettement le sacré du profane comme base du « culte positif ». Il faisait remarquer que la Bible elle-même comportait l'énoncé de plusieurs interdits du même type : elle défend d'atteler ensemble l'âne et le cheval, de porter un vêtement où le chanvre serait mêlé au lin (Deutéronome, XII, 10 et 11) ; elle prohibe les relations sexuelles durant la menstruation (I. Sam. 21, 6) et pendant une période déterminée après l'accouchement...
Le christianisme a, pour sa part, dès ses origines focalisé son système d'interdits sur le plaisir lié aux rapports sexuels. Philosophe, Dominique Lecourt se demande pourquoi.

S'inscrivant dans une ligne de pensée dont le stoïcisme avait porté l'écho à Rome, les plus grands théologiens chrétiens n'ont cessé de jouer d'un très violent paradoxe qui a puissamment contribué à façonner la conscience occidentale. Les récentes positions de l'Église catholique sur la contraception et contre l'avortement en apparaissent comme un écho fidèle dans notre siècle ; la vague puritaine qui traverse les États-Unis aussi à sa façon [1].

Par opposition au Dieu tyrannique et jaloux de l'Ancien Testament, le christianisme énonce que *« Dieu est amour »* ; mais l'amour humain en tant qu'il met la chair en jeu et en feu, il le condamne résolument. Saint Augustin (354-430) a, pour des siècles, porté ce paradoxe à l'incandescence. Le jansénisme et le puritanisme trouveront encore au XVIIe siècle dans son œuvre l'essentiel de leur inspiration en ces matières. Il établit un lien théologique entre le péché originel et le plaisir qui s'attache à l'acte sexuel. Tournant le dos au manichéisme de sa jeunesse qui, jusqu'au temps des Albigeois, refusera la procréation et exaltera le plaisir des sens, fortement imprégné du gnosticisme néo-platonicien de Plotin qui condamne le corps comme une *« prison »* ou un *« tombeau »* de l'âme, il voit dans la *« concupiscence »* l'œuvre de Satan. D'où l'idée que seule la procréation peut rendre des rapports sexuels légitimes, à condition toutefois que la volonté y domine le plaisir. Au paradis terrestre, explique-t-il, cette volonté était souveraine : le membre viril y était aussi docile que les oreilles, le front ou les bras... c'est le péché originel qui l'a rendu rebelle (Augustin voit en ce désordre *« la punition de la désobéissance ». La Cité de Dieu*, 14, 15). Selon cette logique, tout moyen contraceptif apparaît condamnable puisqu'il autorise *« le plaisir pour le plaisir »* d'essence démoniaque ; et il aurait tenu la distinction actuellement opérée par l'Église entre méthode *« naturelle »* et *« non naturelle »* pour un absurde compromis.

Le paradoxe se redouble apparemment de ce que cependant le mariage est toujours présenté comme l'un des sacrements majeurs de l'Église. Mais, ici, fût-ce au prix de quelques manipulations des textes [2], l'évêque d'Hippone peut invoquer saint Paul. Si l'apôtre recommande, en effet, de ne pas se conduire en « adultère » avec sa propre épouse, il admet que la faiblesse de l'homme est si grande qu'une aide doit lui être apportée par la femme en cas de nécessité : « devoir conjugal » auquel même la très frigide Madame de Maintenon dut elle-même se soumettre malgré ses répugnances sur ordre de son confesseur. Le mariage apparaît comme *« remède à la concupiscence »*.

> ## *L'idée du péché*
>
> Je suis né et j'ai été élevé dans le sud de Londres dans une famille de quatre enfants descendant en deuxième génération d'immigrés irlandais (...).
>
> Nous avons été dans des écoles secondaires catholiques conventionnées ou des couvents (...).
>
> J'étais un garçon assez pieux — enfant de chœur, je servais régulièrement la première messe, je collectionnais les indulgences et faisais des neuvaines (...).
>
> J'étais troublé par ce qui se passait dans mon corps et par les pensées qui circulaient dans mon esprit. J'étais très préoccupé par l'idée du péché, je savais avec quelle facilité on y succombe et connaissais les conséquences qui en résultent quand on meurt en état de péché mortel. Voilà ce que fait de vous une éducation catholique — ce qu'elle faisait à mon époque, en tout cas.
>
> J'étais fondamentalement paralysé par la peur de l'enfer.
>
> *David LODGE,*
> Nouvelles du Paradis, *Rivages*

Ce noyau paradoxal de la morale sexuelle chrétienne subsiste inchangé jusque dans l'œuvre de saint Thomas à la fin du XIIIe siècle. Il s'ensuit un écheveau d'interdits. Prohibition des rapports avant la communion, les dimanches et jours de fêtes, pendant le carême, avant Noël (vingt jours), avant et après la Pentecôte... Condamnation du coït interrompu, de la sodomie, de la fellation, de la masturbation et de la bestialité comme vices inspirés par Satan exposant à être brûlé vif (après étranglement en cas de circonstance atténuante...) [3].

Mais le théologien en tire aussi des prescriptions positives très méticuleuses quant à la position « passive », couchée sur le dos, que doit tenir la femme lors de l'acte sexuel. Il se réfère à Aristote : la femme d'essence passive ne participe à l'acte de procréation qu'en offrant au sperme « actif » du mari le « vase idoine ».

Michel Foucault a fort bien montré comment cette théologie sexuelle a pu non seulement autoriser bien des crimes mais susciter et entretenir une insatiable « volonté de savoir » : l'Église demande à ses fidèles de tout dire sur le sexe, fouille, palpe et, à l'occasion, martyrise les corps en même temps qu'elle extirpe les paroles ; elle articule un intarissable discours qui s'énonce dans le vocabulaire de la surveillance et de la punition, mais ne cesse aussi d'attiser le désir qu'elle condamne.

Il ne faudrait cependant pas en conclure que ce discours n'ait connu au cours des siècles aucune variation. S'il module inlassablement sur le thème du « péché de la chair », il se donne avec saint Thomas de nouvelles bases ; lesquelles lui permettent, encore aujourd'hui, de régner sur les âmes et les corps sous des dehors à première vue méconnaissables parce que très laïques, voire « scientifiques ».

Thomas d'Aquin s'appuie sur la philosophie d'Aristote pour définir un « ordre de la nature » (*Somme théologique* 11/11 q 125 a. 2), conçu comme plan de la Providence divine. A partir de quoi, le péché apparaît « contre nature ». A la faveur de cette conception se nouent des alliances entre le pouvoir de l'Église et celui des médecins, ces autres spécialistes de la « nature » humaine. On le voit bien à propos du cas stupéfiant des procès pour impuissance qui ponctuent l'histoire occidentale[4] du XIIIe au XIXe siècle.

Le mariage est un sacrement ; en tant que tel il est déclaré indissoluble. L'Église, en toute logique, récuse donc toute idée de divorce. L'union des deux êtres ne correspond-elle pas pas à l'union du Christ et de l'Église ? Mais la procréation constitue la première finalité de cette union ainsi sacralisée. Que faire si elle s'avère impossible entre les époux ? Pierre Darmon a exhumé de nombreux textes qui montrent le soin extrême apporté par l'Église à juger des cas d'« impuissance » pouvant donner lieu à séparation légitime des conjoints. Dès lors qu'on est venu à refuser d'imputer la défaillance physique dûment constatée à une cause surnaturelle (« *le froid par maléfice* », la sorcellerie qui « *noue l'aiguillette* »), la médecine a été appelée à prêter son concours et a fait son entrée, pour expertise, dans les tribunaux ecclésiastiques. De ces tribunaux, les médecins se sont déplacés ensuite vers les tribunaux civils où ils ont été appelés à dire la vérité sur « la nature » des conjoints. Même mouvement historique : la masturbation vilipendée comme offense à Dieu, par référence, d'ailleurs biaisée, au crime d'Onan se trouve mise en accusation par des médecins comme le célèbre docteur Tissot qui répandent la terreur dans les familles bourgeoises et les collèges au nom de l'hygiène[5].

La masturbation vilipendée comme offense à Dieu, par référence, d'ailleurs biaisée, au crime d'Onan se trouve mise en accusation par des médecins comme le célèbre docteur Tissot qui répandent la terreur dans les familles bourgeoises et les collèges au nom de l'hygiène.

Sigmund Freud dresse, dans *Totem et tabou*, un parallèle entre les pratiques religieuses et les constitutions psychiques névrotiques, et décrit à merveille l'ambivalence des sentiments — de haine et d'amour — sur laquelle « travaille » l'interdit religieux. Mais ces analyses se trouvent réinscrites dans un schéma naturaliste-évolutionniste qui règle le développement de la sexualité humaine en vue, sinon de la procréation, du moins de la génitalité adulte hétérosexuelle. Pour être relativisés, les interdits n'en sont pas moins naturalisés, et l'on ne voit guère que cette psychanalyse ait pu mettre fin au « *malaise dans la civilisation* » que son fondateur imputait à la répression sociale des pulsions. A quelques exceptions près, elle semble avoir massivement participé au mouvement de médicalisation de la vie dont nous vivons le triomphe. Lorsque l'on constate aujourd'hui le grand affairement « éthique » autour des questions de procréation assistée, force est de constater que la même ligne de pensée se prolonge. L'éthique en Occident ne cesse d'être essentiellement sexuelle. Juste retour des choses : on voit les médecins appeler à leur renfort des juristes et... des théologiens dans les comités qui veillent sur ces difficiles questions.

Que le présent retour à « l'ordre moral » tente d'exploiter les désirs indéracinables exacerbés pendant des siècles par l'Église pour mieux nourrir des peurs ancestrales ne saurait étonner. Comment ne pas s'inquiéter de voir des biologistes laïques prônant le « matérialisme » prêter leur voix et leur crédit à l'exaltation d'une nature qui n'a jamais eu d'autre fonction que de soumettre le partage institué des corps et des âmes à des puissances sociales tyranniques ? Il n'est que temps de revenir au vieil Épicure : point de pensée sans corps, point de corps sans plaisirs multiples ; que la société des êtres humains exorcise les divisions que l'Occident n'a cessé d'enraciner dans le plaisir sexuel pour retrouver la voie de l'amitié...

Dominique LECOURT

---

1. *Dominique Lecourt,* L'Amérique entre la Bible et Darwin, *PUF, Paris, 1992.*
2. *Maurice Lever,* Les bûchers de Sodome, Histoire des « infâmes », Fayard, Paris, 1985.
3. *Pierre Darmon,* Le tribunal de l'impuissance, *Seuil, Paris, 1979.*
4. *Uta Ranke-Heinemann,* Des eunuques pour le royaume des cieux, *Hachette Pluriel, 1992.*
5. *Dr Tisiot,* L'onanisme. Dissertation sur les maladies produites par la masturbation, *rééd. Le Sycomore, 1980.*

La névrose chrétienne

L'éducation chrétienne repose essentiellement sur l'angoisse et la peur, le manque de confiance en la nature humaine, le mépris du corps, de la sexualité et de la femme en tant qu'être sexué.

Très tôt, elle développe la peur du péché, et plus particulièrement la peur du péché mortel : un enfant de sept ans pleurait tous les soirs dans son lit sans que les parents en comprennent la raison. Un jour, entre deux sanglots, il dit à son père : *« J'ai fait un péché mortel : j'ai dit merde à Dieu. »* L'explication était simple. Sa sœur, âgée de neuf ans, allait au catéchisme et elle utilisait son savoir tout neuf dans un but bien évident. L'image d'un Dieu coercitif lui permettait de dominer la situation et d'obtenir de son petit frère tout ce qu'elle voulait. Excédé, l'enfant avait fini par dire en lui-même *« Merde à Dieu »*.

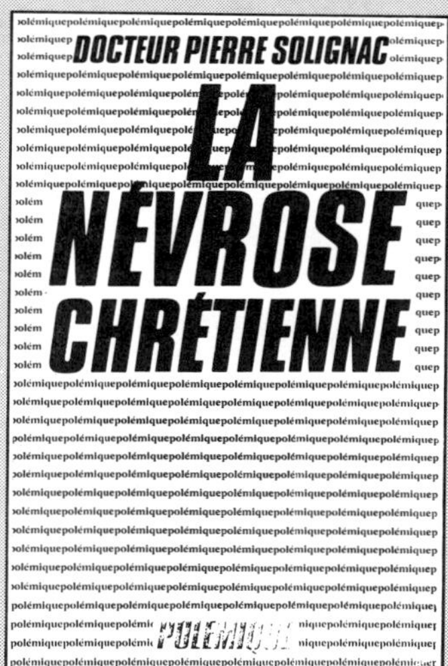

Je me souviens personnellement de la façon dont on nous préparait à la première communion. On nous apprenait à laisser fondre l'hostie dans la bouche, sans la croquer. Quelle difficulté ai-je éprouvée, lors de la première communion pour décoller l'hostie fixée à mon palais ! Elle ne voulait pas fondre. J'ai eu le plus grand mal à ce qu'elle ne rentre pas en contact avec mes dents. Croquer le corps du Seigneur était un péché.

La préparation à la confession était un autre aspect de cette éducation angoissante. On nous apprenait à éplucher notre conscience, à la recherche du moindre petit péché. Je me rendais à la table de communion en récapitulant tout ce que j'avais dit au prêtre et en cherchant l'oubli éventuel qui transformerait cette communion en péché. Un de mes amis, prêtre, m'a expliqué le mal qu'il avait eu à se libérer d'une angoisse qui lui avait été imposée pendant ses études au petit séminaire : il avait l'appréhension permanente que des images impures ne lui traversent l'esprit. Pendant des années, il n'avait pas osé regarder une femme. La hiérarchie des valeurs qu'il avait connue chez les frères des écoles chrétiennes était la suivante : ne pas fumer, ne pas jouer aux cartes pendant l'étude, bien travailler, ne pas mentir, ne pas être un mauvais camarade, etc. (...)

Ce prêtre était très calme et très doux. Il était venu me consulter pour un ulcère de l'estomac et j'eus de grandes difficultés à lui faire exposer ses problèmes.

Dr Pierre SOLIGNAC
La névrose chrétienne,
Éditions Trévise, 1976

Les fondements alimentaires du ghetto juif

Une héraldique de la différence

par Jacques Hassoun

Si le christianisme focalise ses interdits sur le sexe, le judaïsme met l'accent sur les interdits alimentaires (l'islam, entre autres, aussi). Psychanalyste, Jacques Hassoun montre que cet ensemble de règles a eu pour fonction de créer « une héraldique de la différence », d'ériger une haie entre le juif et les autres.

Dire que le judaïsme est riche en interdictions est une banalité. Le *Pentateuque* d'abord, la littérature exégétique ensuite (du IIe siècle avec la *Michna* au VIIIe siècle avec le *Talmud*, puis avec l'ultime codification des *règles du savoir-vivre* établies par Yossef Caro au XVIe siècle dans le *Choul'han 'Aroukh* [1]) établissent un réseau d'obligations et d'interdits : rien n'échappe — ne doit échapper — à ces commandements qui balisent l'existence du pratiquant de son réveil à son coucher, tous les jours de l'année, de sa naissance à sa mort. Tous les gestes sont lestés d'un sens religieux. Tous les actes représentent le signe d'une soumission au divin.

Une première lecture se référant à l'intentionnalité du pieux législateur met en évidence que si l'humain ne peut en aucun cas accéder à une quelconque connaissance du divin, alors il lui reste à constituer, de son temps balisé et de sa gestuelle quotidienne, des preuves d'un assujettissement constant à une transcendance énigmatique.

Un deuxième niveau de lecture tendrait à mettre en évidence que les rabbins (au fur et à mesure que les dispersions se font plus variées et s'éloignent des centres traditionnels de Tibériade puis de Babylonie) s'évertuent à instituer, grâce à des trésors de casuistique, une série de règles propres à élever une haie autour de cette « cité des prêtres » que représentent les communautés juives dans leurs dispersions les plus aberrantes. Qu'ils soient réduits à la mendicité et aux travaux les plus vils ou qu'ils soient puissants, les juifs se doivent d'être *distingués*[2].

Une troisième lecture plus directe nous sera fournie, enfin, par les interdits alimentaires qui — dès l'aube du judaïsme, dès la rédaction finale du *Pentateuque* (vers le IVe siècle avant l'ère commune) — ont donné au judaïsme cet aspect très particulier, presque unique dans l'histoire des religions, et qui se traduit par une extrême minutie dans l'observance des recommandations qui entourent les manières de table.

C'est ainsi que le texte fondateur s'occupe très précisément :

— des animaux qui *« se meuvent sur la terre »* : ne seront autorisées que les bêtes à cornes, ruminants et porteurs d'un sabot fendu. Tous les autres sont interdits et en particulier le porc, le chameau et le lièvre qui, possédant l'un ou l'autre de ces attributs qui pourrait les faire paraître licites, peuvent tromper le pratiquant : à ce titre ils sont l'objet d'une profonde répulsion ;

— ceux qui *« sont dans les cieux »* : seront exclus tous les oiseaux de proie, les nocturnes, bref tous ceux qui seraient soit susceptibles de s'attaquer aux humains ou aux mammifères, soit de présenter quelque appétance pour les cadavres ;

— ceux qui *« sont sous la mer »* : seuls seront licites les poissons à écailles et portant des nageoires. Les mammifères marins sont considérés comme des hybrides : leur nature les rend définitivement interdits à la consommation ;

— tous les insectes — sauf les sauterelles (herbivores !) — et tous les crustacés sont interdits : ils sont doublement impurs dans la mesure où ils grouillent sur les cadavres.

Il est remarquable de considérer que dans cette série de prohibitions et d'autorisations, ce qui prédomine d'abord est le recul horrifié devant toute bête susceptible de s'attaquer aux humains ou aux animaux. Ensuite, tout animal assez immonde pour se repaître de cadavres — représentant la quintessence de l'impureté — doit être exclu de la nourriture et de la table.

Le repas chez le juif est en lui-même un acte qui relève du sacré.

En effet, le repas chez le juif est en lui-même un acte qui relève du sacré. La table représente l'autel des sacrifices et le père de famille est un prêtre qui officie lors de chaque repas. Aussi, rien d'impur ne doit effleurer, fût-ce par proximité ou par contagion, cette cène bi-quotidienne. Somme toute, seuls les animaux qui pouvaient accéder à la table de sacrifice sont considérés comme licites. A l'instar de l'obsessionnel qui recule avec horreur devant tout objet susceptible de lui rappeler un autre objet chargé de crainte ou de répulsion, le pratiquant se doit d'écarter de lui tout ce qui relève de l'impureté dont le monde est plein.

Comment comprendre enfin l'existence cinq fois répétée dans le *Pentateuque* de l'interdiction du porc, du lapin et du chameau sinon que ces animaux pourraient prêter à confusion, sinon que l'horreur de l'hybride, de toute hybridation est constamment présente dans le corpus religieux du juif ? Le non-distinguable, l'incertain, le presque-semblable, le pas-tout-à-fait différent de ce qui est licite, représentent une inquiétante étrangeté dont le juif traditionnel s'est toujours tenu à l'écart.

Quant au porc, sa réputation d'avoir quelque affinité avec la fange, de dévorer sa progéniture et de crier comme un enfant quand on l'égorge, font de lui une bête — trop humaine, trop bestiale — pour laquelle on ne peut qu'éprouver un dégoût radical.

Reste que pour Theodor Reik[3] par exemple, ce choix de déclarer licites, d'abord pour le sacrifice puis pour la nourriture quotidienne, des bêtes à cornes, ruminantes et à sabots fendus, représente la trace refoulée d'une religion totémique plus ancienne : le bélier — l'animal de sacrifice par excellence — celui qui va remplacer Isaac sur l'autel que son père Abraham avait dressé pour lui, serait dès lors le représentant éponyme de ce bestiaire sacralisé.

Le dieu-bélier des Égyptiens, l'agneau — son enfant — égorgés avant la sortie d'Égypte (et dont le sang avait été appliqué sur les linteaux des portes) pour bien signifier que les Hébreux venaient d'accomplir une rupture radicale avec les dieux de l'Égypte, était cette divinité rejetée par les esclaves hébreux au moment de leur accès à la liberté. A ce titre, le bélier devenait la bête de sacrifice par excellence. A ce titre, il fournit la corne (le *chofar*) qui sonne lors des grandes solennités et qui est réputée signaler la venue des temps messianiques.

A ce titre enfin, nous l'avons dit, il est l'animal-modèle qui va donner forme et contour à tous les animaux licites.

Le fait est que ces animaux (comme aussi le bœuf Apis) furent les dieux de l'Égypte pharaonique et esclavagiste. S'incorporer sur un mode cannibalique des divinités que les anciens maîtres adoraient ne relève bien évidemment pas d'un quelconque acte de simple vengeance, mais bel et bien — à suivre Freud et Reik — d'un mode somme toute classique d'appropriation et d'identification par incorporation [4].

Évoquons enfin un autre type d'interdit qui met en scène au quotidien l'horreur éprouvée face au mélange : tous ceux qui ont eu quelque peu à fréquenter la table juive savent qu'il n'est jamais de mets où le lacté et le carné entrent en composition. Non seulement il n'est pas question de faire cuire de la viande dans du lait ou du beurre, mais il est exclu de terminer un repas par un fromage : trois, six ou douze heures (selon les rites) doivent séparer ces deux catégories de nourriture. Bien plus, des vaisselles strictement séparées doivent être attribuées à ces deux catégories. Aucun contact ne doit exister entre ces deux séries d'ustensiles... ils doivent être lavés séparément (avec deux éponges et éventuellement dans deux éviers différents).

Le clinicien aurait reconnu — est-il nécessaire de le préciser — ce mode de contagion par proximité que l'obsessionnel met en scène en permanence et qui tend à transformer sa vie en un enfer de doute et de ritualisation [5].

Or, cette série d'interdits trouve son principe dans un commandement lui aussi répété à plusieurs reprises dans le *Pentateuque : « Tu ne cuiras pas le chevreau dans le lait de sa mère »*... ce qui se justifie, disent par exemple les caraïtes [6], par le refus d'une cruauté inutile : ne pas tuer un agneau trop jeune, ne pas arracher un agneau à sa mère pas plus qu'on n'arrache un enfant à celle qui lui donne le sein. Principe de morale que les caraïtes appliquent en s'abstenant de faire cuire les chevreaux dans du lait. Sans plus.

Non seulement il n'est pas question de faire cuire de la viande dans du lait ou du beurre, mais il est exclu de terminer un repas par un fromage : trois, six ou douze heures (selon les rites) doivent séparer ces deux catégories de nourriture.

D'ailleurs, la traduction du texte hébraïque de ce verset est elle-même complexe puisque nous pouvons tout aussi bien traduire ce verset par *« Tu ne cuiras pas un chevreau de lait »* : simple métaphore qui rejoint le commentaire caraïte traditionnel et auquel adhèrent les juifs libéraux ou réformés.

Comment rendre compte de cette dérive ? Certains anthropologues tel Soler soulignent *« qu'on ne cuira pas plus le chevreau dans le lait de sa mère qu'on ne mettra un enfant dans le lit de sa mère »*... Que le tabou de l'inceste (à plusieurs reprises rappelé dans le *Pentateuque*) soit présent dans cet interdit ne sera pas pour nous étonner.

Mais n'est-ce pas aussi une manière d'élever une haie toujours plus haute, infiniment haute entre le juif orthodoxe et les autres en lui interdisant toute sortie hors de son groupe ? Il a tout loisir d'inviter le *gentil* ou le juif non observant à partager son repas, mais la réciproque ne saurait être *concevable* : elle l'expulserait de son espace identitaire, c'est-à-dire de ce lieu imaginaire qui nécessite une accumulation d'interdits susceptibles de conforter une différence qui semble toujours susceptible de s'effondrer...

Mais n'est-ce pas une manière d'élever une haie toujours plus haute, infiniment haute entre le juif orthodoxe et les autres en lui interdisant toute sortie hors de son groupe ?

Maintenir un groupe sans terre, sans langue[7] enfermé dans un espace psychique et rituel qui le préserve d'un environnement (hostile), ne rejoint-il pas ce souci constant de se refuser au mélange dans tous les actes de la vie quotidienne[8] ?

N'est-ce pas le propre de la pensée religieuse mais qui, dans le cas des juifs, a été surmultiplié par les conditions historiques ?

N'est-ce pas aussi — et la clinique nous l'enseigne tous les jours — une manière toute particulière de voilement et de dévoilement du désir de l'Autre, propre à situer le sujet au plus loin du plaisir, au plus près de la jouissance dans la crainte affolée de céder à l'on ne sait quelle séduction ?

N'est-ce pas enfin une manière — détournée certes — de reconnaître que l'autre — dont on s'est séparé, dont on a été autoritairement séparé[9], dont on doit enfin se séparer pour survivre en tant que groupe minorisé — recèle en lui des délices que l'on doit s'interdire ?

Autant d'hypothèses que nous devons prendre au sérieux et qui ne font que rendre compte de l'un des éléments d'une structure complexe extrêmement ancienne, sinon archaïque, mais qui recèle une dynamique qui, à l'heure où s'abattront les murs du ghetto, va libérer des forces trop longtemps contenues et projeter le juif laïque dans la modernité... à la rencontre de l'autre.

Jacques HASSOUN

1. *Littéralement* Choul'han' Aroukh *veut dire... la* Table dressée.
2. *Bien sûr, cela concerne les siècles théologiques du Moyen Age ou les milieux orthodoxes (minoritaires) des temps modernes.*
3. *Theodor Reik,* Le rituel, *éd. Denoël, 1974 (avant-propos de Jacques Hassoun). Theodor Reik,* Pagan Rites in Judaïsm, *Farrar, Strauss et Co., New York, 1964.*
4. *Sommes-nous très loin du dit mystère de l'Eucharistie ?*
5. *Est-ce un hasard si Freud parle de la religion en termes d'une névrose obsessionnelle universelle ?*
6. *Le caraïsme est un schisme juif qui s'est structuré au* VIIIe *siècle de l'ère chrétienne et qui compte actuellement près de 20 000 adhérents. Ce sont « les protestants du judaïsme », qui s'attachent à la lettre du texte et rejettent toute sacralisation des commentaires rabbiniques. Ils furent particulièrement « nombreux » en Égypte, en Crimée, en Lituanie et en Turquie.*
7. *L'hébreu, dès le* IIe *siècle avant l'ère commune, n'était lu et parlé que par les lettrés. Ceci devait rester la règle jusqu'à la fin du* XIXe *siècle. Par contre, l'hébreu est entré dans la composition de différentes judéo-langues (judéo-allemand — le yiddish ; le judéo-espagnol, le judéo-arabe, le judéo-grec, le judéo-tartare, le judéo-persan, etc.).*
8. *Rappelons l'interdit de ne pas porter un vêtement « cha'atnez » tissé de lin et de laine, de ne pas mettre sous le même joug un âne et un bœuf...*
9. *Rappelons que les « ghettos » ont été institués par une série de conciles dont le premier, celui de Breslau, date de 1266. Ce n'est qu'à partir du concile de Venise (en 1570) que le terme de « ghetto » sera appliqué à ce quartier réservé au peuplement des juifs. Cet enfermement des juifs fut recommandé tout particulièrement par Thomas d'Aquin. Les ghettos s'ouvriront en Europe à partir de la Révolution française.*

Cher casher...

Pour tous les commerces qui souhaitent s'attacher la clientèle casher du pays — 56 % de la population juive selon un sondage récent —, le grand rabbinat délivre, pour des sommes variables (de 800 F à 5 000 F par mois selon la taille de l'établissement) trois sortes de certificats que les intéressés peuvent afficher dans leurs locaux. Le « *casher* » tout simple, le « *strictement casher* » et le « *scrupuleusement casher* ». Dans ce dernier cas, non seulement les viandes et les produits laitiers sont maintenus séparés et les plats strictement purifiés par des mains juives, mais, conformément à la Loi, les fourneaux sont allumés par des mitrons juifs...

Certains restaurateurs qui emploient — ce qui est assez fréquent dans l'industrie hôtelière israélienne — des garçons de cuisine arabes, se sont plaints. « *Trop c'est trop* », résumait l'un d'eux. Mais là où les intéressés ont vraiment commencé à renâcler, c'est lorsque certains « barbus », parmi les inspecteurs les plus pointilleux, ont voulu contraindre les propriétaires à faire leur marché auprès de certains cultivateurs — notamment dans une colonie juive du territoire occupé de Gaza — considérés comme strictement casher.

Patrice CLAUDE
Le Monde
(« Le grand rabbinat à l'encan »), février 1993

Le judaïsme a codifié
des règles sociales antérieures.
L'islam a simplifié
les interdits alimentaires juifs
mais ajouté celui du vin

D'où viennent les prohibitions alimentaires chez les sémites ?

par Maxime Rodinson

Remontant dans l'histoire, Maxime Rodinson, islamologue et historien des religions bien connu, retrace la genèse des interdictions alimentaires chez les juifs et chez les musulmans. Ce texte est la réédition revue d'une communication présentée au XXVe Congrès international des orientalistes, à Moscou en août 1960 (publiée dans les Actes de ce congrès, tome I, Moscou, 1962, p. 362-366).

Peu d'études générales ont été consacrées aux prohibitions alimentaires alors qu'une abondante littérature a été consacrée aux interdits sexuels. Je citerai seulement les noms de Schurtz, J. Hirsch, Sigmund Freud, Josué de Castro, Raoul et Laura Makarius. Ces auteurs ont avancé diverses théories pour expliquer ces prohibitions. Leur origine serait à rechercher dans un dégoût « naturel » de l'homme pour certaines odeurs, pour certaines textures ou consistances de matières alimentaires ; ou bien, au contraire, le dégoût serait engendré par les interdits, plutôt que les interdits par le dégoût. Freud lie naturellement ces interdits à des événements de nature sexuelle qui se seraient déroulés dans la société primitive ou par lesquels l'individu serait passé dans son enfance. Josué de Castro, dans la ligne de la pensée pavlovienne, recherche plutôt leur origine dans les réflexes conditionnés. Laura et R. Makarius, qui veulent élaborer une théorie qu'ils estiment matérialiste, font appel à une liaison avec le totémisme et le partage primitif des territoires de chasse.

Les théories générales évoquées ci-dessus, et d'autres encore, sont basées sur un ensemble de faits grapillés çà et là parmi les populations les plus diverses et non sur l'étude approfondie des faits d'un domaine donné.

A l'inverse, on possède sur le domaine sémitique (à vrai dire presque exclusivement sur Israël) des travaux extrêmement nombreux. Mais ceux-ci s'occupent surtout des problèmes particuliers touchant à la constitution d'un code d'interdits alimentaires propre à Israël et, dans une petite mesure, à l'islam.

Je voudrais m'efforcer de lier les préoccupations légitimes de généralisation à une étude approfondie d'un domaine particulier, celui du groupe de peuples de langues sémitiques (sans préjuger de l'unité extra-linguistique de ce groupe). On sait, en effet, l'importance que revêtent pour ces peuples les prohibitions alimentaires. Les juifs se sont fait tuer en grand nombre aux époques hellénistique et romaine pour ne pas être contraints à manger du porc. Dans le sens inverse, le signe de la conversion à l'islam dans l'Inde a souvent été le fait de manger du bœuf. Nous avons donc là un domaine privilégié par l'étude de ce type de faits.

Les juifs se sont fait tuer en grand nombre aux époques hellénistique et romaine pour ne pas être contraints à manger du porc. Dans le sens inverse, le signe de la conversion à l'islam dans l'Inde a souvent été le fait de manger du bœuf.

Sans vouloir m'étendre sur les généralités, il est nécessaire cependant que je délimite brièvement quelques catégories nécessaires à l'étude de ces interdits.

L'enfant et l'animal font déjà un choix entre les nourritures qui leur sont offertes. Les psychologues américains se sont livrés à des expériences très intéressantes du type dit *cafeteria experiments*. On a offert à des jeunes enfants, à des rats, etc., des nourritures variées, en notant leur choix, leurs préférences et leurs répulsions. Les résultats ont montré qu'il s'exerce un choix correspondant à des critères physiologiques propres à l'espèce. C'est ce que j'appellerai *la sélection spécifique* ou le conditionnement spécifique.

D'autre part, il y a, comme l'observation courante permet aisément de s'en assurer, un choix opéré en fonction de la physiologie de chaque individu ou conditionné par des événements de la vie de chacun. C'est ce que j'appellerai *la sélection individuelle* ou le conditionnement individuel.

Mais il y a aussi *une sélection sociale*, un choix proposé et plus ou moins imposé par la société. Il faut noter que, même dans les *cafeteria experiments*, le choix très large laissé à la disposition des bébés humains est néanmoins restreint par la sélection sociale. On n'a offert à ces enfants ni de la viande de chien, ni évidemment de la chair humaine.

Cette sélection sociale se manifeste sous deux aspects :

1. L'aspect de prohibition diffuse, non explicitée, non imposée, non ritualisée, devenue souvent inconsciente. Ainsi, nous ne mangeons pas de chair humaine, ni de viande de chien, sans que cette prohibition soit jamais devenue explicite pour la plupart d'entre nous. Ces interdictions ne sont pas, normalement, significatives. Il s'agit de coutumes dépourvues de sens d'autant plus qu'elles sont négatives.

Quelquefois, elles sont considérées comme « naturelles », ayant existé de tout temps, faisant partie du comportement humain « normal ». Quelquefois, on pense qu'elles ont été « enseignées » par un dieu, un démiurge, un héros civilisateur. Elles faisaient partie implicitement de la nature des choses, de ce qui doit être, mais un enseignement, une leçon a dû expliciter ce qui était caché aux yeux des hommes. Ainsi un *hadith*, dont l'*isnâd* [1] remonte à Abdallâh ibn 'Abbâs [2], explique qu'aux temps de l'ignorance, dans la *jâhiliyya*, les hommes ne savaient quelles nourritures étaient bonnes et lesquelles mauvaises. Mais la Révélation survint, rendit licite ce qui est en effet convenable et prohiba les nourritures « immondes ». C'est, en effet, transposée aux débuts de l'islam, l'image que se font beaucoup de sociétés de l'origine des prohibitions diffuses (ou d'ailleurs sanctionnées).

Ces prohibitions, diffuses et sans signification, en acquièrent une quand la société qui les pratique entre en contact avec d'autres qui n'ont pas les mêmes coutumes. Cela devient alors un signe d'appartenance à une société donnée. D'où les dénominations de peuples si fréquentes chez les auteurs grecs : Ichtyophages [3], Lotophages [4], Cynophages [5], Anthropophages, etc. Ainsi les Anglo-Saxons appellent les Français « *Froggy* », mangeurs de grenouilles.

Comme pour les prohibitions sexuelles de même nature, il s'agit de mœurs qui se réfèrent à l'activité de la société comme consommatrice, tout en ayant des répercussions, importantes parfois, sur son activité productive. Cela n'est pas sans conséquences.

2. Il y a aussi l'aspect de prohibitions explicitées, sanctionnées, c'est-à-dire de rites. Ces prohibitions ont aussi, souvent, une signification qui peut être celle de l'appartenance à un groupe social donné (ainsi l'interdiction du vin strictement imposée par le FLN pendant une période de la guerre d'Algérie). Mais, normalement, de telles interdictions débordent ce domaine. Il s'agit d'obéir aux ordres d'un dieu, de participer à son culte, donc de contribuer à la sauvegarde de l'ordre de la nature et de la société.

Les grandes étapes de l'évolution

Nous pouvons maintenant fixer les grandes étapes de l'évolution en ce domaine des peuples de la région où l'on parle depuis une haute antiquité des langues sémitiques.

1. Dans le polythéisme sémitique ancien (Mésopotamie, Syrie-Palestine, Arabie préislamique, etc.), on trouve comme partout des prohibitions alimentaires diffuses. On en prend surtout conscience quand, dans des cas exceptionnels, elles sont violées (cas de cannibalisme dans les sièges), ou encore dans les rêves où également ces interdictions peuvent être enfreintes, ce qui est souvent un signe faste.

On trouve, en outre, des interdictions rituelles multiples, conditionnelles, temporaires, personnelles, attachées à des cultes particuliers. Le fidèle de tel dieu, qui est souvent par définition l'habitant de telle région ou de telle ville, ne doit pas manger de tel aliment (comparer les tabous de nomes en Égypte et les vers de Juvénal à ce sujet). Ou encore telle catégorie de fidèles (le roi, surtout, forme une catégorie à part) doit s'en abstenir. Les dieux eux-mêmes, en tant que consommateurs des offrandes qui leur sont

PRIÈRES JUIVES PAR TÉLÉFAX

Les juifs du monde entier pourront désormais prier au mur des Lamentations sans faire le voyage de Jérusalem. La compagnie israélienne des télécommunications met à leur disposition un nouveau service qui permet d'envoyer par fax les vœux et les prières qu'ils souhaitent glisser dans le mur d'enceinte du Temple. Un employé réceptionne les messages et les introduit chaque jour entre deux pierres. Les rabbins ont donné leur feu vert à cette ligne très spéciale, « *à condition qu'elle ne fonctionne pas les jours de Shabbat* ».

apportées, ont leurs interdits. Ces prohibitions peuvent être permanentes et temporaires. Le jeûne est une interdiction générale temporaire.

Ces interdictions ne sont pas liées à un culte, n'ont pas une signification rituelle. Elles sont liées à la divination qui est devenue comme une science, une technique. Celle- ci se préoccupe d'assurer seulement la subsistance et le confort de l'individu ou de la société par l'interrogation des éléments instables du Cosmos en supposant une correspondance entre ceux-ci et le sort de telle activité sociale ou individuelle. Il est à noter que beaucoup de ces nombreuses interdictions sont individuelles. Il est vrai que, dans beaucoup de cas, l'individu concerné est le roi qui est, comme disent maintenant certains théologiens, une « personnalité corporative » *(corporate personality)* représentant la société dans son ensemble.

Le mécanisme de ces interdictions (qu'on peut à peine appeler ainsi) est le suivant. On *conseille*, certains jours, de ne pas manger telle chose, de ne pas se livrer à telle activité. L'infraction ne causera pas un désordre général du Cosmos comme le ferait la violation d'une véritable prohibition rituelle, mais seulement risquera de mal réussir au contrevenant.

2. La *systématisation israélite* repose sur ces bases. Israël crée pour la première fois une religion au sens moderne du mot. Hammurapi et ses prédécesseurs ont codifié les relations sociales laïques. La nouvelle religion (à la formation de laquelle contribuent de façon différente l'école deutéronomique et l'école sacerdotale) codifie la totalité de la vie sociale et humaine. Yahwé, seul dieu d'Israël, exige que toute la vie de tous les israélites soit conforme à un modèle défini par l'intermédiaire de ses porte-parole qui forment déjà une véritable « Église », quoique coextensive à la nation. On obéit à ses ordres et ainsi on sauvegarde l'ordre du monde. Qu'on pense aux catastrophes qu'on estime causées par la violation des tabous sexuels au temps des grands prêtres hellénisés.

Il en était déjà ainsi pour le culte des dieux du polythéisme. Mais ici le dieu est unique et, par conséquent, les règles à suivre sont les mêmes pour tous les israélites. Ensuite, les infractions peuvent avoir des répercussions néfastes pour tout Israël et non seulement pour une communauté restreinte des fidèles.

Il y a une tendance à l'individualisation des répercussions du péché (le péché, c'est-à-dire l'infraction, retombe sur le violateur et lui seul). Mais elle est contrebalancée par la persistance de la vieille tendance qui voit un danger pour la société entière, voire pour le Cosmos, dans tout péché individuel (surtout, évidemment, quand il est commis par une « personnalité corporative »).

Cette codification, comme la codification juridique propre, est une rationalisation des interdictions diffuses et rituelles antérieures. Tout est repensé en fonction de la position attribuée à Yahwé vis-à-vis des cultes antérieurs : continuateur, successeur ou ennemi. On interdit sans doute les consommations rituelles propres à tel culte ennemi. Mais on entérine les interdictions diffuses non liées à un culte ainsi que, peut-être, les interdictions propres au culte de Yahwé et aux cultes de dieux ses prédécesseurs identifiés avec lui : El Elyôn, etc.

Israël devient comme un État-parti. Une idéologie et des règles d'action bien définies sont officiellement proposées et plus ou moins imposées à ses membres.

Il faudrait étudier les processus qui se développent dans l'histoire de cette religion. Sans entrer dans les détails, on distingue une rationalisation croissante dans deux sens qui peuvent être quelque peu contradictoires.

a) Il y a une application de plus en plus systématique des principes qui étaient à la base de la codification (ou qu'on estime y devoir être) ; le raffinement de plus en plus grand chez les juifs de l'interdiction du mélange des aliments lactés et carnés (dérivé en principe de l'interdiction de « cuire le chevreau dans le lait de sa mère ») en est un bon exemple.

b) Il y a un effort des penseurs pour justifier, à partir des idées générales de leur temps (qui deviennent vite très différentes de celles des codificateurs) le système dans son ensemble et ses détails. Ils y trouvent des justifications secondaires très différentes assurément de celles que concevaient les codificateurs. On peut suivre là l'influence de la pensée hellénique. On connaît la justification par l'utilité hygiénique, interprétation tellement fréquente et qu'on estime quelquefois « matérialiste ». En désespoir de cause, pour les esprits qui ne trouvent satisfaisante aucune de ces justifications et qui tiennent cependant à la conservation de ces interdictions, il y a là un ensemble de signes purement arbitraires dont la seule fonction est de distinguer Israël des autres nations.

La question des interdictions alimentaires a posé des problèmes à la diffusion du judaïsme. Ce rituel quotidien compliqué a été un obstacle à cette diffusion.

On sait combien la question des interdictions alimentaires a posé de problèmes à la diffusion du judaïsme, comment ce rituel quotidien compliqué a été un obstacle à cette diffusion. Un effort pour répondre à ce problème a été l'élaboration du système allégé des « interdictions noachiques » (de Noé) réservé aux prosélytes. On sait comment la question est encore brûlante dans l'État actuel d'Israël.

Le problème a joué un rôle essentiel dans la constitution du christianisme comme religion et Église séparées du judaïsme, comme *verus Israel*. La première décision officielle de l'Église chrétienne en tant que telle, adoptée à la réunion dite autrefois « concile de Jérusalem », porte sur cette question. L'Église chrétienne devient un autre « parti » idéologique, imposant un autre système d'idées et de règles de vie, radicalement différent de celui du judaïsme. Et on peut dater cette séparation du moment où la nullification des interdits alimentaires et de la circoncision, tolérée vis-à-vis des prosélytes, devient aussi la règle pour les croyants d'origine juive.

La question des interdits alimentaires dans la Chrétienté orientale de tradition sémitique forme un problème complexe dont je ne puis parler ici.

3. La *systématisation musulmane* présente un certain parallélisme avec la systématisation israélite. En face des traditions arabes et du code juif, Muhammad tente, lui aussi, un effort de rationalisation et de synthèse. Le judaïsme lui a suggéré l'idée qu'un système de prohibitions alimentaires devait obligatoirement faire partie de tout code idéologique

Le grand pardon, d'Alexandre Arcady

tel que celui qu'il proposait au peuple arabe. Mais il fait un effort pour rendre ce système raisonnable, praticable, pour ne pas rebuter les adhérents. Vers le moment où s'impose à son esprit l'idée que l'islam n'est autre que la religion d'Abraham ressuscitée, il accepte le système « léger » des « prohibitions noachiques ». Il y ajoute l'interdiction du vin qui répond à un courant de prohibitions arabes, et même sémitiques. Ammien Marcellin, quelques siècles avant l'islam, nous dit que les Arabes ne boivent pas de vin (comparer aussi les interdictions nabatéennes, palmyréniennes, la confrérie israélite des Rékabites, etc.). Le système juif est expliqué comme valable pour Israël, mais imposé à ce peuple par Allah en punition de ses péchés.

L'évolution ultérieure nous montre aussi un effort de rationalisation dans les deux sens qui ont été signalés ci-dessus chez les juifs. Mais, pour des raisons sociales évidentes qui tiennent à la différence éclatante entre le sort d'Israël et celui de l'*umma* musulmane, la rationalisation va moins loin (ou reste théorique) dans le raffinement des observances. Par contre, l'effort de justification rationnelle des penseurs est tout à fait parallèle à celui des penseurs juifs. Il faudrait aussi signaler l'influence des prohibitions antérieurement diffuses chez les peuples qui ont adopté la religion musulmane.

*

* *

L'étude des prohibitions alimentaires est importante de deux points de vue.

Du point de vue *sociologique*, comme le comportement sexuel, le comportement alimentaire contient des éléments imposés socialement et ces éléments influencent même les réactions physiologiques de l'individu : dégoût, nausée, etc.

Du point de vue de l'*histoire* (ou de la *théorie*) des religions, le processus général de rationalisation croissante dans des sens différents, les conflits qui en résultent sont des plus intéressants à étudier. La codification originelle dans un sens déjà rationnel montre une coïncidence historique remarquable avec la naissance de la religion de l'individu, de la religion du salut personnel et de la religion comme idéologie exclusive d'État.

Maxime RODINSON

1. *Chaîne de transmission.*
2. *Cousin du prophète.*
3. *Mangeur de poisson.*
4. *Mangeur de fleur de lotus.*
5. *Mangeur de chien.*

Dieu et son image : problèmes

par Olivier Christin

Au XVIe siècle, catholiques et protestants se sont combattus au sujet du culte des images en s'accusant mutuellement d'enfreindre des interdits religieux. La représentation de l'image de Dieu fait problème, peu ou prou, dans la plupart des religions.

Il paraît difficile d'analyser les interdits religieux sans songer immédiatement à ceux qui les transgressent car chaque transgression, délibérée ou inconsciente, est l'occasion d'un repérage des frontières invisibles que tracent les autorités religieuses, le dogme ou la discipline.

Le sacrilège ou le blasphémateur, par exemple, dévoilent aux yeux de tous (et parfois aux leurs) l'existence d'un interdit qui ne s'active que lorsqu'il est violé, « *car moi Yahvé, ton Dieu, je suis un Dieu jaloux qui punis la faute des pères sur les enfants, les petits-enfants et les arrière-petits-enfants pour ceux qui me haïssent* » (*Exode*, 20, 5). Ramener toutes les transgressions à ce schéma qui n'admet que les provocateurs (qui connaissent mais ne reconnaissent pas la frontière qu'ils violent) et les inconscients (qui pèchent par ignorance, étourderie ou colère) serait pourtant dangereux : dans bien des cas, qui touchent notamment au problème central de l'image, les sacrilèges prétendent agir non pour le plaisir de bafouer un interdit, mais pour respecter un interdit qu'ils jugent mieux fondé ou plus impérieux.

Allons briser ces dieux de pierre et de métal :
Abandonnons nos jours à cette ardeur céleste ;
Faisons triompher Dieu : qu'il dispose du reste !
Polyeucte, *acte II, scène VI.*

En évoquant, moins d'un siècle après les grandes flambées iconoclastes des guerres de religion, l'ardeur et la violence qui habitent tout sacrilège, Corneille rappelle que l'histoire du christianisme est émaillée de conflits au sujet des images. Très tôt, les chrétiens ont renversé les idoles et détruit les temples du paganisme vaincu avant d'être eux-mêmes divisés sur la question de l'image. La grande crise iconoclaste que connut l'Empire byzantin entre 725 et 843 révéla, en effet, l'ampleur de la fracture qui traversait le christianisme. La victoire finale des partisans de l'image condamna les iconoclastes à l'oubli et jeta le discrédit sur ceux qui les avaient soutenus, mais elle ne fit jamais complètement taire les voix discordantes.

C'est au XVIe siècle que les fils entremêlés de cette histoire complexe se renouent. D'un côté, la découverte des nouveaux mondes met alors les chrétiens en contact direct avec des cultes qu'ils assimilent rapidement au paganisme et à l'idolâtrie. En l'espace d'une génération, la curiosité prudente que les premiers conquistadors et les missionnaires avaient portée aux objets figuratifs des Antilles se mue en condamnation brutale des idoles. Pour le chroniqueur Fernandez de Oviedo, par exemple, les habitants des îles possèdent bien des « *images du diable* » et donc « *leur religion consiste à adorer le diable* »[1]. La condamnation des cultes mexicains découverts par Cortés est plus rapide encore. Partout, avec les années 1520, la chasse aux idoles commence.

D'un autre côté, en Europe, l'expansion de la Réforme réveille au sein même du christianisme les courants hostiles au culte des images. S'engouffrant dans la brèche ouverte avec circonspection et nuance par Luther, les réformateurs se lancent à l'attaque de ce qu'ils ne tardent pas à nommer « *l'idolâtrie* » papiste. Carlstadt, Haetzer, Zwingli, Calvin s'appuient sur une lecture exigeante de la Bible, et notamment du Décalogue (*Exode*, 20, 3-4 : « *Tu n'auras pas d'autres dieux devant moi. Tu ne te feras aucune image sculptée, rien qui ressemble à ce qui est dans les cieux, là-haut, ou sur la terre, ici-bas, ou dans les eaux, au-dessous de la terre* »), et retrouvent les accents de la crise iconoclaste du VIIIe siècle. Dans l'Empire, en Angleterre, en France, aux Pays-Bas, l'iconoclasme ressurgit.

Le paradoxe des catholiques, « idolâtres » en Europe, « iconoclastes » en Amérique, n'est qu'apparent : dans tous les cas, dans tous les pays, sauf exception, ils apparaissent comme les défenseurs et les propagateurs des images chrétiennes, si besoin en détruisant les idoles de leurs adversaires.

Le paradoxe des catholiques, « *idolâtres* » en Europe, « *iconoclastes* » en Amérique, n'est qu'apparent : dans tous les cas, dans tous les pays, sauf exception, ils apparaissent comme les défenseurs et les propagateurs des images chrétiennes, si besoin en détruisant les idoles de leurs adversaires. Ce faux paradoxe montre néanmoins l'importance que revêt la querelle des images au cours du XVIe siècle et la complexité de ses enjeux politiques, esthétiques et théologiques. En effet, contrairement aux imprécations d'historiens engagés, les briseurs d'images du XVIe siècle ne peuvent être réduits à quelques bandes de pillards ou à des « *êtres inférieurs et qui ont conscience de leur infériorité* » (Louis Réau, 1959) agissant par cupidité, par goût de la violence, par haine du Beau ou tout simplement par bêtise. L'historien ne peut adhérer à ces procès expéditifs.

L'étude attentive des sources

L'étude attentive des sources, nombreuses mais éparpillées, révèle, au contraire, que la plupart des destructions obéissent à une logique rigoureuse. Loin de détruire n'importe quoi n'importe comment, les iconoclastes huguenots privilégièrent, conformément aux grands axes de la critique calvinienne, les images polychromes et en relief représentant la Trinité, les personnes divines, la Vierge et la croix. A Rouen, par exemple, les portes sculptées de l'église Saint-Maclou portent les traces d'un acharnement particulier sur la personne du Père. Une précision comparable dans les mutilations infligées aux images peut être observée ailleurs, en Angleterre ou à Münster, par exemple. Les controversistes catholiques eux-mêmes soulignent cette sélectivité des destructions : un prédicateur catholique rouennais remarque dès 1563 que les huguenots de la ville avaient brisé les images des saints et laissé celles des Sibylles au cours des troubles l'année précédente, concluant que c'est une preuve solide de leur « paganisme ». Sans adopter cette conclusion, on peut constater que la sélectivité des destructions invalide totalement les jugements sur l'imbécillité des iconoclastes et sur leur haine du Beau. Les portes de Saint-Maclou en question sont l'œuvre d'un même sculpteur (et donc également « belles ») et leur iconographie suffisamment complexe pour que l'identification de la personne divine ne soit pas à la portée des « imbéciles ». Sauf exception ou circonstances particulières (représailles aveugles au cours des guerres civiles, incendie général, provocation...), les iconoclastes poursuivent ainsi des objectifs précis (défi aux catholiques, réalisation sur terre de la gloire de Dieu, purification des églises afin de les transformer en temples, saisie des métaux précieux des reliquaires pour alimenter les caisses de Condé notamment) de façon cohérente. Ainsi, lors d'épisodes pourtant tumultueux, comme à Lyon en 1562 ou à Montauban en 1561, les autorités protestantes cherchent à éviter la dérive vers le pillage désordonné : la présence de ministres et de prédicateurs, d'*« enfants chantant les commandements de Dieu »* qui proscrivent les images, et de notaires chargés de dresser l'inventaire des trésors saisis témoigne d'un réel souci d'explicitation et de rigueur [2].

En face, la réaction catholique contribue à dessiner l'espace d'affrontement entre les deux confessions. Mis devant l'obligation de riposter sur le plan théorique — comment contourner l'interdit de l'Ancien Testament ? Comment distinguer l'image de l'idole pour garder celle-là et abattre celle-ci ? —, les catholiques doivent, dans les pays touchés par la vague iconoclaste, conduire un immense travail de restauration des images et des édifices. Là encore, l'analyse des traités théoriques, des ouvrages de controverse, des travaux effectués montre que cette restauration n'est pas un simple remplacement sans ordre, ni projet d'ensemble, mais qu'elle observe des priorités explicites. Le Concile de Trente et les théologiens s'attachent à délimiter le champ des représentations et des pratiques légitimes, interdisant ainsi les Trinités tricéphales, les nudités sacrées, les sujets apocryphes ou les rituels suspects. De même, la restauration des édifices endommagés en France suit un ordre presque immuable, exact pendant de l'iconoclasme : l'Eucharistie et les reliques font l'objet des premiers soins, puis la croix et le crucifix et enfin l'image du saint patron. L'objectif est bien de réaffirmer l'importance du sacrement de l'autel et de renforcer l'identité communautaire de la paroisse. Aux Indes également, l'« idoloclastie » des conquérants espagnols poursuit certains objectifs politiques et religieux et ne s'apparente donc pas au pillage pur et simple. La recherche de stratagèmes et de procédures qui puissent circonvenir, voire enrôler, les indigènes, conduit les conquistadors et les missionnaires catholiques à devoir justifier de nouveau la différence entre les images qu'ils importent et imposent et les idoles qu'ils renversent et confisquent. Même s'ils se bornent à plaquer une grille judéo-chrétienne mal adaptée aux cultures qu'ils rencontrent, ils prétendent ainsi agir en partie pour conjurer les dangers des idoles.

Au XVIe siècle, catholiques et protestants se sont donc combattus au sujet du culte des images en s'accusant mutuellement d'enfreindre des interdits religieux. Pour les protestants, les catholiques désobéissaient au second Commandement *(« Tu ne te feras aucune image sculptée »)* et retombaient dans l'idolâtrie ; pour les catholiques, en injuriant l'image, les iconoclastes injuriaient son « prototype » (ce qu'elle représente) et donc Dieu lui-même [3]. Le conflit s'enracinait en fait dans des lectures divergentes de *l'Exode*, 20. Deux découpages en avaient été proposés : celui des Pères grecs, adopté par Calvin, et

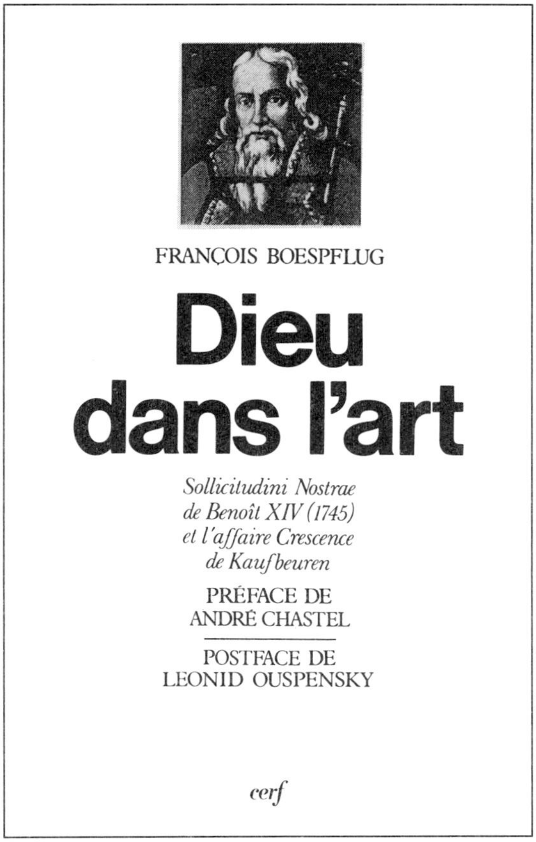

Un livre de réflexion sur le sujet

Au XVIe siècle, catholiques et protestants se sont donc combattus au sujet du culte des images en s'accusant mutuellement d'enfreindre des interdits religieux.

celui de saint Augustin, établi d'après le *Deutéronome*, repris par les luthériens et les catholiques. Le premier séparait le verset 3 des versets 4 à 6, faisant donc de l'interdiction des images un commandement distinct. Le second regroupait au contraire les versets 3 à 6 dans un seul et même commandement, subordonnant du coup cette interdiction à la principale injonction *(« Tu n'auras pas d'autres dieux devant moi »)*, ce qui autorisait la confection d'images tant que celles-ci ne venaient pas se substituer à Dieu. Ici, l'interdit religieux n'est donc pas une frontière claire et fixe que, dans sa folie, le sacrilège franchirait, mais l'enjeu même de la querelle, les adversaires s'affrontant, rationnellement, pour en imposer leur définition.

Ce constat conduit à distinguer différents types de transgressions, selon qu'elles sont ou non redevables d'un argumentaire cohérent. Quoi de commun, en effet, entre les sacrilèges inconséquents d'ivrognes ou d'énergumènes qui sont incapables d'expliquer leur geste et les actes calculés de ceux qui se sentent investis d'une mission impérieuse au nom de convictions que d'autres partagent avec eux [4] ? Mais il invite aussi à s'interroger sur la situation actuelle. Depuis trois ans, les médias occidentaux et l'opinion publique assistent au démontage généralisé des symboles du communisme, des portraits des dirigeants, des emblèmes du parti (comme celui que le drapeau roumain comportait en son centre), et, surtout, des statues des pères fondateurs. S'agit-il pour autant d'une modernisation spectaculaire de la vie politique débarrassée d'un culte de la personnalité encombrant et d'interdits innombrables ? Ou doit-on y reconnaître, en l'absence de positions politiques, historiques et esthétiques argumentées (l'Occident, saturé des images de la publicité et de la télévision, étant lui aussi la proie du culte de la personnalité), un dernier avatar de la guerre froide ? L'histoire montre peut-être à tous les missionnaires que l'élimination imposée des symboles ne conduit pas toujours à la conversion des adversaires.

Olivier CHRISTIN

1. *Conciles de 787 (Nicée II) et 843.*
2. *Cf. les* livres Carolins, *la position de Claude de Turin et, plus tard, celle des Lollards.*
3. *Je cite d'après S. Gruzinski,* La guerre des images, *Fayard, 1990.*
4. *Deux exemples antérieurs aux guerres de religion illustrent cette distinction : en 1534, un homme qui avait donné un coup d'épée à une image du Christ garde la vie sauve pour avoir agi en état d'ébriété. En 1550, en revanche, Jean Thuret, qui confirme au cours de l'interrogatoire ses convictions protestantes et la préméditation de son geste, est condamné à mort par le Parlement de Paris pour profanation d'une image de la Vierge.*

Ils n'iront pas au Paradis

Les homosexuels interdits de séjour céleste

par Hugo Marsan

« Pédés », « gouines » sont des termes qui sont usuels pour stigmatiser les 5 % (?) de personnes qui sont attirées par des partenaires du même sexe. Ces rejets sont-ils d'origine religieuse ? En tout cas, presque toutes les religions condamnent l'homosexualité. Auteur de* Monsieur désire, *Hugo Marsan le déplore.

La condamnation de l'homosexualité n'est pas la spécificité de la seule Église catholique : la médiatisation du pape actuel nous prédispose à ce repérage exclusif. Toutes les religions ont dressé des interdits quant à l'homosexualité entre adultes, pour ces censeurs le plus évident des comportements qui mettent en péril la procréation. Ce qui, de toujours, a été stigmatisé — parce qu'au départ hostile au développement démographique — c'est le plaisir gratuit associé au désordre. Les couches laborieuses ont d'ailleurs attribué l'homosexualité aux riches oisifs. Quand elle se développe chez les pauvres, elle est jugée comme sexualité de compensation, pis-aller, voire moyen vénal de suppléer à la misère — grâce justement aux sollicitations des pervers des classes favorisées. Il est donc absurde de proclamer que l'homosexualité était plus tolérée en France dans la première moitié du XXe siècle, comme de regretter la grande liberté de mœurs des peuples sous-développés et de s'étonner de la répression sexuelle qui s'installe dès qu'un pays tente de moderniser ses structures économiques.

Homosexualité et politique

Qu'on le veuille ou non, n'en déplaise aux nostalgiques, l'homosexualité adulte (dont la désignation d'ailleurs n'intervient qu'à la fin du XIXe siècle, en même temps que la suprématie de la médecine) n'existe, comme mode de vie explicite, dans aucun groupe social. Les façons qu'ont tenté — et que tentent — les sociétés d'en régler la présence et l'éternel attrait sont de deux ordres : soit (comme chez les Perses, par exemple, ou chez les Grecs et dans certains groupes ethniques qui préservent ainsi les rites de la puberté) en canalisant, sous forme de cérémonies initiatiques, le désir que peuvent avoir des adultes mâles pour de jeunes adolescents ; soit, de nos jours en Occident où le surpeuplement inquiète, en autorisant les relations homosexuelles entre adultes. Si, dans le premier cas, les bases de la société patriarcale ne sont pas ébranlées, il en va bien autrement dans le deuxième cas où est remise brutalement en question la famille traditionnelle.

Ce long préliminaire est nécessaire. Il faut détruire une illusion que les homosexuels eux-mêmes entretiennent et qui est aussi préjudiciable que de vouloir définir l'homosexualité comme immanente, donnée à la naissance par un gène rédhibitoire : à savoir que l'homosexualité aurait bénéficié dans le passé d'un âge d'or ! L'homosexualité adulte, telle que nous la définissons aujourd'hui, a été de tout temps refoulée.

L'homosexualité adulte, telle que nous la définissons aujourd'hui, a été de tout temps refoulée.

Nombre d'homosexuels voudraient que la religion, qui est affaire d'âme disent-ils, n'ait pas à se préoccuper d'autre chose que de l'âme et d'argumenter longuement sur les vertus de générosité et de courage que les homosexuels partagent avec les hétérosexuels. C'est éliminer un élément majeur et décisif. Les religions se créent et s'entretiennent dans des sociétés données. Elles renforcent les lois — parfois les corrigent — et il serait inefficace de s'en tenir, par exemple, au message de Jésus qui n'est que parole dans un monde qui ne se préoccupait que d'argent. Que les homosexuels le sachent : quand on parle de religion, ce n'est pas de la parole supposée du Christ, de Bouddha, d'Allah ou de Jéhovah qu'il s'agit mais des commandements qui, au cours des siècles, ont élaboré les pratiques de la religion qui régularisent — en la restreignant — la florissante et polymorphe effervescence du désir. Les religions interdisent et limitent l'épanouissement individuel dans le but aujourd'hui contestable de favoriser l'évolution collective.

Jouissance et homosexualité

Refuser l'homosexualité, c'est refuser la passivité du mâle. C'est en même temps refuser le plaisir, la jouissance, l'égalité des sexes ; c'est surtout cantonner la femme au rôle de servante d'un homme qui inscrit sa virilité dans le vide creusé par sa soumission, réduite qu'elle est au rôle de porteuse de petits d'hommes, de mère et de putain, en fait une sorte d'envers nécessaire et troublant de cela seul qui compte parce qu'il fallait en protéger la survie : l'homme actif, dispensateur de semence. L'homosexualité (masculine) est d'abord condamnée de crainte qu'elle se développe et écarte l'homme de ses devoirs. Ce qui est annulé, ce ne sont pas les égarements occultes de l'homosexualité mais sa reconnaissance sociale. Elle est inversion, montruosité puisqu'elle désigne des hommes qui, non seulement se veulent femmes — donc inexistants — mais n'ont même pas le privilège de couver des petits d'hommes. On retrouve donc dans ce schéma initial — très simple en définitive — tout ce qui hante la société : l'effémination de l'homme, la sodomie (déni primaire de la transmission de l'espèce), le travestissement et le grand tabou de notre époque, la pédophilie masculine, dont la peur rejoint l'angoisse de l'inceste et bloque la relation père-fils qui s'interdit la tendresse dans l'obsession de la virilité.

La religion, dans sa réalité temporelle, ne peut passer outre ces angoisses fondamentales puisque ses règles et sa pratique ont précédé la morale laïque quand elles ne l'ont pas annulée ou déterminée. Avec de nos jours une crispation particulière : sorti de la misère, l'homme occidental se détache des oukases religieux pour prôner la morale individuelle. Les religions sont face à une homosexualité gênante puisqu'elle ne peut plus s'insérer dans une condamnation globale de la jouissance que la contraception, l'avortement et l'émancipation des femmes ont déclarée indépendante de la procréation.

Bouddhisme et homosexualité

Le bouddhisme basé sur l'évolution intérieure de l'individu devrait ne se préoccuper en rien de l'homosexualité qui n'est qu'un épiphénomène de l'incarnation. A partir du bouddhisme, il nous faut considérer pourtant les sectes qui s'en réclament comme l'implantation en France de la NSF (Nichiren Shoshu française), une communauté d'inspiration bouddhique qui attire beaucoup d'homosexuels. Soucieuse de garder ses membres et sachant combien le développement du sida en inquiète certains et les perturbent, elle affronte la question. Dans *Dialogue pour l'Europe*, l'alternative bouddhisme/homosexualité est clairement posée : « *Question : comment le bouddhisme considère-t-il l'homosexualité ? L'homosexuel doit-il lutter contre son propre destin ou bien peut-il accepter sa condition comme étant naturelle ?* »

La réponse est formulée dans la question !

Réponse : En fait le bouddhisme ne dit pas que l'homosexualité est bonne ou mauvaise. Comme vous le savez, le bouddhisme est la philosophie de la vie, donc concerne la vie... Quant à l'homosexualité, c'est un problème qui se situe à un niveau différent ; par conséquent, le bouddhisme ne la considère pas comme un vice et ne la juge pas comme tel. En renforçant de jour en jour la pratique bouddhique, l'homosexuel parviendra à se comprendre clairement et à saisir à la lumière

Les religions sont face à une homosexualité gênante puisqu'elle ne peut plus s'insérer dans une condamnation globale de la jouissance.

du bouddhisme si ses actes quotidiens correspondent à l'attitude la plus digne de l'homme. Donc, il faut veiller à ne pas considérer l'homosexuel comme un déséquilibré. Il faut éviter de penser que s'il est homosexuel, cela prouve que sa croyance est faible ou incorrecte. Il est important de veiller sur lui. En tant que membre, nous devons l'encourager inlassablement, de façon apparente ou non, afin que sa conviction s'approfondisse ; nous devons également souhaiter son développement. Si nous agissons ainsi, un tel homme arrivera à s'engager sur le chemin de la vie, conscient de sa mission qui est de vivre pour la propagation du bouddhisme.

Ce texte malhabilement conciliant ne pose pas différemment la... différence que le catholicisme : il y a la bonne sexualité et la déviante.

L'homosexuel juif

La situation est plus ambiguë lorsqu'il s'agit de la religion juive. Un regard superficiel peut envisager que les persécutions dont ont été victimes les juifs les prédisposent à l'indulgence. Les homosexuels juifs se heurtent pourtant à un triple opprobre : celui de la religion, celui de la famille, et peut-être surtout celui de la communauté. La Thora, qui, dans ses 613 règles, définit précisément ce que l'on peut faire et ce qui est interdit, rappelle que le couple doit se former comme Dieu l'a formé au départ, composé d'un homme et d'une femme et non de deux hommes (ce qui présuppose que cela peut exister !). Quant au chapitre 18 du Lévitique, il donne la liste des mariages interdits, et mentionne l'homosexualité au même titre que l'inceste ou la zoophilie. Comme pour la religion catholique, c'est la cellule familiale qui est dominante et si la condamnation à la lapidation des homosexuels et la mise en garde de la dépravation que pouvaient subir les jeunes juifs dans les gymnases grecs n'est plus en vigueur, l'hostilité résolue des religieux à l'homosexualité persiste aujourd'hui.

Aux États-Unis, certains rabbins affichent leur homosexualité, un juif gay, ne sera pas exclu par la communauté. La famille juive, moins hostile que la famille pratiquante chrétienne, se montre néanmoins accablée. Mais il s'agit moins de vice que de ne pas pouvoir perpétuer des fils. En Israël aujourd'hui, l'homosexualité est punissable mais les sanctions sont rarissimes. Elle reste un motif d'exclusion de l'armée chez les officiers, elle est tolérée chez les simples soldats. Dans le vécu individuel, il peut, bien sûr, y avoir souffrance : une minorité dans la minorité. Là où la communauté juive est importante, l'homosexualité est en voie d'intégration. A New York, deux synagogues gaies accueillent homos et lesbiennes avec leurs amis et familles.

L'islam face à l'homosexualité

A la différence de la religion catholique encombrée d'un Christ chaste et qui a perpétué la culpabilité sexuelle, le Coran se fait le défenseur d'une sexualité presque hédoniste. Mais, dans les faits, elle se cantonne à une hétérosexualité de reproduction. La question sexuelle est absolument centrale dans le Coran. Mais l'homosexuel est un « sous-être ». Comme toutes les religions, l'islam est anti-eugéniste. L'homosexuel qui ose s'affirmer en tant que tel, affronte d'emblée deux codes hégémoniques fondamentalement répressifs : la parole divine qui est absolument fondatrice dans l'islam, et puis la société bâtie sur des bases normatives étouffantes. La société islamique se voue au culte de la virilité. A travers l'homosexualité, l'homme se déclasse et retourne au rang de la femme. La notion d'androgyne est donc récupérée par l'imaginaire et la pratique effective de l'homosexualité chez les jeunes n'est pas nommée. On revient à ce qui domine ce profond refoulement commun à toutes les religions : l'homme actif dans sa relation sexuelle avec un autre homme n'est pas déconsidéré, et au-delà d'une homosexualité de découverte réciproque entre jeunes gens, il y a une homosexualité de domination ou de revanche envers plus jeune que soi ou envers l'Occidental. L'homosexualité de plaisir choisie comme telle est vilipendée. Le 20 août 1992, quatre-vingt-dix gays et lesbiennes iraniens avaient été arrêtés par la police à l'occasion d'une fête privée : ils viennent d'être condamnés à la peine de mort ! Ici, bien sûr, se conjuguent les pesanteurs de la religion et les terreurs répressives d'un État dictateur aux mains des intégristes.

A la différence de la religion catholique encombrée d'un Christ chaste et qui a perpétué la culpabilité sexuelle, le Coran se fait le défenseur d'une sexualité presque hédoniste. Mais, dans les faits, elle se cantonne à une hétérosexualité de reproduction.

Les successeurs de Jésus

Les homosexuels entretiennent une équivoque entre ce que l'on suppose être la parole du Christ et le christianisme tel qu'il s'est figé au cours des siècles, et notamment à partir des Xe et XIIe siècles où les moines célibataires se sont livrés à un travail de sape et de déformation des évangiles. Jusqu'à l'invention du mot « homosexuel », ce qui fut réglementé sous la forme d'interdits draconiens c'est, nous le répétons, la jouissance. La mise au jour récente de textes répressifs montre que Jésus ne s'est en rien préoccupé de condamner l'homosexualité en tant que telle. Mais sa légende d'homme célibataire né d'une femme vierge a forgé une haine du sexe dont nous portons encore les conséquences. Il peut paraître aujourd'hui invraisemblable que les ecclésiastiques aient pu s'épuiser pendant des siècles à tenter de construire toute une morale sur cette incongruité physiologique : une femme engendrer un dieu de chair sans qu'un homme la pénètre. D'où l'abomination des menstrues qui signalent la réalité charnelle du cycle fécondateur, d'où refus du corps — surtout féminin — qui doit voiler tout ce qui provoque la concupiscence, d'où exégèses sans fin pour savoir à partir de quel moment il y a plaisir, donc péché. L'homosexualité s'inscrit dans le droit de cet interdit du plaisir sexuel qui n'aurait pas, en dernier recours, l'excuse de la procréation. Hors du vase naturel, point de salut. Onanisme, sodomie quel que soit le sexe du partenaire, contraception, adultère, et bien sûr avortement sont toutes actions infamantes, au même titre et pour longtemps.

L'épidémie de sida qui est venue porter son ombre sur notre fin de siècle a suscité un sursaut de la vindicte religieuse.

La visibilité de l'homosexualité adulte est donc parallèle aux libertés des femmes qui veulent disposer de leur corps. N'oublions pas aussi que cette chaîne d'interdits sur le bonheur physique — pendant tant de siècles — a perturbé l'être humain durablement. Si, en se marginalisant, certains homosexuels de milieux favorisés ont su, secrètement sans doute, ménager des exutoires à leurs pulsions et ont rejeté très tôt les dogmes de l'Église, la plupart en ont subi très durement les interdits, jusqu'à s'engager dans des voies qui les ont définitivement perturbés. Et ne perdons jamais de vue que cette haine du plaisir a construit *a contrario* un univers masculin prédominant où l'homosexualité (sans effusions sexuelles) s'exprime violemment : sports, guerres, clans et sectes et jusqu'aux structures de la hiérarchie ecclésiastique et de la recrudescence fasciste. Aujourd'hui, la condamnation de l'homosexualité par l'Église est liée à la condamnation parallèle de l'avortement et de l'utilisation du préservatif.

Bien sûr, l'Église catholique qui n'ouvre toujours pas ses portes aux prêtres mariés, aux femmes-prêtres et abolit la sensualité comme source d'enrichissement spirituel, s'accommode — du moins dans certains pays occidentaux (pour ne pas finir d'y perdre son crédit) — de la contraception. Pourtant, ses dogmes fondamentaux n'ont pas bougé d'un iota. L'Église continue à contraindre le pécheur à se repentir *in extremis* s'il veut espérer son salut. Écoutons les discours que le pape tient dans certains pays pauvres : la doctrine de la souffrance terrestre reste le meilleur moyen d'atteindre le ciel.

L'épidémie de sida qui est venue porter son ombre sur notre fin de siècle a suscité un sursaut de la vindicte religieuse. Les prêtres français n'osent pas exprimer trop haut ce qui pourrait être la panacée des religions : Dieu mécontent des hommes qui s'attachent trop aux jouissances terrestres leur envoie son châtiment. Mais dans la mesure où certains d'entre eux se sont permis de l'exprimer (aux États-Unis, dans les pays catholiques de l'Est, en Grande-Bretagne...), le danger est présent. Tout n'est pas montré de l'exclusion des malades du sida. En Pologne, les sidéens sont stigmatisés. Maladie honteuse puisqu'elle se transmet par le sang et le sperme qui sont les

Encore aujourd'hui, l'Église ne veut pas admettre que le plaisir sexuel puisse avoir d'autre objectif que la procréation.

deux manifestations humaines qui en disent le plus fort sur son intense présence corporelle. Les conséquences en sont meurtrières. Un reportage sur France 2 (jeudi 15 octobre 1992) : *Les orphelins du sida* montrait les ravages du sida au Burundi et au Rwanda où la religion catholique est prédominante. Les plus humbles et les plus traditionalistes sont persuadés que le sida est transmis par le... préservatif. Dans ces villes et villages décimés par la maladie, une femme peut à la fois recueillir des enfants dont les parents sont morts du sida et qui eux-mêmes sont pour la plupart séropositifs ou déjà malades — et ainsi appliquer à la lettre la charité chrétienne en toute bonne conscience — et hurler face à la caméra que c'est le diable qui surgit ainsi, que les hommes sont punis d'avoir forniqué. Tout est dit en quelques injonctions apocalyptiques.

L'Église catholique (n'évoquons pas l'islam qui veut ignorer le sida) n'est plus seulement paralysée par ses vieux dogmes, elle est coupable. Aux États-Unis et en Europe occidentale, les homosexuels sont les premières victimes du sida. La prévention passe d'abord par eux. En refusant l'utilisation du préservatif, l'Église catholique renforce l'obscurantisme néfaste attaché à la sexualité. Les homosexuels sidéens dont nombre d'entre eux ont été élevés dans la culpabilité judéo-chrétienne — tout le monde ne peut pas privilégier une homosexualité subversive —, se trouvent confrontés à cette mort annoncée qu'est le sida. Ils souhaitent faire la paix avec Dieu. A ceux-là, les prêtres, individuellement, apportent leur soutien, du moins en France, à la condition expresse qu'ils renient leur passé, autant dire leur identité.

Il reste un point essentiel. La lutte contre l'épidémie est, à ce jour, tributaire de la prévention. L'homosexualité doit être visible et reconnue pour que les comportements sexuels ne sombrent pas dans la nuit de tous les désastres. Les pays nordiques l'ont compris qui accélèrent la reconnaissance des homosexuels afin de mieux organiser la prévention.

L'Église catholique qui, plus que toute autre, s'immisce dans la vie privée doit savoir qu'il y a danger de mort à nier l'homosexualité. La bannir, c'est faire le jeu de la propagation de l'épidémie. Comme pendant des siècles le dégoût du corps a anéanti les progrès de l'hygiène et entériné les maladies perçues comme châtiments divins, nous voici en 1993 retournés à la peur qui développe les superstitions et les ostracismes.

Car, encore aujourd'hui, l'Église ne veut pas admettre que le plaisir sexuel puisse avoir d'autre objectif que la procréation. Mais entretemps, elle a supprimé tous les rites initiatiques qui permettaient à l'homme de régulariser ses pulsions homosexuelles. Ce qu'elle ne veut pas voir, c'est que la fascination de l'être humain pour son propre corps incarné dans le même sexe ne sera jamais abolie. A nier le plaisir sexuel, à séparer si radicalement les sexes en vue d'une démographie qui, pourtant, menace la survie de l'homme, les religions vont à l'inverse de leur nécessité qui pourrait être l'épanouissement terrestre et la paisible descente vers la mort. En faisant le jeu de la virilité outrancière, elles provoquent les pires destructions, dont la plus profonde est le refus du bonheur par les humains eux-mêmes.

Hugo MARSAN

5F • LUNDI 28 NOVEMBRE 1988

Libération

UN SONDAGE EXCLUSIF « LIBERATION »-CSA

L'EGLISE SIFFLEE HORS JEU

Les incursions répétées des évêques, en l'espace de quelques semaines, sur le terrain de la vie privée (la projection du film de Scorsese, la préconisation du préservatif pour la lutte contre le Sida et la commercialisation de la pilule abortive) sont mal perçues par l'opinion publique, et notamment par une large majorité de catholiques. C'est ce que met en évidence le sondage sur le rôle de l'Eglise que nous publions aujourd'hui.

Lire page 2.

IV

Laissez-nous vivre !

(Les interdits dans la vie de tous les jours)

Images de l'homme et images de Dieu : un ménage difficile

Dieu, le sexe et le cinéma

par Christophe Triollet

Affaire Salman Rushdie chez les musulmans, affaire Scorsese chez les catholiques : les religions, ces derniers temps, sont montées au créneau pour défendre des représentations traditionnelles de leurs croyances, refusant qu'elles soient retouchées ou contestées. Les images — visuelles ou littéraires — de Dieu ont, au cours des siècles, souvent fait mauvais ménage avec celles des hommes. Spécialiste des questions de censure, Christophe Triollet décrit certains comportements de l'Église catholique en matière de cinéma (alors qu'elle a tant fait, par ailleurs, pour l'éducation aux images et au septième art).

« De même que la chenille choisit pour y poser ses œufs les feuilles les plus belles, ainsi le prêtre pose ses malédictions sur nos plus belles joies. »

Jacques Prévert

Certains l'appellent Dieu, d'autres Allah, Vishnu ou encore Yuan-che T'sien-tsouen. Dans tous les cas, force est de constater que l'Être Suprême, et les institutions qui le représentent, ont toujours considérablement influencé la vie et le comportement des hommes qui, depuis près de deux mille ans, essayèrent constamment de préserver leur foi en la communiquant par tous les moyens. Le cinéma fut l'un d'eux.

Six ans à peine après son invention par

Louis Lumière en 1894, Georges Méliès rendait hommage à Jeanne d'Arc en adaptant sa vie à l'écran. En 1902, Zecca et Nonguet transposèrent celle de Jésus-Christ. Les autorités religieuses prirent conscience de l'importance du cinématographe qui pouvait véhiculer une idéologie. Dès lors, ce nouvel instrument du culte et d'évangélisation allait pouvoir servir à prêcher la Sainte parole. Mais tout le monde ne l'entendit pas ainsi.

Aux États-Unis

Après avoir gagné « la guerre des brevets » contre le monopole et la redevance imposés par l'Edison Film Company, Karl Laemmle, Adolf Zukor, Markus Loew, Samuel Goldwyn et Myron Selznick, tous propriétaires de petites salles de cinéma appelées Nikel Odeons, se regroupèrent sur la côte ouest des États-Unis dans un quartier de Los Angeles, afin de produire des films. Hollywood, surnommée « La Mecque du cinéma », ne vivait plus qu'aux rythmes de la violence cadencée par l'énorme production de westerns et de films à gangsters et ce, malgré l'institution du National Board Review of Motion Pictures de 1909.

C'est alors que William H. Hays, président du Comité national républicain et membre du cabinet Harding, fut élu en mars 1922 à la tête de la Motion Picture Producers & Distributors of America (MPPDA), chargée de contrôler l'industrie cinématographique. Indigné par la manière dont les cinéastes américains corrompaient et pervertissaient les spectateurs, Will H. Hays décida de confectionner, en 1930, un catalogue des interdits au cinéma en étroite collaboration avec les autorités religieuses conservatrices, tels la National Legion of Decency et le Federal Council of Churches, représentées par le Révérend père Daniel A. Lord : « *Des milliers de gens veulent se servir du cinéma pour pervertir. Ils n'y arriveront pas !* » A partir du mois de juillet 1934, le visa Hays devint obligatoire mais n'était accordé à un cinéaste que si son œuvre correspondait aux grands principes moraux et religieux codifiés par Will H. Days dans ce que l'on appela le Hollywood Code : « *La sainteté de l'institution du mariage et du foyer ne doit jamais être perdue de vue. Les films ne doivent jamais laisser penser que les formes réalistes des relations amoureuses sont la loi commune.* » Pour respecter cet impératif les scénaristes de la Metro Goldwyn Mayer durent inventer une invraisemblable histoire de catastrophe aérienne en pleine jungle ne laissant qu'un jeune orphelin comme seul survivant pour permettre à Jane et Tarzan d'avoir un enfant malgré leur union illégitime, dans le film *Tarzan trouve un fils*.

Désormais, Hollywood allait devoir veiller à ne plus jamais blasphémer, en respectant la moralité et la religion. Le Code Hays tomba en désuétude au début des années 60, après que la Cour d'appel de l'État de New York lève en 1957, l'interdiction du film *Garden of Eden* qui osait transgresser l'une des règles fondamentales du Hollywood Code : « *La nudité totale n'est jamais autorisée. Cette interdiction s'applique aussi bien à la nudité présentée directement que sous forme de silhouette, ainsi qu'à tout élément licencieux et suggestif.* » Les juges new-yorkais annulèrent la décision d'interdiction prononcée par la Commission, estimant que « *la nudité en elle-même n'est pas obscène aux yeux de la loi et du sens commun* »[1]. Dès lors, le Code Hays fut délaissé au profit d'un système de restrictions à la programmation organisé par le Code & Ratings Administration System, et contrôlé par la Motion Picture Association of America (MPAA) encore aujourd'hui très influencée par les valeurs morales et religieuses que les ligues conservatrices et puritaines n'hésitent pas à lui rappeler quand elles estiment que la famille et la foi risquent d'être menacées par la violence et la pornographie.

En France

En France, la question de la compatibilité entre le cinéma et la religion ne s'est pas posée de la même manière qu'outre-Atlantique, la loi du 9 décembre 1905 sur la séparation de l'État et de l'Église empêchant une éventuelle collaboration entre les deux institutions. De ce fait, les commissions de contrôle cinématographique qui se succédèrent, ont pu jouir d'une totale indépendance à l'égard du clergé français. Pour faire face à ces difficultés d'immixtion, l'Église catholique apostolique et romaine s'organisa en fondant, dès 1928, l'Organisation catholique internationale du cinéma, qui deviendra l'Office international du cinéma, créant dans plus de quarante pays, dont la France, des Centrales catholiques de cinéma chargées d'établir chaque semaine une classification des films en utilisant le système des cotations, conformément aux directives de l'Encyclique du pape Pie XI *Vigilanti Cura* et à la morale catholique, créée en 1933, la Centrale catholique française du cinéma (qui deviendra plus tard l'Office catholique du cinéma), très puissante durant les années 60, classifiait les films en six catégories différentes : films visibles par tous ; films visibles en famille malgré certains éléments moins indiqués pour les enfants ; films pour adultes ; films pour adultes avec des réserves ; films à déconseiller ; films à rejeter, s'abstenir par discipline chrétienne et pour donner l'exemple. Son influence était telle qu'en 1966, 2 800 salles commerciales refusaient de projeter des films dont la cote n'était pas favorable, ce qui fit dire à certains que l'Église usait d'une censure supplétive à celle de l'État : « *On peut se demander si l'État ne doit pas avoir le monopole des atteintes à la liberté de création, en fonction de ses propres critères. Il ne s'agit pas du tout d'apporter une entrave à la liberté des croyances religieuses ; l'Église doit pouvoir produire des films conformes à ses exigences, comme elle peut publier ses propres journaux, mais est-il conforme au principe de laïcité de l'État, qu'elle limite, au nom de ses propres critères, les libertés que les lois accordent aux citoyens*[2] ? » Aujourd'hui, la position de l'Église catholique française sur le cinéma n'est plus aussi déterminante, l'Office catholique du cinéma, appelé aujourd'hui Chrétiens-Médias, ne formulant plus que de simples avis repris par certains magazines comme *Télérama* ou *Télé 7 jours* ; même si parfois son opinion a pu influencer certains responsables comme M. Yvon Bourges, secrétaire d'État à l'Information en 1966, ou M. André Astoux, directeur général du Centre national de la cinématographie en 1973.

L'affaire de La religieuse

Le premier dut céder aux pressions des autorités catholiques confortées par Yvonne de Gaulle[3]. Le 23 mars 1966, après avoir assisté à la projection privée du film de Jacques Rivette *La religieuse* qui deviendra *(Suzanne Simonin, la Religieuse de Diderot)*, la Commission de contrôle des films cinématographiques, représentée par son président Henry de Ségogne, décida d'adresser une lettre à M. Yvon Bourges dans laquelle elle précisait que « *se référant aux critères habituels qui inspirent ses décisions, la Commission n'a pas cru devoir proposer l'interdiction totale du film, mais seulement son interdiction aux mineurs de dix-huit ans* ». Le 28 mars, en application de l'article 5, deuxième alinéa du décret du 18 janvier 1961, le secrétaire d'État à l'Information demanda un nouvel examen du film controversé. Le lendemain, après avoir organisé une nouvelle projection devant ses membres, la Commission de contrôle décida de maintenir sa précédente proposition, en l'assortissant seulement d'un refus du visa d'exportation à destination des pays d'Afrique et de Madagascar, de la Syrie, du Liban et des trois pays d'Indochine. Sous les pressions et les pétitions, M. Yvon Bourges passait outre l'avis de la Commission en décidant, le 1er avril 1966, l'interdiction totale d'exploitation et d'exportation du film de Jacques Rivette. Il aura fallu attendre neuf longues années de procédure pour que le Conseil d'État rejette dans un arrêt d'Assemblée du 24 janvier 1975, Société Rome-Paris Films, la requête du ministre de l'Information formée contre le jugement du Tribunal administratif de Paris du 22 mars 1967 annulant la décision ministérielle d'interdiction, considérant que l'atteinte portée aux libertés publiques n'était pas justifiée par le dommage susceptible d'être causé aux intérêts généraux. Pour la première fois, le juge administratif reconnaissait la liberté du cinéma, en exerçant un contrôle normal sur la décision du ministre compétent.

La vie amoureuse du Christ : blasphème ?

Le second, par contre, décida d'agir guidé par ses propres convictions religieuses. Désireux de tourner sur le territoire français un film intitulé *La vie amoureuse du Christ*, le cinéaste danois Jens Jorgens Thoresen sollicita une autorisation de tournage auprès du Centre national de la cinématographie conformément à l'article 29 du décret du 18 janvier 1961 : « *Tout film étranger tourné à titre professionnel en totalité ou partie en France est*

La religieuse, devenue Suzanne Simonin,
La religieuse de Diderot

soumis à une autorisation de tournage accordée par le directeur général du Centre national de la cinématographie au vu du synopsis et de tous autres documents utiles. » M. André Astoux la lui refusa le 28 août 1973 motivant ainsi sa décision : « *Je ne veux pas être complice d'une action blasphématoire. Il y a un milliard de chrétiens dans le monde pour qui Jésus-Christ est Dieu vivant et plus que tout, la foi des hommes en Dieu, quelles que soient leurs croyances, mérite le respect. J'aurais pris une telle décision pour n'importe quel autre prophète ou divinité de n'importe quelle religion, qui aurait été blasphémé. J'ajoute que les hommes qui ont consacré leur vie au Christ ont droit à la paix. Un de nos villages provençaux ne doit pas servir de cadre blasphématoire à l'agonie du Christ sur le Golgotha. Je n'avais pas à ouvrir ma porte à quelqu'un qui venait pour y meurtrir mes frères et mes amis*[4]. »

La destruction de L'essayeuse

Les pressions directes sur les décideurs devenant plus difficiles, les multiples associations catholiques françaises décidèrent désormais d'agir directement en justice si leur foi venait à être menacée par le septième art. Ce fut le cas le 30 décembre 1975, le Parlement autorisant pour la première fois dans l'histoire du cinéma en France la projection libre et intégrale de films à caractère pornographique dans des salles spécialisées, sans montage ni coupure ; en contre-partie d'un classement X comportant certaines obligations dont l'interdiction aux mineurs de dix-huit ans et surtout la pénalisation fiscale et financière automatiques. La réaction fut immédiate : « *Ces producteurs de films devraient aller en prison et être empêchés de nuire. Nous sommes décidés à porter l'action en justice* », déclara lors d'une conférence de presse Mme Irène de Lipkowski, présidente du Comité de liaison pour la dignité de la personne humaine, pour dénoncer l'inefficacité des articles 11 et 12 de la loi de finances du 30 décembre 1975 plus connue sous le nom de Loi X. Le film pornographique de Serge Korber *L'essayeuse* fut alors choisi pour l'exemple. Le 28 octobre 1975, quarante-six associations dont la Confédération des associations familiales et catholiques, l'Union départementale des associations familiales de la Seine, ou encore les Scouts de France, déposèrent chacune une plainte auprès du Procureur de la République. Le 10 juin 1977, la Cour d'appel de Paris confirmant le jugement rendu le 8 novembre 1976 par la 17e Chambre correctionnelle de Paris, condamna le film à la destruction, négatifs et copies, dans l'incinérateur des domaines pour outrage aux bonnes mœurs. *L'essayeuse* de Serge Korber devint le seul film de l'histoire française du cinéma à avoir été condamné à la destruction depuis la fin de l'occupation nazie.

Depuis, les associations religieuses saisissent régulièrement la justice à chaque fois qu'un réalisateur indélicat utilise tout ou partie des Saintes écritures, pour exprimer dans un film ou son titre des idées autres que celles enseignées par la religion.

Les 16 000 épouses de Krishna

Conscient du rapide résultat obtenu dès le 8 novembre 1976 par des associations catholiques profondément meurtries par un film à caractère pornographique, l'Association internationale pour la conscience de Krishna saisit, selon la procédure rapide de référé[5], le Tribunal de grande instance de Paris afin qu'il ordonne l'interdiction et la saisie des copies du film pornographique intitulé *Variations pour le plaisir* mettant en scène un des membres du Mouvement pour la conscience de Krishna « *se livrant à des exhibitions érotiques en chantant grotesquement les textes les plus sacrés à la base de cette croyance* ». Par

Il suffit de rappeler d'autre part que l'on attribue à Krishna seize mille épouses et cent quatre-vingt mille fils pour admettre que sa mémoire ne souffrira guère d'avoir été mêlée à quelques manifestations sexuelles complémentaires.

ordonnance du 2 février 1977, le président du Tribunal, M. Bertin, rejeta la demande de saisie du film présentée par l'association, considérant avec humour « *qu'il n'y a lieu d'admettre que Krishna, s'il a pu s'offusquer d'entendre chanter son nom au cours d'un film scabreux, a sans aucun doute, dans sa haute sagesse, pardonné cette offense ; qu'en effet l'art hindou et même l'art sacré qu'illustrent les bas-reliefs de ses temples offrent en certains lieux aux yeux des visiteurs l'image de scènes érotiques dont le principal avantage sur les films pornographiques est d'avoir un caractère artistique qui manque en général à ceux-ci* », et d'ajouter avec ironie « *qu'il suffit de rappeler d'autre part que l'on attribue à Krishna seize mille épouses et cent quatre-vingt mille fils pour admettre que sa mémoire ne souffrira guère d'avoir été mêlée à quelques manifestations sexuelles complémentaires* »[6]. Si les adorateurs de Krishna n'ont pu obtenir satisfaction à cause de leur faible importance, il n'en fut pas de de même pour toutes les religions.

L'affaire Ave Maria

En octobre 1984, choquées par l'affiche du film *Ave Maria* décrivant une jeune femme crucifiée la poitrine largement dénudée, des associations catholiques intégristes saisissaient en référé le Tribunal de grande instance de Paris afin qu'il en interdise l'affichage publicitaire dans les lieux publics. Le 23 octobre 1984, M. Pierre Drai — actuel premier président de la Cour de Cassation — alors président du Tribunal de grande instance de Paris, accueillit favorablement la demande des diverses associations requérantes, estimant que « *la représentation du symbole de la Croix, dans les conditions de publicité tapageuse et en des lieux de passage public forcé, constitue un acte d'intrusion agressive et gratuite dans le tréfonds intime des croyances de ceux qui, circulant librement sur la voie publique et ne recherchant aucun contact ou colloque singulier avec une œuvre ou un spectacle déterminés, se voient, hors de toute manifestation de volonté de leur part, nécessairement et brutalement confrontés à une manifestation publicitaire et commerciale, contestable et trompeuse, constitutive, en tout état de cause, d'un trouble manifestement illicite* ». Sur appel, la Cour confirma l'ordonnance présidentielle de référé, seulement trois jours plus tard... un record historique[7] !

Fortes de leur succès, les associations intégristes tentèrent de renouveler l'expérience en 1985, à la sortie en salles du film de Jean-Luc Godard *Je vous salue, Marie*.

Godard et Je vous salue, Marie

Dès sa sortie sur les écrans le 23 janvier 1985, le film de Jean-Luc Godard, au contenu et au titre provocants, engendra de nombreuses réactions intégristes et nationalistes. Usant de ses pouvoirs de police générale, le maire de Versailles interdit dans sa commune la projection du film racontant l'histoire d'une jeune pompiste prénommée Marie et d'un chauffeur de taxi du nom de Joseph. L'irritation conduisit l'Alliance générale contre le racisme et pour le respect de l'identité française et chrétienne, ainsi que la Confédération nationale des associations familiales catholiques, confortées par la condamnation morale du film par le pape Jean-Paul II, à demander en justice l'interdiction et la saisie du film, ou à défaut, la suppression de certaines scènes jugées « *ordurières* » vis-à-vis de la communauté chrétienne. Déboutées le 28 janvier 1985, les associations requérantes firent appel de l'ordonnance de référé, considérant que le réalisateur Jean-Luc Godard a abusé de son « *droit à la liberté d'expression artistique, créant un trouble manifestement illicite risquant de causer un dommage irréparable à l'ensemble de la communauté catholique* », en portant « *atteinte à la vie privée des chrétiens par le trouble apporté à leur prière* ». Dans un arrêt rendu le 13 mai 1985, la Cour d'appel de Paris, confirmant l'ordonnance du président du Tribunal, rejeta l'appel des associations demanderesses considérant souverainement « *qu'en l'absence de publicité et d'affichage au contenu provocant, les atteintes sont nécessairement limitées aux spectateurs qui ont pris l'initiative de se rendre dans les salles* ».

Mais la liberté d'expression et la liberté de conscience ne sont malheureusement pas toujours départagées par la seule justice.

Scorsese et La dernière tentation du Christ

En 1983, Martin Scorsese, annonçant publiquement le tournage du film *La dernière tentation du Christ* adaptant le roman de Nikos Kazantsaki, déclencha la réaction immédiate d'une foule de ligues catholico-intégristes hostiles au projet. Empêché de tourner aux États-Unis, le cinéaste se tourna vers les financiers français. Alerté, l'archevêque de Paris, Mgr Lustiger, après avoir demandé en vain au ministre de la Culture d'empêcher le Centre national de la cinématographie d'accorder à Martin Scorsese une avance sur recettes, organisa croisades et chemins de croix contre le film maudit avant que quiconque ne l'ait vu, épaulé pour l'occasion de l'archevêque de Lyon Mgr Decourtray, le père Di Falco de Chrétiens-Média, et même de Mgr Lefebvre. Le film sortant sans restriction sur le territoire français, autorisé tous publics — alors qu'il fut interdit aux mineurs de dix-huit ans en Grande-Bretagne, aux moins de dix-sept ans aux États-Unis, interdit aux mineurs de seize ans en RFA et interdit aux moins de douze ans aux Pays-Bas — la rumeur fit éclater le scandale. Plusieurs centaines de croyants décidèrent de mener la guerre sainte devant les cinémas blasphémateurs à coup de prières, tracts et pétitions, jusqu'au jour où il fut commis des attentats.

Dans un même temps, le film de Claude Chabrol *Une affaire de femmes* est menacé de plainte pour une scène du « Je vous salue, Marie » jugée blasphématoire[8] : des intégristes envoyèrent des bombes lacrymogènes dans une salle projetant le film de Claude Chabrol à côté d'une autre jouant le film de Martin Scorsese. Dans la bousculade et la panique générales, un spectateur mourait.

A Béziers et à Grenoble, des cinémas furent incendiés. A Paris, le cinéma Saint-Michel fut entièrement détruit par l'explosion

La dernière tentation du Christ,
de Martin Scorsese

d'une bombe faisant quatorze blessés. La police arrêta huit personnes dont l'un des responsables du journal *Itinéraires de la Chrétienté.* En fin de compte, un grand nombre de municipalités décidèrent d'interdire la projection du film controversé en raison des risques sérieux de désordres et troubles à l'ordre public, quand ce ne fut pas simplement l'exploitant de salles qui n'osait pas le programmer de son plein gré ou sous la menace. En justice *La dernière tentation du Christ* ne fut pas interdit comme certains le demandaient, mais il fut ordonné au distributeur français de barrer son affiche d'un avertissement précisant que le film était tiré d'un roman et qu'il n'adaptait pas les Évangiles. La liberté d'expression n'est-elle pas fortement compromise ?

Christophe TRIOLLET

---

1. *Cité in* La censure cinématographique, *de Philippe J. Maarek, Librairies Techniques, 1982.*
2. *Citation de Lyon-Caen G. et Lavigne P., cités in* La protection de la jeunesse par la censure cinématographique en France et à l'étranger, *de Constantin Matthéos, Librairie Générale de Droit et de Jurisprudence, 1966, p. 87.*
3. *Cité in* Images interdites, *d'Yves Frémion et Bernard Joubert, Syros Alternatives, 1989, p. 30.*
4. *Cité in* Ce maudit cinéma, *de André Astoux, J.-C. Lattès, 1974, p. 147.*
5. *Le référé, institué par l'article 809 du Nouveau Code de procédure civile, permet d'obtenir du président du tribunal compétent une ordonnance à caractère provisoire, tendant à prévenir un dommage imminent, un trouble manifestement illicite.*
6. *Cité in* La Semaine Juridique, *1977, 18636, note R.L.*
7. *Cité in* Le juge des référés, protecteurs des croyants, *par Philippe Bertin,* la Gazette du Palais, *1984, 2e sem., doctr., p. 534.*
8. *Cité in* L'affaire Scorsese, *par Yves Frémion, in* Renvoyons la censure ! *n° 3, novembre 1988, p. 1.*

Le spectre de Frankenstein : les intégristes de l'antieugénisme

Les gènes défectueux sont-ils sacrés ?

par *Pierre-André Taguieff*

Les gènes défectueux font-ils partie de la valeur patrimoniale du génome humain ? Faut-il inscrire dans les droits de l'homme le droit à l'inviolabilité des gènes défectueux ? Plus largement, les récentes découvertes en biologie et en génétique peuvent-elles dériver vers un nouvel eugénisme ? La bioéthique doit-elle refuser toute intervention sur le patrimoine génétique ? Philosophe, Pierre-André Taguieff ne le pense pas.

Paraphrasant Sartre — qui avait écrit, à propos de l'humanité à l'époque du nucléaire : « *L'homme est enfin libre, il peut se détruire* » —, Guy Braibant affirmait lors de son audition recueillie dans le rapport *Aux frontières de la vie,* de Noëlle Lenoir : « *L'homme est enfin libre, il peut se transformer*[1]. » Le pouvoir d'autotransformation met en effet à nu, inséparablement, la liberté de choix et la responsabilité de l'homme, et ainsi jette celui-ci dans une inquiétude infinie, du fait de la radicale nouveauté d'une telle situation. (Une première version, plus développée, de ce texte a paru dans *Raison présente* [janvier 1993], sous le titre : « Améliorer l'homme ? L'eugénisme et ses ennemis ».)

La thérapie génique germinale désormais

techniquement envisageable (transfert ou insertion d'un gène dans une cellule germinale) symbolise ce nouveau pouvoir d'intervention biotechnologique qui, par l'introduction de gènes, donc de caractères transmissibles, ouvre la possibilité d'une modification volontaire du patrimoine génétique de l'espèce humaine. Il suffit de concevoir l'extension à l'espèce de l'opération transgénétique de correction des embryons anormaux. Que faire d'une telle puissance de refonte biologique de l'espèce humaine rendue techniquement possible par l'accès direct au génome, dès lors qu'aucune norme absolue n'est imposée aux humains à l'ère de l'individualisme, qui a ouvert irréversiblement un espace postreligieux ou posttraditionnel [2] ?

Que faire d'une telle puissance de refonte biologique de l'espèce humaine rendue techniquement possible par l'accès direct au génome, dès lors qu'aucune norme absolue n'est imposée aux humains à l'ère de l'individualisme, qui a ouvert irréversiblement un espace postreligieux ou posttraditionnel ?

La question peut être abordée, d'une façon plus générale, à partir du constat que *« la technique contemporaine a placé l'homme sous le signe de la plasticité et de la manipulabilité illimitées »* [3]. La nature humaine n'échappe pas à l'extension du principe de manipulabilité, ce qui fait surgir la question éthique par excellence, celle de la responsabilité. Gilbert Hottois a clairement posé le problème de l'éthique dans un « univers technicien » : *« La techno-science semble pouvoir affecter toutes les prétendues constantes de nature humaine, laissant béante la plasticité insondable de l'espèce et la question* éthique *qu'elle soulève. Car la question fondamentale avec laquelle l'univers technicien nous confronte (et qui est sans doute la question centrale de la philosophie de la technique) est non plus* : "Qu'est-ce que l'homme ?" *mais* "Qu'allons-nous faire de l'homme [4] ?" »

1. Nouvelle peur de la liberté ou dernière vague d'obscurantisme ?

Nous savons ce que nous pouvons faire, nous sommes aussi capables d'anticiper notre future puissance d'agir sur le patrimoine génétique de l'homme. La question de l'autotransformation volontaire de l'humain se pose, non plus dans l'espace littéraire du récit de fiction, mais dans l'espace qu'ouvre aujourd'hui la techno-science. Que devons-nous faire, dotés d'un tel pouvoir-faire ?

La question se pose, en dépit des mirages médiatiques d'un « retour à Dieu ». Il n'est pas, à cette question, de réponse évidente et simple, sauf à revenir aux normes et aux impératifs fondés sur une transcendance, tirant donc leur légitimité d'un fondement religieux. Seules les morales traditionnelles, c'est-à-dire fondées sur une conception dogmatique ou « traditionaliste » du permis et du défendu, peuvent répondre sans discussion, mais toujours dans le même sens, et de la même manière négative ; il ne faut surtout rien faire d'une telle puissance d'autotransformation. C'est absolument interdit. L'abstention est une obligation morale ; la morale consiste à s'abstenir.

Certes, dans le cadre d'une vision dogmatique du monde, ou du point de vue de l'intransigeantisme religieux, cet interdit absolu a un sens, il s'inscrit dans une cohérence axiologique et normative : il n'appartient pas à l'homme, qui est de l'ordre du créé, de se prendre pour le Créateur, en intervenant dans le processus de procréation ainsi que dans la transmission des caractères héréditaires de façon à modifier son propre génome. Mais, lorsque la même prétention à poser *a priori* des limites infranchissables vient d'esprits non religieux, dans un monde désenchanté où nul principe n'est sacré, elle apparaît vite dénuée de fondements. C'est précisément pourquoi l'espace vide de principes absolus est rempli de représentations, d'évidences toutes faites, de croyances et de sophismes passe-partout. Parmi ces substituts de fondements religieux : les assimilations abusives et les amalgames polémiques, utilisant les horreurs du nazisme comme base de réduction, qui fonctionne efficacement pour disqualifier — sans discussion — ce qu'on appelle « l'eugénisme ».

On sait que l'eugénisme, au sens fort du terme, désigne le projet d'améliorer le patrimoine génétique humain par un contrôle ou une orientation de la reproduction. Mais l'on peut aussi donner une définition « faible » de l'eugénisme, conçu comme un projet biopolitique visant à empêcher la dégradation génétique de l'espèce humaine : il s'agit dès lors, moins d'« améliorer » que de « préserver ». Mais quel sens précis accorder à l'« amélioration » et à la « préservation » ? Car une argumentation antieugéniste désormais courante consiste précisément à opposer au projet eugénique l'impératif de respect du patrimoine génétique humain. Il s'agit bien encore de « préservation ». D'où l'apparition d'une zone d'ambiguïté : en vue de préserver l'intégrité du génome humain, les eugénistes en appellent à l'intervention humaine, et attendent des effets positifs d'une action biomédicale ou de pratiques biotechnologiques ; quant aux antieugénistes, ils ne proposent que la non-intervention, radicalisant la vertu de prudence en la vertu d'abstinence face à la biomédecine et aux techniques de procréation artificielle. Il y a bien un malaise dans les définitions, qui se reflète et se retraduit dans la confusion des discussions. L'eugénisme est en effet traité comme un mythe répulsif, et dénoncé comme un « spectre ». Il convient donc d'analyser le discours antieugéniste, le seul audible dans l'espace public. En lui posant une question volontairement naïve : le projet eugénique étant l'une des expressions du principe de responsabilité vis-à-vis des générations futures, auxquelles il ne s'agit pas seulement de léguer une planète non dévastée, mais tout autant un patrimoine génétique non dégradé, comment en est-on venu à criminaliser un tel projet, comment peut-on sataniser le souci eugénique de la qualité biologique des humains futurs ?

Il est surprenant de constater que, sur une question aussi décisive pour l'avenir de l'humanité, règne un apparent consensus de base — « de plomb », devrais-je écrire —, et que les esprits les mieux exercés à l'examen critique ne s'aventurent guère à discuter l'idée eugénique. Ils suivent la pente commune, qui aboutit à la condamnation totale de l'eugénisme. Comme si un pli avait été pris, comme si un conformisme s'était durablement installé. Ou encore, comme si de puissants mécanismes d'intimidation empêchaient la formulation même du problème, lui substituant une dénonciation édifiante en des termes convenus.

2. Pourquoi ne pas modifier l'homme ?

Les trois grandes argumentations antieugénistes

La condamnation totale de l'eugénisme, désigné comme tel ou supposé derrière telle ou telle pratique biomédicale (par exemple la thérapie génique germinale), s'opère au moyen de trois grands types d'arguments, susceptibles d'apparaître sous diverses variantes idéologiques :

1. Une argumentation *antihéréditariste*, héritée de la vulgate marxiste-léniniste pour l'essentiel. 2. Une argumentation *anti-interventionniste*, caractérisant le traditionalisme à fondement religieux, dont l'Église catholique est le principal dépositaire et diffuseur. 3. Une argumentation *néofondamentaliste*, caractérisant l'humanitarisme « conservateur » ou l'intégralisme génomique de certains biologistes contemporains engagés dans le débat public, et qui sont opposés à toute modification du génome humain, soit au nom du respect de la diversité génétique de l'espèce, soit en raison des « risques de dérive » ou des effets pervers [5].

C'est pourquoi l'eugénisme est ordinairement dénoncé dans le cadre de la logique du soupçon, impliquant à la fois la quête indéfinie des arrière-pensées (ou des mauvaises pensées cachées) des chercheurs, des praticiens ou des décideurs politiques, et l'identification acharnée des « pentes glissantes ». Sombre est toujours l'amont ou l'aval des recherches et des pratiques : tel est l'axiome pessimiste présupposé par la nouvelle vague d'hypermoralisme face à la techno-science.

Nous examinerons successivement ces trois types d'argumentations dirigées contre l'idée eugénique, qui semblent au premier regard différer par le domaine ou le mode de discours : *politique* (antieugénisme communiste), *religieux* (antieugénisme catholique), *éthique* (antieugénisme des conservateurs du génome humain). Il s'avère qu'en chacune de ces trois positions argumentatives, le politique se noue au religieux et à l'éthique, de diverses manières : c'est la focalisation qui varie. Il ne s'agit pas ici d'analyser les discussions scientifiques du projet eugéniste, mais de mettre de l'ordre dans les mécanismes de démonisation de « l'eugénisme » en tant que représentation sociale négative.

Nous ne nous attarderons pas sur cette survivance qu'est l'antieugénisme communiste/stalinien, afin de mettre en évidence le caractère implicitement religieux du conservatisme génomique des prétendus « humanistes laïcs » affirmant l'intouchabilité du patrimoine génétique de l'homme.

1. L'argumentation antihéréditariste

Considérons d'abord l'argumentation antihéréditariste radicale issue de la vulgate communiste-stalinienne, renvoyant à une vision *ultra-environnementaliste* du déterminisme des attitudes et des aptitudes humaines : l'eugénisme est ici récusé en tant qu'idéologisation politique d'une conception *héréditariste* des caractéristiques différentielles humaines, tant individuelles que collectives. S'il est vrai qu'aujourd'hui, la vulgate marxiste n'est plus invoquée contre la génétique mendélienne, elle inspire toujours, de façon plus ou moins claire, certaines dénonciations démonisantes, suivies de condamnations sans réserve, de toute visée eugénique. L'idée régulatrice d'une refonte biologique de la nature humaine demeure en position de *rivalité mimétique* avec l'idée d'une refonte sociopolitique de l'humanité ; il s'agit de deux gnoses concurrentes qui, fondées l'une comme l'autre sur la science, se proposent de régénérer ou d'améliorer l'espèce humaine, en intervenant soit sur l'environnement social et politique, soit sur l'hérédité humaine. En outre, les miettes de vulgate marxiste portent toutes une vision normative centrale qui leur donne une certaine unité : l'idéal *égalitaire*, ou plutôt cette corruption idéologique de l'exigence individualiste/moderne d'égalité qui consiste à dénoncer comme le mal absolu toute manifestation d'inégalité, voire toute assertion d'inégalité.

Or, le projet eugénique présuppose l'évidence que l'inégalité règne entre les lignées, et que celle-ci commence avec l'inégalité génétique devant certaines maladies. D'où l'affirmation apparemment claire qu'il y a des hérédités « meilleures » que d'autres. L'eugénisme est dès lors dénoncé, avant tout examen critique plus approfondi, comme affirmant scandaleusement l'inégalité entre les hommes, ou comme projetant de créer de l'inégalité parmi les hommes. C'est d'abord en ce sens que l'eugénisme est rapproché du racisme, au point d'être souvent confondu avec lui. Il reste une dernière composante de l'argumentation antieugéniste héritée de la vulgate stalinienne, composante que l'on retrouve partout ailleurs : les amalgames polémiques en chaîne, de l'eugénisme en général avec l'eugénique raciale mise en œuvre par les nationaux-socialistes, puis de celle-ci avec le racisme aryaniste, enfin du racisme et de l'eugénisme avec les exterminations de masse ou les pratiques génocidaires. La disqualification idéologique de l'eugénisme est alors radicale : eugénisme devient synonyme de génocide.

Il n'est peut-être pas inutile de rappeler brièvement, par une illustration textuelle, la dénonciation stalinienne de l'eugénisme comme fausse science, légitimation de la réaction, de l'impérialisme et du colonialisme, fondée sur les mêmes fausses conceptions héréditaristes que le racisme. Rappel qui pourrait avoir une fonction pédagogique, tant les principaux thèmes de l'argumentation stalinienne se retrouvent aujourd'hui, sans leur marque d'origine, dans le discours antieugéniste conventionnel.

2. L'argumentation traditionaliste/religieuse, à dominante catholique

L'argument fondamental de l'antieugénisme radical à fondement religieux (nous nous en tiendrons ici au christianisme, dans sa version catholique) est celui du *sacré* de la vie humaine. C'est la sacralisation, ou la sanctification, de la vie humaine qui fonde l'interdiction faite à l'homme d'intervenir dans le processus « naturel » de procréation.

Définition

Dans le *Petit dictionnaire philosophique* publié en 1955 par les Éditions en langues étrangères de Moscou, on peut lire à l'article « eugénique » :

« *Eugénique* (du grec *eŭ* — bien et *genos* — race). Pseudo-science bourgeoise qui propose des idées réactionnaires sur l'inégalité biologique et intellectuelle des hommes et des races humaines, due, prétend-on, à la différence de leur nature héréditaire immuable. Selon les eugénistes, l'inégalité biologique est la cause première et fondamentale de l'inégalité économique et sociale. L'eugénique vise à tromper les masses laborieuses et à camoufler les véritables raisons, sociales et économiques, de l'inégalité sous le capitalisme. Serviteurs fidèles des intérêts de classe de la bourgeoisie, les eugénistes affirment que si les masses travailleuses vivent dans la misère et la pauvreté, c'est parce qu'elles se composent d'individus "biologiquement déficients", "intellectuellement inférieurs", et non parce qu'elles sont férocement exploitées par les capitalistes. (...) L'eugénique a pour fondement la doctrine idéaliste du weismanisme — morganisme — mendélisme sur l'hérédité éternelle et immuable, sur le "plasma germinal" immortel qui existerait indépendamment de toute influence extérieure et intérieure du milieu matériel et se transmettrait de génération en génération. Partant de cette thèse antiscientifique, les eugénistes prétendent que le développement physique et intellectuel des hommes n'est pas fonction des conditions sociales de leur existence, mais qu'il est déterminé par l'hérédité. C'est aussi là le point de départ des théories sur les races "supérieures" et "inférieures", les races de "maîtres" et d'"esclaves", sur la supériorité des peuples blancs sur les peuples de couleur, des races aryenne et anglo-saxonne sur toutes les autres, etc. Aussi l'eugénique, dès son apparition, a-t-elle servi d'arme idéologique pour justifier la politique de conquête et d'asservissement des colonies, pour justifier les carnages impérialistes. Largement répandue dans l'Allemagne hitlérienne, elle est aujourd'hui énergiquement diffusée par les idéologues de la bourgeoisie réactionnaire. Pour "améliorer" la race humaine, les eugénistes préconisent des méthodes appliquées aux animaux : stérilisation forcée des éléments "inférieurs", fécondation artificielle des femmes, etc. (...) Le marxisme a depuis longtemps réfuté comme antiscientifiques et réactionnaires les tentatives de ramener à des phénomènes biologiques les faits sociaux qui possèdent leurs lois de développement spécifiques. L'homme, dans son développement physique et intellectuel, dépend entièrement de ses conditions sociales de vie. Seul le socialisme crée les prémisses nécessaires au développement harmonieux de l'homme. La doctrine mitchourinienne a battu en brèche les idées antiscientifiques de Weisman et de Morgan sur la nature de l'hérédité et a détruit ainsi la base théorique de l'eugénisme [6]. »

L'ordre naturel de la reproduction est en conséquence sacralisé, pour autant que le Créateur est le seul maître de la Création : maître de la vie, Dieu est maître de la procréation. L'impératif du respect de la vie humaine implique l'interdiction de l'avortement, lequel, considéré comme « un crime abominable », fait partie des délits visés par le cinquième Commandement (*« Tu ne commettras pas de meurtre »*, Exode, 20, 13) [7]. L'interdiction de l'avortement est inconditionnelle, pour autant que l'Église affirme qu'il y a vie proprement humaine *« dès le moment de la conception »*.

Il s'ensuit que l'avortement dit thérapeutique — ou motivé par une intention eugénique — est doublement défendu : en tant qu'avortement, et en tant que sélectif (impliquant une volonté de trier ou de choisir). Il s'ensuit aussi que sont interdites toutes les tentatives d'intervention sur le patrimoine génétique humain qui *« tendent à la production d'êtres humains sélectionnés selon le sexe ou d'autres qualités préétablies »*. C'est Dieu qui doit rester *« le souverain Maître »* : l'homicide volontaire, l'avortement, l'euthanasie et le suicide sont proscrits au même titre, en tant que manifestations diverses de l'exorbitante, et satanique, prétention de l'homme à se prendre pour Dieu, à s'attribuer les pouvoirs du « Maître de la vie ». De la sacralisation de la vie humaine dérive le commandement de non-intervention de l'homme, que ce soit pour faire naître (eugénique positive), pour empêcher de naître (eugénique négative/avortement), pour faire mourir (homicide volontaire, suicide) ou pour permettre de « mourir dans la dignité » (euthanasie). Il est significatif que ces actes, pourtant incomparables en leurs motivations comme en leurs finalités, soient assignés à la même catégorie, celle du non-respect de la vie humaine, et assimilés à l'un d'entre eux, le meurtre. C'est qu'ils incarnent tous une révolte contre la souveraineté de Dieu sur la vie humaine : les « *intendants* » se prennent pour les « *propriétaires* », tel est le scandale dont dérive le péché. Si donc le désir humain de maîtrise de la vie humaine est condamné, c'est parce que Dieu est le seul Maître de la vie. Illustrons par deux textes officiels de l'Église cette conception de la souveraineté divine :

— « *La vie humaine est sacrée parce que, dès son origine, elle comporte l'action créatrice de Dieu et demeure pour toujours dans une relation spéciale avec le Créateur, son unique fin. Dieu seul est le maître de la vie de son commencement à son terme : personne en aucune circonstance ne peut revendiquer pour soi le droit de détruire directement un être humain innocent.* »

— « *Dieu, Maître de la vie, a confié aux hommes le noble ministère de la vie, et l'homme doit s'en acquitter d'une manière digne de Lui. La vie doit donc être sauvegardée avec soin extrême dès la conception ; l'avortement et l'infanticide sont des crimes abominables.* »

La criminalisation de l'avortement ou de l'euthanasie s'étend à toutes les formes de l'intervention eugénique. C'est sur la base d'un tel antihumanisme théologique (théocentrique) que l'amalgame standardisé de l'eugénisme avec le racisme va être exploité, pour renforcer l'argumentation antieugéniste. Nous trouvons dans un texte de la Commission pontificale, « Justitia et Pax », publié en 1988, *L'Église face au racisme*[8], une frappante articulation de l'argumentation théologico-religieuse et de l'argumentation politico-morale dirigées contre toute forme d'eugénisme. Dans ce document, par ailleurs fort intéressant, l'ignorance continue d'épouser l'amalgame, sur les deux questions de l'eugénisme et du racisme, dans le cadre d'un mythe catastrophiste justifiant dénonciations approximatives et condamnations démonisantes.

A la fin de la première partie *(Les comportements racistes au cours de l'histoire)*, et après l'énoncé d'une grossière confusion, héritage d'un amalgame de propagande, entre Darwin, Gobineau et Hitler, le texte postule une continuité entre racisme et eugénisme, comme l'expression d'une communauté de nature, et suggère qu'ils conduisent l'un et l'autre au génocide : « *Au siècle suivant [XIXe siècle], on en vint à interpréter l'histoire des civilisations en termes biologiques, comme une compétition entre races fortes et races faibles, celles-ci étant génétiquement inférieures aux autres. (...) Gobineau se réclamait de Darwin* [sic] *et étendait aux sociétés et aux civilisations les thèses sur la sélection naturelle des espèces* [re-sic]. *(...) De telles thèses eurent un écho considérable* en Allemagne. *On sait que le* parti totalitaire national-socialiste *érigea l'idéologie raciste en fondement de son programme dément visant à l'élimination physique de ceux qu'il jugeait appartenir à des "races inférieures". Ce parti se rendit responsable de l'un des plus grands génocides de l'histoire. Cette folie meurtrière a frappé en premier lieu le peuple juif, dans des proportions inouïes, ainsi que d'autres peuples, comme les Gitans et les Tsiganes, ou encore des catégories de la population comme les personnes handicapées ou malades mentales. Du racisme à l'eugénisme, il n'y avait qu'un pas, qui fut vite franchi.* »

« *Du racisme à l'eugénisme* », le passage est, à suivre ce texte, susceptible d'être interprété de deux façons ; d'une part, comme mouvement du mauvais vers le pire ; d'autre part, comme passage à l'acte génocidaire, passage de l'idéologie à la pratique de l'extermination. L'eugénisme n'est pas expressément défini dans le document. Mais la définition suggérée par l'argumentation est que l'eugénisme consiste à éliminer physiquement les porteurs de « tares » au même titre que les représentants des « races inférieures » — après l'erreur, la confusion ordinaire. Bref, le texte suggère qu'eugénisme rime avec génocide.

Parmi « *les formes du racisme aujourd'hui* » (chapitre deux), le document finit par mentionner, après « *l'ethnocen-*

trisme », « le racisme social à l'égard des plus démunis », « la méfiance envers les immigrés » et *« l'antisémitisme tenace », « le racisme eugéniste »*. La criminalisation de l'eugénisme est ainsi achevée : racisme, génocide, exterminations nazies et eugénisme ne sont que les diverses manifestations d'une même perversion de l'esprit, d'une seule et même corruption de l'âme. Le document introduit l'étrange mixte répulsif, *« racisme eugéniste »*, comme l'une des menaces à venir, et le classe parmi les formes *« encore inconnues » (sic)* de racisme, liées aux biotechnologies appliquées à l'humain. Nous sommes pourtant ici en terrain connu, celui de la rhétorique catastrophiste consistant à dénoncer inalassablement les *« apprentis sorciers »*, à prophétiser les pires malheurs à l'horizon de la révolte prométhéenne ou faustienne des créatures osant se prendre pour des créateurs de la vie. Bien sûr, le danger *« inconnu »* ne peut être conçu qu'en tant que *« résurgence »* des exterminations nazies : *« La crainte diffuse que n'apparaissent de nouvelles formes, encore inconnues, de racisme, s'exprime parfois à propos de l'usage qui pourrait être fait des "techniques de la procréation artificielle", avec la fécondation* in vitro *et les possibilités de manipulation génétique. Bien que ces craintes relèvent encore en partie de l'hypothèse, elles n'en attirent pas moins l'attention de l'humanité sur une nouvelle dimension inquiétante du pouvoir de l'homme sur l'homme, et donc sur l'urgence d'une éthique correspondante. Il importe que le droit fixe au plus vite des barrières infranchissables, pour que ces techniques ne tombent pas aux mains de pouvoirs abusifs et irresponsables qui chercheraient à "produire" des êtres humains sélectionnés selon des critères de race ou d'autres particularités quelles qu'elles soient. On assisterait alors à la résurgence du mythe mortel du* racisme eugéniste, *dont le monde a déjà expérimenté les méfaits. »*

Cette dénonciation d'un eugénisme positif caricatural, disons de science-fiction, s'accompagne d'une appel pressant à légiférer pour prévenir l'apparition du « pire », non sans inconséquence : si, en effet, un nouvel Hitler surgissait, nulle « barrière infranchissable » de type juridique ne lui résisterait... Mais, en attendant d'être allègrement renversées, lesdites barrières empêcheraient les scientifiques « normaux » (car tous ne sont pas, virtuellement ou non, des « savants fous » !) de travailler, d'expérimenter, etc. Effet pervers de la volonté immodérée de tout réglementer, laquelle suppose le désir de sécurité à tout prix : la recherche ne peut être qu'une aventure dangereuse, les interventions biomédicales sont d'emblée suspectes. Dans cette perspective sécuritaire, l'interdit dérive de l'impossibilité de prévoir l'imprévisible, l'« abus » dérive nécessairement de l'« incontrôlé », lequel conduit inévitablement à des « conséquences imprévisibles et dangereuses »...

Au nom d'une menace inconnue et d'un danger fictif, relevant de la littérature mi-prospective mi-fantastique *(Frankenstein* !), c'est l'ensemble des biotechnologies appliquées à l'homme qui sont suspectées, voire criminalisées. Pour légitimer ses craintes, le document cite un texte pratiquant lui aussi l'amalgame : *« Les nouvelles possibilités technologiques, qui se sont ouvertes dans le champ de la biomédecine, appellent l'intervention des autorités politiques et du législateur, car un recours incontrôlé à ces techniques pourrait conduire à des conséquences imprévisibles et dangereuses pour la société civile. La référence à la conscience de chacun et à l'autodiscipline des chercheurs ne peut suffire au respect des droits personnels et de l'ordre public. Si le législateur, responsable du bien commun, manquait de vigilance, il pourrait être dépouillé de ses prérogatives par des chercheurs qui prétendraient gouverner l'humanité au nom des découvertes biologiques et des prétendus processus d'"amélioration" qui en dériveraient. L'"eugénisme" et les discriminations entre les êtres humains pourraient s'en trouver légitimés : ce qui constituerait une violence et une atteinte grave à l'égalité, à la dignité et aux droits fondamentaux de la personne humaine. »*

Quant à l'eugénisme négatif (évitement de la transmission des « tares », défauts et maladies héréditaires), il fait l'objet d'une même condamnation, au nom du sacré de la vie, impliquant le rejet inconditionnel de l'avortement comme de tout choix humain fondé sur la qualité de la vie transmise. Comme pour faciliter la réception du message, le document met sur le même plan eugénique négative, exclusion sociale et discrimination

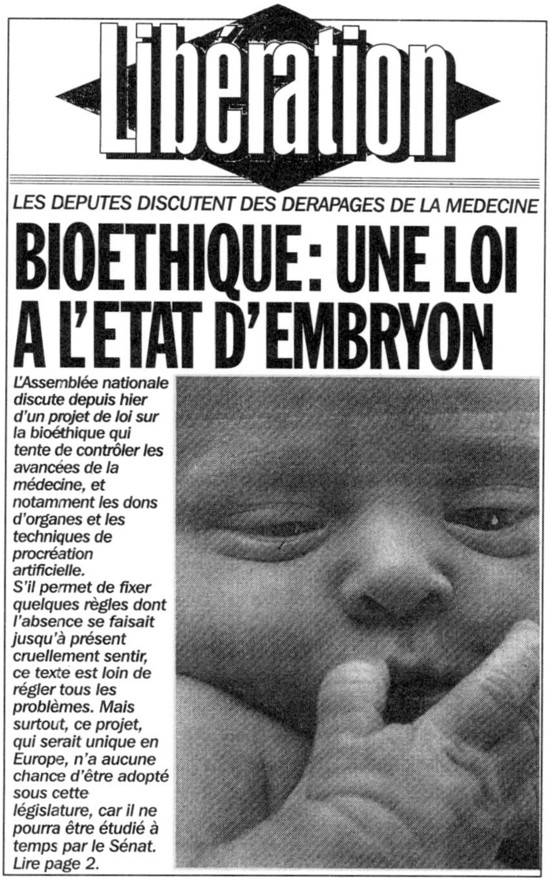

Libération

LES DEPUTES DISCUTENT DES DERAPAGES DE LA MEDECINE

BIOETHIQUE : UNE LOI A L'ETAT D'EMBRYON

L'Assemblée nationale discute depuis hier d'un projet de loi sur la bioéthique qui tente de contrôler les avancées de la médecine, et notamment les dons d'organes et les techniques de procréation artificielle. S'il permet de fixer quelques règles dont l'absence se faisait jusqu'à présent cruellement sentir, ce texte est loin de régler tous les problèmes. Mais surtout, ce projet, qui serait unique en Europe, n'a aucune chance d'être adopté sous cette législature, car il ne pourra être étudié à temps par le Sénat. Lire page 2.

Libération, 20 novembre 1993

ethnique, jusqu'à laisser entendre que l'avortement thérapeutique trouve sa vérité dans un plan de sélection sociale ou raciale des enfants à naître : « *Il y aurait un abus similaire à empêcher la venue au monde d'êtres humains de telle ou telle catégorie sociale ou ethnique par des campagnes d'avortement et de stérilisation. Là où disparaît le respect absolu dû à la vie et à sa transmission selon les dispositions du Créateur, il est à craindre que disparaisse aussi tout frein moral au pouvoir des hommes, y compris celui de façonner une humanité à l'image dérisoire de ces apprentis sorciers.* »

Ce que l'Église condamne en fait absolument, à travers ces rapprochements, ces analogies et ces assimilations entre eugénisme et racisme (discriminations, exterminations), c'est la prétention humaine d'intervenir directement dans le processus de procréation. L'homme irrespectueux, doté d'un pouvoir biotechnologique, ose ne plus rester à sa place de créature, il se prend même pour le Créateur, transformant le processus de transmission de la vie en production ou fabrication du vivant selon ses désirs ou ses préférences. Face à cette présomption artificialiste trop humaine, il faut restaurer le sacré de la vie, son caractère de donné naturel intouchable. D'où l'appel aux lois, qui « *peuvent contribuer à sauvegarder les applications essentielles de la morale* », laquelle découle des « *convictions profondes sur la dignité de toute personne humaine et l'unité de la famille humaine* ». Mais le dernier mot ne sera pas proféré par les juristes « antiracistes ». Car les lois « *ne suffisent pas à changer le cœur de l'homme* ». Il n'est toujours point de salut hors de l'Église, et les juristes moralistes doivent encore faire un effort : « *Il est temps d'écouter le message de l'Église qui structure les convictions et qui les fonde.* » Il reste ainsi aux esprits humanitaires et antiracistes conséquents, soucieux de ne plus se satisfaire de convictions morales destructurées et infondées, à lire les deux dernières parties du document.

3. L'argumentation néo-fondamentaliste : l'intégralisme génomique

L'impératif catégorique se reformule, dans ce cas, comme suit : agis de telle sorte que la maîtrise humaine du vivant ne conduise pas à une modification du patrimoine génétique humain. Cet impératif implique une limite absolue, fixée *a priori* au projet moderne — de type cartésien — de maîtrise rationnelle de la nature en vue de l'« améliorer », selon tel ou tel critère, pour le « bien » (à définir) de l'homme. Cette reformulation de l'impératif catégorique suppose la substitution du patrimoine génétique humain à la personne humaine, en tant qu'objet du pur respect, d'un respect inconditionnel déterminant l'intention morale. Cet « intégralisme » génomique peut certes prendre l'allure d'un « intégrisme » du génome humain en tant que substrat de la « *vie humaine* » intrinsèquement « *sacrée* ». Mais sa défense et sa fondation peuvent s'opérer hors de toute référence explicite à une vision théologico-religieuse. C'est pouquoi nous caractériserons cet intégralisme génomique comme un *néo-fondamentalisme*, qui récuse la conception faustienne de l'humanisme moderne en lui opposant un humanitarisme à la fois anti-moderne (par son inspiration traditionaliste/religieuse) et postmoderne (par sa justification au nom des « droits de l'homme », d'un homme sans appartenance, réduit à l'espèce humaine, celle-ci étant à son tour réduite à son génome). Au sens strict du terme, il s'agit d'une variante biologisante du conservatisme absolu : l'interdit de modifier implique l'obligation inconditionnelle de préserver, de conserver, de défendre. Le patrimoine génétique humain est ainsi doté du droit inaliénable à demeurer lui-même. Il convient de s'interroger sur les fondements philosophiques d'une telle conception, laquelle paraît n'être jamais énoncée que dogmatiquement, et sous une forme polémique (on dénonce volontiers la « volonté de maîtrise », par le calcul et la technique, de la nature, et en particulier de la nature humaine ; ou l'on dénonce le désir de réduire la reproduction à une production, selon la « logique productiviste », etc. ; ces clichés sont bien connus).

Pour illustrer ce type d'argumentation anti-eugéniste, l'on peut par exemple se référer au rapport de Noëlle Lenoir, *Aux frontières de la vie*. Abordant les *« aspects éthiques des thérapies géniques »*, Noëlle Lenoir commence par distinguer clairement *« ce qui est permis »* et *« ce qui ne l'est pas »* : la thérapie génique somatique *« est autorisée avec réserves et prudence »*, et la thérapie génique germinale *« est condamnée »*[9]. Si la thérapie germinale, qui implique la modification des cellules germinales, en vue d'enrayer la transmission d'une maladie génétique, est condamnée, ce n'est pas tant en raison de ce que cette technique est jugée par nombre de scientifiques comme actuellement dépourvue d'indication, que parce qu'elle porterait *« atteinte à l'intégrité du patrimoine génétique humain »*. Noëlle Lenoir précise : *« On n'a pas le droit de prendre le risque, fût-ce pour des motifs thérapeutiques, de modifier l'homme, valeur inestimable en soi, voire de transformer le genre humain. »* Dans ses « Propositions pour la France », Noëlle Lenoir énonce qu'*« il est un principe (...) fondamental que la loi devrait aujourd'hui affirmer : (...) celui de la protection du patrimoine génétique humain »*. A ce point de la lecture, l'on ne sait toujours pas *pourquoi*, pour quelles raisons, il faut absolument respecter un tel principe fondamental. Une première raison est alors avancée : *« Pour la première fois, l'homme peut (...) transformer son identité, celle des générations présentes comme celle des générations futures. Pour que ce pouvoir ne puisse servir à créer des monstres — surhommes ou sous-hommes — il faut poser en principe que le genre humain est en soi une valeur. »*

Les gènes défectueux font-ils partie de la valeur patrimoniale du génome humain ? Faut-il inscrire dans les droits de l'homme le droit à l'inviolabilité des gènes défectueux ?

La question rebondit alors : les gènes défectueux font-ils partie de la valeur patrimoniale du génome humain ? Faut-il inscrire dans les droits de l'homme le droit à l'inviolabilité des gènes défectueux ? La volonté d'éradiquer les maladies génétiques, par exemple — tâche que peut aujourd'hui s'assigner la biomédecine —, est-elle réductible à la volonté de créer des monstres, des sous-hommes (esclaves génétiquement programmés) ou des surhommes, ou simplement des « monstres » de santé ? La question est brouillée, voire verrouillée, par une opération rhétorique, la transposition de l'individu-personne à l'humanité saisie en la « personne » de son patrimoine génétique. Il est clair qu'ici l'on ne fait que transférer le principe de dignité infinie de la personne humaine, pour aboutir à la singulière idée d'une *« dignité du patrimoine génétique de l'humanité »*. L'analogie et la transposition métaphorique tiennent lieu de pensée, et font surgir la notion confuse d'un « personnalisme » biologique, monstre spéculatif. Noëlle Lenoir marque d'ailleurs un significatif mouvement de recul, sans conséquence observable néanmoins sur son raisonnement, face à l'idée de créer un *« droit à un patrimoine génétique inaltéré » : « Cette affirmation,* écrit-elle, *serait du reste absurde puisque déjà des facteurs d'environnement, et nombre de traitements (la chimiothérapie, par exemple) entraînent sans cesse des mutations génétiques* ». Bref, le patrimoine génétique ne saurait être considéré comme un trésor invariable, toujours immuable, rebelle à toute évolution...

Il faut s'interroger, de façon plus générale, sur l'appel à *« respecter la nature »*, qu'on rencontre aussi bien dans le néo-fondamentalisme génomique que dans l'écologie « profonde »[10]. Que faut-il respecter ? La question se pose, pour autant que, dans la « nature » ou le génome humain, le « pire » côtoie le « meilleur ». Cette question est immédiatement écartée par les défenseurs du respect intégral et absolu, au moyen d'un argument antihumaniste classique : le « pire » et le « meilleur » ne sont définissables que par rapport à l'homme, à ses besoins, ses intérêts ou ses passions, leur détermination est toujours entachée d'anthropocentrisme. Dès lors, dans l'impossibilité de définir de façon non anthropocentrique le « pire » et le « meilleur », on conclut qu'il faut respecter l'intégrité de ce qui est (la « nature », le génome humain), et que le pire revient à rechercher le « meilleur », voire à s'efforcer d'éviter le « pire ».

Un argument d'appoint vient ici se greffer sur la critique de l'humanisme : l'idée que la distinction entre « santé » et « maladie » est insaisissable, indéfinissable, voire fictive. La relativisation légitime des catégories de « normal », de « sain » et de « pathologique » se corrompt ainsi en un relativisme radical qui consiste, soit à mettre sur le même plan la « santé » et la « maladie » (il s'ensuit que la maladie, résolument « réhabilitée », n'est plus le « malheur » qu'on croyait), soit à ériger la maladie en expérience humaine privilégiée, en épreuve valant comme exercice spirituel ou occasion de préparer, voire d'assurer, son salut (la maladie ainsi sublimée se transforme en bonheur, ou en promesse de bonheur). Dans les deux cas, il est clair que la volonté de soigner et de guérir est disqualifiée, qu'elle soit rejetée comme dénuée de sens (au nom du droit à la différence de tous les états, dits « normaux » ou « pathologiques », vécus par l'homme), ou condamnée comme contraire à la dignité humaine (voire comme obstacle au salut de l'âme).

Les adeptes de la religion de l'« intouchabilité » (selon l'expression de François Dagognet) récusent donc le principe même d'un (re-)modelage de la nature humaine soit sur la base d'un antihumanisme déconstructeur, soit sur celle d'un relativisme radical, soit par référence à une combinaison de ces deux positions métaphysiques. Mais il faut noter enfin que l'impératif « philogénomique » comporte une présupposition qui n'a aucune justification scientifique : le traitement du génome humain comme une entité substantielle stable, dotée d'une identité de quasi-sujet personnel et d'une dignité infinie.

Cette vision fixiste du génome humain, en tant que substance-sujet invariable, n'est pas fondée sur le savoir biologique. Elle est pourtant présupposée par l'argumentation anti-eugéniste de certains biologistes contemporains, qui paraissent y trouver un article de foi, en l'absence de toute foi religieuse. C'est reconnaître la religiosité implicite de la position de rejet absolu de l'eugénisme, pour autant qu'il implique une modification du patrimoine génétique humain. Métaphysique minimale ou article de foi des non-croyants, qui retrouvent une quasi-transcendance ou une absoluité substitutive dans le génome humain, intouchable par l'humain, interdit d'accès à l'homme. Le sacré se redéfinit à partir de l'« inacceptable », et permet, en l'absence d'une commune dogmatique religieuse, de trouver un consensus de base. C'est le « message » lancé par de nombreux « sages » contemporains. On en trouve une version modérée et relativiste dans une récente déclaration du professeur Jean Dausset (prix Nobel), président du Mouvement universel de la responsabilité scientifique, lequel propose d'ajouter un nouveau droit à la Déclaration universelle des droits de l'homme, « le droit le plus sacré, le droit à la vie »[11] : *« L'homme doit poursuivre sans relâche la quête des connaissances qui l'a fait ce qu'il est,* homo sapiens sapiens, *encore faut-il que ces découvertes ne soient utilisées qu'au bénéfice de l'homme et non à son détriment. La génétique moléculaire, nouvelle venue, doit à ce propos être exemplaire, et des barrières doivent, par avance, être dressées entre l'acceptable et l'inacceptable. Elle a déjà apporté et apportera encore davantage demain à la lutte contre de nombreuses maladies héréditaires, voire à leur guérison. Mais la maîtrise de la vie ne doit pas conduire,* tout au moins dans l'état actuel de nos connaissances *[je souligne, P.-A.T.], à modifier le patrimoine génétique de l'humanité. C'est là l'inacceptable.* »

Cette déclaration de Jean Dausset met en œuvre deux argumentations distinctes, et, à bien des égards, incompatibles : d'une part, l'éminent scientifique pose de façon rationnelle et dans une perspective relativiste la question des limites entre l'acceptable et l'inacceptable, en évitant toute absolutisation de la frontière actuellement désignée (en référence expresse à *« l'état actuel de nos connaissances »*) ; d'autre part, il semble placer la détermination de la limite sur le terrain du *« sacré »*, et retrouve l'absolu dans le culte néo-religieux des « droits de l'homme », lequel est certes le moyen le plus sûr de réaliser un *« large consensus »* éthique et métapolitique. Mais ce consensus de type humanitariste n'est-il pas illusoire, en l'absence d'un fondement théologico-religieux ? Quelle que soit la réponse à une telle question, il est remarquable que Jean Dausset ne ferme pas définitivement la porte, face à d'éventuelles tentatives futures de modification du patrimoine génétique humain. En ne séparant pas la définition des normes de l'état historique du savoir scientifique, il ne suit pas ceux qui, hors du champ religieux, s'efforcent de refonder des interdits absolus de type religieux. Il n'est guère difficile de repérer où se situe la cohérence. En l'absence d'une fondation théologique (Dieu seul Maître de la vie humaine), il ne reste plus, à la disposition des antieugénistes inconditionnels, que de provoquer l'imaginaire en recourant à l'argument répulsif du risque d'une fabrication future de monstres, de parahumains ou de post-humains de type transgénétique. C'est la science-fiction et le fantastique qui interviennent dans l'argumentation, faute de raisons. Mais, paradoxalement, il ne s'agit plus au sens strict d'eugénisme. En témoigne cet éclaircissement fourni par Noëlle Lenoir : *« Fondé sur la dignité de l'Homme, le principe de la protection du patrimoine génétique humain implique l'interdiction de créer une autre espèce, à partir de l'être humain existant : ni chimères, ni clones, ni êtres hybrides* [12]. »

Il reste qu'à suivre cette voie argumentative, c'est le fantasme, la crainte et le tremblement qui interviennent dans le raisonnement bioéthique. S'agit-il de chasser, par des interdits, d'immémoriaux cauchemars ? de conjurer la menace d'un totalitarisme biocratique par la récitation des droits de l'homme, ou leur extension indéfinie ? Le pathétique ne se distingue plus ici du dérisoire. C'est alors qu'intervient un argument codifié d'apparence logique, fondé sur l'imprévisilité des effets, et renvoyant à la prudentielle position non interventionniste dérivée de la théorie des effets pervers : *« Ce même principe peut d'ailleurs être interprété comme excluant, en l'état de la science, toute modification héréditaire du patrimoine génétique de l'homme, autrement dit toute thérapie germinale, eu égard à l'impossibilité de prévoir les conséquences qu'aurait, à la naissance de l'enfant, ce type de traitement* [13]. »

Autant condamner rétrospectivement les pratiques hygiénistes ou les campagnes massives de vaccination pour les effets pervers, de surpopulation et de misère, qu'elles ont engendrés... Condamnera-t-on la médecine fœtale et infantile en raison du *« risque accru de diffusion des tares héréditaires chaque fois que les enfants porteurs de ces tares sont heureusement sauvés de la mort »* [14] ?

Pour aller jusqu'au bout de sa logique, le néo-fondamentalisme génétique devrait mettre en question l'exercice même de la médecine, suspecte de vouloir corriger la nature, et de violer le principe sacré du « laisser faire »/« laisser être ».

Cette dernière question, provocatrice, montre qu'une interprétation eugénique de l'intégralisme génomique est possible ; car sauver des enfants porteurs de déficiences génétiquement transmissibles, les sauver par la biomédecine, c'est faire de futurs procréateurs qui, sauf à les soumettre à un contrôle rigoureux, modifieront par leur descendance le génome humain dans un sens eugéniquement indésirable. Dans ce cas, le souci thérapeutique s'oppose à la fois à une préoccupation eugénique et au principe de non-intervention dans le patrimoine génétique humain. Pour aller jusqu'au bout de sa logique, le néo-fondamentalisme génétique devrait mettre en question l'exercice même de la médecine, suspecte de vouloir corriger la nature, et de violer le principe sacré du « laisser faire »/« laisser être ».

Supposons, avec H. Tristram Engelhardt, que la médecine soit *« l'art de remodeler l'homme, non pas selon l'image qu'en propose la nature, mais selon sa propre image : la médecine fonctionne d'après l'idée implicite de ce que l'homme devrait être »* [15]. La médecine, en ce sens, implique une conception normative de la nature humaine, laquelle se redéfinit comme la réalisation indéfinie d'un idéal régulateur constitué de « biens » ou de valeurs en soi (santé, longévité, etc.). Afin de réaliser ces valeurs, la médecine répare ou remplace : l'humanité se détermine comme l'espèce capable d'autoréparation, apte à réaliser sa propre déconstruction/reconstruction. Il s'ensuit que l'idéal médical contient l'idéal d'un remodelage indéfini de la nature de l'homme, n'excluant nullement l'intervention sur le génome (à titre de possibilité technologique désormais concevable). A suivre Hans Jonas, c'est là le *« meurtre essentiel »* [16] : *« L'homme lui-même est désormais, par la biomédecine, ajouté aux objets de la technologie.* L'Homo faber *se tourne ainsi vers lui-même et se prépare à remodeler celui qui a modelé tout le reste* [17]. » L'autotransformation de l'homme est, en conséquence, pensée comme un viol et une violation, le remodelage de soi est dénoncé comme un crime rendu possible par l'objectivation scientifique de la nature, qui la transforme en matière première manipulable : *« Il n'y a pas d'intégrité violable dans une nature conçue en termes exclusivement scientifiques* [18]. »

La connaissance biologique, et la génétique moléculaire en particulier, par les processus d'objectivation qu'elle met en jeu, démystifie le « naturel », et désacralise la « vie ». Cette désacralisation du regard ne fait pas scandale tant qu'elle ne se prolonge pas sur le mode d'une intervention biomédicale susceptible de modifier le génome humain. Tel est le « sacrilège » pour les adeptes de la néo-religion du génome intouchable. Or, la réalisation technique de l'idéal médical d'éradication des maladies et anomalies transmissibles — dans la mesure du possible — implique d'intervenir sur le génome. Refuser une telle intervention, c'est « respecter » la transmission fatale des fléaux héréditaires, c'est se rendre complice de la répétition indéfinie des souffrances humaines, alors même qu'il serait possible d'y remédier partiellement. Les partisans de la sanctuarisation du génome humain, à travers leur rhétorique accusatoire *(« apprentis sorciers », « se prendre pour le Créateur »* ou *« jouer à la divinité »),* expriment à la fois leur peur panique de l'inconnu (les « effets d'engrenage ») et leur terreur à l'idée de commettre un sacrilège. Le généticien Charles Susanne répliquait à ces nouveaux obscurantistes par une question : le biologiste *« ne deviendrait-il pas "meilleur que Dieu" puisqu'il se permettrait de guérir ces maladies congénitales qui, "spontanément", apparaissent à chaque génération ? »* [19].

Visant les mêmes objecteurs, dans la deuxième édition, revue et augmentée, de son livre *La puissance et la fragilité* (1re éd., 1972 ; 2e éd., 1990), Jean Hamburger, abordant la question de l'intervention sur le patrimoine génétique humain, n'hésitait pas à écrire, récusant d'emblée toute bioéthique fondée sur la « peur » (cf. Hans Jonas) et la sanctuarisation du génome humain : *« La peur irraisonnée de toute application à l'homme des progrès de la génétique n'est pas sans grave inconvénient. Elle risque de faire obstacle à la guérison possible de maladies héréditaires, qui font encore aujourd'hui mourir tant d'enfants. On connaît, en effet, de mieux en mieux (...) les gènes anormaux ou absents qui provoquent les maladies héréditaires. (...) La plupart de ces maladies sont très graves, entraînant des souffrances multiples et tuant l'enfant avant sa vingtième année. Aucun traitement traditionnel ne peut les guérir. Or, il n'est plus théoriquement impossible d'envisager le remplacement des gènes anormaux ou absents par des gènes normaux. (...) La thérapie génétique pourra sans doute demain transformer le destin cruel d'innombrables enfants. »*

3. De l'interdit au sacrilège : la religiosité clandestine

L'interdit absolu de modifier le patrimoine génétique humain ne peut se justifier. Il en va de même pour la condamnation totale de l'avortement : elle suppose la référence à une morale dogmatique comportant le commandement « Tu ne tueras point », *qu'on applique inconditionnellement à l'embryon humain défini comme une personne dès l'instant de la conception.*

Face à la tentative contemporaine de *resacralisation* de la vie, à travers l'interdit absolu de « toucher » au patrimoine génétique humain, et ce dans un contexte non religieux, il est difficile de ne pas percevoir une abyssale absence de fondement théologique. Le traditionalisme éthico-religieux donne seul une cohérence à ce type d'argumentation antieugéniste radicale, fondée sur l'intouchabilité du génome humain : dès lors que l'on accepte le principe d'une *intervention humaine* dans le processus de procréation, et que l'on *dissocie* par là un certain nombre de fonctions (sexualité, procréation, mariage, amour-passion, etc.), l'interdit absolu de modifier le patrimoine génétique humain ne peut se justifier. Il en va de même pour la condamnation totale de l'avortement : elle suppose la référence à une morale dogmatique comportant le commandement *« Tu ne tueras point »,* qu'on applique inconditionnellement à l'embryon humain défini comme une personne dès l'instant de la conception. Seul le caractère *sacré* de la vie peut chasser le puissant souci de la *qualité* de la vie [20], et faire accepter inconditionnellement à un couple un enfant atteint d'une maladie génétique actuellement non curable ou d'une anomalie grave, alors même qu'un diagnostic prénatal lui permettrait d'en éviter la venue au monde. Et pourtant, la fatalité du malheur a ses partisans, et la « vallée de larmes » ses apologètes. Le salut de l'âme chasse le souci du bonheur ici-bas, la promesse du bonheur éternel a, seule, force d'effacer le souci du bien des générations futures. Une fois de plus, le champ du possible risque d'être sacrifié à des fictions d'éternité.

Les nouveaux exorcistes offrent leurs malédictions, et insinuent que la voie du salut est celle de l'abstinence cognitive et technique. Un raisonnement fondamental est présupposé par un tel programme : il est dangereux de viser le meilleur ; on ne peut, et l'on ne doit, que vouloir éviter le pire ; or, le pire, c'est la quête du meilleur, et ce qu'elle engendre. Il faut donc contrôler d'urgence, mais l'idéal serait de tout arrêter. En commençant par la recherche scientifique.

A ce rêve de contrôle total, fondé sur le désir d'enchaîner le savoir et les techniques, nous répondrons avec Benno Müller-Hill : *« Il y a ceux qui voudraient tout simplement contrôler la science fondamentale. Contrôler le prévisible est facile ; les dangers prévisibles sont contrôlés par les règlements et les lois. Mais les résultats de la recherche fondamentale ne sont pas prévisibles. Seul ce qui est déjà compris est prévisible. Quiconque souhaite contrôler ce qui n'est pas encore compris doit contrôler tout le monde et chaque chose. Je ne fais pas confiance à ceux qui préconisent de telles mesures. Les ancêtres spirituels de tous les gens de cette espèce ont fait couler trop de sang* [21]. »

Il est bien sûr inévitable de s'interroger sur les manifestations d'une barbarie instruite dans le monde désenchanté, mais toujours en passe d'être réenchanté, qui est le nôtre. L'offre du réenchantement précède la demande, laquelle est toujours satisfaite. Les entrepreneurs en nourritures symboliques ne manquent pas. Cependant, le mélange d'une fuite devant l'histoire — y compris celle des sciences et des techniques —, de la peur de la liberté et de la resacralisation de l'ordre naturel — sous la figure, par exemple, du patrimoine génétique humain « sanctuarisé » — nous paraît à moyen terme plus réellement dangereux qu'une improbable prise du pouvoir politique par des généticiens scientistes convertis à la sombre religion faustienne, laquelle a de grandes chances de rester à jamais une fiction littéraire. Tandis qu'il est hautement probable que le besoin de vivre selon un système symbolique cohérent, qui est un propre de l'homme, ne cessera de se fixer sur de nouvelles formes culturelles. Si la religion est *« une technologie pour maîtriser le risque »* [22] ou un *« bouclier contre la terreur »* [23], alors la demande d'une législation encadrant et contrôlant rigoureusement la recherche scientifique autant que les applications de celle-ci s'avère une demande religieuse. D'une religiosité non reconnue, et qu'il faut reconnaître. Le moins qu'on puisse exiger des partisans d'une *« maîtrise de la maîtrise »*, de ceux qui se réclament d'un *« humanisme laïc »*, c'est la conscience de la profonde religiosité de leur combat pour surveiller, limiter et punir. A cette *« fureur d'esprit contre l'esprit »* [24] de trouver son dogme. L'idolâtrie du génome humain paraît être la première manifestation d'une néoreligion en cours de formation.

Pierre-André TAGUIEFF

---

1. *Voir : Noëlle Lenoir (dir.)* Aux frontières de la vie, *tome II :* Paroles d'éthique, *Paris, La Documentation Française, décembre 1991, p. 374.*
2. *Voir : P.-A. Taguieff, « Sur l'eugénisme : du fantasme au débat »,* Pouvoirs, *n° 56, janvier 1991, p. 23-64.*
3. *Gilbert Hottois, « Esquisse philosophique d'un critère »,* in La responsabilité éthique..., op. cit., *p. 255.*
4. *G. Hottois,* Pour une éthique dans un univers technicien, *Bruxelles, Éditions de l'Université de Bruxelles, 1984.*
5. *Voir : Charles Frankel, « Le spectre de l'eugénisme »,* Dialogue, *vol. 7, n° 2, 1976, p. 67-68 (sur l'usage antieugéniste, de type sophistique, du thème de la « pente glissante »).*
6. Petit dictionnaire philosophique *(sous la direction de M. Rosentahl et P. Ioudine), Moscou, Éditions en langues étrangères, 1955, p. 196-197. Voir aussi p. 391-392, 634-635.*
7. *Pour les citations qui suivent, voir :* Catéchisme de l'Église catholique, *Paris, Mame/Plon, novembre 1992, p. 462 à 467 (le* Catéchisme *cite de nombreux textes sur chaque question).*
8. *Pour les citations qui suivent, voir : Commission pontificale « Justitia et Pax » (président : cardinal Etchegaray),* L'Église face au racisme. Pour une société plus fraternelle, *Cité du Vatican, novembre 1988, §§ 6, 7, 16 (ou :* ibid., *Paris, Éditions du Cerf, 1989).*
9. *Pour les citations qui suivent, voir : Noëlle Lenoir,* Aux frontières de la vie, *tome I :* Une éthique biomédicale à la française, *Paris, La Documentation Française, 1991, p. 78-81.*
10. *Sur « la religion de "l'intouchabilité" », voir les analyses fortes de François Dagognet :* Le vivant, *Paris, Bordas, 1988, p. 155 sq.;* La maîtrise du vivant, *Paris, Hachette, 1988, p. 40 sq., 175 sq. (sur la « sacralisation de la nature » et la croisade naturaliste contemporaine).*
11. *Jean Dausset, « Message », in François Gros, Gérard Huber (dir.),* Vers un antidestin ? Patrimoine génétique et droits de l'humanité, *Paris, Éditions Odile Jacob, 1992, p. 33.*
12. *N. Lenoir,* op. cit., *1991, p. 81-82.*
13. Ibid., *p. 82.*
14. *Jean Hamburger, « Sauver l'espèce »,* Le Monde, *31 octobre 1991, p. 2.*
15. *H. Tristram Engelhardt, Jr., « The Philosophy of Medicine : A New Endeavor »,* Texas Reports on Biology and Medicine, *vol. 31, n° 3, automne 1973, p. 445.*
16. *Voir : Hans Jonas,* Le principe de responsabilité. Une éthique pour la civilisation technologique *(1979), tr. fr. Jean Greisch, Paris, Les Éditions du Cerf, 1990, notamment p. 38 sq., 61 sq.*
17. *H. Jonas, « Contemporary Problems in Ethics from a Jewish Perspective » (1968),* in Philosophical Essays : From Ancient Creed to Technological Man, *Prentice-Hall Inc. : Englewood Cliffs, New Jersey, 1974, p. 168 ;* id., op. cit., *1990, p. 38, 42.*
18. *H. Jonas,* art. cit., *1974, p. 173.*
19. *Charles Susanne, « Implications eugéniques de la génétique moderne », in Ch. Susanne (dir.),* Les manipulations génétiques. Jusqu'où aller ?, *Bruxelles, De Boeck-Wesmael, 1990, p. 205.*
20. *Sur le dilemme du* sacré *et de la* qualité *de la vie, voir : P.-A. Taguieff, « L'eugénisme, objet de phobie idéologique »,* Esprit, *novembre 1989, p. 99 sq.*
21. *Benno Müller-Hill, « La génétique après Auschwitz »,* Les Temps Modernes, *44e année, février 1989, n° 511, [p. 52-85], p. 82.*
22. *Voir : Mary Douglas,* Naturals Symbols : Explorations in Cosmology, *New York, Pantheon Books, 1970, p. 50 et 126.*
23. *Peter L. Berger,* La religion dans la conscience moderne. Essai d'analyse culturelle *[1967], tr. fr. J. Feisthauer, Paris, Éditions du Centurion, 1971, p. 51 sq.*
24. *Alain, art. « Fanatisme »,* in Définitions, *dans :* Les Arts et les Dieux..., *Paris, Bibliothèque de la Pléiade, 1970, p. 1895.*

C'est sur une laïcisation juridique, politique et morale qu'a été fondé le progrès de l'homme

Le citoyen devant les interdits

par Jean-Robert Ragache

Ancien grand maître du Grand Orient de France, Jean-Robert Ragache se demande : « N'est-il pas temps de faire régner une liberté de conscience fondant une éthique individuelle et une morale collective et de refuser des dogmes et des interdits qui conduisent à une moralisation normative ? »

Comment inciter une population à se brosser énergiquement les dents afin d'éviter caries, gingivites et autres ennuis stomatologiques ? La première solution consiste à présenter sous forme de dessin animé le malheureux négligent perdant ses ivoires avec le bruit sec d'une vaisselle brisée par maladresse. La seconde présente la vision des têtes d'un couple sans cesse rapprochées sous le prétexte d'une haleine parfumée incitative à un raccourcissement des distances.

Quelle image croyez-vous être la plus efficace ? Celle qui évoque l'enfer de la perte de l'intégrité physique ou celle qui annonce l'aube des temps nouveaux du rapprochement des êtres ? Entre la perdition destructrice et le salut positif, certains diraient permissif, les publicitaires ont tranché. Une incitation ne peut plus être fondée sur une vision négative de l'existence mais sur un appel à l'épanouissement. Est-ce l'esprit de jouissance dénoncé par le régime d'ordre moral qui sévissait dans notre pays entre 1940 et 1944, qui l'emporte, ou la volonté de montrer l'aspect agréable de l'existence dans un hédonisme contemporain d'une crise de la signification et de la norme ?

Au nom d'une règle préétablie, l'opprobre couvre depuis toujours la tentative de maîtrise de la reproduction, depuis l'acte du malheureux Onan se refusant à donner une descendance à la veuve de son frère que la loi l'a contraint à épouser. C'est le premier exemple d'une condamnation de la maîtrise de soi.

Notre XXe siècle finissant nous offre à la fois la vision collective d'un millénarisme angoissant et une recherche individuelle du bonheur. L'individualisme, maintes fois dénoncé, l'emporte certes aujourd'hui, mais jamais sans doute le sentiment d'une appartenance planétaire et d'un destin commun, n'a été aussi fortement ressenti. Et ceci, au terme, provisoire, d'une histoire marquée par la réflexion de l'homme sur lui-même, progressivement détachée de toute référence transcendante. L'homme, acteur politique, c'est-à-dire citoyen, acteur économique c'est-à-dire producteur, acteur social, se définissait par son rôle. Restait à définir sa réalité, non pas de créature, mais d'être vivant à la longue évolution. C'était l'objet d'une recherche contemporaine nécessaire au moment où l'homme affirmait son autonomie ontologique. Curieusement, la science nous ramène de la conscience d'être humain à la conscience d'être vivant, c'est-à-dire devant assumer sa réalité biologique de la naissance à la mort, hors de toute normalisation sociale. Quelle liberté avec tous les problèmes de choix et de limites qu'elle suppose ! Une liberté de recherche qui implique le respect de l'individu, le respect de la connaissance et la responsabilité du chercheur mais aussi de la collectivité. Face à ce qui peut être considéré comme progrès de la compréhension, certains dénoncent une régression morale d'une humanité tournée vers la recherche de la facilité et du plaisir égoïste. Dans ce cadre mental et au nom d'une règle préétablie, l'opprobre couvre depuis toujours la tentative de maîtrise de la reproduction, depuis l'acte du malheureux Onan se refusant à donner une descendance à la veuve de son frère que la loi l'a contraint à épouser. C'est le premier exemple d'une condamnation de la maîtrise de soi et de la raison au nom de la nécessité reproductrice, c'est-à-dire ce qu'il y a de plus proche de l'animalité.

Ainsi pendant des siècles, une conception patriarcale, c'est-à-dire démonstratrice de virilité, de puissance par le nombre, domine la pensée politique et sociale, la structure et l'idéologie de l'État. Tout totalitarisme insiste sur la quantité des hommes, garante des possibilités expansionnistes. L'invasion, avant d'être une nécessité démographique, est une pensée politique. Quelle Église pourrait refuser cette multiplication des créatures issues de la volonté divine et façonnées à l'image de Dieu ? Copulez, copulez, il devra toujours en rester quelque chose ! Car, jusqu'à une date relativement récente, qu'est-ce qui règle les mouvements démographiques ? La misère ou la richesse, la guerre ou la paix, l'épidémie ou la santé. Le tout est d'ailleurs lié : guerre, famine et peste sont les acteurs de l'Apocalypse.

Mais dans la volonté reproductrice, peut-on voir les impératifs de l'Église, notamment catholique en Europe occidentale, une assurance-vieillesse donnée par une descendance survivante ou bien l'expression d'une sexualité animale sans frein et encouragée ? Difficile à dire, mais l'alternance des périodes de prospérité et de difficultés matérielles fait envisager l'histoire sous la forme tentante de cycles répétés : au florissant XIIIe siècle succèdent les crises des XIVe et XVe siècles ; à la Renaissance, sous toutes ses formes succède le calamiteux XVIIe siècle. C'en est assez pour suggérer aux pessimistes anglais Malthus ou Ricardo ces conceptions d'inéluctables variations démographiques et économiques. La notion d'équilibre entre ressources et population est en place et la loi qui doit régir l'évolution quantitative de l'humanité ne peut plus être de nature religieuse mais sociale. Le comportement des hommes en face de la vie est en train de changer et ils n'ont pas attendu Malthus...

Revenons à Onan, légendaire auteur du *coïtus interruptus*, principale méthode anticonceptionnelle sous l'Ancien Régime mais qui est sans doute efficace. Une région comme la Normandie, par exemple, diffère profondément de la Bretagne par une diffusion rapide des pratiques anticonceptionnelles dans toute la société au cours du XVIIIe siècle, et connaît donc une progression très ralentie de la natalité. Ceci implique une vision de l'avenir qui dépasse la simple quotidienneté. Une rationalité dans la procréation se généralise qui inclut dans ses pratiques le célibat, le mariage tardif et la continence conjugale. Face à cet état de fait qui se développe, l'Église ne peut que réagir : au « *Tu enfanteras dans la douleur* » l'homme peut répondre « *Tu engendreras dans le plaisir* » mais ce plaisir ne peut qu'accompagner la procréation. L'acte sexuel se doit d'être productif. A la jouissance masculine correspond pour l'épouse le devoir conjugal que ne doit pas compenser un droit au plaisir, sinon le démon n'est pas loin de la couche matrimoniale. Alors une époque morale ? Oui, si l'on oublie le recours aux professionnelles, à l'adultère, aux passions ancillaires, ce qui signifie aussi l'illégitimité, la bâtardise contre lesquelles fulmine l'Église qui tente d'exclure de la société ces « enfants de l'amour », formule révélatrice. Cela veut dire aussi abandon d'enfants, l'anthroponymie en porte témoignage, infanticide ou tout simplement avortement. Les interdits peuvent se multiplier, l'enfer peut être promis, le désir, la misère et l'ignorance sont maîtresses du jeu. Si Mgr Dupanloup proclame : « *Jamais vos enfants ne se multiplieront trop sur la terre* » suivi par un Montalembert ou un Veuillot, rien ne peut freiner ce que désormais on peut appeler le malthusianisme, non pas tant application d'une doctrine que résultat d'une attitude nouvelle. Même Chateaubriand affirme : « *Les États ne périssent jamais par le défaut mais par le trop grand nombre d'hommes* », et s'il y a réaction antimalthusienne, elle est le fait des nationalistes virulents au XIXe siècle, ou des adversaires de tous bords de l'individualisme libéral. Et l'évolution va s'accélérer avec l'épanouissement du mouvement féministe qui peut proclamer la « grève des ventres ».

N'est-il pas temps de faire régner une liberté de conscience fondant une éthique individuelle et une morale collective et de refuser des dogmes et des interdits qui conduisent à une moralisation normative ?

Et aujourd'hui ? A la révolution thérapeutique a succédé la révolution biologique, à la maîtrise de la reproduction s'ajoute la maîtrise de l'hérédité, découvertes et techniques vont plus vite que la pensée. Alors n'est-il pas temps de faire régner une liberté de conscience fondant une éthique individuelle et une morale collective et de refuser des dogmes et des interdits qui conduisent à une moralisation normative ? Il y a trente ans, lors de son discours inaugural du Concile Vatican II en octobre 1962, Jean XXIII mettait en garde contre la tentation de condamner au nom de l'Église et réclamait l'adaptation de l'Église aux réalités de son temps. A-t-il été suivi ?

Face à une science qui, par les progrès de la biologie moléculaire, est arrivée aujourd'hui aux conclusions que la vie s'explique dans sa totalité par des phénomènes physiques et chimiques, le cardinal Ratzinger, préfet de la Congrégation pour la doctrine de la foi, ne peut que dénoncer « *l'envahissement du relativisme et du subjectivisme, conséquence inévitable d'un monde écrasé par les prétendues certitudes de la science naturelle ou appliquée* » et d'ajouter que « *nous sommes dans une situation analogue à celle du Concile de Trente qui, à la fin du XVIe siècle, marquait l'aube des temps modernes* ». Ajoutons que ce concile initiait aussi la Contre-Réforme, la reprise en mains des consciences et des esprits un peu trop enclins à l'époque à une révolte intellectuelle face aux contraintes de l'Église.

En 1968, Paul VI promulgue l'encyclique *Humanae Vitae* qui condamne la contraception, c'est-à-dire tout acte susceptible d'empêcher la procréation. Néanmoins la tolérance affichée à l'égard de certaines méthodes, Ogino ou températures, témoignait d'une hypocrisie certaine en ce qui concernait la relation plaisir-acte sexuel. Quelle que soit la méthode et fût-elle regardée d'un œil bienveillant par les autorités ecclésiastiques, ne constituait-elle pas une entorse à la règle ?

En 1983, le nouveau droit canon limite le nombre de cas d'excommunication à sept : aux côtés de l'agression physique contre le pape, la violation du secret de la confession et l'hérésie, entre autres, figure l'avortement toujours considéré comme un crime. C'est d'ailleurs en vertu de cette conception que le régime de Vichy guillotinait une avorteuse voici cinquante ans (pour un crime qui sera remboursé trente ans plus tard par la Sécurité sociale, comme le souligne Claude Chabrol qui a tourné un film sur le sujet).

Les condamnations sont reprises dans le Nouveau Catéchisme de 1992, qui affirme dans son introduction que l'Église se doit « *d'éclairer de la lumière de la foi les situations nouvelles et les problèmes qui ne s'étaient pas encore posés dans le passé* ». Sagesse et prudence compréhensibles lorsque l'on pense à l'évolution rapide de la société et des techniques scientifiques. Mais à cette promesse d'instruction de la pensée se joint la nécessité d'obéissance car « *obéir c'est se soumettre librement à la parole écoutée* ». Et c'est pourquoi le Nouveau Catéchisme réitère ses condamnations fondées sur les Dix Commandements qui sont établis davantage sur l'interdit que sur l'exhortation.

Dans le patrimoine humain se transmet depuis 397, avec sa définition par saint Augustin, un péché originel qui est un étonnant acte de réprobation à l'égard du genre humain. L'homme créé bon est rendu mauvais par l'usage de la liberté qui lui a été accordée. Il se voit donc confronté à un impératif de rester dans le droit chemin à coup d'imprécations et d'interdictions, et ceci pendant longtemps avec la bénédiction civile d'un État trop heureux de voir le maintien de l'ordre social ainsi sanctifié.

Mais l'universalisme voulu des grandes religions, et le mot catholique en est la traduction grecque, se confond trop souvent avec un totalitarisme. La morale, ou plutôt la moralisation, relève alors de décisions autoritaires refusant toute liberté de choix et donc la contrepartie de cette liberté qui est la responsabilité individuelle.

Ce Nouveau Catéchisme s'appuie sur le sixième Commandement, « *Tu ne commettras point d'adultère* », pour y mêler le divorce,

L'universalisme voulu des grandes religions, et le mot catholique en est la traduction grecque, se confond trop souvent avec un totalitarisme.

la polygamie, l'union libre, « *offenses graves à la dignité du mariage* », à la contraception. Néanmoins « *la continence périodique, les méthodes de régulation des naissances fondées sur l'auto-observation et le recours aux périodes inféconds sont conformes aux critères objectifs de la moralité* ». Mais alors, cela signifierait-il que le plaisir sexuel est maintenant autorisé en tant que finalité pendant l'accouplement en contradiction avec les prescriptions traditionnelles ?

Quant à l'État, « *il est légitime qu'il intervienne pour orienter la démographie de la population* », mais, en revanche, « *il n'est pas autorisé à favoriser les moyens de régulation démographique contraires à la morale* ». Quelle morale ? Autorisé par qui ? N'est-ce pas là une atteinte au principe de laïcité garant de la séparation du spirituel et du temporel ? Est-ce le retour de l'évangélisation ?

Le cinquième Commandement et son « *Tu ne tueras point* » concerne, avec l'homicide volontaire, l'euthanasie et le suicide. Mais l'avortement est présent car « *depuis le Ier siècle, l'Église a affirmé la malice morale de tout avortement* », malice étant prise ici au sens originel de méchanceté, et « *la vie humaine doit être respectée et protégée de manière absolue depuis la conception* ». Il y a « *droit inviolable de tout innocent à la vie* » et si « *l'État ne met pas sa force au service des droits de tous les citoyens et en particulier des plus faibles, les fondements mêmes d'un État de droit se trouvent menacés* ». Donc pas d'interruption volontaire de grossesse et encore moins de légalisation de cette pratique. Mais c'est nier une ancienne et dramatique réalité : l'avortement a toujours été pratiqué, soit par la femme sur elle-même, soit par des « faiseuses d'anges » plus ou moins expertes et dans des conditions d'hygiène déplorables, faisant parmi les mères un nombre élevé de victimes. Sans parler des

La Pologne moins catholique

Depuis la chute du communisme, l'Eglise perd du terrain en dépit – ou à cause – de l'activisme du clergé

VARSOVIE

de notre envoyée spéciale

« Peu importe que la Pologne soit capitaliste, peu importe qu'y règne la liberté d'expression ou le bien-être, ce qui importe c'est que la Pologne soit catholique. » S'il se trouve encore en 1993 de hauts responsables politiques, comme le vice-premier ministre Henryk Goryszewski, membre de l'Union chrétienne-nationale (ZChN, membre de la coalition gouvernementale), pour clamer haut et fort cette conviction, les Polonais, eux, paraissent de moins en moins enthousiastes à la partager. Moins de quatre ans après la chute du communisme, dans laquelle l'Eglise, aux côtés de Solidarité, joua un rôle de premier plan, la bannière du catholicisme polonais triomphant s'effiloche sérieusement. Le taux de fréquentation des églises de Varsovie un mercredi des Cendres a, certes, encore de quoi faire rêver plus d'un curé français. C'est pourtant une crise profonde qu'affronte aujourd'hui l'épiscopat polonais, une crise à laquelle il réagit, maladroitement, en se radicalisant, tandis que le fossé se creuse entre l'intelligentsia catholique libérale et les évêques les plus conservateurs.

Quelques indices donnent une idée du malaise : diminution du nombre d'inscriptions dans les séminaires, baisse de l'assiduité aux cours d'instruction religieuse à l'école, enquêtes d'opinion publique révélant qu'en moins de dix ans le prestige de la fonction de prêtre a considérablement diminué ; pour la première fois depuis que les instituts de sondages s'y intéressent, en janvier dernier la cote de popularité de l'Eglise comme institution a recueilli davantage d'opinions négatives que positives, et 59 % des personnes interrogées estimaient excessive son influence sur la vie publique. Si aléatoires soient-ils, ces chiffres traduisent tous la même tendance, celle d'un doute croissant à l'égard du rôle de l'Eglise catholique en Pologne.

« Propagande des médias ! », répondait récemment le cardinal Jozef Glemp au quotidien italien *Avvenire*. Nul ne cherche pourtant plus à cacher que deux courants s'affrontent ouvertement au sein du catholicisme polonais.

SYLVIE KAUFFMANN

Lire la suite page 4

Le Monde

POLOGNE

La soutane du Père Ubu

La volonté de l'Eglise polonaise de régenter les valeurs morales ne répugne pas à l'absurdité législative. Amendement audiovisuel choisi.

Rzeszow. En attendant Jean Paul II, *alias Karol Wojtyla, pape et polonais.*

Varsovie, de notre correspondante

« S*ous le communisme, la chose la pire, ce n'était pas l'emprisonnement des ré-* les radios et les télévisions, publiques comme privées, à *« respecter dans leurs programmes les sentiments religieux du public, en veillant en particu-* la population s'opposera aux débordements de l'Eglise. *« Par le passé, les Polonais ont toujours repoussé la vision du monde radicale que certains*

Libération

naissances d'enfants non désirés qui allaient grossir les rangs des abandonnés, maltraités, exploités par une société de privilèges et de profits générateurs d'inégalités, déterminant ainsi ce que Gaston Bouthoul appelait *« un infanticide différé »* en parlant de la guerre.

Et comment peut-on dans le même catéchisme refuser l'avortement et accepter la peine de mort ?

De plus, le refus de la contraception et celui de l'avortement relèvent de deux logiques différentes. Si l'avortement est un attentat contre la vie de l'embryon, dont une définition reste à trouver puisqu'on admet sa suppression mais pas des expérimentations sur lui, c'est aussi un aveu d'échec de la contraception. Lutter contre la contraception c'est donc risquer le développement de l'interruption volontaire de grossesse. La virulence de ce combat soutenu par l'Église en Pologne où le Parlement qui a déjà condamné l'avortement veut criminaliser les pratiques anticonceptionnelles, stérilet et RU 486, est manifeste d'une volonté de limitation de l'autonomie de l'homme.

Tenter de moraliser l'évolution de la population, c'est être confronté à l'aveuglement, à l'hypocrisie : certains États, et des plus chrétiens, ont longtemps préconisé une diminution de la natalité dans les pays du tiers monde ; un récent référendum sur l'avortement en Irlande a donné des résultats contradictoires puisque 65 % des Irlandais s'opposent à l'avortement même quand la vie de la mère est en danger mais 62 % sont pour autoriser les femmes à se rendre à l'étranger pour se faire avorter.

Faut-il considérer la femme comme éternelle et abondante reproductrice, en lui refusant tout choix de vie ? Faut-il toujours incarcérer l'esprit dans le refus, la négation, l'interdit ? Faut-il, au risque d'une maladie mortelle, refuser l'usage du préservatif ?

L'histoire de l'humanité est celle de la continuelle poursuite de l'autonomie. La famille, l'école, l'État, toutes les institutions doivent concourir à cette œuvre fondée sur la connaissance, la morale et son complément l'éthique individuelle. C'est sur cette laïcisation juridique, politique, morale qu'a été fondé la progrès de l'homme. C'est un combat difficile car c'est un combat contre l'indifférence et la certitude dogmatique.

Galilée, au XVIIe siècle, avait risqué le bûcher pour avoir proclamé une doctrine contraire au dogme. Il vient d'être réhabilité par l'Église.

Alors dans combien de siècles le respect définitif de la conscience individuelle ?

Jean-Robert RAGACHE

Divorce par consentement mutuel, avortement, contraception, bioéthique...

Les interdits religieux ou la famine de l'esprit

par Henri Caillavet

Ancien ministre, membre du Comité national d'éthique, président du Comité Laïcité-République, Henri Caillavet milite rigoureusement pour le primat de la raison sur les dogmes religieux. Il a eu souvent maille à partir avec les autorités catholiques. Il pense que les interdits religieux sont la famine de l'esprit. Divorce par consentement mutuel, avortement, contraception bioéthique, il réclame sur ces questions le respect de la laïcité dans le respect de l'autre.

Je suis athée, matérialiste, franc-maçon et laïque. Mon engagement est la conclusion d'un long cheminement, qui m'a conduit du doute, de l'agnosticisme au non-Dieu.

L'homme est-il libre ? Ses choix ne sont-ils pas la conséquence de causes multiples et enchevêtrées, auxquelles il ne peut pas se soustraire ? C'est vraisemblable. Toutefois, je postule la liberté, sinon au plan social, nulle sanction ne pourrait jamais être prononcée, sans oublier évidemment le rôle majeur que joue la volonté dans la destinée des hommes.

Je ne puis contester cependant un déterminisme familial, social, professionnel, culturel.

Élevé hors de la religion par des parents rationalistes, ignorant le baptême, j'entendais surtout parler autour de moi des outrages infligés par les Églises à la dignité de l'homme, à sa liberté, à sa responsabilité. Étudiant en licence de philosophie du professeur Jankélévitch, ce maître exceptionnel ne m'a guère incité à découvrir le divin. Le fait également d'avoir fréquenté, mais à mon gré hélas trop insuffisamment, des hommes illustres tels Jean Rostand, Jacques Monod, Gaston Bachelard et particulièrement le Président Édouard Herriot, a conforté ma méthode de pensée, ainsi que mes conceptions sur l'homme et l'univers. Aujourd'hui, je suis apaisé. La voie empruntée me satisfait. Pour moi — c'est une conviction profonde — aucune finalité ne préside à mon existence. Celle-ci est la confluence d'un temps imprévisible et d'un écheveau d'espace incontrôlé. Le hasard a provoqué l'élaboration de la vie. Des phénomènes, notamment physiques, chimiques, électriques et biologiques ont favorisé l'apparition de celle-ci. Pour la plupart des neurobiologistes, qui sont assurés, grâce à l'expérimentation, de l'ensemble de leurs observations, il n'existe qu'un absolu : la matière.

L'intelligence se confond avec la fonction cérébrale. Elle n'est qu'une différence de potentiels entre les cellules du cortex, elles-mêmes entretenues par les interactions chimiques. Si nous n'avons pas de mémoire, nous sommes sans conscience, et faute de neurones, comme l'écrit le professeur Changeux, nous ne possédons pas d'esprit.

Avec la disparition, la dégradation biologique du corps, nous assistons donc inexorablement à l'anéantissement de l'âme. Venus à la vie contre notre volonté par la chaîne de nos ascendants, et mortels, malgré les immenses progrès de la médecine, notre destin s'inscrit entre deux néants. D'où notre noblesse.

Par ailleurs, le temps est impensable sans la matière. De même, l'espace. Le vide, le rien — celui-ci serait-il quantique — ne sont que de simples images, des relations aléatoires, des explications momentanées, individuelles ou collectives, et susceptibles de justifier l'évolution.

Dans cet univers aveugle, sans âme, sans but, d'aucuns ont voulu proposer un Dieu créateur. Après maints et maints errements, ils ont tout d'abord peuplé d'une foule innombrable de saints leur ciel. Après quoi, les hommes se sont arrêtés — notamment les catholiques romains — à une « Trinité », ce qui malgré tout reste une formidable contradiction pour une religion qui se prétend monothéiste ! Soit ! Toutefois, à supposer qu'une intelligence dirige le cosmos, quelle vanité d'oser affirmer que l'individu, créature fragile vivant sur un grain de matière blotti au cœur d'un système solaire, lui-même perdu dans une galaxie — la voie lactée — composée de milliards d'autres étoiles, galaxies elles aussi superposées comme de vastes bulles en équilibre avec d'autres milliards de galaxies et évidemment, toutes selon la théorie d'Einstein, en expansion à la vitesse de 300 000 km/seconde ! — oui, comment oser affirmer que des liens privilégiés seraient tissés entre cette créature et le Créateur ! Répétons-le, quelle vanité ! Le mirage devrait être encore plus intense lorsque nous voudrons bien nous souvenir que dans 4,5 milliards d'années environ, notre soleil, à la recherche de son combustible — l'hydrogène — aura envahi son système et que dès lors, plus rien, sauf quelques protons, électrons ou neutrons, n'existera pour rappeler notre fantomatique aventure humaine !

Interpeller Dieu, l'implorer, le prier, c'est donc mendier. Or peu d'hommes sont capables, ou plutôt dignes, de vivre sans Dieu, affirmant avec Jean Rostand qu'il faut laisser aux fidèles la possibilité de s'approvisionner chez les « *boutiquiers de la Foi* », entendant par là les clergés.

Il appartient en effet à ceux-ci de toujours mettre à la disposition de leurs ouailles un prêt-à-porter parfaitement illusoire, mais onéreux, en sorte que si parfois elles doutent de la réalité de ce bric-à-brac religieux, il leur sera aussitôt répondu : c'est le « mystère » !

La science progresse désormais avec des bottes de sept lieues. Nous pouvons maintenant dominer l'énergie, c'est-à-dire le feu atomique. Nous abordons la maîtrise des briques de la vie. Tel Prométhée, nous avançons à grandes enjambées vers la gnose, les connaissances les plus étendues (informatique, génie génétique, exploration spatiale, etc.). Il suffira — mais quand ? — de conscientiser le progrès pour rendre la Cité plus habitable, plus libertaire. Tâche rude, sans aucun doute, mais possible puisque l'homme de Cro-Magnon un jour a eu l'audace de quitter sa caverne pour être capable aujourd'hui d'élaborer le calcul mental, organiser la justice et inventer l'amour.

Je suis un laïque. J'entends par là un homme de liberté ouvert au vent de la raison, qui admet, respecte l'autre. Un laïque dénonce l'embastillement, le dogme. Cent fois sur le métier, il remet son ouvrage, c'est-à-dire ses convictions, parce qu'il sait qu'il ne sait que peu ou très peu de choses, et que la vérité d'aujourd'hui souffrira demain la contradiction, ne serait-ce que pour favoriser une meilleure compréhension du monde. Un laïque est donc par nature un esprit tolérant. Il soutient et conforte après discussions et débats « sa » vérité. Mais il persiste à chercher « la » vérité, celle-ci étant par nature fragile et fuyante. En cela, il se révèle anticlérical, ne supportant pas que les Églises imposent leur Credo et jettent l'anathème contre ceux qui n'acceptent pas de s'enfouir dans la crédulité.

Le laïque est quasiment toujours un rationaliste, non point qu'il rejette l'apport de la foi, de l'intuition, de l'imagination, des sentiments dans la formation du jugement, mais parce qu'il constate clairement que lorsque l'individu accorde à la raison une place privilégiée, les progrès techniques, sociaux, moraux, alors se développent. L'homme en effet n'est pas que raison. Néanmoins, il est par nature un animal raisonnable.

La laïcité ne se confond pas seulement avec les problèmes de l'école, quoique personnellement, je souhaiterais revenir aux grandes lois républicaines accordant les fonds publics aux seuls établissements du service laïque public, tout en réservant aux familles et proportionnellement à leurs déclarations de revenus, une allocation scolaire et universitaire en faveur de leurs enfants. Ancien élève de la communale, j'affirme que l'école laïque favorise sans conteste la fraternité entre tous les jeunes. La laïcité s'inscrit donc bien au-delà de l'Éducation nationale.

Un laïque ne saurait rejeter les avancées scientifiques au faux prétexte que celles-ci contrediraient la Bible, les Évangiles, les Livres saints, sinon la tradition religieuse... et les miracles ! Lorsque la science peut suppléer les défaillances de la nature dans le domaine, par exemple, de la procréation, au nom de quelle morale interdirait-on à un couple d'en bénéficier, afin d'obtenir une filiation de substitution ? Lorsque le génie génétique nous permet d'éliminer une tare inscrite dans le brin de l'une des branches de nos chromosomes, qui pourrait s'arroger le droit soit d'interrompre la vie d'un embryon, d'un fœtus, soit d'autoriser une intervention réparatrice, sinon le couple ? Lorsque deux femmes, deux hommes s'épanouissent dans des « relations » de couples dits « déviants », pourquoi, au nom de quelle morale leur interdirait-on la quête de leur bonheur, de leurs rêves, de leurs désirs ? C'est un problème de couple.

Un livre de réflexion sur le sujet coédité par les Éditions du Cerf et le Comité d'action laïque de Belgique

Naturellement, je m'interroge sur les débordements de Rome. La Papauté porte sans nuance des jugements dans des domaines qui pourtant lui sont étrangers : la virginité, la fidélité conjugale, l'acceptation ou le refus d'enfants irrecevables, l'interdiction de l'euthanasie, le laxisme de la procréation dans les pays les plus menacés par la démographie galopante. Pauvre Église catholique qui exige que soient retirés des salles de cinéma les films *Je vous salue Marie* ou bien *La dernière tentation du Christ*, d'innombrables ouvrages et romans !

Ainsi, l'affreuse Inquisition subsiste donc toujours par la pratique et de l'index et de l'excommunication !

Comme législateur, j'ai toujours eu à lutter contre la hiérarchie catholique. Archaïque, oublieuse des novations, psalmodiant ses prières inadaptables à notre monde moderne, niant jusqu'aux fondements de la science — plus de trois siècles pour réhabiliter Galilée, alors que depuis deux mille ans, tel un derviche, elle tournoie autour de son dogme aléatoire ! — l'Église, par tous les moyens, et les plus perfides, tente de s'opposer aux salutaires changements !

Lorsque j'ai déposé sur le bureau du Sénat la proposition législative permettant le divorce par consentement mutuel — le divorce remède et non sanction — et a fortiori au cas de l'internement à vie d'un conjoint aliéné, ainsi qu'après une séparation de plus de six ans, les mêmes esprits religieux ont protesté contre cette agression destructrice de l'amour conjugal et invoqué l'indissolubilité du mariage !

Lorsqu'en 1974 j'ai déposé le texte sur la greffe d'organe, loi de solidarité votée à l'unanimité par le Parlement, des ecclésiastiques se sont dressés au nom du Père, affirmant qu'il serait sacrilège d'opérer des prélèvements sur des individus en coma dépassé ! Lorsque j'ai déposé sur le bureau du Sénat la proposition législative permettant le divorce par consentement mutuel — le divorce remède et non sanction — et *a fortiori* au cas de l'internement à vie d'un conjoint aliéné, ainsi qu'après une séparation de plus de six ans, les mêmes esprits religieux ont protesté contre cette agression destructrice de l'amour conjugal et invoqué l'indissolubilité du mariage ! Néanmoins, ces documents juridiques furent approuvés. Lorsque comme député, en 1951, puis sénateur, en 1972, j'ai rédigé les attendus en faveur de l'avortement, j'ai subi les pires outrages, voire des menaces de plaintes pour incitation à crime ! A la vérité, sans la pression de l'opinion publique et l'aveu des cent femmes du procès de Bobigny, M. Giscard d'Estaing et Mme Simone Veil, relayant mes efforts, n'auraient pas fait voter l'IVG pour le profit de la liberté féminine ! Lorsque, toujours devant le Sénat, j'ai demandé la modification des articles du Code pénal visant, d'une part, les outrages publics à la pudeur accomplis par des personnes de même sexe, d'autre part, le crime de castration pourtant parfois libératoire du troisième sexe, les mêmes ecclésiastiques se sont autorisés à affirmer que mes actions étaient déloyales. Toutefois, et c'est heureux, ils n'ont pas été écoutés !

Je pourrais ainsi développer, commenter plus longuement encore les oppositions rencontrées dans ma carrière parlementaire de trente années !

Les autorités religieuses catholiques se sont dressées contre moi, alors qu'à la vérité, l'Église protestante s'est toujours montrée compréhensive, lucide et loyale.

Or, les combats que j'ai menés législativement n'étaient que des engagements en faveur de la laïcité, en d'autres termes, pour la morale, la justice, la philosophie, l'Éducation nationale, etc.

Aujourd'hui, je persiste à écrire que nous devons rester anticléricaux, persévérants, attentifs aux menaces dogmatiques romaines. La construction européenne, comme les déclarations de Mgr Lustiger regrettant que le sacré déserte le droit ou que l'école catholique ne reste pas pour l'essentiel un foyer sacerdotal, tout comme l'édition du nouveau catéchisme universel et les homélies moyenâgeuses de Jean-Paul II, me font craindre, avec leur cortège de méfaits, l'élaboration d'un concordat moderne. Notre clergé d'ailleurs ne s'en cache pas.

Lecteurs inconnus, je vous prie d'excuser ces propos d'humeur. Parvenu à l'hiver de ma vie, je souhaite témoigner pour la défense de la liberté de conscience, pour l'esprit critique, pour la fraternité laïque, afin d'échapper aux invasions pernicieuses que sont les dogmes. Les interdits religieux restent bien la famine de l'esprit.

Henri CAILLAVET

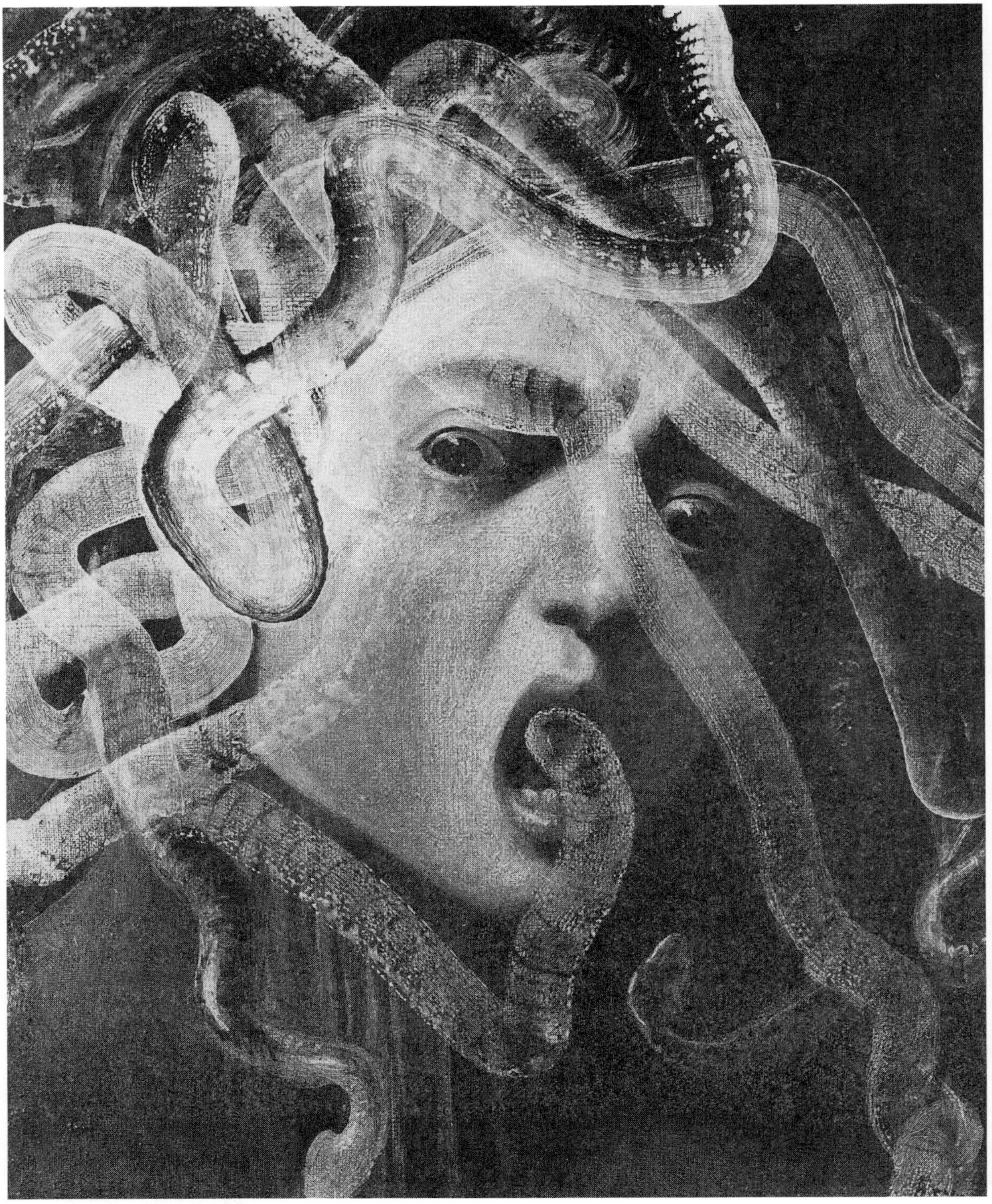

Rudolf Fila : *Un visage gorgonesque* (Hommage à Caravaggio), huile sur toile, 1977

V

Au-delà des interdits, quelle morale ?

Ce n'est pas moi qui ai croqué la pomme

Mais non, voyons, l'homme ne naît pas coupable !

par Marcel Oms

Même dans la dernière édition du Catéchisme pour adultes, les évêques maintiennent la doctrine du péché originel, mais s'efforcent d'en atténuer la rigueur. « Nous sommes en quelque sorte précédés par le mal, du fait de notre appartenance à la famille humaine... Tout homme qui vient à l'existence reçoit une humanité blessée. » Ancien professeur de philosophie, Marcel Oms clame son désaccord.

Rien n'est plus irritant pour la logique et le bon sens que cette obstination à dire une culpabilité d'origine liée à la nature humaine. Non, l'homme ne naît pas coupable, en ce sens que toute faute véritable en suppose la conscience dont l'enfant est, par essence, dépourvu.

Dans un entretien accordé au quotidien *Le Monde* le 15 décembre 1992, Jean Delumeau conteste à sa manière l'idée d'une culpabilité héréditaire : *« C'est un des droits fondamentaux de l'homme de n'être pas accusé pour un crime qu'il n'a pas commis »*, et prend à témoin les écritures pour soutenir sa thèse : *« Yahvé s'adressant à son peuple par la bouche d'Ézéchiel, lui dit : "Un fils ne portera pas la faute de son père, ni un père la faute de son fils : au juste sera imputée sa justice et au méchant sa méchanceté." »*

D'un point de vue théologique contemporain, il y a quelque difficulté à concilier la vision traditionnelle de la culpabilité d'origine et les théories modernes de la Liberté. Mais ce fut déjà un débat au Concile de Trente pour savoir quelle part laissait au libre-arbitre la grâce divine.

En remontant plus loin encore, au IVe siècle, on trouve un moine hérétique, Pélage, qui avait soutenu que la grâce dépendait des seuls mérites de l'homme...

On le voit — et c'est irritant — il s'agit d'une question fondamentale sur les chemins de la Liberté.

En effet, postuler et admettre le principe d'une culpabilité originelle revient à poser la question d'un impossible choix pour l'Homme.

C'est irritant, car il importe d'en passer d'abord par ceux qui ont érigé en dogme cette faille première de la nature humaine, pour avoir l'air d'en débattre afin de s'en affranchir ensuite.

Même Bakounine a éprouvé le besoin d'en passer par là lorsqu'il écrit : « *La défense de goûter du fruit de l'arbre de la science, sans autre raison que telle était la volonté du Seigneur, était de la part du Bon Dieu un acte d'affreux despotisme ; et si nos premiers parents avaient obéi, toute la race humaine resterait plongée dans le plus humiliant esclavage. Leur désobéissance au contraire nous a émancipés et sauvés.* » Et de conclure : « *Ce fut, mythiquement parlant, le permier acte de l'humaine liberté.* »

Mythiquement parlant... C'est bien de cela qu'il s'agit, d'un Mythe fondateur, avec ce que cela suppose d'an-historicité.

La fable d'Adam et Ève — dont il faut bien admettre qu'au-delà de sa signification morale elle ne résiste guère à la connaissance actuelle des origines de l'homme — n'a plus de fonction que symbolique. Elle dit la désobéissance comme acte d'émancipation, mais elle ne dit pas le sens de cette volonté émancipatrice, car Adam et Ève savaient qu'ils désobéissaient, et se cachèrent pour désobéir.

Elle dit aussi que Dieu mentait pour asseoir son autorité, vieux principe de la volonté de puissance. N'a-t-il pas menacé ses créatures en ces termes : « *Vous n'en mangerez pas et vous n'y toucherez pas ; sinon vous mourrez* » alors que le serpent, plus honnête et plus lucide, rectifie à l'intention d'Ève : « *Pas du tout ! Vous ne mourrez pas ; mais Dieu sait que le jour où vous en mangerez, vos yeux se dessilleront et vous serez comme des dieux, connaissant le bien et le mal.* »

La désobéisance comme source de la connaissance du bien et du mal est donc, en soi, fondatrice du destin de l'Homme ; car elle porte en elle la conscience de la mort ; mais aussi le défi à la mort.

Il est facile d'induire que l'Église comme institution n'a eu de cesse d'entretenir cette vision culpabilisante des origines pour mieux asseoir son autorité sur des fidèles craignant de perdre leur vie éternelle.

Le Catéchisme nouveau maintient cette théorie dans la mesure où il réaffirme que « *l'humanité demeure affectée par le péché d'origine* » par lequel Adam a « *perdu la sainteté et la justice dans lesquelles il avait été établi* » (saint Paul).

Cette interprétation, infantilisante, de la condition humaine ne résiste guère à l'évolution contemporaine des sciences dont la théologie devra bien finir par tenir compte.

Comment imaginer que les premiers hommes et les premières femmes, inventant, dans des conditions difficiles, les premiers outils et les premiers langages, construisant les premières cabanes, aient été dotés d'une liberté telle qu'ils auraient commis une faute de dimension cosmique ?

Là encore, Jean Delumeau nous paraît une référence de simple bon sens lorsqu'il déclare : « *Comment imaginer que les premiers hommes et les premières femmes, inventant, dans des conditions difficiles, les premiers outils et les premiers langages, construisant les premières cabanes, aient été dotés d'une liberté telle qu'ils auraient commis une faute de dimension cosmique, provoquant la colère de leur créateur et la damnation de leur postérité ? Quelle était leur capacité intellectuelle et morale de juger entre le bien et le mal ?* »

Dès lors il importe d'appréhender sereine-

Histoire juive et chrétienne

Lors d'un congrès judéo-chrétien, un rabbin dit à un prêtre : « *Écoutez, votre histoire d'Immaculée Conception, il est temps de la retirer de la circulation, ça ne tient pas debout !* » Et le prêtre reprend : « *Et vous, cette histoire de Moïse qui ouvre la mer d'un coup de bâton ?* » Et le rabbin : « *Oui, mais nous c'est vrai !* »

Bon, chacune des grandes religions pose des questions et pose question. Pour ma part je me garde bien d'y répondre. Ce qui m'importe c'est l'usage que chacune fait de ces questions par rapport à l'être et par rapport à l'autre.

Daniel SIBONY
interviewé par Jean-Pierre Manigne,
Actualité religieuse dans le monde,
15 juillet 1992

ment le vrai problème de la culpabilité originelle bien au-delà des simples anecdotes, fussent-elles pittoresques et édifiantes.

La culpabilité existe mais c'est une valeur individuelle.

En une époque où il est devenu amusant d'ironiser sur la manière dont certains politiques se défaussent en reprenant la vieille distinction entre *responsabilité* et *culpabilité*, proposée naguère dans les sujets-bateau du baccalauréat, il convient pourtant de réaffirmer le bien-fondé de cette distinction dans la mesure où la *responsabilité* renvoie à l'aptitude de chacun à mesurer en toute conscience la portée de ses actes et d'en *répondre*, et où la *culpabilité* suppose l'exacte conviction du bien et du mal ; et la volonté de transgresser l'interdit.

Cela dit, il n'y a de culpabilité véritable que par rapport au code moral que l'on s'est forgé *et que l'on respecte*. On n'est coupable qu'aux yeux de soi-même ; et dans l'affirmation d'en répondre devant sa propre conscience.

Cela suppose, bien entendu, une longue maturation de la conscience et non ces accommodements faciles avec les variations d'humeur qu'une démagogie à la mode érige en système de comportement.

Car si l'homme ne naît pas coupable, il n'en naît pas moins dans un contexte historique et culturel sur lequel il doit s'interroger, dans son expérience progressivement acquise de la vie et de ses semblables.

Sans être devenue totalement dérisoire la notion de « droits de l'homme » mérite, pour le moins, un aggiornamento au regard de ce qu'ont apporté aux hommes leurs propres rêves de tolérance, d'égalité, de liberté (et je n'ose écrire de fraternité)...

Visions utopiques, dont toute perspective d'avenir semble avoir besoin pour se justifier, les grandes théories fondées sur l'espoir d'une Humanité rendue meilleure par le progrès des sciences et techniques ne résistent plus à l'examen critique et à la lucidité d'un simple pessimisme actif.

L'espoir, nourri de quelques certitudes positivistes surgies du XIXe siècle, pour n'être plus une simple illusion, exige peut-être un retour grave et serein sur les vieilles notions de culpabilité et de liberté ; telles que Bakounine les pressentait, comme un double enjeu à repenser aujourd'hui.

Si l'homme veut garder la liberté de choisir son destin, ce ne peut être en s'abusant lui-même sur les risques à courir. Prétendre encore que « *la liberté est indivisible* » (selon la formule de Bakounine) est une confortable affirmation philosophique susceptible de justifier aussi toutes les autodestructions inconscientes.

Nous savons aujourd'hui qu'il y a une liberté mortelle, celle qui se nourrit de solitude et de scepticisme, une liberté paradoxalement coupable d'ignorance et d'innocence. C'est le sujet de l'admirable *Sans toit, ni loi* d'Agnès Varda.

On ne saurait négliger comme une donnée constitutive de la conscience tous les acquis inconscients de l'environnement individuel et, peut-être, d'un inconscient collectif qui conditionne nos propres choix responsables.

Mais on ne peut, de ces données incontestables, déduire une culpabilité des origines ; tout simplement une vision reconsidérée de l'innocence ; moins ignorante qu'on ne croyait d'un vécu héréditaire de l'espèce ; le seul vécu transmissible.

Il reste, à chacun, une fois venu au monde, de vivre et d'ériger à ses propres yeux son vécu en expérience. Seule l'expérience autorise la culpabilité...

Marcel OMS

Une tâche de la « raison citoyenne »

Comprendre les interdits religieux selon l'horizon du bien public

par Philippe Forget

De plus en plus, la technoscience fait notre vie, notre monde. Le flux permanent des objets et des innovations technologiques encadre ou détermine aussi bien l'existence sociale qu'individuelle. Obscurément, le sujet occidental se sent désemparé face à cette prolifération technologique et souhaiterait la régler sur des valeurs normatives.

L'activité éthique est donc à la mode, les comités de sages fleurissent, qui doivent donner leur avis moral sur tel ou tel progrès sociotechnologique. On compte ainsi décider d'une autorisation ou d'une interdiction légales, par exemple en matière de technobiologies, à partir d'une consultation sur les interdits moraux et religieux. Le législateur républicain donne l'impression de ne plus savoir comment s'appuyer sur l'autonomie de sa droite raison et d'avoir besoin des appareils religieux pour se prononcer sur le juste et l'injuste. Scientisme et positivisme ont donc fait faillite : l'univers religieux pourrait estimer que les temps sont venus pour lui de reconquérir nos sociétés sécularisées. On peut, cependant, se demander si celles-ci sont réellement vouées à se laisser restructurer moralement par les interdits, si ces derniers gardent encore un sens propre et un avenir. Pour répondre à cette interrogation, il convient d'analyser comment l'interdit a vu sa définition et sa fonction évoluer selon l'expérience du sacré qu'ont faite les sociétés, et quel fut le destin du sacré dans l'histoire de l'Occident.

L'interdit surgit dès qu'il y a opposition d'un monde sacré et d'un monde profane. Cette séparation du vécu en deux espaces de sens distincts est présente dans la religion primitive, centrée sur la vénération du totem. Ce dernier est sacré parce qu'il exprime une force anonyme et impersonnelle qui, possédant chaque membre du clan, le dépasse et le rassemble dans un être collectif. Cette force, que Durkheim [1] nomme le *mana*, reprenant un terme mélanésien, fonde la puissance et l'identité de la tribu. Par le culte du totem perdurent la présence du *mana* et donc la vigueur de l'être collectif. Le totem garantit la cohésion sociale, il réfléchit l'unité du groupe. Dans le totem se joue la conscience de soi du clan et le maintien de son être-ensemble.

Le totem incarne la possibilité même de l'existence de la tribu, il lui ouvre son identité, son unité, sa temporalité. C'est pourquoi il est sacré. A l'inverse, le monde profane du clan se caractérise par des luttes, des épreuves, la contingence existentielle : c'est le monde sur lequel pèsent les menaces de division, de dissolution, de dispersion. Mais grâce au lieu totémique autour duquel gravite la tribu, le *mana* continue de triompher des forces de la dispersion.

L'interdit religieux apparaît comme la frontière impalpable mais décisive qui sépare le sacré du profane, et qui permet en outre au profane d'être au contact vivifiant du sacré.

L'interdit religieux apparaît comme la frontière impalpable mais décisive qui sépare le sacré du profane, et qui permet en outre au profane d'être au contact vivifiant du sacré. C'est en étant entouré d'interdits que le totem devient la source du *mana* et qu'il manifeste sa sacralité. Aussi, respecter les interdits témoigne-t-il de la présence diffuse du sacré qui sous-tend la pérennité du corps tribal. Nous pouvons distinguer avec Roger Caillois [2] un sacré de régulation et un sacré de transgression. Dans le premier cas, le simple respect des interdits suffit à garantir la force effective du *mana*. Dans le deuxième cas, la violation de l'interdit, du tabou, va au contraire redonner vigueur au *mana*.

En effet, la société tribale — la société traditionnelle également — se pense marquée par le déclin et l'usure : il lui importe de se régénérer par la fête et la transgression des interdits religieux. Ceux-ci s'étant révélés impuissants, au cours de la vie ordinaire, à maintenir l'intégrité de l'ordre naturel et de la société, la fête va être ce moment recréateur du temps primordial où la vigueur du *mana* était entière. La transgression des tabous signifie qu'une époque, celle du déclin, est terminée et que la société aborde un cycle renouvelé de son existence. Dans le creuset de l'expérience festive et transgressive, la tribu congédie et évacue le temps usé d'une vie profane affaiblie. Au moyen de rites appropriés qui donnent figure à un sacré d'infraction, la communauté actualise l'âge d'or primordial, et, nourrie de sa force débordante, elle peut encore affronter les défis de l'existence profane. La pratique normative ou transgressive de l'interdit apparaît bien fondamentale pour éloigner les puissances de la destruction et de la dispersion.

Cet interdit propre au sacré originel s'articule lui-même autour du pur et de l'impur. Qu'il s'agisse de produire du *mana* par la maîtrise de forces impures (forfait et meurtre rituels par exemple) ou par le respect de la pureté, l'interdit religieux n'est pas ici un concept moral mais une expérience du monde, un vécu en commun qui conditionne la manifestation du sacré et ses rapports au profane. Le pur et l'impur ne sont pas les normes d'une représentation morale, ce sont des valeurs affectives immédiates, des vécus affectifs, des éprouvés originels qui constituent l'atmosphère d'un lieu, celui de l'espace communautaire, et qui rythment la vie collective. La puissance de l'interdit est liée au lieu totémique et à l'espace identitaire du clan.

Cette interdépendance entre espace sacré et

interdit religieux est tout aussi visible dans la religion grecque antique. Ici ce n'est pas l'expérience du *mana* qui fonde le sacré mais celle du « *numineux* »[3] pour reprendre R. Otto, c'est-à-dire d'une manifestation d'une puissance ineffable, mystérieuse, qui est source d'effroi mystique, le *tremendum* latin, et qui signale la présence d'un dieu. Un endroit où l'homme ressent le « *numineux* », est sacré car il est imprégné de la majesté divine. Il est *hagnos* (sacré) parce qu'il appartient au dieu. Le Grec consacre certains lieux puisqu'il y éprouve un lien avec le divin. Les consacrant, il les sépare de l'existence profane et l'interdit religieux se montre à nouveau comme la limite entre ces deux mondes. Le Grec ne peut, en effet, approcher des dieux ou des sites qui leur sont réservés, qu'en respectant de stricts interdits[4]. Ceux-ci sont fondés sur l'exigence de pureté : il faut être innocent de tout meurtre, de toute souillure sexuelle pour approcher le divin — dans les dionysies et les cultes à mystères[5] qui sont parallèles à la religion civique, les pratiques transgressives restent toutefois une voie de contact avec le dieu qui requiert dépense et consumation rituelles de soi pour faire éprouver sa présence.

Par l'interdit, la pureté du divin est préservée de l'impureté profane, le sanctuaire et tous les objets rituels deviennent inviolables. Néanmoins, tandis que l'interdit du totémisme, le tabou, place le totem dans une distance menaçante qui peut être franchie seulement par la transgression rituelle, l'interdit de l'*hagnos* grec est, lui, une condition d'accès à la divinité. En se purifiant, le fidèle de la Grèce antique peut régulièrement rencontrer le divin ; honorer l'interdit relève déjà d'une attitude régie par le moral : le dieu juge l'état moral du fidèle. A travers l'interdit, le dieu et l'homme vont l'un vers l'autre. Le dieu grec est une force personnelle qui manifeste une intention à l'égard des hommes. C'est pourquoi l'évolution de la religion grecque aboutira à ce que le dieu soit une puissance active de la pureté humaine ; par sa présence, il purifiera l'homme de la souillure.

Puisqu'il existe une rencontre entre l'homme et le divin, le sacré peut dès lors régler les rapports entre les hommes. E. Benveniste[6] a ainsi montré que le mot grec *Hosios* désigne le caractère sacré de certaines lois imposées aux hommes par les dieux. L'interdit religieux se fait ici sociétal ; exprimant un sacré juridique, il règle les relations interhumaines et fixe les devoirs sociaux des hommes. *Hosios*, nous apprend Benveniste, qualifie « *ce qui est prescrit ou permis aux hommes par les dieux* ». Cependant, ne nous méprenons pas, il ne s'agit pas de prescriptions universalistes dictées par une transcendance divine, mais d'exigences concrètes qui émanent de dieux situés et vivant dans des lieux, notamment les dieux protecteurs de la cité. Et ces prescriptions ne mettent pas en garde contre des fautes métaphysiques ; elles avertissent simplement des actes qui souilleraient et entraîneraient la déchéance du Grec aux yeux de ses pairs. Les dieux chérissent l'excellence du beau et du juste, ils ignorent le ressentiment.

Dans l'Ancien Testament, nous trouvons également les deux mondes du sacré et du profane mais inclus dans la dynamique unitaire du salut. L'Arche d'Alliance est sacrée. Située dans le Saint des Saints, le *Qodesh Qodashim*, elle délimite un espace sacré. Toutefois, si le temple de Jérusalem est investi de la gloire de Yahvé, celui-ci excède le temple et règne seul sur la terre entière. D'ailleurs, Yahvé est le dieu qui s'est engagé pour le salut de son peuple. Aussi l'interdit religieux n'est-il pas lié à la présence située d'un dieu, mais procède-t-il de la parole du dieu d'Israël. Il n'est pas tant lié à des procédures rituelles qu'à une histoire du salut. Le respect de l'interdit se fonde sur la recherche de la sainteté qui conditionne l'élection par Yahvé et la libération finale d'Israël, non pas sur l'épreuve rituélique du « *numineux* » qui consacre lieux et cités et garantit l'ordre d'un cosmos.

Certes, les interdits du sacré existent, notamment dans le souci de la pureté pour approcher Yahvé ; néanmoins, ils sont désormais inclus dans une eschatologie, une téléologie du salut qui leur donne un sens par rapport à l'accomplissement de la promesse divine. Le Grec et le Romain comprennent leurs interdits sur fond de temps cyclique, l'Hébreu comprend les siens dans la ligne d'un temps finalisé. Les manquements à l'égard de l'interdit de l'Ancien Testament renvoient au péché et à la culpabilité métaphysique. Par le culte, Israël participe à la sainteté de son dieu mais c'est surtout par une fidélité totale à ses commandements, l'obéissance à sa loi, qu'il garde l'alliance jalouse de Yahvé et qu'il en obtient une sainteté exclusive. Dès lors, le sacré n'est qu'un des éléments d'une économie du salut, et les interdits surgis du sacré relèvent de l'ensemble plus vaste des interdits générateurs de sainteté. La représentation morale du péché et du salut englobe l'expérience première du sacré, du pur et de l'impur.

Avec le christianisme, nous nous trouvons dans un régime messianique où le sacré tire sa force de la révélation du Christ rédempteur. Le sacré chrétien ne s'ordonne pas à partir du monde et des lieux où surgit le « *numineux* » ; il n'est pas davantage un des éléments qui relie un dieu, son peuple et sa terre promise à travers la tension dramatique d'une histoire du salut encore inachevée. Dans la vision chrétienne, le sacré vaut pour tous et s'adresse à tous puisqu'il n'est pas enraciné dans une terre, un peuple mais qu'il procède de Jésus-Christ, médiateur entre la transcendance divine et ses créatures. Le sacré antique reposait sur l'expérience de l'effroi dans une saisie locale du divin ; le sacré chrétien, lui, ne peut être vécu que par la foi en Jésus-Christ. Dans cette dernière perspective, la nature et les hommes doivent être rachetés d'une faute originelle ; et ils le sont par le sacrifice du Christ : aussi le sacré n'est-il que la manifestation de la gloire du Rédempteur et de son épouse, l'Église. L'Église dit et produit le sacré tout comme la sainteté ; le christianisme arrache le sacré à la Terre, tout comme il arrache la sainteté à Israël.

Le Grec et le Romain comprennent leurs interdits sur fond de temps cyclique, l'Hébreu comprend les siens dans la ligne d'un temps finalisé. Avec le christianisme, nous nous trouvons dans un régime messianique où le sacré tire sa force de la révélation du Christ rédempteur.

Puisque la Rédemption a eu lieu, le temps chrétien n'est ni le temps cyclique des Anciens menacé par l'usure, ni ce temps en attente du juif esseulé qui scrute les traces d'un dieu parti suite à la destruction du Temple et l'épreuve de la diaspora. Le temps chrétien est un temps homogène et plein. « *Dès lors*, nous dit Julien Ries, *le temps sacré en régime chrétien ne s'oppose pas au temps profane : il constitue simplement un temps fort du salut*[7]. » Les fêtes chrétiennes font revivre les mystères du salut : elles ne relancent pas une vigueur primordiale, elles ignorent l'angoisse de la dispersion.

Temps sacré et temps profane s'interpénètrent parce que l'histoire du salut envahit toute l'existence avec le christianisme. L'interdit religieux cesse alors de manifester l'opposition entre le sacré et le profane pour devenir un moyen du salut. Autrement dit, l'interdit n'est pas l'expérience d'une différence entre deux modes de l'être, mais un appel à voir que le sacré et le profane sont réunis dans le Fils qui est à la fois tout dieu et tout homme. L'interdit engendre l'obligation de se conformer à une réalité absolue, homogène et définitive. De même que le sacré chrétien devient une médiation vers la transcendance absolue par l'eucharistie, les sacrements, la liturgie, de même l'interdit chrétien devient le moyen de la réconciliation de l'homme avec lui-même et avec son dieu.

L'interdit chrétien ne fonde pas, il libère. Il ne constitue pas deux dimensions irréductibles de l'existence, il libère au contraire de son essence tragique. Ainsi émancipé de la lourde épaisseur de l'univers, posé devant un monde dont il maîtrise le sens par la médiation christique et ecclésiale, l'homme s'érige comme conscience responsable d'une histoire à confirmer, dans le sillon de l'exemplarité du Christ. L'interdit acquiert une fonction morale puisqu'il convoque l'homme à prendre parti, à être jugé selon ses actes et intentions par rapport à la réconciliation universelle offerte par Jésus. L'universalisme chrétien de temps et de lieu invite partout chaque homme à échapper à l'étreinte de son paysage particulier et à se reconnaître coresponsable de fins ultimes et universelles. Ce faisant, le christianisme place le sacré sous le surplomb d'un regard métaphysique qui le justifie et le raisonne, le privant de son innocence. Quant à l'interdit chrétien, il se présente comme un chemin universel de transparence et de vérité de l'homme vers Dieu, de l'homme vers l'homme. Il interprète le pur et l'impur en termes de bien et de mal, il refuse l'ambivalence sacrée de la souillure.

Sous cet angle, la religion chrétienne se veut une positivité à l'œuvre : respecter l'interdit permet d'obtenir la plénitude de l'existence. Puisque promis à cette plénitude, l'univers chrétien est tendu vers l'abolition du sacré et du profane. C'est pourquoi l'interdit religieux, en terre chrétienne, procède d'un mouvement dialectique qui prétend dépasser l'irrésolution du monde et ses sphères opposées : il prépare déjà l'avènement de la rationalité occidentale, la volonté de l'homogène et de l'utile. L'interdit chrétien ne jaillit pas du jeu exubérant de la multiplicité, il n'est pas non plus cette trace divine qui accompagne le questionnement incessant du peuple de l'exil ; en définitive, l'interdit chrétien apparaît comme le moment moral de la dialectique de l'Un en devenir.

Seulement, l'homme occidental va subtiliser au Christ cette dialectique et se l'approprier par les forces de sa raison et de sa volonté. « *Le grand Pan est mort* » disaient les derniers païens devant le triomphe du christianisme ; « *la grâce divine s'est retirée* » pourrait-on dire devant la naissance de la modernité. En effet, avant Jésus, le monde détenait ses propres espaces de sens ; après le Christ, il détient toujours un sens mais unique et régi du haut de la région métaphysique. Sacré et interdit sont élucidés par le travail de la rationalité métaphysique. Vienne à s'épuiser le discours ontothéologique et l'univers ne rend plus compte qu'à l'homme. Or, cet événement a eu lieu : la raison et la preuve métaphysiques se sont effondrées sous les coups de la raison scientifique armée de son mécanisme des causes et des effets et de sa vérification expérimentale. L'univers ne demande pas à être signifié mais à être expliqué et expérimenté, il est soumis à la puissance effective de la technoscience.

Sur le plan de l'idée, ce sont Galilée et Descartes qui révélèrent le plus clairement cette compréhension explicative du monde. Chez le premier, la nature est constituée comme langage de la *mathesis universalis*, elle devient objet de traitement mathématique et de certitude scientifique ; chez le second, l'unité du monde de la vie, le vécu commun de l'homme, des choses et des corps sont brisés et laissent place à une libre subjectivité d'une part, à une matière mécanique d'autre part. Le monde est désenchanté, il est posé comme un objet, une étendue ouverte à la volonté infinie du sujet occidental.

Le monde vrai, celui dont on est certain, est celui dont on maîtrise les mécanismes, que l'on peut calculer, vérifier, reproduire. Sa valeur procède de sa transformation, de sa mise en mouvement incessante qui est opérée par l'activité économique. L'économie pouvait devenir notre destin pour paraphraser Karl Marx. L'économie pure, c'est-à-dire le capitalisme, était destinée à se saisir du réel et de la vie, à les soumettre à la nécessité de l'un et de l'homogène. L'ordre fonctionnel du capitalisme ne peut alors reconnaître aucune place essentielle à l'éthique et aux interdits chrétiens, notamment catholiques, car cette éthique, fondée sur des exigences de piété, de charité, de don personnel, est totalement inadéquate à l'univers impersonnel du capitalisme ordonné selon les exigences de concurrence, d'efficacité, de performance.

Le puritanisme protestant poussa, en effet, à bout la logique chrétienne qui voulait trouver le salut en élevant le profane vers la sanctification. Toutefois, par une ruse de la volonté de puissance et du rationalisme pratique, ce fut le profane qui engloba la norme religieuse et l'instrumenta au profit d'une sécularisation totale de l'existence.

Le christianisme put d'autant moins résister à cette perte du sens et à l'autonomisation de l'univers profane qu'il suscita en son sein un mouvement qui précipita cette évolution. Le puritanisme protestant poussa, en effet, à bout la logique chrétienne qui voulait trouver le salut en élevant le profane vers la sanctification [8]. Toutefois, par une ruse de la volonté de puissance et du rationalisme pratique, ce fut le profane qui engloba la norme religieuse et l'instrumenta au profit d'une sécularisation totale de l'existence. En liant l'éthique du travail dans le monde à l'obtention du salut, le puritanisme protestant acheva d'épuiser à son insu la force de l'interdit religieux.

Le puritain besogneux

Écoutons Max Weber : « *Le puritain voulait être un homme besogneux — et nous sommes forcés de l'être. Car, lorsque l'ascétisme se trouva transféré de la cellule des moines dans la vie professionnelle et qu'il commença à dominer la moralité séculière, ce fut pour participer à l'édification du cosmos prodigieux de l'ordre économique moderne. Ordre lié aux conditions techniques et économiques de la production mécanique et machiniste qui détermine, avec une force irrésistible, le style de vie de l'ensemble des individus nés dans ce mécanisme, et pas seulement de ceux que concerne directement l'acquisition économique. [...] En même temps que l'ascétisme entreprenait de transformer le monde et d'y déployer son influence, les biens de ce monde acquéraient sur les hommes une puissance croissante et inéluctable, puissance telle qu'on n'en avait jamais connu auparavant. Aujourd'hui, l'esprit de l'ascétisme religieux s'est échappé de sa cage — définitivement ? Qui saurait le dire ? [...] Quoi qu'il en soit, le capitalisme vainqueur n'a plus besoin de ce soutien depuis qu'il repose sur une base mécanique*[9]. »

En Occident, les grands systèmes de normativité religieuse sont exsangues, ne survit que leur parodie à des fins de spectacle ou d'hygiène mentale.

En conclusion, c'est toute une orientation de l'existence qui disparaît avec l'émergence de la compréhension technoscientifique du monde. La vie est réglée désormais de façon purement matérielle. Les lieux enchantés ont cessé de parler, il n'y a plus d'attente de salut, ni d'ici-bas, ni d'au-delà, ni d'arrière-monde. L'explication causale et vérifiable du réel l'a emporté sur l'épreuve du sacré ou le sens métaphysique de la vie. L'univers est un espace-temps de forces quantitatives, qui ne doit rien à une quelconque région du suprasensible. En Occident, les grands systèmes de normativité religieuse sont exsangues, ne survit que leur parodie à des fins de spectacle ou d'hygiène mentale.

Le suprasensible destitué, l'éthique a perdu tout fondement théologique ou ontologique. Seule la subjectivité humaine pose maintenant les valeurs et peut s'imposer des interdits. Mais en vue de quoi ? De rencontrer le « *numineux* » ? De préparer son salut éternel ? Non, bien entendu. En vue seulement d'éviter la domination de l'homme sur l'homme que répète avec une puissance inouïe le système du capital. A cet égard, l'interdit religieux ne peut plus prétendre qu'être une réserve du savoir de l'esprit face à la logique implacable de l'ordre de la marchandise. Dans cette perspective, il entretient un esprit d'alternative au fétichisme de la marchandise, et la raison critique doit s'en saisir et le réinterpréter au service de la délibération républicaine — la République qui doit, par ailleurs, redécouvrir ses interdits et son sacré spécifiques. Comprendre les interdits religieux selon l'horizon du bien public, telle peut être une tâche de la raison citoyenne. A moins que sacré et interdits ne soient reproduits comme le « supplément d'âme » du meilleur des mondes...

Philippe FORGET

1. *E. Durkheim,* Les formes élémentaires de la vie religieuse, *Paris, 1968.*
2. *Roger Caillois,* L'homme et le sacré, *Paris, 1963.*
3. *R. Otto,* Le sacré, *Paris, 1968.*
4. *L. Moulinier,* Le pur et l'impur dans la pensée des Grecs, d'Homère à Aristote, *Paris, 1962.*
5. *Le sacré initiatique est appelé par les Grecs* hieros.
6. *E. Benveniste,* Le vocabulaire des institutions indo-européennes, Paris, 1969.
7. *J. Ries,* Les chemins du sacré dans l'histoire, *Paris, 1985.*
8. *L'islam, qui se présente comme la dernière et l'ultime religion révélée, vise aussi à opérer la fusion du profane dans le sacré* (harâm). *Néanmoins, cette fusion reste encore problématique dans une époque engendrée par les forces de la technique. L'ilsam risque d'être l'instrument d'un ordre moral et politique, régi souterrainement par ces mêmes forces, sans pour autant constituer un autre site d'existence.*
9. *Max Weber,* L'éthique protestante et le capitalisme, *Paris, 1964.*

Pourquoi le Dieu Amour n'aime-t-il pas l'amour ?

Le « dieu pervers » a-t-il perverti la « Bonne Nouvelle » ?

par Guy Coq

« Le débat sur l'éthique et les valeurs dans cette société ne peut échapper à une étrange contradiction du christianisme estime Guy Coq, philosophe, membre du comité de rédaction de la revue **Esprit**. *Car chacun voit bien la qualité humaine du message évangélique. Il est même possible de repérer dans cette Bonne Nouvelle une des origines de l'humanisme moderne ; droits de l'homme, quête de l'universel ont trouvé dans ce message chrétien une part de leur clarté, même si leur affirmation dut se faire parfois contre les autorités chrétiennes. »*

Or, cette initiation à l'humanité apportée notamment par la Bonne Nouvelle, voilà qu'elle s'est trouvée liée à une sorte de « névrose chrétienne », à l'imposition d'interdits, notamment dans la sexualité, à une sorte de dénégation de la nature sexuée des humains, à une sorte de méfiance systématique vis-à-vis de l'amour. Cette face sombre de l'influence chrétienne sur cette société, est-ce la vérité du christianisme ? Comment expliquer que, au nom du Dieu Amour, on ait pu mépriser la sexualité ? Les questions pourraient être multipliées.

Après l'effacement du Sacré et de l'instance religieuse comme puissance de légitimation des valeurs, est-on condamné au flottement des repères éthiques, à une sorte de « crépuscule du devoir » où l'homme démocratique chercherait vainement sa voie ?

Ce second questionnement n'est pas sans lien avec le premier, car le retrait du christianisme n'est pas sans effets sur une morale qui semblait s'éclipser avec lui.

Maurice Bellet émet l'hypothèse du « dieu pervers » comme figure centrale des désastres de l'âme chrétienne. Ce dieu pervers est comme une figure maléfique qui aurait pris la place du Dieu des Évangiles.

Pour éclairer cette réflexion, je propose de recourir à une sorte de récit où un penseur chrétien explore, précisément, le malheur qui a travaillé le message chrétien. Maurice Bellet émet l'hypothèse du « dieu pervers »[1] comme figure centrale des désastres de l'âme chrétienne. Ce dieu pervers est comme une figure maléfique qui aurait pris la place du Dieu des Évangiles au cours de l'inscription de l'événement christique dans l'Histoire. C'est le dieu qui s'annonce comme amour infini, comme désirant le bonheur de l'homme, sa joie, sa liberté. Or, au nom de ce dieu amour, voilà qu'on justifie, en pratique, un système religieux où se trouve nié tout ce qui fait la qualité de la vie humaine ; apparaît une figure du divin qui « *détruit tout ce qui fait notre joie trop humaine* », un dieu qui menace, plein de ressentiment, qui nourrit en l'être humain une terrible haine de soi, despote arbitraire avide de notre malheur. Au nom du dieu amour s'engendre une radicale culpabilité : « *Je suis coupable à fond... coupable d'exister. Ma faute est d'être né.* »

Et le récit de Maurice Bellet présente ce dieu pervers comme provenant « *d'un système chrétien de la sexualité qui organise le malheur du désir* ». Il s'agit de transformer radicalement le désir de l'homme en l'orientant vers la perfection : « *Soyez parfait...* » et pour cela, rejoignez l'image de la vie parfaite, désirez le don total, effacez votre volonté propre, empruntez la voie de la mortification à la perfection. Le système de la perfection défini pour les moines par les vœux de pauvreté, chasteté, obéissance sera étendu aux prêtres, et il dévalorisera en pratique la vie de ceux qui, restés dans le monde, se marient, connaissent l'amour humain... De là une réelle dévalorisation de la « *trop humaine tendresse* », la méfiance à l'égard de la sexualité. L'impraticabilité du système de la perfection la voue souvent à l'imposture, au théâtre de la vie sainte, face à une réalité tue mais moins conforme à l'idéal. Comme on n'atteint pas la perfection, ce système engendre l'extrême culpabilité, la culpabilité d'être né ; « *Dieu nous aime, mais son amour est notre enfer.* »

Et quand le système essaie de se reprendre, en devenant système de la grâce, en mettant au premier plan non plus le système catholique de la perfection mais le système luthérien de l'amour de Dieu préalable, le dieu pervers resurgit. Demeurait présente la racine mortifère : à savoir, la culpabilisation de la sexualité.

Mais si la découverte moderne que la sexualité doit être déculpabilisée, qu'elle est bonne, permet de mettre au jour le dieu pervers, notamment à travers les effets de la psychanalyse, on voit alors apparaître un nouveau système, malgré la liberté affirmée du désir, et le rejet des interdits. « *Même défunt, le dieu pervers agit encore, laissant un héritage empoisonné : d'avoir rendu toute loi si odieuse qu'il condamne, si j'ose dire, au leurre de la jouissance elle-même identifiée avec une relation de transparence, de don entier et réciproque.* » Bref, un désir sans interdit, sans réalité est identifié avec la loi, « *une loi qui envahit toute la vie et s'identifie à la liberté. En somme, le dieu pervers poursuit ses effets dans le modèle hautement contraignant de l'homme ou de la femme sexuellement libéré* ».

Comme on le voit, Maurice Bellet n'édulcore en rien cette quasi-tragédie qui travaille le christianisme.

On pourrait s'attendre à ce qu'il marque une date d'apparition de ce dieu pervers qui détruit et falsifie le message chrétien... Et certes, il repère bien dans la longue histoire du christianisme des moments privilégiés. Mais finalement, c'est dès la première inscription, dès le texte évangélique, que paraît la possibilité d'un détournement du sens de l'événement Jésus. Dès ce moment, on voit bien que le Christ thérapeute s'emploie à guérir l'homme d'un malheur qui touche à son désir même : « *ce que l'homme connaît en lui comme désir, comme amour, devient pour lui* piège et chemin de mort. Son désir est son ennemi ». Sur la possibilité même de se déprendre du dieu pervers, l'auteur propose une longue démarche consistant à réellement prendre au mot la Bonne Nouvelle, la bonté du Christ. Si Dieu aime, *« si l'amour aime, il ne peut pas être ce pur malheur de notre sexualité où il a glissé, il est découverte que nous-mêmes, et tout ce qui est en nous, tels que nous sommes, mérite d'être. Il est bon d'être homme, il est bon d'être femme, il est bon d'être né. L'amour, et surtout celui qui se prétend le plus grand, ne peut que signifier : je préfère que tu sois plutôt que non, je te préfère vivant, tel que tu es, plutôt qu'inexistant, ou mort »*.

Si Dieu aime, si l'amour aime, il ne peut pas être ce pur malheur de notre sexualité où il a glissé.

Pourquoi cette apparition de l'image du dieu pervers, là même où justement s'exprime le plus grand éloge de l'amour, dans la Bonne Nouvelle et son annonce ? C'est que, chaque fois que s'affirme le désir d'un changement radical de l'homme, par exemple dans l'ambition d'atteindre en l'homme le désir même et pour le changer, pour transformer l'homme, chaque fois que l'ambition de transformer l'humanité est maximale, alors le risque est également extrême que se forme en même temps le dieu pervers. Et ce malheur n'est pas propre au christianisme ou à une religion ; tout d'abord, parce qu'il *« infecte tout l'Occident ». « Je crains qu'il n'y ait point de prise de position, méthode, révolution, etc., qui soit par nature et d'avance protégée du processus que j'ai décrit à propos du christianisme. Quelque chose peut toujours s'en reproduire sous d'autres langages, certes, en d'autres formes dès que l'homme veut agir pour changer l'homme. Il se réfère alors, la nommant ou pas, à quelque instance qui justifie son action. Et cette instance-là peut toujours devenir le lieu où se cache ce qui, en l'homme, contredit ce qu'il prétend faire. On ne tue jamais aussi bien qu'au nom de la vraie vie, on n'interdit de penser jamais autant qu'au nom de la vérité, on n'écrase, avilit, désespère jamais aussi bien l'amour qu'au nom de l'amour. »*

Force est de constater que c'est à partir d'une recherche sur ce qu'est effectivement la Bonne Nouvelle que l'auteur, non seulement présente une critique de l'expérience chrétienne comme peu d'auteurs extérieurs au christianisme ont pu en faire, mais en même temps, découvre le chemin d'une échappée au dieu pervers [2].

Dans une voie assez proche, Jean-Marie Domenach [3] pointait l'hypocrisie du Vatican qui *« prône en matière de sexualité conjugale des règles qui sont généralement inapplicables et inappliquées, ce qui a pour conséquence de propager l'hypocrisie et d'empêcher que se dégage, au sein de l'Église catholique, une autre morale sexuelle qui traduise dans la réalité de la vie et dans le langage de notre époque des principes qui finissent par perdre leur sens à force d'être bafoués »* (p. 38). Si l'on en croit les statistiques citées par G. Lipovetsky (*Le crépuscule du devoir*, Gallimard, 1992, p. 77) : *« En 1990, 60 % des catholiques pratiquants affirmaient que l'Église n'a pas à imposer d'obligations précises en matière de vie sexuelle, plus des deux tiers étaient favorables aux relations sexuelles avant le mariage », « Un catholique pratiquant sur deux considère que l'Église va trop loin lorsqu'elle condamne l'usage des préservatifs. »*

Ces quelques données montrent que la crise est profonde. Et Jean-Marie Domenach a raison de fustiger les conséquences du blocage, à savoir qu'il empêche, au nom d'une pseudo-morale, une authentique réflexion morale dans le monde catholique. Il fut un temps où la solidarité entre foi et morale était telle que l'écroulement du moralisme, la rupture avec la discipline morale, notamment sexuelle, ébranlait la foi. Il est clair que là-dessus, le monde catholique, en France, a beaucoup évolué. Manifestement, il a développé une sorte d'autonomie morale : l'autorité du pape sur la morale individuelle est ébranlée. Mais en même temps c'est une situation de crise : car l'Église devrait avoir quelque chose à dire, et le refus de tout discours ecclésial comportant des obligations en matière sexuelle témoigne d'une situation anormale. Une discipline excessive, et qui implique finalement une méconnaissance de la dynamique de la vie, des conditions mêmes de la cohésion du couple, au nom d'une idéologie de la supériorité de la vie asexualisée, ont cassé la communication entre le Vatican

Journal d'un curé de campagne, de Robert Bresson : un Dieu terrifiant

et une partie des croyants. La crispation contre l'admission à la prêtrise d'hommes mariés exprime, en définitive, un mépris du couple, et semble perçue comme telle, beaucoup plus que comme affirmation d'un idéal. Il me semble que cette crispation ne sert aucunement l'idéal de la vie consacrée dans le célibat, au contraire. Car le discours sur une valeur risque de se déconsidérer, s'il se nourrit du mépris d'une autre...

Il est courant qu'en matière éthique, le croyant soit éclairé par celui qui se réfère à la seule humanité.

Certes, le christianisme n'est pas une morale. Les morales qu'à diverses époques, on a présentées comme morales chrétiennes, sont des constructions humaines, visant à traduire la Bonne Nouvelle comme inspiratrice de l'éthique. C'est pourquoi, il est concevable que des chrétiens coopèrent avec d'autres, dans la même société, pour chercher à fixer les repères éthiques communs nécessaires. A ce niveau, la conscience chrétienne ne dispose pas d'une vérité évidente *a priori.* Et il est courant qu'en matière éthique, le croyant soit éclairé par celui qui se réfère à la seule humanité.

Guy COQ

1. *Dans le seul livre essentiel sur ce thème et partout rejeté pour cette raison :* Le Dieu pervers, *Desclée de Brouwer, 1979 (avec une préface de Jean Sullivan), puis Le Cerf, 1989.*
2. *Notons une fois pour toutes, que la position de Maurice Bellet n'est pas systématique, et qu'il admet que, malgré eux, le système de la perfection et de la grâce n'a pas empêché l'accomplissement de grands saints. Voir Thérèse de Lisieux.*
3. *Dans* Une morale sans moralisme *(Flammarion, 1992).*

Esquisses pour une convivialité entre ceux qui croient au ciel et les autres

Y a-t-il des interdits laïques ?

par Guy Gauthier

Orou, le « naïf » Tahitien à qui Diderot prête sa subtilité dans le célèbre *Supplément au voyage de Bougainville*, s'étonne, lors de son dialogue avec l'aumônier, des multiples interdits qu'il respecte (où plutôt ne respecte pas en définitive, puisqu'il succombe à la tentation) en raison, dit-il, de son « état ». L'aumônier pourrait s'étonner tout autant des interdits de la société tahitienne, à vrai dire aussi incompréhensibles que ceux qu'il trouve « naturels ». Diderot, maître du dialogue puisqu'il parle pour les deux, ne manque pas d'opposer les interdits (ou les prescriptions) d'origine divine, ou prétendue telle, et ceux nécessaires au bon fonctionnement d'une société. En balance, la religion et le droit.

Pour quelqu'un qui n'attend rien du ciel, et a fait son deuil de tout espoir d'au-delà, les interdits religieux ont quelque chose d'à la fois énigmatique et irritant. Non pas qu'il soit scandaleux de croire à l'au-delà : le temps est passé des joutes sur l'existence de Dieu. On croit ou on ne croit pas, voilà tout, pas besoin de s'en créer un monde. La question que se pose l'agnostique, donc, c'est : mais où vont-ils chercher tout ça ? Bien sûr, il a lu la Bible, les Évangiles, et même le Coran. De beaux textes, certes. Sublimes même, en certains passages. Mais les Upanishad aussi. Rien qui puisse ébranler

la foi (la mauvaise foi ?) de qui est convaincu qu'il n'y a là que des contes, estime Guy Gauthier de la Ligue de l'enseignement.

Qu'importe. Respecter l'homme, c'est aussi respecter les interdits qu'il se donne. On s'en accommode. Si on a un musulman à sa table, on évite de servir du porc, animal impur. Si c'est un hindou, on élimine le bœuf, animal sacré. Si c'est un Jaïn (mais c'est plus rare), on élimine du repas toute trace d'être vivant. Le Vendredi Saint, on sert du poisson, à tout hasard, si on y pense. C'est dire que les interdits ne sont pas un obstacle à la vie en société, ni même à l'amitié. A une condition, mais elle est de taille ; qu'ils ne s'étendent pas à la société tout entière. Toutes les religions ont eu cette tentation, et toutes y ont succombé, quand elles n'y succombent pas encore. Inutile de chercher dans le passé, proche ou lointain : les exemples abondent. Passons sur le cas, hélas exemplaire, des pays d'islam, avec en tête l'Arabie Saoudite, où presque tout est interdit, surtout pour les femmes. Les « républiques » islamiques, Iran, Pakistan, aux dernières nouvelles l'Afghanistan, demain peut-être l'Algérie, rivalisent fort bien avec une monarchie qui compense, aux yeux des gens réalistes, son arriération par sa richesse. Laissons de côté l'Inde avec ses intouchables, Israël avec ses préceptes bibliques pour justifier les actions terroristes hors de ses frontières. Oublions Kadhafi en prière dans le désert, et Saddam Hussein et ses crises mystiques opportunes. Tout ça, après tout, n'est que le tiers monde.

Balayons devant notre porte, voyons en pays chrétien. En France, où il en est pourtant qui piaffent de faire de la loi de Dieu la loi de la République, le péril n'est pas immédiat. Nous sommes bien encore empêtrés dans un calendrier religieux, avec cet interdit du dimanche sur lequel veillent sans relâche l'épiscopat et la CGT, mais nous avons fini par nous y faire en contournant le désert dominical.

Mais il y a beaucoup plus sérieux en terre catholique. En Pologne, par exemple, où l'interdit religieux d'« interruption de grossesse » est étendu à la nation tout entière, non pas par la loi (résidu de l'ancien système, elle autorise), mais par l'application d'une clause de conscience des médecins catholiques. La loi permet, mais le corps médical interdit. Comment se passer du corps médical, sans retomber dans le recours à celles qu'on appelait joliment les « faiseuses d'anges » ? Cette interdiction obscurantiste était encore en usage en France il y a vingt ans, avant la loi Veil. Le refus d'avortement est de la responsabilité de la femme, du couple ensuite : rien à dire des catholiques qui se l'appliquent librement, respectant ce qu'ils ont interprété de la volonté de leur Dieu. Le problème est de ne pas l'imposer aux autres, qui n'ont pas le même ou ne s'en connaissent pas.

Est-ce là une survivance malheureuse des temps anciens, une réaction à la domination toute proche d'une idéologie athée ? Que non. Aux États-Unis, où règne la morale protestante (celle des protestants américains, concédons), le débat est de savoir si l'interdiction faite aux uns par leur religion doit s'étendre à l'ensemble de la nation, ou subsister seulement dans quelques États, histoire d'encourager le tourisme. Quand on pense que les adversaires de l'avortement sont aussi les partisans de la peine de mort, on peut à juste droit être sceptique sur les leçons de démocratie que l'Amérique entend donner au monde.

Tout serait simple, si le seul danger d'extension d'un interdit à ceux qu'il ne concerne pas résidait dans un rapport de force : il suffirait de se manifester avec une conscience civique toujours en éveil. Faisons confiance aux Polonais (qui seraient, paraît-il, favorables à l'avortement en cas de référendum) et aux Américains pour résoudre leur problème.

Le danger véritable est ailleurs : dans nos têtes. Les interdits religieux viennent de si loin, et surtout le désir d'interdire est si fort en nous-mêmes, que nous sommes prêts à reproduire en toutes circonstances cette fâcheuse tendance à imposer notre point de vue aux autres. C'est dans ce piège qu'est tombée la morale laïque des débuts de la IIIe République, devenue selon Jules Ferry « *la bonne vieille morale de nos pères* ». Jean-Paul Sartre a fort bien exprimé jadis ce glissement progressif du désir de morale : « *Lorsque, vers 1880, des professeurs français essayèrent de constituer une morale laïque, ils dirent à peu près ceci : Dieu est une hypothèse inutile et coûteuse, nous la supprimerons, mais il est nécessaire cependant, pour qu'il y ait une morale, une société, un monde policé, que certaines valeurs soient prises au sérieux et considérées comme existant* a priori, *il faut qu'il soit obligatoire* a priori *d'être honnête, de ne pas mentir, de ne pas battre sa femme, de faire des enfants, etc. Nous allons donc faire un petit travail qui permettra de montrer que ces valeurs existent tout de même, inscrites dans un ciel intelligible, bien que par ailleurs, Dieu n'existe pas. Autrement dit, et c'est, je crois, la tendance de tout ce qu'on appelle en France le radicalisme, rien ne sera changé si Dieu n'existe pas ; nous retrouverons les mêmes normes d'honnêteté, de progrès, d'humanisme, et nous aurons fait de Dieu une hypothèse périmée qui mourra tranquillement et d'elle-même*[1]. »

Au fond, nous serions prêts à dire : Dieu n'existe pas, mais ses interdits étaient bien commodes. C'est la raison pour laquelle Voltaire, qui n'en croyait pas un mot, maintenait à tout hasard un Dieu dans le ciel, suivi en cela par les révolutionnaires de 1793, qui avaient remplacé Dieu par l'Être Suprême. Il fallait y penser. N'en doutons pas : l'Être Suprême, à condition de lui laisser le temps de se retourner, n'aurait pas tardé à assister le tribunal révolutionnaire de ses interdits.

C'est ainsi que l'on passe de la religion au droit, de l'interdit à la loi. Le raisonnement d'Orou, c'est-à-dire de Diderot, au moins dans le texte cité, ne laissait pas grande place à la religion, tout étant du droit, en l'occurrence du droit coutumier. Certaines des prescriptions — et qui dit prescription dit interdit — de cette société tahitienne à usage philosophique étaient peut-être nécessaires à sa bonne marche, mais ni la nature, ni la raison, ne pouvaient les justifier. Pourquoi une jeune fille doit-elle cacher sa poitrine quand elle n'en a pas, et la montrer plus tard à tout le monde ? La seule réponse est : parce que c'est comme ça. Ce qui n'est pas absurde : il faut rouler à droite ou à gauche, les Anglais ont choisi la gauche, nous la droite, et chacun de notre côté de la Manche, nous nous en tirons très bien. Choix arbitraire. Mais, s'agissant de la poitrine des femmes, il y a gros à parier, quand on connaît la sollicitude religieuse à leur encontre, qu'il y eu jadis quelque interdit aujourd'hui oublié, mais maintenu en raison, soit de l'habitude, soit de son utilité sociale. Pour garder cet exemple nullement scabreux, si ce n'est pour les esprits mal faits, rappelons l'aventure des Balinaises. Elles allaient jadis les seins nus, sans doute parce qu'elles étaient plus libres de leurs mouvements. Arrive un gouverneur hollandais puritain, qui passe, au nom de la morale, un décret selon lequel les femmes devaient avoir recours au soutien-gorge. Les manquements, nombreux, à cet interdit légal, ont fait pendant des années la joie des voyageurs, mais on se fait à tout, et les Balinaises se sont résignées à emprisonner leur poitrine. Et puis voilà qu'une nouvelle mode arrive d'Europe : les plages de Bali sont envahies par des dames aux seins nus. Ce sont les Balinaises qui ont été scandalisées !

La tolérance est-elle désuète ?

Quel serait le rôle d'une morale laïque — j'entends par là une morale qui ne s'inspirerait d'aucune religion tout en les respectant toutes — entre les interdits religieux individuels, et les interdits légaux collectifs ?

Une telle morale ne pourrait se payer le luxe de renforcer le stock déjà considérable des interdits religieux, d'autant plus nombreux que les religions se diversifient sur des territoires autrefois homogènes. Il y a cinquante ans, le catholicisme en France n'avait pour rivaux que ses vieux adversaires protestants. Aujourd'hui, il lui faut compter avec les musulmans plus nombreux et plus actifs, et les juifs, moins nombreux mais en religion plus actifs que naguère. Le bouddhisme a fait une discrète mais ferme irruption, et que dire des sectes ? Car enfin, pour condamnables que soient leurs activités aux yeux d'un agnostique, il lui faut se souvenir que ces grandes religions dont on vante la hauteur de vues ont commencé par être de petites sectes. Face à ce déferlement, la morale laïque n'a guère le choix : il lui est interdit d'interdire, comme on disait en mai 1968.

Elle a cependant la mission paradoxale de permettre à chacun de respecter les interdits qu'il lui plaît de s'infliger. Tout en sachant qu'une religion majoritaire, ou en position de force, n'hésite guère à étendre ses interdits à la société tout entière, il lui faut veiller à ce que les minorités ne soient pas molestées. Le menu des restaurants scolaires ou d'entreprise a dû s'adapter à cette exigence morale : n'y aurait-il qu'un seul rationnaire musulman, il lui faudrait pouvoir se nourrir le jour où le porc est au menu. Personne ne l'oblige à en manger, disent les cyniques, sous-entendant qu'après tout, il lui reste les légumes. Réaction évidemment d'intolérance.

Faut-il alors tout tolérer, disent alors les mêmes, qui ne manquent pas d'arguments ? Peut-on accepter la circoncision, la polygamie (qui n'est pas un interdit mais une autorisation abusive), ou autres pratiques plus ou moins barbares ou aliénantes de la liberté individuelle ? La réponse va de soi : l'interdit qu'on s'applique à soi-même est respectable, pas celui qu'on impose aux autres, inférieurs, femmes, enfants. Ce qui soulève en passant une vieille question, celle du droit des parents sur les enfants, dont beaucoup pensent qu'il est *par nature* inaliénable et souverain.

Seconde remarque : rien ne peut être toléré de ce qui est contraire à la loi. La revendication de carrés musulmans dans les cimetières, d'un menu de collectivité adapté aux injonctions religieuses, d'une éducation séparée, ne sont pas contraires à la loi. Et quand la loi est imprécise ou muette — heureusement, elle ne peut s'occuper de tout — chacun a recours à son système personnel, ce qui donne une belle cacophonie : on se souvient encore de « l'affaire » du foulard islamique, dans laquelle tout le monde avait une position juridique... sauf le Conseil d'État, fort embarrassé de reconnaître l'imprécision et la minceur des dispositions légales.

La première réponse — tout interdit est recevable quand on se l'applique à soi-même, et irrecevable quand on prétend l'appliquer aux autres — requiert des nuances. Seul Robinson dans son île est au-dessus de toute morale et de toute loi, sauf s'il pense avoir des comptes à rendre à une puissance supérieure. Les problèmes commencent quand arrive Vendredi, car toute licence individuelle peut avoir des retombées sociales. Au fond, hors de toute considération religieuse, quelle importance qu'un individu se drogue, se saoule, ou enfume sa chambre ? Sa vie lui appartient... à condition qu'il n'ait aucune descendance, ne puisse exercer aucune influence, n'encourage aucun trafic illicite, etc. Nous vivons, c'est notre malheur et notre salut, au contact des autres.

La règle de conduite très connue, qui consiste à dire : « *Ne fais pas aux autres ce que tu ne voudrais pas qu'on te fît* », est subtilement perverse : elle suppose que chacun d'entre nous est la mesure de tous. Il y a des choses, effectivement, que beaucoup accepteraient avec gratitude, même venant de gens qui n'en voudraient pas pour eux-mêmes. Nous sommes multiples et compliqués.

Il ne reste plus, pour faire face à cette multiplicité, qu'à ressusciter une vertu surannée : la tolérance. Elle a mauvaise presse, en raison d'une dérive du mot, qui voudrait que tolérer impliquât une sorte de condescendance. « *Je te tolère* » voudrait dire en fait : « *Je veux bien que tu te manifestes parce que je suis le plus fort, et que je n'ai rien à craindre de toi.* » Il est vrai que bien des sociétés dites « tolérantes » n'ont fait que supporter à la marge des minorités, tout au plus libres d'exercer leur culte sans vraiment prendre part au gouvernement de la cité. En ce sens, on peut dire que la société andalouse en certaines périodes au cours de sa longue histoire a été tout au plus « tolérante ». A tout prendre, mieux valait cela que l'intolérance des rois catholiques. Dans ce sens, « tolérer » voudrait dire « supporter ». Pourquoi cependant vouloir rabattre un mot sur un autre, au mépris de la précision ? La tolérance, disait Claudel, il y a des maisons pour ça. Mot d'auteur, reflétant par ailleurs une morale. Auteur pour auteur, mieux vaudrait se référer à Voltaire, et à son admirable *Traité sur la tolérance*. Il se trouve, bizarrement, que la pensée laïque semble préférer Claudel, plus moderne, à Voltaire, passé de mode. Il n'est pas inutile pourtant de continuer à défendre la tolérance selon Voltaire : c'est une bonne manière de vivre ensemble, non pas avec nos ressemblances, qui s'accommodent par nature les unes des autres, mais avec nos différences, autre mot en passe de bannissement pour non-conformisme.

Vigilance aux frontières de la loi

Deuxième réponse : la loi. Ses interdits sont plus nombreux, et plus contraignants dans les sociétés démocratiques, que ceux de toutes les religions réunies. Ces interdits sont-ils justes et rationnels ? On peut en douter, d'autant plus que nombre d'entre eux ont une origine religieuse, qui peut s'enraciner dans la nuit des temps ou résulter de la pression d'un groupe religieux majoritaire, ou simplement en situation de force.

Les lois (le pluriel prête moins à confusion que le singulier dans ce cas précis) ont cet avantage de fournir une règle du jeu précise, ou tout du moins soumise à interprétation contradictoire. Aux yeux de certains, cet avantage est déterminant, les règles ayant la caractéristique de n'avoir aucun fondement, mais d'être simplement des règles : les règles de la belote ou du bridge sont parfaitement arbitraires, et il n'est pas de républicain sérieux pour contester le rôle du roi aux échecs. La loi est la loi, c'est comme ça. Une société ne peut fonctionner quand on conteste la loi, ou quand on pense ne pas avoir à se l'appliquer. Pour des raisons religieuses par exemple : cas des médecins polonais.

Cette obéissance nécessaire doit s'accompagner de méfiance. C'est ici que la vigilance laïque trouve toute sa signification. Les religions, comme d'autres groupes de pression, tentent plus ou moins ouvertement de faire passer leurs interdits dans le système de répression, et certains de ces interdits, s'ils ont force de loi, ne sont pas aussi innocents que les règles de la belote. Cette tentation est permanente, et durera aussi longtemps qu'il y aura des religions, ou des croyances — fussent-elles « laïques » — portées à l'intolérance ou au monopole. Les religions contribuant par ailleurs à donner un sens à la vie, il n'est ni prévisible ni souhaitable qu'elles disparaissent de sitôt. La vigilance laïque se trouve ainsi en situation d'avoir à s'exercer pour longtemps, y compris contre ses propres tentations d'hégémonie.

Ce qu'elle peut empêcher dans un sens — la migration des interdits religieux dans le domaine public par le biais de la législation —, il lui faut le favoriser dans l'autre sens. La loi n'étant ni éternelle ni de droit divin, elle peut être abrogée ou modifiée. C'est encore du rôle de la vigilance laïque de favoriser le dépoussiérage permanent de l'arsenal juridique s'il est encombré d'interdits qui ne sont pas conformes à l'intérêt général, notion d'ailleurs discutable quand elle se contente de juxtaposer de prétendues évidences, dites de « bon sens ». Rien n'est évident, tout s'élabore en commun, et pour une durée déterminée, au terme d'un débat serré.

On a donc compris qu'il ne peut y avoir d'interdits laïques en dehors de ceux qui sont inscrits dans le code du « vivre ensemble ». Ce qui n'empêche pas qu'il puisse y avoir, sous la bannière laïque, de redoutables déviations. Il est du rôle de la vigilance laïque de les combattre, comme il est du rôle, je pense, des adeptes les plus éclairés des religions de veiller à ne pas empiéter sur le domaine public. Ceux qui sont vigilants, en dehors comme en dedans, relèvent de la morale laïque.

Est-ce à dire qu'il ne puisse y avoir de morale laïque en dehors de cette vigilance permanente en lisière de la loi ? Reconnaissons que son rôle est beaucoup plus difficile à définir. Il y a une morale civique qui favorise le jeu des institutions, et permet ainsi de ne pas faire du respect de la loi la seule affaire des juges et des gendarmes. Il y a une morale de la fraternité, laquelle ne peut être du ressort de la loi, à la différence des deux autres proclamations de la devise républicaine. Il y a, comme on l'a souligné, une morale de la tolérance des différences culturelles, non pas au sens folklorique auquel l'intolérance tente de la réduire, mais dans la manière de respecter les attitudes multiples des groupes humains face à la vie, la mort, l'amour, le rapport à la nature et à ses ressources. Mais ces attitudes sont minimales et non pas maximales, sociales et non pas individuelles, universelles et abstraites, et non pas associées à la vie dans sa quotidienneté. Elles relèvent du code plus que de la conscience, de l'éthique plus que de la morale [2]. Elles ne peuvent suffire à régenter ce champ de bataille qu'est l'homme seul, exposé aux pressions contradictoires de ses croyances intimes, de celles qu'il partage avec son groupe d'élection et des impératifs d'avoir à tolérer (et non pas seulement à supporter) les règles d'une vie sociale de plus en plus complexe.

Guy GAUTHIER

1. *Jean-Paul Sartre,* L'existentialisme est un humanisme.
2. *Le sens des deux mots varie selon les auteurs. J'appelle provisoirement « morale » ce qui relève de la libre acceptation par la conscience individuelle, et « éthique » ce qui fait l'objet d'un contrat qui n'est pas juridiquement enregistré.*

Les dix commandements, de Cecil B. de Mille

VI

Petit dictionnaire autour de 40 interdits et de quelques autres pratiques

Aliquando

« *Parfois (en latin : aliquando*), la cruauté de la volupté ou la volupté de la cruauté vont si loin qu'elles (les femmes) se procurent des poisons pour se rendre stériles..., deviennent les prostituées de leurs maris et les maris adultères avec leurs propres femmes .» Cette phrase est de saint Augustin (354-430), évêque d'Hippone en Afrique du Nord, dans *Mariage et concupiscence* (I, 15, 17). Donnée en référence par l'archevêque de Palerme au concile Vatican II, la théologie qu'elle exprime, à savoir la condamnation de toute contraception, est celle adoptée par Paul VI (1968) et Jean-Paul II (1981 et 1993).

Géant de la pensée chrétienne, peut-être le plus grand, Aurelius Augustinus, devenu saint Augustin, associe le péché originel à la sexualité. Nous lui devons une abondante littérature sur le péché d'Ève croqueuse de pomme et ses conséquences. Sa doctrine est restée dominante jusqu'à nos jours. Son grand combat est celui qu'il mène sur ces points contre Pélage et les pélagiens, qui seront déclarés hérétiques.

Saint Augustin étudie de près la situation d'Adam et Ève au Paradis avant l'épisode du fruit défendu. Un chapitre entier de *La Cité de Dieu* démontre qu'Adam maîtrisait son sexe comme d'autres maîtrisent le mouvement de leurs oreilles. C'est le plaisir sexuel qui transmet le péché originel aux enfants. Si ceux-ci meurent sans être baptisés, ils sont damnés. Dans cette logique, au Moyen Age, parfois, les fœtus de femmes décédées au cours de leur grossesse étaient extraits du corps maternel et ensevelis hors du cimetière chrétien. Cette pieuse pratique s'était suffisamment répandue en Norvège pour qu'une loi l'interdise.

Pour saint Augustin, le but de la sexualité est la reproduction, tout rapport avec son épouse pendant les règles, la grossesse ou après la ménopause est condamné. Son dernier ouvrage, toujours contre les pélagiens, disserte de la distinction entre ressentir le plaisir durant l'acte sexuel (hélas, inévitable pour l'homme, donc admissible) et rechercher ce plaisir (qui relève manifestement du mal).

Saint Augustin fonde sa doctrine, supériorité du célibat et de la virginité, condamnation du plaisir et de la contraception, sur l'apôtre Paul et les rares et énigmatiques enseignements de Jésus en matière de sexualité. Ironie de l'histoire, la méthode contraceptive qu'il a le plus combattue, celle des manichéens (dont il fit partie dans sa jeunesse), basée sur les rythmes naturels, est la seule qui soit acceptée aujourd'hui par l'Église.

Réf.

Francis Ferrier, *Saint Augustin*, PUF.
Uta Ranke-Heinemann, *Des eunuques pour le royaume des cieux*, Éd. Robert Laffont.

Alcool

Dans le judaïsme, la consommation d'alcool est étroitement subordonnée à une surveillance stricte de toutes les étapes de la fabrication.

Pour les musulmans, la consommation est totalement interdite, de même que le fait d'en tirer profit d'une manière ou d'une autre (culture, transport, vente...). Il existe toutefois, depuis les débuts de l'islam, une controverse portant sur le terme « *khamr* » utilisé dans le Coran. Selon l'interprétation étroite, il désigne seulement le vin de palme, selon l'interprétation large il désigne l'alcool en général. La deuxième interprétation a prévalu.

Réf.

Pierre-Marie Doutrelat, *Les bons vins et les autres*, Seuil Points Actuel.
La bière, Collection Aimer et connaître, Larousse.

Ascétisme

Laissant loin derrière les moines chrétiens et leurs trois vœux de pauvreté, chasteté et obéissance, les ascètes hindous remportent haut la main la palme du refus de la vie et de la nature pour se fondre dans la divinité (nirvana).

Connus de façon folklorique (au mauvais sens du terme) comme fakirs par les premiers voyageurs européens, ces ascètes sont appelés *saddhus, samnaysins*, c'est-à-dire « *renonçants* » ou *yogis* (du sanscrit signifiant « joug »), adeptes de pratiques fort éloignées du « yoga » occidentalisé en méthode de relaxation.

L'« exploit » le plus remarquable est sans doute celui des ascètes qui parviennent au dessèchement d'un de leurs bras en le gardant constamment levé. Pour comprendre ce renoncement absolu à tout ce qui n'est pas strictement nécessaire à la survie, assorti d'automortifications particulièrement rigoureuses, il faut tenter d'appréhender le système hindou. La clé en est la *Bhagavad Gîta*.

L'ascétisme ne relève pas du système des castes, consubstantiel à l'hindouisme, mais ne se comprend cependant que par rapport à ce système. Certains hommes, leurs devoirs de caste, d'époux et de père remplis, se retirent et tentent d'échapper à la série des transmigrations en s'interdisant tout ce qui rend les hommes humains.

L'écrivain germanique Hermann Hesse s'est interrogé sur l'ascétisme hindou et sur son sens, à travers son héros Siddhartha s'adressant à son compagnon d'ascèse Govinda : « *Qu'est-ce que la méditation ? Qu'est-ce que l'abandon du corps ? Qu'est-ce que le jeûne ? Qu'est-ce que retenir sa respiration ? C'est fuir son moi, c'est échapper pour quelques instants aux tourments de son être, c'est endormir pour un temps la douleur et oublier les extravagances de la vie. Mais tout cela, le premier bouvier venu le trouve dans une auberge, en buvant quelques coupes de vin de riz ou de lait de coco fermenté ! Alors il s'oublie soi-même, il ne sent plus les douleurs de la vie, il est devenu insensible à tout. Dans cette coupe de vin, il trouve ce même oubli que Siddhartha et Govinda trouvent aussi, quand, au prix de longs efforts, ils s'échappent de leur corps et habitent dans leur non-moi... Je suis aussi éloigné de la sagesse et de la délivrance que je l'étais dans le sein de ma mère ; je le sais, ô Govinda, je le sais.* » Hesse termine son livre en décrivant la vie simple et équilibrée de passeur de rivière adoptée par Siddhartha à la fin de sa vie. Mais est-il encore hindouiste ?

Réf.

Hermann Hesse, *Siddhartha*, Le Livre de poche.
La Bhagavad Gîta, traduction d'Alain Porte, Arléa.

Avortement

Sur la question de l'avortement il y a incompatibilité morale entre le catholicisme et l'humanisme laïque.

Le catholicisme développe jusqu'à ses ultimes conséquences la vision chrétienne de l'homme, créature de Dieu, soumise à ses commandements. C'est dans cette logique qu'il faut comprendre les propos de Jean-Paul II lors de son voyage en Pologne en juin 1991. Les « Dix commandements » étaient l'axe de ses interventions (reproduites dans une brochure des Éditions du Laurier, 16, rue Cortambert, 75016 Paris). Commentant le cinquième commandement *« Tu ne tueras point »*, il évoque les victimes de la Seconde Guerre mondiale et ajoute : *« A ce cimetière des victimes de la cruauté humaine s'ajoute, en ce siècle, un autre grand cimetière : celui des enfants non nés, des sans défense, dont la mère n'a pas connu le visage, consentant, ou bien cédant à la pression, que la vie leur soit ôtée avant qu'ils naissent. »*

Ce parallèle, qui souleva un tollé, est une évidence pour la plupart des catholiques : l'avortement est un crime, la mort donnée à l'embryon est tout aussi criminelle que celle donnée à l'adulte, le nombre des victimes étant de plus bien supérieur (entre trente et quarante millions d'avortements par an, selon le cardinal Ratzinger).

La doctrine catholique est soutenue par des fractions militantes grandissantes, issues de toutes les religions monothéistes, qui agissent dans le monde entier. Aux USA, le combat « pro-life » est mené principalement par les fondamentalistes protestants. C'est dans ce pays que le professeur Bernard Nathanson réalise en 1985 une vidéo *Le cri silencieux* à partir d'échographies d'avortements. Cette vidéo est diffusée en France par la Trêve de Dieu (BP 167, 92805 Puteaux). Association qui, parmi une dizaine d'autres, produit des argumentaires et participe à des « opérations sauvetage » illégales dans les centres d'interruption volontaire de grossesse (CIVG).

L'humanisme laïque défend une conception de l'homme maîtrisant son destin. Une maternité heureuse est une maternité consciente. Les femmes, maîtresses de leur corps, peuvent décider avec les hommes, grâce à une contraception efficace, du moment de la naissance de leurs enfants et de leur nombre. En ce sens, un avortement est à la fois un recours et un échec dû au manque d'information.

La loi, dix-huit ans après son adoption, n'est pas correctement appliquée. Les CIVG, et leurs personnels, n'ont pas de statut propre et manquent de moyens financiers. Certains hôpitaux n'acceptent plus les femmes au-delà de huit semaines de grossesse (la loi autorise jusqu'à dix semaines). D'autre part, une quarantaine de « commandos pro-life » contre les CIVG ont été décomptés en deux ans. Pour faire appliquer la loi s'est constitué, autour du Planning familial (voir l'entrée Contraception), une Coordination des associations pour le droit à l'avortement et à la contraception.

Il faut ajouter que, contrairement à une loi de 1974 stipulant que tous les contraceptifs sur ordonnance doivent être remboursés, c'est le cas seulement pour la moitié des trente et une marques commercialisées. Enfin, les polémiques les plus douteuses ont suivi la mise au point de la pilule abortive RU 486 par le professeur Baulieu.

Réf.

Vingt-cinq ans d'histoire du Planning familial, D'une révolte à une lutte, Éd. Tierce.
J. Heinen, A. Matuchniak, *L'avortement en Pologne : La croix et la bannière*, Éd. L'Harmattan.
Étienne-Émile Baulieu, *Génération pilule*, Éd. Odile Jacob.

Blasphème

La condamnation du blasphème est commune à toutes les religions monothéistes depuis le *Lévitique* : *« Si un homme insulte son Dieu, il doit porter le poids de son péché ; ainsi celui qui blasphème le Nom du Seigneur sera mis à mort ; toute la communauté le lapidera, émigré ou indigène, il sera mis à mort pour avoir blasphémé le Nom. »*

Mais la définition du blasphème est, bien sûr, relative à la religion considérée. Pour les autorités juives de l'époque, Jésus blasphémait. Et, réciproquement, les *« Toledoth Yeshu »* (Vies de Jésus) écrites plus tard dans la diaspora juive étaient blasphématoires aux yeux des chrétiens. Pour ces mêmes chrétiens, réduire Jésus à un prophète, fût-il le plus grand, comme le font les musulmans, est inadmissible. Pour les musulmans, les chrétiens adeptes de la Trinité commettent le pire des crimes : associer à Dieu d'autres divinités, même si, obscurément, les trois n'en font qu'une. Bien plus, à l'intérieur de ces hérésies successives, les dogmes ont varié : les dominicains de la grande époque ne prisaient guère les partisans de l'Immaculée Conception de Marie (née sans être souillée par le péché originel). Ce dogme n'a été promulgué qu'en 1854.

Jean Delumeau a qualifié de « *civilisation du blasphème* » l'Europe de la Renaissance : « *Casuistes et confesseurs du* XVIe *et* XVIIe *siècle jugent unanimement que les deux grands péchés les plus fréquemment commis par leurs contemporains sont la luxure et le blasphème. Ce dernier a tout autant sévi en pays protestants où il fut poursuivi avec non moins de vigueur.* »

En 1766, le Chevalier de La Barre « *impie, blasphémateur et sacrilège exécrable et abominable* » fut condamné à avoir la langue arrachée, a être décapité et brûlé (avec le *Dictionnaire philosophique* de Voltaire). Relatant sa vie, son procès et son supplice, Max Gallo écrit : « *Si le mot de totalitarisme doit être appliqué, c'est bien à l'Ancien Régime, avec son idéologie officielle — le catholicisme —, la fusion totale entre tous les pouvoirs en un seul homme, le roi, incarnation de l'idéologie. On s'étonne que l'on ne pense pas sous cet angle l'Ancien Régime. Au lieu de déraciner la Révolution française pour l'examiner "en soi", on doit la considérer d'abord comme une réaction à une situation réelle, une révolte contre ce qui existait vraiment et depuis des siècles : le régime arbitraire de l'Ancien Régime.* » Cécile Romane a établi une édifiante anthologie des meilleurs textes « blasphématoires », de Copernic à Pierre Desproges.

En 1988 et 1989, à l'occasion des sorties de *La dernière tentation du Christ* et des *Versets sataniques*, on a assisté à une sorte de « Sainte Alliance » de tous les clergés, qui, par des déclarations alambiquées, ont cherché à imposer le « *respect des croyants* » ; lesquels ne sont pourtant pas obligés à voir un film ou lire un livre. Il existe encore des lois anti-blasphèmes dans dix pays d'Europe (Irlande, Grande-Bretagne, Danemark, Norvège, Suède, Finlande, Autriche, Allemagne, Italie, Espagne). Et depuis la dernière guerre, quelques dizaines de personnes se sont vu infliger des peines de prison avec sursis pour blasphème : l'écrivain finlandais Hannu Salama, le cinéaste italien Pier Paolo Pasolini, et surtout des anticléricaux autrichiens et allemands pour des caricatures et des textes.

En France, le film de Martin Scorsese basé sur le roman de Nicos Kazantzakis (Éd. Plon) a été suivi d'une cinquantaine d'agressions. Plus grave encore, à la suite de la campagne des puissants fondamentalistes protestants américains, le cardinal Lustiger avait cru devoir, en 1985, faire pression sur la Commission d'avance sur recettes (présidée alors par Christian Bourgois) et sur le ministère de la Culture pour empêcher qu'on lui attribue une subvention.

Il n'existe pas, en France, de loi contre le blasphème, mais une association, l'AGRIF (Alliance générale contre le racisme et pour le respect de l'identité française et chrétienne ; 70, bd Saint-Germain 75006 Paris) a obtenu quelques succès judiciaires en ce sens. L'AGRIF s'appuie sur les lois antiracistes réprimant « *provocations publiques à la haine* », « *diffamation* », « *injures* », « *envers une personne ou un groupe de personnes en raison de leur appartenance... à une ethnie, une nation, une race ou une religion* » pour interdire ce qu'elle appelle le racisme « *antifrançais* » et « *antichrétien* ». En Allemagne et en Autriche, ce sont les articles du Code pénal contre le blasphème qui sont utilisés pour réprimer le racisme.

Ces confusions entre racisme et blasphème sont grosses de dangers. Pour prendre le cas le plus extrême, certains ont cru bon de faire un parallèle entre *Les versets sataniques* et *Les protocoles des Sages de Sion*. Pierre-André Taguieff a brillamment montré comment l'interdiction de ces *Protocoles* a renforcé leur influence, tout comme l'interdiction d'œuvres « *blasphématoires* » renforce leur attrait.

La liberté de penser doit être totale ou elle n'est pas.

Réf.

L'*Évangile du ghetto*, présenté par Jean-Pierre Osier, Éd. Berg International.
Revue *Mentalités* n° 2, présentée par Jean Delumeau, « Injures et blasphèmes », Éd. Imago.
Voltaire, *Dictionnaire philosophique*, Poche, Garnier-Flammarion.
Max Gallo, *Que passe la Justice du Roi*, Éd. Laffont.
Cécile Romane, *De l'horrible danger de la lecture*, Éd. Balland.
Pierre-André Taguieff, *Les protocoles des Sages de Sion, Faux et usages d'un faux*, Éd. Berg International.
LABEL, Ligue pour l'abolition des lois réprimant le blasphème et le droit de s'exprimer librement, rue du Méridien 17, B-1030 Bruxelles. LABEL a publié *Blasphèmes et libertés*, coédition CAL-Cerf, 1993.

Carnaval

Carnaval est un mot à l'étymologie controversée, mais où l'on s'accorde à reconnaître le radical « carne » : chair, viande. Le jour de Carnaval, ou plutôt les six jours (du Jeudi gras au Mardi gras), est placé en février ou début mars. Sa date précise dépend de celle de Pâques qui a lieu le dimanche après la pleine lune qui suit le 21 mars (équinoxe de printemps). C'est le carême (en latin « *quadragesima* » : quarantième jour) qui sépare Carnaval de Pâques.

Nous nous trouvons là devant un curieux enchevêtrement de fêtes païennes et chrétiennes. L'exubérant Carnaval et la joyeuse mi-carême (le jeudi de la troisième semaine) rejoignent l'équinoxe de printemps qui marque traditionnellement le « *réveil de la nature et de la vie* ». Le carême est, pour les chrétiens, une période de deuil qui précède la fête de Pâques (mort et résurrection de Jésus). Le mot de Pâques vient de l'hébreu « *Pessah* » qui signifie « *Passage* », celui de la mer Rouge est célébré dans le judaïsme.

Peu suivi de nos jours, le carême est une période de jeûne (plus ou moins rigoureux), d'abstinence sexuelle aussi, durant laquelle, pendant des siècles, furent interdits : les jeux, les spectacles, la danse et même... le rire !

« *Au Moyen Age, certaines fêtes libertaires et burlesques trouvent leur place dans le calendrier liturgique chrétien* » écrit Michel Feuillet qui semble, abusivement, tenter de christianiser Carnaval. Pourtant, comme il le note fort bien lui-même, Carnaval « *n'a pas cessé d'être condamné par l'Église comme une manifestation païenne, comme une œuvre de Satan* ». Au XIIIe siècle, une bulle d'Innocent III interdit le jeu, le déguisement (suivant l'impératif biblique) et la transformation d'églises en théâtres. Il est vrai que l'usage de masques avait une dimension magique et permettrait par ailleurs bien des audaces...

La répression, intermittente, devient systématique après le concile de Trente (XVIe siècle). En 1587, deux personnes déguisées en ermites sont condamnées à mort. Mais, très populaire, Carnaval perdure et les protestants verront dans le relatif laisser-faire des catholiques une preuve de leur dépravation.

En partie héritier des fêtes grecques de Dionysos (Bacchus pour les Latins), Carnaval et ses joyeuses batailles ont suscité la naissance des confettis et de la Commedia dell'Arte avec ses fameux Arlequin, Colombine, Polichinelle... Avec le carnaval de Venise, ceux de Rio, Nice, Binche (avec ses célèbres Gilles) sont les plus connus. L'inversion temporaire des rôles (maître-serviteur, homme-femme...), la fonction de défoulement collectif, de catharsis ont été interprétées comme confortant l'ordre régnant, même si Carnaval a parfois tourné à l'émeute (« courses aux juifs » à Rome) ou à l'insurrection pour réclamer la tête de certains puissants : Mazarin, Luther, voire Louis XVI.

Philippe Walter a montré, en étudiant, sur la longue durée, les changements de repères dans le temps, l'espace et les noms (personnes, lieux...), le glissement du système païen au système chrétien. Ce dernier ne s'est d'ailleurs jamais complètement imposé, comme le montre la persistance des fêtes de Carnaval et surtout de Noël (solstice d'hiver, sans rapport avec la date de naissance, inconnue, de Jésus).

Réf.

Michel Feuillet, *Le Carnaval*, Coll. Bref, Éd. du Cerf.
Philippe Walter, *Mythologie chrétienne*, Éd. Entente.

Censure

L'histoire de la censure est parallèle à l'histoire du christianisme en Europe, depuis les prêches de l'apôtre Paul à Éphèse « *Un bon nombre de ceux qui s'étaient adonnés à la magie firent un tas de leurs livres et les brûlèrent* » *(Actes des Apôtres)* jusqu'à nos jours, en passant par Luther s'expliquant dans une publication : « *Pourquoi les écrits du pape et de ses disciples ont été brûlés par le docteur Martin Luther, Allemand* » en 1520. L'Église catholique s'est longtemps opposée aux éditions en langue « romane » de la Bible et imposa tant qu'elle le put le célèbre Index.

Sur la censure, deux attitudes s'opposent auxquelles on attache deux figures qui les ont illustrées. D'une part, Voltaire : « *Je ne suis pas d'accord avec ce que vous dites, mais je suis prêt à me battre pour que vous puissiez le dire* » ; d'autre part, le pamphlétaire catholique Louis Veuillot : « *Quand je suis dans l'opposition, je vous demande la liberté au nom de vos principes, quand je suis au pouvoir je vous la refuse au nom des miens.* »

Qui ose aujourd'hui prôner la censure en tant que telle ? Personne. Mais nombreux sont ceux qui veulent imposer « *des limites à la tolérance* ». Ce qui revient au même. Et se pose alors la question des critères qui définissent « *l'intolérable* », chaque idéologie ayant les siens.

Contrairement aux idées reçues, il existe en France une censure légale bien décrite dans le beau catalogue de Joubert et Frémion. La loi du 16 juillet 1946 sur « *les publications destinées à la jeunesse* » (une seule interdiction en 1961) réglemente en effet, par son article 14, toutes les publications (près de 5 000 interdictions à ce jour).

La censure a surtout une fonction rituelle, comme le souligne Marie Kuhlmann : « *La persistance d'un acte que les sociétés démocratiques feignent de réprouver, et dont l'efficience reste à démontrer, témoigne de sa vitalité et de son enracinement dans l'imaginaire. La censure apparaît comme un acte symbolique par lequel le censeur tente de museler les peurs qui le hantent, d'échapper aux dangers qui l'assaillent ou au destin dont il se sent menacé. Les hommes ont toujours cru pouvoir faire disparaître les forces qui leur semblent hostiles en supprimant les textes dans lesquels elles s'incarnent... L'efficace de la censure rituelle se situe dans le geste même qui l'accomplit, indépendamment des effets ultérieurs qu'il produira.* »

L'article 19 de la Déclaration des droits de l'homme de 1948 est la base de l'activité d'une association internationale contre la censure : « *Tout individu a droit à la liberté d'opinion et d'expression, ce qui implique le droit de ne pas être inquiété pour ses opinions et celui de chercher, de recevoir et de répandre, sans considéra-*

tion de frontières, les informations et les idées par quelque moyen d'expression que ce soit. »

Voilà qui nous rapproche de l'idéal de Rosa Luxemburg : « *La liberté, c'est toujours la liberté de celui qui pense autrement. Non pas par fanatisme de la "justice", mais parce que tout ce qu'il y a d'instructif, de salutaire et de purifiant dans la liberté politique tient à cela et perd de son efficacité quand la liberté devient un privilège.* »

Réf.

Censures, de la Bible aux Larmes d'Éros, Catalogue réalisé par Martine Poulain et Françoise Serre, BPI, Centre Georges Pompidou.
Bernard Joubert et Yves Frémion, *Images interdites*, Éd. Syros.
M. Kuhlmann, N. Kuntzmann, H. Bellour, *Censures et bibliothèque*, Éd. du Cercle de la Librairie.
R. Luxembourg, *La Révolution russe*, Éd. Spartacus.
International Center on Censorship (Bulletin : « Article 19 »), 90, Borough High Street, London SE1 1 LL, Grande-Bretagne.

Charia

La *charia* est la loi islamique, fondée sur le Coran. Celui-ci fut rédigé suivant la récitation faite par Mahomet, qui fut à la fois fondateur de religion et fondateur d'État.

La vie de chaque musulman est réglée dans tous ses aspects par un ensemble de devoirs, et d'interdits, qui ont tous un caractère religieux. La connaissance (*fiqh*) de la *charia* est la connaissance par excellence. La *charia* est, selon l'islamologue allemand Joseph Schacht, « *le résumé de la pensée islamique, le cœur et le noyau de l'islam lui-même. Même à l'heure actuelle, le droit, y compris dans ses aspects les plus techniques, reste un élément important, sinon le plus important, dans le combat entre le traditionalisme et le modernisme, sous le choc des idées occidentales* ».

L'organisation de l'État n'est qu'un aspect particulier d'une loi générale d'essence uniquement religieuse. Le domaine de validité de la *charia* est intéressant. Joseph Schacht le rappelle : « *Le droit islamique ne prétend pas à une valeur universelle ; il est contraignant dans sa totalité pour les musulmans sur les territoires des États islamiques, dans une moindre mesure en territoire infidèle et, pour les non-musulmans, seulement en territoire islamique et dans une mesure très limitée.* »

La *charia*, susceptible d'interprétations variées par les grandes écoles juridiques, est un système complet, fondé théologiquement et ayant défini ses propres limites. Son étude, et sa critique, ne saurait donc se borner aux prescriptions les plus curieuses pour les Européens, spécialement dans le domaine de la sexualité.

Le médecin Paul de Régla, qui fut l'ami de Omar Haleby, dignitaire algéro-turc, auteur d'un important traité de jurisprudence, ne traduisit en français que la dernière partie du traité, portant sur les « *lois secrètes de l'amour* ». Publié une première fois en 1893, l'ouvrage est aujourd'hui réédité, on y apprend tout sur le licite : le plaisir, la polygamie... et l'illicite : la prostitution, l'homosexualité, l'avortement...

Réf.

Youssef Qaradhawi, *Le licite et l'illicite en Islam*, Éd. Al Qalam.
Joseph Schacht, *Introduction au droit musulman*, Éd. Maisonneuve et Larose.
Omar Haleby, *Les lois secrètes de l'amour en islam*, Coll. Le Nadir, Éd. Balland.

Chasteté

Le 12 novembre 1988, à l'occasion du 20e anniversaire de l'encyclique *Humanae Vitae*, Jean-Paul II a rappelé que l'usage des préservatifs n'était autorisé par « *aucune considération personnelle ou sociale* ». Au-delà de la condamnation traditionnelle des méthodes « *artificielles* » de contraception, l'épidémie mondiale de sida avait pourtant déjà changé les données du problème. C'est la chasteté qui, pour ce pape, est censée éviter la contagion. Il se refuse à prendre en considération le développement de la sexualité avant et hors mariage, y compris chez les catholiques pratiquants. Et que faire dans un couple marié et fidèle lorsqu'un des époux est séropositif ? Cette position intraitable est suffisamment dangereuse pour avoir suscité des réticences de l'épiscopat français.

Jean-Paul II écrivait déjà, avant d'être élu pape « *Le lien entre la chasteté et l'amour résulte de la norme personnaliste, qui contient deux commandements relatifs à la personne : l'un positif ("tu l'aimeras") et l'autre négatif ("tu n'en jouiras point"). Mais les êtres humains — les hommes d'ailleurs d'une manière un peu différente des femmes — doivent grandir intérieurement pour arriver à cet amour pur, ils doivent mûrir pour pouvoir apprécier sa "saveur". Car tout homme est grevé de la concupiscence du corps et enclin à trouver la "saveur" de l'amour surtout dans l'assouvissement de la concupiscence. Pour cette raison, la chasteté est une vertu difficile et dont l'acquisition demande du temps ; il faut attendre ses fruits et la joie d'aimer qu'elle doit apporter. Mais elle est la voie infaillible à la joie.* »

Réf.

Karol Wojtyla, *Amour et responsabilité*, Éd. Stock.

Cléricalisme

Les croyants peuvent-ils imposer à l'ensemble de la société les interdits qu'ils respectent ? C'est la question du cléricalisme. Le 12 novembre 1945, l'épiscopat français en donnait une définition autorisée : *« Si le cléricalisme est l'immixtion du clergé dans le domaine politique de l'État, ou cette tendance que pourrait avoir une société spirituelle à se servir des pouvoirs publics pour satisfaire sa volonté de domination, nous déclarons bien haut que nous condamnons le cléricalisme. »*

Dans la même déclaration, les évêques approuvaient la séparation des Églises et de l'État : *« Si, par ces mots, on entend proclamer la souveraine autonomie de l'État dans son domaine de l'ordre temporel... nous déclarons nettement que cette doctrine est pleinement conforme à la doctrine de l'Église. »*

Pour une institution deux fois millénaire, qui eut à son service les esprits les plus éminents, les mots ont un poids particulier. Comment faut-il comprendre *« souveraine autonomie »* ? Quelles sont les relations entre *« l'ordre temporel »* et *« l'ordre spirituel » ?* Devant la Confédération des juristes catholiques, l'archevêque de Paris semblait prôner une hiérarchisation des pouvoirs plutôt qu'une véritable séparation : *« Pour comprendre : "Rendez à César ce qui est à César et à Dieu ce qui est à Dieu", il faut se souvenir comment ces mêmes apôtres seront amenés à accomplir ce commandement de Jésus quand, traînés devant les tribunaux qui leur interdisent de prêcher le nom du Christ, ils diront : "Il vaut mieux obéir à Dieu qu'aux hommes"... l'Église ne se présente plus comme un pouvoir en compétition avec les autres pouvoirs. »*

Il reste qu'un pouvoir clérical indirect se manifeste encore dans des domaines comme le divorce, la contraception, l'homosexualité, l'avortement... Ces interventions ont généré un anticléricalisme très diversifié : depuis le gallicanisme jusqu'à Renan en passant par la satire des chansons de Béranger. Il reste une constante dans le mouvement ouvrier et il demeure l'activité principale de l'association La Libre Pensée.

La tentation cléricale n'a pas épargné les autres religions : on connaît l'extrême rigueur du contrôle quotidien dans le judaïsme, la volonté d'un certain protestantisme de *« transformer chaque individu en prêtre »*, et la fusion totale de la religion et de l'État dans l'islam. Les conditions historiques et sociales n'ont toutefois pas, jusqu'à nos jours, suscité de mouvement anticlérical comparable.

Réf.

René Rémond, *Histoire de l'anticléricalisme en France*, Éd. Complexe.

IIe colloque national des juristes catholiques, *L'Église et l'État en France*, Éd. Tequi.

Allec Mellor, *Histoire de l'anticléricalisme en France*, Ed. Veyrier.

Libre Pensée, 10, rue des Fossés Saint-Jacques, 75005 Paris, tél. : 46.34.21.50.

Concupiscence

Concupiscence passe pour être le mot le plus obscène de la langue française.... Dominique Lecourt montre dans la partie III comment les chrétiens en ont fait, sous diverses formes, leur interdit central. D'autres, ayant adopté un point de vue strictement hédoniste, auraient tendance à en faire une obligation sociale. Enfin, certains y ont réfléchi avec subtilité, par exemple le philosophe radical Alain : *« C'est le désir qui vient de pauvreté, insuffisance, manque. Les anciens moralistes opposaient le désir concupiscible au désir irascible... L'irascible désire par excès de force et besoin de mouvement. L'emportement est la loi des passions situées à ce niveau. Par exemple, l'avide convoite encore des biens, surtout parce qu'il se sent capable de les conquérir. Au lieu que l'avare, à proprement parler, ne convoite que parce qu'il manque, et parce qu'il se conçoit lui-même comme vieux et faible. Il y a aussi deux ambitions, l'une de nécessité et qui cherche appui, l'autre d'orgueil et de colère, qui ne peut laisser faire le voisin. Deux amours aussi, l'un de besoin et de faiblesse, qui veut protection, et l'autre au contraire qui veut protéger... La gourmandise, par exemple, est souvent au-dessus de la concupiscence par la cérémonie et l'amitié. »*

Réf.

Alain, *Définitions. Les Arts et les Dieux*, Bibliothèque de la Pléiade, Gallimard.

Confessionnal

« Combien de fois, mon enfant ? » De quelles gênes, de quelles angoisses, de quelle culpabilité ont été témoins les confessionnaux dans lesquels les prêtres catholiques soumettent leurs ouailles au « tribunal de pénitence », selon l'expression classique ? La batterie de questions était généralement la suivante : *« Qui ? Quoi ? Où ? Par qui et avec qui ? Combien de fois ? Pourquoi ? Comment ? Quand ? »* pour une confession rendue obligatoire, au moins une fois par an, lors du concile de Latran (1215).

Nous avons aujourd'hui du mal à imaginer le poids de cette *« obstétrique spirituelle »*, pour reprendre les termes employés par Jean Delumeau dans un ouvrage passionnant. L'étude des cas de conscience, la casuistique, atteint un raffinement inouï : par exemple les *« Résolutiones morales »* d'Antoine Diana traitent de 20 000 cas différents.

Les valeurs respectives de la *contrition* (« *contero* » : broyer) des cœurs par amour de Dieu et de *l'attrition* (« *attero* » : briser) des cœurs, plus durs, par crainte de l'enfer sont minutieusement étudiées. Des débats sans fin ont pour thème les délais d'absolution, l'acceptation ou le refus de la communion fréquente, les occasions prochaines — ou éloignées — de péché, etc.

Entre 1564 et 1663, 600 traités de casuistique sont publiés. Certains remportent de remarquables succès de librairie. Pascal, dont *Les Provinciales* (épinglant le Jésuite Escobar) embarrassent le gouvernement, Boileau, Bossuet interviennent. Les rigoureux Jansénistes et les (très) souples Jésuites s'affrontent. Les doctrines portent des noms barbares : le « *tutiorisme* » recherche la certitude, le « *probabiliorisme* » enseigne qu'entre deux opinions il faut choisir la plus probable, le « *probabilisme* » enseigne qu'on peut choisir la moins probable si elle a été soutenue par un auteur reconnu, quant au « *laxisme* » il est entré dans notre vocabulaire. Finalement, devant la désaffection croissante du confessionnal au XIXe siècle, c'est la doctrine de saint Alphonse de Liguori (soupçonné de jésuitisme) qui est adoptée par l'Église.

S'il y a eu une casuistique protestante, la confession est restée une pratique catholique. Les fidèles contemporains se contentent généralement de suivre une morale basée sur de bonnes intentions. Or, selon les meilleurs esprits (dont Pascal, en bon disciple de saint Augustin), l'attachement sincère à une opinion morale fausse est un péché. Une interrogation hyperscrupuleuse est donc nécessaire, mais les plus fidèles eux-mêmes semblent être lassés de ce doute et de cette culpabilité constante.

Jean Delumeau souligne justement la différence radicale entre « *une confidence volontaire et un aveu autoritairement décrété* ». Si tout croyant est libre de se soumettre à la première, le contrôle et le pouvoir que s'est attribués l'Église pendant des siècles ne méritent-t-ils pas, sur ce plan aussi, le nom de totalitarisme ?

Il existait cependant des formes de résistance comme le montre une farce du XVe siècle, la *Confession Rifflart* :

« Pour ce que mon curé est sourd,
Je m'en vais à luy voulentiers
Je dy entre deulx mots le tiers
Bien bas et, quand je suis au bout
Il me demande se c'est tout
Je dy oui, lors il m'assault (m'absout)
Comment que ce soit, ne m'en chault. »

Réf.

Jean Delumeau, *L'aveu et le pardon*, Livre de poche.

Continence

La nature humaine est difficile à dompter. Pour ce faire, les théologiens ont proposé de nombreux modèles. Un de ces modèles, une fois n'est pas coutume, a été choisi dans le monde animal : c'est le comportement de l'éléphant.

Déjà le naturaliste Pline l'Ancien le citait en exemple. Après lui, il fut utilisé pendant des siècles. Pourquoi l'éléphant ? Parce qu'il est un modèle de continence, ainsi que l'expliquait saint François de Sales en 1609, dans un recueil de préceptes spirituels intitulé *Philothea* : « *Si lourdaud qu'il soit, cet animal est pourtant le plus digne de tous ceux qui vivent sur la terre, et le plus doué de raison. Il ne change jamais de femelle et aime tendrement celle qu'il s'est choisie et avec laquelle il ne s'accouple pourtant qu'une fois tous les trois ans, pendant une durée de cinq jours et en se cachant si soigneusement que jamais on ne l'aperçoit au cours de cet acte ; quand il réapparaît le sixième jour, c'est pour se rendre directement à la rivière où il se lave tout le corps ; il ne regagne pas le troupeau avant de s'être purifié. De telles manières ne sont-elles pas bonnes et droites ?* »

Cinq jours, tout de même...

Réf.

Uta Ranke Heinemann, *Des eunuques pour le royaume des cieux*, Éd. Robert Laffont.

Contraception

Les procédés les plus divers, à défaut d'être efficaces, ont été employés tout au long de l'histoire comme moyens de contraception. Mais la première idée de contrôle de l'ensemble de la population par la maîtrise des naissances remonte au pasteur anglican Thomas Malthus. Il fit paraître la première version de son *Essai sur le principe de population* en 1798.

Pour Malthus, limiter les naissances, c'est limiter la misère et ainsi préserver l'ordre social régnant en supprimant les révoltes. Le caractère profondément conservateur des motivations de Malthus contribua fortement au refus de ses thèses par des socialistes aussi influents que Marx et Proudhon. Toutefois, le mouvement néomalthusien fut le fait de socialistes, de libertaires, qui enseigneront les méthodes de contraception efficaces aux femmes désireuses de se rendre maîtresses de leur propre corps. En France, les figures de Paul Robin, de Jeanne et Eugène Humbert sont les plus représentatives de ce mouvement.

On a exposé *supra* les arguments de l'Église contre la contraception et l'avortement. Voici un autre exemple de « *Prière pour le relèvement de la France par l'accroissement des familles nombreuses* » que l'on récitait en 1913 : « *O Dieu, qui voulez ici-bas les familles nombreuses pour accroître au ciel le nombre des élus, daignez abaisser sur la France les regards de votre miséricorde... Sau vez votre peuple de la folie et du crime d'un suicide national. Inspirez à tous les époux chrétiens le courage du devoir et la volonté de fonder des familles, puissantes par le nombre des enfants autant que par la vertu, afin qu'elles relèvent notre cher pays et rétablissent dans sa force et dans sa grandeur la France, fille aînée de votre sainte Église. Ainsi soit-il.* »

Cette conception de l'intérêt national se heurte à l'émancipation des femmes. Succédant à Maternité heureuse, le Planning familial ouvre son premier centre d'accueil à Grenoble en 1961, étape importante d'un essor et d'une évolution remarquables. Le planning, animé par Simone Iff, devient, à partir de 1973, un mouvement d'éducation populaire qui s'engage pour le droit à l'avortement.

En 1960, aux États-Unis, la Food and Drug Administration avait autorisé la mise sur le marché de la pilule contraceptive mise au point par Gregory Pincus. La contraception est autorisée en France en 1967 mais ce n'est guère qu'en 1974 que toute restriction à la vente de la pilule est levée.

Réf.

Francis Roncin, *La grève des ventres*, Éd. Aubier.
Francis Roncin et Roger-Henri Guerrand, *Le sexe apprivoisé*, Éd. La Découverte.
Vingt-cinq ans d'histoire du planning familial, Éd. Tierce,
Mouvement français pour le Planning familial, 4, square Saint-Irénée, 75011 Paris. Tél. : 48.07.29.10.

Décalogue

Les dix commandements ne sont pas seulement un film de Cecil B. de Mille. Ces dix « paroles » apportées par Moïse au peuple hébreu sont reproduites dans deux passages de l'Ancien Testament : *Exode* XX, 3-17 et *Deutéronome* V, 7-21, avec quelques variantes minimes harmonisées dans les traductions les plus récentes.

Ces dix paroles ont été étudiées de façon très élaborée par des générations de commentateurs. Ceux-ci, d'interprétation allégorique en opposition subtile entre certains commandements, ont souvent perdu de vue la situation historique et sociale dans lesquelles elles sont nées.

Voici la forme primitive de ces dix interdits reconstituée par André Lemaire :

« Moi je suis YHWH ton Dieu,
Tu ne te prosterneras pas devant un dieu étranger,
Tu ne me feras pas de représentation sculptée,
Tu ne prononceras pas mon nom en vain,
Tu ne profaneras pas mes sabbats,
Tu ne maudiras pas ton père ni ta mère,
Tu ne commettras pas de meurtre contre ton prochain,
Tu ne commettras pas d'adultère avec la femme de ton prochain,
Tu ne commettras pas de rapt contre quelqu'un parmi ton prochain,
Tu ne commettras pas de faux témoignage contre ton prochain,
Tu ne chercheras pas à t'emparer de la maison de ton prochain. »

Le « prochain » étant le coreligionnaire, à l'époque le membre de la confédération israélite en cours de constitution. A cela il faut ajouter que le « *Tu ne commettras pas de meurtre contre ton prochain* » fut très longtemps interprété comme limitant l'interdit au seul « *prochain* » et non comme « *Tu ne tueras point* » en général. Nuance considérable, qui explique que ce commandement ne soit pas contradictoire avec la peine de mort très utilisée par les autorités traditionnelles.

Réf.

André Lemaire, *Histoire du peuple hébreu*, PUF.

Divorce

S'appuyant sur les condamnations de Jésus, fermes et nombreuses, au sujet de la répudiation, donc du divorce, assimilé à un adultère, les catholiques refusent de « *séparer ce que Dieu a uni* ».

Le droit de divorcer attendra donc la Révolution. C'est le 20 septembre 1792 que, pour la première fois, le divorce devient légal en France. Dès le 8 mai 1816, les ultras obtiennent le retour à l'indissolubilité du mariage dans le cadre de la campagne de rechristianisation. Ce n'est que le 19 juillet 1884 que la Chambre des députés vote la loi (dite loi Naquet) qui rétablit, avec beaucoup de restrictions, le divorce. Il y a deux décennies, Henri Caillavet, alors sénateur, devait encore se battre pour faire adopter le divorce par consentement mutuel, comme il le rappelle dans la partie IV.

La lenteur de la conquête de cette liberté n'est d'ailleurs pas imputable aux crispations des seuls catholiques, le conservatisme et la misogynie ayant fait quelques ravages dans les milieux républicains et même socialistes.

Les juifs, les musulmans et certains protestants admettent le divorce.

Réf.

Francis Roncin, *Les divorciaires*, Éd. Aubier.

Hérésie

Du mot grec « *airesis* » : choix. L'histoire du monothéisme se confond avec l'histoire de ses hérésies successives. Depuis l'ancienne confédération israélite réalisée il y a 3 000 ans, des centaines de mouvements ont disparu, d'autres ont donné naissance à des religions à part entière : christianisme et islam. Et à l'intérieur de ces religions, les courants qui n'ont pas réussi à prendre le pouvoir sont qualifiés d'hérétiques. Ils ont fait l'objet de recensions qui sont de véritables encyclopédies. Rien ne saurait être plus illicite pour les « orthodoxes » vainqueurs que ces hérésies concurrentes. La violation de cet interdit a toujours été violemment réprimée : la répression la plus connue est celle qui a été organisée par les autorités catholiques sous le nom d'Inquisition (du latin « *inquisitio* » : recherche, enquête).

Au Moyen Age, la Chrétienté assiégée par l'islam conquérant, subit la pression idéologique des communautés juives et des hérésies se réclamant d'un christianisme purifié, en particulier du catharisme. Devant l'échec de la répression traditionnelle, l'Inquisition épiscopale est mise sur pied au XIIIe siècle. Dès 1205, l'Espagnol Domingo de Guzman sillonne l'Occitanie parallèlement à la croisade contre les cathares. Il fonde l'ordre des frères prêcheurs (dominicains) auxquels l'Inquisition est attribuée en 1232. Le titre de « *persequutor hereticorum* » est officiellement attribué à celui qui deviendra saint Dominique.

On connaît bien le fonctionnement de l'Inquisition : tribunaux itinérants, interrogatoires, tortures, sanctions administrées au cours d'« autodafés » (acte de foi) par le pouvoir séculier (civil), l'Église ne pouvant verser le sang. Les procès les plus retentissants furent ceux des Templiers et de Galilée (récemment « réhabilité »). L'Inquisition espagnole prit un caractère à la fois politique et ethnique. Le dominicain Torquemeda se distingua particulièrement par sa cruauté. L'Espagne d'alors comptait de nombreux convertis d'origine juive (marranes) et musulmane (morisques) : il fallait débusquer les dissimulateurs. A toutes fins utiles, on suspecta toutes les conversions et des « *statuts de pureté de sang* » furent institués. D'autres encore subirent les rigueurs de l'Inquisition : les protestants (mais Calvin aussi, avait, par ailleurs, organisé une sorte d'Inquisition protestante à Genève) et les sorciers (souvent d'ailleurs des sorcières, cette répression élevant paradoxalement la sorcellerie à la hauteur d'une doctrine).

Sacrée Congrégation de l'Inquisition universelle en 1542, Sacrée Congrégation du Saint Office en 1908, elle devient Congrégation pour la doctrine de la foi en 1965 et est aujourd'hui dirigée par le cardinal-préfet Joseph Ratzinger. Celui-ci ne dispose plus que d'un pouvoir interne à l'Église : il en use abondamment.

Il est impossible de dénombrer les victimes de l'Inquisition. Les chiffres les plus farfelus ont été avancés, créant ainsi une « légende noire ». La réalité n'est que trop suffisante : des dizaines de milliers de morts et des siècles d'oppression de la liberté de penser. La restauration de celle-ci a permis notamment l'éclosion de nombreuses œuvres d'art ayant pour thème l'Inquisition. Les meilleures sont *Montségur*, opéra de Landowski ; *Les cathares*, série télévisée de Stellio Lorenzi ; *Le puits et le pendule*, d'Edgar Poe ; *Torquemada* de Victor Hugo ; *Galilée* de Bertold Brecht et *Le nom de la rose* d'Umberto Eco.

Réf.

Henri-Charles Lea, *Histoire de l'Inquisition au Moyen Age*, Éd. Jérôme Millon.
H. Institoris et J. Sprenger, *Le marteau des sorcières*, Éd. Jérôme Millon.
Michel Roquebert, *L'épopée cathare*, Éd. Privat.
Anne Brenon, *Le vrai visage du catharisme*, Éd. Loubatières.
Revue *Heresis*, Centre René Nelli, Hôtel du département, 11600 Villegly.

Idolâtrie

L'idolâtrie est l'adoration des idoles (du grec *eidolon*, image d'une divinité). La condamnation de l'idolâtrie est clairement et vigoureusement affirmée dans la Bible (Ancien et Nouveau Testament) comme dans le Coran. Elle est très logiquement liée à l'affirmation de l'unicité de Dieu (les autres dieux n'existent pas) et à son alliance spécifique avec les vrais croyants (qui ne doivent donc pas rendre de culte à ces hypothétiques concurrents. L'idôlatrie est condamnée comme l'interdit le plus fondamental par les croyants de toutes les religions monothéistes : juifs, chrétiens, musulmans. Héritage commun des « Fils d'Abraham ».

L'alliance intransigeante du « peuple élu » et de son Dieu jaloux, constamment réitérée, est la base même de l'Ancien Testament (du latin *testamentum* : alliance). A cette époque, l'idolâtrie n'est encore que le culte rendu aux autres dieux, et non la croyance en leur existence. La fidélité absolue d'Abraham, qui était prêt à tuer son fils Isaac sur injonction divine, conditionne la réalisation de la promesse constante : « *Toutes les nations de la terre seront bénies en toi .* »

Moïse fonde ses dix commandements sur l'interdit de l'idolâtrie : « *Tu n'auras pas d'autres dieux devant ma face. Tu ne te feras point d'image taillée, ni de représentation quelconque des choses qui sont en haut des cieux, qui sont dans les eaux plus bas que sur la terre. Tu ne te prosterneras point devant elles et tu ne les serviras point ; car moi, l'Éternel, ton Dieu, je suis un Dieu jaloux, qui punit l'iniquité des pères sur les enfants jusqu'à la troisième et la quatrième génération de ceux qui me haïssent, et qui fait miséricorde jusqu'à mille générations à ceux qui m'aiment et gardent mes commandements » (Exode* XX, 3-6 et *Deutéronome* V, 7-10).

L'idolâtrie est « *vouée à l'interdit* », c'est-à-dire punie de mort : « *Celui qui offre des sacrifices à d'autres dieux qu'à l'Éternel seul sera voué à l'extermination » (Exode* XX; 20). En application du commandement donné aux rescapés du déluge regroupés dans l'Arche de Noé, cet interdit doit être imposé à tous les peuples de la Terre : « *Vous détruirez tous les lieux où les nations que vous allez chasser ser-*

vent leurs dieux, sur les hautes montagnes, sur les collines, et sous tout arbre vert. Vous renverserez leurs autels, vous briserez leurs statues, vous brûlerez au feu leurs idoles, vous ferez disparaître leurs noms de ces lieux-là » (*Deutéronome* XII, 2-3).

La « Nouvelle Alliance », proposée par Jésus, développe, dans des conditions différentes, la même théologie fondamentale : « *Ne croyez pas que je sois venu pour abolir la Loi et les prophètes, je suis venu non pour abolir, mais pour accomplir (d'autres traductions disent "la parfaire")* » (*Matthieu* V, 177). La plus terrible parole de Jésus est : « *Celui qui n'est pas avec moi est contre moi* » (*Matthieu XII, 30).* Non seulement l'adoration d'autres Dieux est interdite, mais toute « *tiédeur* » est, de surcroît, bannie. Le fameux « *péché contre l'Esprit* » sur lequel les théologiens dissertent depuis des siècles, est le seul qui ne sera pas pardonné : « *Je vous le dis en vérité, tous les péchés seront pardonnés aux fils des hommes, et les blasphèmes qu'ils auront proférés ; mais quiconque blasphémera contre le Saint-Esprit n'obtiendra jamais le pardon : il est coupable d'un péché éternel* » (*Marc* III, 28-29). C'est le péché irrémissible. Quant aux conséquences, les chrétiens sont divisés : selon certains les pécheurs doivent les subir ici-bas, selon d'autres dans l'au-delà.

De même, le Coran contient de très longs et très nombreux passages condamnant les idolâtres, païens, « *associants* » (polythéistes) et autres infidèles : « *Une fois dépouillés les mois sacrés, tuez les associants où vous les trouverez, capturez-les, bloquez-les, tendez-leur toutes sortes d'embûches. Seulement s'ils se repentent, accomplissent la prière, acquittent la purification, dégagez-leur le chemin. Dieu est tout pardon, miséricordieux* » (Sourate IV, 5, *Le Repentir*).

Lorsqu'il est appliqué, cet interdit a des répercussions dans l'organisation de la Cité (exclusion des idéologies différentes) et dans le domaine de l'art (prohibition de l'art figuratif).

Réf.
La Bible, traduction de Louis Segond, Société Biblique de Genève.
Le Coran, traduction de Jacques Berque, Éd. Sindbad.

Inceste

L'étude de la prohibition de l'inceste est un des grands thèmes de l'ethnologie. Cette prohibition n'existe pas, en tout cas de façon nette, chez les animaux. Dans tous les groupes humains connus toutes les unions biologiquement possibles ne sont pas socialement acceptées. C'est le tabou de l'inceste au sens large. Cet interdit a des définitions diverses : il peut être prohibé d'épouser la sœur de sa femme après le décès de celle-ci, la relation frère-sœur peut être autorisée tout en étant prohibée entre cousins... l'interdit le plus fréquent étant la relation parent-enfant.

L'inceste a suscité de nombreuses théories : pour Freud, le complexe d'Œdipe, qui structure l'inconscient, est universel ; mais Malinovski a démontré son absence notamment dans le Pacifique. Selon Claude Lévi-Strauss, c'est l'interdit de l'inceste qui rend possible la vie en société : « *Le meilleur, sinon le seul moyen, pour des familles biologiques, de ne pas être poussées à s'exterminer réciproquement, c'est de s'unir entre elles par des liens du sang.* »

Dans les religions les plus anciennes, ce tabou est parfois délibérément transgressé au cours d'unions sacrées (hiérogamies) censées être bénéfiques pour la communauté. En revanche, les religions actuelles à volonté universaliste ont toutes réaffirmé nettement cet interdit.

Les modalités d'application de cette prohibition varient, comme le montre Jean-Louis Beaucarnot pour la France : « *Jusqu'au début du XIXe siècle, 70 % des garçons épousent une fille de leur paroisse, alors que les filles s'y marient à 90 %... Or, en ces temps-là, l'Église a de l'inceste une définition particulièrement large... En effet, elle interdit le mariage même au septième degré de parenté jusqu'au concile de Latran, puis, du XVIIe siècle jusqu'en 1917, au quatrième degré. De ce fait, un homme ne peut épouser aucune de ses cousines issues d'issus germains, c'est-à-dire aucune des arrière-petites-filles des frères et sœurs de chacun de ses huit arrière-arrière-grands-parents.* »

Depuis 1791, l'inceste n'est plus un crime défini en tant que tel, le mot lui-même ne figure pas dans le Code pénal. Les relations entre adultes ne sont sans doute pas rares même si une éventuelle procréation n'est pas sans risque biologique. Les relations parents-enfants posent de graves problèmes liés à la violence morale et physique. Le « *viol par ascendant* » et le « *viol par personne ayant autorité* » (oncle, tuteur, beau-père...) alimentent la chronique judiciaire. Selon une enquête du quotidien *Libération*, depuis la campagne de sensibilisation de 1989, le nombre des viols familiaux jugés aux assises a été multiplié par cinq. Il s'agit donc maintenant d'un des crimes les plus jugés : un procès d'assises sur cinq.

Réf.
Claude Lévi-Strauss, *Les structures élémentaires de la parenté.* Éd. Mouton.
Jean-Louis Beaucarnot, *Ainsi vivaient nos ancêtres*, Laffont.

Incinération

Les Celtes pensaient que l'âme à laquelle ils croyaient était plus vite libérée par l'incinération des cadavres, rejoignant ainsi les rites funéraires de purification hindous, perses et grecs de l'époque homérique. Chez les Grecs, à partir du VIe siècle, on constate une coexistence de l'incinération et de l'inhumation. Chez les Romains, l'incinération était un honneur réservé aux patriciens dont les cendres étaient déposées dans des monuments avec des niches analogues à celles des colombes, d'où leur nom de *colombarium*.

Chez les peuples de langue sémitique, dont les Hébreux, c'est l'inhumation qui prévalait. Cette coutume fut reprise par les chrétiens et se répandit en même temps que le christianisme en Europe où, du IVe au XIXe siècle, on n'incinéra plus. Les révolutionnaires tentèrent, en l'an V et en l'an VII de la République, une réhabilitation de cette pratique. Lord Byron fit incinérer son ami Shelley en 1822 en Italie.

C'est à partir de la deuxième moitié du XIXe siècle que les esprits libéraux furent acquis à l'idée de l'incinération, inspirée par leur enthousiasme pour l'Antiquité et les règles d'hygiène. Autorisée d'abord en Italie (1873), en Allemagne (1875), l'incinération est possible en France depuis le 30 mars 1886. Cette action en faveur de l'incinération fut principalement menée par des francs-maçons.

Le Saint-Office publia le 16 mai 1886 un décret dénonçant les *« hommes de foi douteuse ou liés à la secte maçonnique qui travaillent activement à rétablir l'usage païen de brûler les cadavres humains »*. Sous peine d'excommunication, il fut interdit de 1886 à 1963 aux catholiques de se faire incinérer. Puis le Saint-Office publia un autre décret et ne s'y opposa plus.

Le Code de Droit canonique promulgué en 1983 spécifie (canon 1176, § 3) : *« L'Église recommande vivement que soit conservée la pieuse coutume d'ensevelir les corps des défunts ; cependant elle n'interdit pas l'incinération, à moins que celle-ci n'ait été choisie pour des raisons contraires à la doctrine chrétienne. »*

Réf.

Fédération française de crémation, 50, rue Rodier, 75009 Paris, tél. : 45.26.33.07.

Trimestriel *La Flamme*, n° 169, Centenaire de la crémation en France.

Index

Le fameux *Index librorum prohibitorum*, l'Index des livres défendus par le Saint-Office, a eu une belle carrière durant plus de quatre siècles. Sa constitution est décidée au concile de Trente en 1562. Il est supprimé en 1965 au concile Vatican II, au moment où la Congrégation du Saint-Office devient la Congrégation pour la doctrine de la foi.

Ayant force de loi lors de la première édition en 1562 (sauf dans le Royaume de France et la République de Venise), il n'est plus guère qu'une obligation morale pour les catholiques lors de la dernière édition en 1948. Parmi les livres condamnés se trouvent d'abord les ouvrages hérétiques, protestants, les livres critiques de la censure (par exemple *« Onguent pour la brûlure ou le secret pour empêcher les Jésuites de brûler les livres »)*, les œuvres complètes de Voltaire et Michelet, la Grande Encyclopédie (1758), le Grand Dictionnaire de Pierre Larousse (1873), *Les fleurs du mal* (1868) et Victor Hugo pour *Notre-Dame de Paris* (de 1834 jusqu'à la dernière édition) et *Les misérables* (de 1864 jusqu'à la dernière édition).

L'index n'est pas à confondre avec l'*Imprimatur*. Les membres du clergé régulier (moines, religieux...) en fonction de leurs vœux, du clergé séculier (prêtres...), ainsi que des laïcs volontaires soumettent leurs publications à la hiérarchie. Si le livre ne contient pas d'erreur majeure en matière de foi et de morale, il reçoit un *Nihil Obstat (« Rien ne s'oppose »)* des personnes chargées par le diocèse de la lecture de ces ouvrages. L'*Imprimatur (« Qu'il soit imprimé »)* est ensuite décerné par l'évêque qui garantit la conformité doctrinale. Cette procédure est toujours utilisée, le Que sais-je ? sur *L'Opus Dei* de Dominique Le Tourneau en est un des nombreux exemples.

Réf.

Anne Machet in *Censures*, « De la Bible aux larmes d'Eros », BPI, Centre Georges Pompidou.

Insectes

De nombreux reportages télévisés nous ont familiarisés avec l'image de l'aborigène découvrant avec ravissement sous une pierre les larves d'insectes qu'il déguste aussitôt avec gourmandise. La consommation d'insectes, pour la plupart comestibles, ne fait l'objet d'aucun interdit. Le dégoût inexpliqué des Européens pour ces bestioles n'est pas universel, on mange ailleurs : des fourmis (Colombie, Thaïlande, Afrique du Sud, Australie), des abeilles, des guêpes (Chine, Birmanie, Malaisie, Japon), des papillons, des mites (Indonésie, Japon, Chine, Madagascar), des cafards (Chine, Thaïlande, Australie, Kalahari), du « caviar mexicain » (œufs d'insectes aquatiques) et d'autres arthropodes tels que des araignées (Cambodge, Papouasie, Madagascar).

Certains ont fort sérieusement proposé de généraliser ce comportement, avec des calculs précis : 100 g de termites africains contiennent 610 calories, 38 g de protéines et 46 g de lipides pour seulement 245 calories, 21 g de protéines et 17 g de lipides dans 100 g de hamburger. Avec 850 000 espèces d'insectes, le choix culinaire est assuré. L'entomophagie (du grec *entomos* insecte et *phagos* manger) triomphera-t-elle ?

Réf.
C. Fishler, *L'Homnivore*, Éd. Odile Jacob.

Laïcité

Du grec « *laïcos* » : peuple. On confond parfois les termes « laïc » et « laïque ». « Laïc » s'oppose à « clerc » : le laïc est un croyant, non membre du clergé. « Laïque » s'oppose à « clérical » : le laïque est un citoyen qui refuse le contrôle par un clergé de l'ensemble de la société (voir entrée Cléricalisme).

La laïcité est étroitement liée à l'idéal républicain. La loi du 9 décembre 1905, séparant les Églises de l'État, est une des grandes lois fondant la République. Elle stipule : « Art. 1 : La République assure la liberté de conscience... Art. 2 : La République ne reconnaît, ne salarie ni ne subventionne aucun culte. » Les croyants voient donc, comme les athées ou les agnostiques, toutes leurs libertés garanties (expression, association...). Ce qui est refusé ce sont les privilèges, en particulier financiers, aux organisations confessionnelles.

La laïcité française est unique en Europe, ce qui motive les inquiétudes des grandes organisations laïques devant la construction européenne, telle qu'elle se fait. En Belgique la vie culturelle laïque est très intense autour du Centre d'action laïque (CAL) et de l'Université libre de Bruxelles (ULB). Paradoxalement les laïques sont définis, y compris constitutionnellement, comme une communauté, parallèle et comparable aux communautés religieuses.

Réf.
Claude Nicolet/Guy Gauthier, *La laïcité en mémoire*, Édilig.
Jean Cotereau, *Laïcité, sagesse des peuples*, Ed. Fischbacher.
Jean Cotereau, *Idéal laïque, concorde du monde*, Éd. Fischbacher.
Comité national d'action laïque (CNAL), 209 bd St-Germain, 75007 Paris.
CAL, CP 236, Campus de la Plaine, bd du Triomphe, 1050 Bruxelles. Le CAL publie le mensuel *Espace de libertés*, qui est aussi le nom de sa maison d'édition.
Les Éditions Vigot, 23, rue de l'École-de-Médecine, 75006 Paris, diffusent les Presses de l'ULB qui ont notamment édité :
Hervé Hasquin, *Églises et sociétés d'aujourd'hui* et dans la collection « Problèmes d'histoire des religions » : *Religion et tabou sexuel, Aspects de l'anticléricalisme du Moyen Age à nos jours.*

Mutilation

Les mutilations rituelles infligées aux enfants sont de tous les âges et de tous les continents. Depuis les crânes aplatis de tribus amérindiennes, justement surnommées « têtes-plates », jusqu'aux petons atrophiés des princesses chinoises, en passant par les cous étirés par des colliers de cuivre en Birmanie et les lèvres distendues par des plateaux en Oubangui. Tout ceci appartient heureusement au passé.

Certaines pratiques demeurent pourtant. Ce sont avant tout, mais pas seulement, des marques d'appartenance auxquelles on ne peut se soustraire. C'est le cas des scarifications sur le visage en Afrique : phase du rite de passage de l'enfant (mâle) à l'adulte.

L'excision (ablation partielle ou totale du clitoris et des nymphes) est toujours imposée aux fillettes de certains pays d'Afrique noire ; parfois d'Égypte ou d'Arabie. Destinée à affirmer la domination des hommes sur les femmes auxquelles elle enlève tout ou partie du plaisir sexuel, l'excision est pratiquée par des animistes, des chrétiens, des musulmans. Elle correspond à une culture régionale plus qu'à un impératif religieux.

La circoncision (ablation du prépuce) est, en référence à la Genèse, imposée dans le judaïsme à l'âge de huit jours (circoncision d'Isaac) et dans l'islam, en principe, à l'âge de treize ans (circoncision d'Ismaël). Elle est également pratiquée en Afrique équatoriale non musulmane. La circoncision n'est, bien sûr, pas à confondre avec l'éviration (ablation du pénis). Il existe pourtant des dangers physiques (liés aux hémorragies) et psychologiques (complexe de castration, d'après Freud). Selon un hebdomadaire turc : « *Chaque année 10 000 jeunes garçons (sur les 500 000 circoncis) sont victimes de circoncisions mal faites, les conséquences esthétiques et psychologiques sont désastreuses.* »

Nous nous trouvons devant des questions de fond, généralement éludées : jusqu'où va le droit des parents ? Jusqu'où va le respect des cultures ?

Réf.
Malek Chebel, *Histoire de la circoncision*, Éd. Balland.
Michel Erlich, *Les mutilations sexuelles*, coll. Que sais-je ?, PUF.

Onanisme et masturbation

La Bible dénonce la pratique d'Onan « *qui faisait tomber sa semence par terre* » quand il faisait l'amour. Il s'est établi dans le vocabulaire une confusion entre onanisme et masturbation, puisque ce qui est en ce cas reproché à Onan, c'est de pratiquer le *coïtus interruptus.*

Alors que l'écrasante majorité des hommes et une importante proportion de femmes, selon des études sexologiques, pratiquent ou ont pratiqué la masturbation, l'Église catholique, conformément à sa tradition de répression sexuelle, la condamne et la classe parmi les péchés qu'elle appelle mortels.

La masturbation a longtemps été accusée de donner des boutons, d'occasionner de la fatigue, voire de rendre sourd... comme l'a rappelé ironiquement un psychiatre dans une émission de François de Closets, sur TF1, en février 1993. La médecine a fait justice de ces croyances absurdes d'origine religieuse.

Dans *Les lois secrètes de l'amour en islam*, Omar Haleby écrivait vers 1850, englobant la fellation dans l'onanisme : « Il y a une raison importante pour que vous évitiez d'avoir recours à cette action : c'est qu'elle est nuisible à la santé, qu'elle peut altérer profondément, physiquement et moralement, ainsi que nous en avons de trop nombreux exemples.

« L'onanisme proprement dit concerne toute action qui, soit avec la main, soit avec la bouche d'une femme, d'un eunuque ou d'un jeune garçon, a pour but de provoquer l'éjaculation du sperme, au détriment de l'acte naturel et à celui de la femme. L'onanisme buccal est très répandu chez les chrétiens et dans les différentes sectes de cette croyance ; c'est un reste des anciennes orgies qui se commettaient dans certains temples païens ou idolâtres. Les chrétiens, en s'écartant des enseignements primitifs du prophète Jésus, que son nom soit glorifié ! tombèrent à leur tour dans l'idolâtrie et conservèrent un grand nombre de cérémonies idolâtres que Jésus lui-même avait condamnées, et que notre saint Prophète a également flagellées. Il ne faut pas douter que l'onanisme buccal soit un legs de ces pratiques détestables, dont l'origine barbare remonte à la nuit des temps. Laissez donc, ô vous qui croyez, ces pratiques aux chrétiens, aux idolâtres et aux juifs, car il est certain que l'onanisme, quelle que soit la manière dont il est pratiqué, *"entraîne avec lui la tristesse, le manque de courage, et qu'il affaiblit les appétences, les désirs, les puissances organiques"*, ainsi que l'a si bien dit le cheikh, le savant Djélâl-eddin, Abou Soleiman Dâoud, à qui Dieu fasse miséricorde !

« Il est des docteurs qui, induits en erreur ou interprétant mal cette phrase, attribuée par les traditionnistes au Prophète, *"faites tout, plutôt que de vous laisser aller à l'adultère et à l'inceste"*, prétendent que l'on peut, dans certains cas, faute de femme, en voyage par exemple, soulager la nature, quand elle est trop ardente, en se débarrassant par l'onanisme simple, c'est-à-dire l'*eummaïra* (la masturbation), du surcroît de la liqueur spermatique. Ces mêmes docteurs affirment que, dans ce cas, mais dans ce cas seul, l'*eummaïra* est permise si elle n'a lieu que dans le but d'aider la nature en la soulageant, sans la recherche du plaisir et sans que sa volupté lascive en soit l'ordonnatrice. »

Réf.

Les lois secrètes de l'amour en islam, Omar Haleby et Paul de Régla, introduction de Malek Chebel, Coll. Le Nadir, Balland, 1993.

Péché

« Jésus, en qui il n'y a pas de péché, a paru dans le monde pour enlever les péchés. » Le péché est au cœur des Écritures et de la Tradition chrétiennes. On trouve ce terme 171 fois dans le seul Nouveau Testament.

La conception du péché a considérablement évolué à travers les siècles comme le montrent les fameux sept péchés capitaux auxquels étaient associés des démons spécifiques dont la liste a été établie par l'évêque et théologien Binsfeld dans son *Traité sur les confessions des maléficiers et des sorcières* paru en 1589 :

— Orgueil : Lucifer
— Avarice : Mammon
— Luxure : Asmodée
— Colère : Satan
— Gourmandise : Belzébuth
— Envie : Léviathan
— Paresse : Belphégor

Les péchés avaient une définition quasi légale, chaque individu étant souillé par le péché originel et les péchés énumérés ci-dessus. Cette culpabilité, et cette peur, permanentes, imprégnaient une vie quotidienne où la référence à Dieu était constante.

Aujourd'hui, on assiste, selon Xavier Thévenot, à une perte de la notion même de péché. Le clergé catholique met plus volontiers l'accent sur la miséricorde. Le péché est moins perçu comme une tache que comme une agression envers autrui, avec une dimension plus collective qu'individuelle. La nouvelle conception est paradoxalement à la fois plus mystique (le péché est le refus de suivre Jésus) et moins théocentrique (la relation aux autres hommes est privilégiée par rapport à la relation à Dieu). Cette évolution a suscité l'intérêt et l'examen sociologique d'auteurs marxistes dont le plus attentif est Antoine Casanova.

Réf.

Xavier Thévenot, *Les péchés, que peut-on en dire ?*, Éd. Salvator.
Antoine Casanova, *Le Concile, vingt ans après*, Éd. Messidor.
Roland Villeneuve, *Dictionnaire du Diable*, Éd. Pierre Bordas et fils.

Porc

Quelles imprécations lancerait un prophète biblique revenu de la nuit des temps qui découvrirait l'horrifique spectacle d'une famille de Français moyens attablés devant un honnête boudin aux pommes ! Il s'effraierait du non-respect du tabou du sang, et de sa consommation mais encore du porc, animal maudit par les monothéismes juif et musulman.

L'origine de cet interdit alimentaire rigoureux est inconnue. La tentative d'explication par le danger de trichinose due à une cuisson insuffisante, en particulier dans les pays chauds, n'est qu'une rationalisation un peu rapide. D'une part, on observe que, sous les mêmes latitudes (Nouvelle-Guinée...), le porc, correctement cuit, est une des bases de l'alimentation. D'autre part, cette maladie parasitaire est diffusée par d'autres vecteurs au Proche-Orient. La résistance « gastronomique » des Européens, convertis au christianisme mais amateurs de charcuterie, tient plus à la différence de civilisation qu'au climat.

L'explication rationnelle est à rechercher, comme pour tous les interdits analogues à des tabous, dans le sentiment d'appartenance collective créé par le respect commun des mêmes valeurs, parfois arbitrairement fixées. L'ostracisme jeté sur le porc relève plus du hasard que de la diététique. En somme, dans le cochon, tout est bon...

Réf.

Jean Diwo et Irène Karsenty, *Le livre du cochon. 21 siècles d'histoire. 165 recettes*, Éd. Philippe Lebaud.

Prohibition

Du latin *prohibere*, tenir à distance. Outre son sens général de défense, d'interdiction d'une chose ou d'un acte, le mot prohibition désigne particulièrement la prohibition de l'alcool aux États-Unis de 1920 à 1934. Cette « *noble expérience* », selon le Président Hoover, est le résultat d'une campagne chrétienne amorcée dès 1840 contre les ravages très réels de l'alcoolisme. Elle est lancée par des méthodistes, plus tard regroupés dans la Société méthodiste de tempérance. Peu à peu, des organisations de toutes dénominations les rejoignent, les plus efficaces étant l'Union des femmes chrétiennes pour la sobriété et la Ligue antialcoolique qui annonçait une « *ère de la pensée claire et de la vie propre* ». Toutes ces associations développent une énorme propagande, allant jusqu'à modifier dans les traductions en anglais de la Bible les passages sur la « vigne » et le « vin » en sobres « plante » et « suc ».

On sait, notamment par les films américains, l'immense trafic que la prohibition engendra. La Mafia prit grâce à elle son premier essor. C'est l'époque où Al Capone règne à Chicago sur 20 000 débits de boissons « clandestins » grâce à une armée de 700 hommes.

Réf.

Kenneth Allsop, *Chicago, les bootleggers et la bataille de la prohibition*, Éd. J'ai lu.

Raison

Il existe, selon Martin Luther, un péché pire que la luxure : c'est la raison. Surtout quand celle-ci remet en question les vérités révélées. Il est interdit à la réflexion de s'attaquer à certains sujets. « *La raison devrait être noyée dans le baptême* », voilà une phrase digne d'anthologie.

Le texte suivant est paru dans les Œuvres complètes de Luther, publiées à Wittenberg : « *Notre vie est comme un hôpital d'incurables : le Rédempteur nous a sans doute rachetés du péché originel, mais nous sommes encore loin d'être guéris. Que la Raison ne nous égare point. La luxure, l'ivrognerie, l'adultère, le meurtre, chacun sait que ce sont là des péchés. Mais la raison, cette fiancée du Diable, cette belle prostituée, marche la tête haute... La raison c'est la plus grande putain du Diable. Quand on dit que la luxure est un gros péché, c'est de la raison qu'il faut l'entendre ; car elle offense Dieu par ses blasphèmes plus abominables que toutes les fornications... La raison est une bête fauve, qui ne se laisse pas prendre aisément. Gardez-vous bien de cette prostituée ; tenez-la en bride, et, au lieu de suivre ses pensées, jetez-lui de la boue à la face afin de l'enlaidir. Elle ose bien, l'effrontée, s'attaquer au mystère de la Sainte Trinité et au sang de Jésus-Christ, qui nous lave de nos péchés.* » Que peuvent, disent les rationalistes, faire le pain et le vin dans l'eucharistie ? « *Comment Dieu peut-il changer son corps en pain ? Allez vous faire foutre avec votre raison. Dût-on les piler dans un mortier, ils ne se dépouilleraient pas de leur sottise. La raison devrait être noyée dans le baptême. Lorsque l'évangéliste a dit :* "Prenez, ceci est mon corps, etc.", *j'ai tout ce qu'il me faut, et je foule aux pieds la raison avec toute sa sagesse. Ah, maudite putain ! tu veux que je me débauche avec le Diable.* »

Roland Villeneuve, qui rapporte ces propos dans son *Dictionnaire du Diable*, ajoute ce commentaire caustique : « *Un pareil texte n'inciterait-il pas à penser que c'est le Diable, ou plutôt, une bien jolie et bien dénudée diablesse, que la Révolution installa le 10 novembre 1793 sur l'autel de Notre-Dame, en lui conférant le nom et les attributions d'une déesse de la Raison ?* »

L'Union Rationaliste développe les thèses du rationalisme moderne. Elle publie une excellente revue, *Raison présente* (« La Cité et le sacré », n° 101, « Expériences du corps », n° 104, « La maîtrise du vivant » n° 105).

Réf.

Union Rationaliste, 14, rue de l'École polytechnique, 75005 Paris, tél. : 46.33.03.30.

Sang

Le sang représente la vie, la force et souvent l'âme dans toutes les civilisations. Selon Laura Makarius, le tabou du sang est le tabou fondamental duquel dérivent tous les autres. Le thème du sang se retrouve dans toutes les religions, depuis la création des mers, grâce au sang du géant primordial Ymir dans l'Edda, jusqu'aux stigmates et larmes de sang des mystiques, en passant par les sacrifices sanglants, et même les vampires.

La consommation du sang est un acte lourd de sens, qu'elle soit strictement prohibée comme chez les juifs (même si les prêtres hébreux s'en aspergeaient ainsi que leurs autels) ou recommandée comme chez les Huns (il ne s'agissait probablement pas de sang humain). Seuls, depuis des siècles, les Européens amateurs de boudin en consomment sans états d'âme.

Autre cas de consommation : lors de l'eucharistie, mais en l'occurrence les avis divergent sur la question de savoir si le vin se transforme effectivement en sang du Christ (selon les catholiques : transsubstantiation), s'il s'agit à la fois de sang et de vin (selon les luthériens : consubstantiation) ou s'il s'agit d'un symbole (selon les calvinistes).

Il est interdit aux clergés bouddhiste et catholique (mais non à leurs ouailles) de verser le sang. En conséquence, les sages bouddhistes ne se suicident que par le feu et les instruments de torture de l'Inquisition cassaient, étiraient, brûlaient, noyaient mais... sans verser le sang.

Le sang menstruel est l'objet d'une véritable terreur, quasi universelle, sauf chez les Aïnos du Japon où une goutte sur la poitrine a les vertus d'un talisman. Les superstitions les plus aberrantes concernent les femmes en période de menstruation. Non seulement elles font tourner la mayonnaise mais voici encore ce qu'en disent les lois de Manu : « *La sagesse, l'énergie, la force, la puissance et la vitalité d'un homme qui approche une femme couverte d'excrétions menstruelles disparaissent complètement. S'il l'évite pendant qu'elle est dans cet état, sa sagesse, son énergie, sa force, sa puissance et sa vitalité s'accroissent.* » Les femmes « *impures* » (ayant leurs règles ou parturientes) sont souvent confinées dans des maisons spéciales par les sociétés primitives. Chez les Falashas ces « *huttes de malédiction* » sont un monument essentiel avec la synagogue. Les réticences à faire l'amour durant les périodes menstruelles ne seraient-elles pas de lointaines réminiscences de ces antiques malédictions ?

Réf.

Laura Levi Makarius, *Le sacré et la violation des interdits*, Éd. Payot.

Jean-Paul Roux, *Le sang, mythes, symboles et réalités*, Éd. Fayard.

Shabbat

Chaque jour de la semaine porte un nom dérivé de celui d'un dieu de la mythologie gréco-romaine en pays latin ou de la mythologie nordique en pays anglo-saxons et germaniques.

Les chrétiens ont transformé le dernier jour de la semaine, jour du soleil, dimanche, *sunday, Sonntag...* en « jour du Seigneur ». Pour les musulmans, c'est le vendredi.

Dans le judaïsme, le dernier jour est le sabbat, qui débute dès le vendredi soir. Le « *shabbat* » est sans relation, autre que sémantique, avec le sabbat pour lequel les sorcières médiévales enfourchaient leurs balais les nuits de pleine lune. En mémoire du jour de repos de Yahweh, après les six jours de la création du monde, toute activité est interdite. Tout travail est prohibé, de la préparation de la nourriture (mais trois repas sont obligatoires) jusqu'aux actes les plus infimes : écrire un mot ou allumer la lumière. A ces interdits font pendant l'obligation de mémoire, de prière à la synagogue.

Réf.

Ernest Gugenheim, *Le judaïsme dans la vie quotidienne*, Albin Michel.

Suicide

Dans l'Antiquité, le suicide conscient ne subissait généralement pas de réprobation. Les Romains l'appelaient « *mors tempestiva* », la mort en temps voulu (nous avons conservé en français l'adjectif contraire : intempestif).

L'Église catholique a joué un rôle majeur dans la criminalisation du suicide. Celui de Judas après sa trahison est mis en avant en guise de repoussoir. Le suicidé reste privé de sépulture religieuse jusqu'au début du siècle, la honte retentissant sur sa famille. A la fin du Moyen Age, le corps du désespéré était « justicié », c'est-à-dire traîné sur une claie, puis pendu.

Comme l'a montré Louis-Vincent Thomas, si on ne recense plus guère d'interdit autour de la mort, c'est que la mort elle-même est interdite. On n'en parle plus, et les effets sont désastreux. Aujourd'hui, c'est le droit de mourir dans la dignité qui est refusé par la hiérarchie catholique, ce qui n'ôte d'ailleurs rien au courageux travail quotidien de nombreux catholiques investis dans l'accompagnement des mourants. Mais la garantie d'une mort digne est également interdite par la loi civile. Et cela même si ce droit est exigé par un texte explicite signé par la personne en pleine possession de tous ses moyens. Nous n'avons pas le droit de prévenir le sort qui pourrait faire de chacun de nous la victime d'acharnement thérapeutique, grabataire soumis à des souffrances sans fin, ou parfois inconscient des années avant la mort.

Ces victimes restent tributaires d'un parent ou d'un ami ayant suffisamment d'amour, ou d'un médecin ayant suffisamment de courage, pour pratiquer une euthanasie, telle que celles rapportées par le professeur Léon Schwartzenberg.

Le Vatican a vivement polémiqué avec le gouvernement néerlandais en 1993 quand il a autorisé l'euthanasie sous certaines conditions.

Réf.
Claude Guillon, Yves Le Bonniec, *Suicide, mode d'emploi,* Éd. Alain Moreau.
Léon Schwartzenberg, *Requiem pour la vie*, Éd. Le Pré aux Clercs.
Association pour le Droit de mourir dans la dignité, 103, rue La Fayette, 75010 Paris, tél. : 42.85.12.22.
Partir. L'accompagnement des mourants, Éd. du Cerf.
Louis-Vincent Thomas, *La mort*, coll. Que sais-je ?, PUF.

Tabou

Le décès sans cause apparente, rapide et inéluctable, des Maoris de Nouvelle-Zélande à la suite de la violation d'un tabou est bien connu. Il s'agit de l'aspect le plus spectaculaire d'un système social commun à tous les insulaires de l'océan Pacifique, voire à tous les peuples dits primitifs. Le mot *« tabu »* est tiré de la langue des habitants des îles Tonga ; on le trouve sous des formes analogues dans toute la Polynésie et en Mélanésie. Son adoption par les Européens est due au capitaine Cook, qui découvrit le mot et décrivit le phénomène lors de son troisième et dernier voyage (1777).

« Tabu » signifie d'abord *« marqué »*. Marqué parce qu'interdit et dangereux, mais aussi parce que sacré. On retrouve ici l'ambivalence qui fait tout le charme des catégories religieuses fondamentales. Ainsi, en Mélanésie, les missionnaires chrétiens ont pu se voir, ainsi que leur livre saint, qualifiés de *« tabu »* et... respectueusement évités.

La liste des plantes, choses, objets, animaux, lieux, temps, actes, personnes... tabous est suffisamment longue et diverse pour constituer de vastes encyclopédies dont la grande œuvre de James Frazer *Le rameau d'or* est une des plus fascinantes.

Choisis ici arbitrairement à titre d'exemples pour leur poésie attentive aux diverses sortes d'oiseaux et leur insistance significative sur la sexualité, voici les principaux tabous de la tribu Kenta (sud de l'Inde) rapportés par l'anthropologue Géza Roheim. Il est interdit

— de commettre l'adultère,

— de tuer les oiseaux kasa, pa'ceg, kawau saguogn, et même de parler pendant qu'ils lancent leur cri,

— de tuer les guêpes noires,

— de rire ou se moquer des animaux suivants : sangsue, papillon, singe, un certain serpent,

— de regarder des chiens en train de copuler,

— de porter un peigne pendant un orage, ou pendant sept jours après la mort d'un homme,

— de jouer avec des œufs d'oiseau,

— d'avoir des rapports sexuels pendant la journée (très grave),

— de pratiquer l'inceste (parents-enfants, beau-père-bru, belle-mère-gendre).

Pour les Kenta, sauf expiation par un sacrifice animal sanglant, toute transgression serait automatiquement punie par le tonnerre lui-même. De même que pour les Maoris et tous les peuples « primitifs » cette conviction a des effets psychosomatiques très réels qui peuvent aller jusqu'à la mort. Le caractère inexorable et impersonnel de la sanction de la transgression du tabou distingue celui-ci des interdits moraux ou juridiques (avec ou sans justification religieuse) dont la sanction est sociale ou policière.

On mesure l'importance des efforts des ethnographes dans la collecte des informations et des ethnologues dans leur interprétation pour, dépassant les pièges de l'exotisme, découvrir les origines des tabous et les replacer dans la construction et le maintien de la cohésion sociale tribale. La controverse la plus célèbre sur ce sujet opposa les thèses de Freud (tabous créés par des névroses sexuelles) à leur réfutation par Malinowski.

Réf.
James Frazer, *Le rameau d'or*, 4 tomes, Collection Bouquins, Éd. Robert Laffont.
Sigmund Freud, *Totem et tabou*, Gallimard.
Bronislaw Malinowski, *La sexualité et sa répression dans les sociétés primitives*, Payot.
Géza Róheim, *La panique des dieux*, Payot.

Thora

La loi, en hébreu. Ensemble des cinq premiers livres de la Bible (Genèse, Exode, Lévitique, Nombres, Deutéronome) dénommé *Pentateuque* par les chrétiens. A la fois Loi et histoire du peuple hébreu, la Thora contient 613 commandements, dont 365 interdits (on en trouve liste dans la partie I). La « *Halakka* » est plutôt la « coutume » définie par les rabbins à partir du Talmud (commentaire de la Thora).

Tout comme la charia islamique, les 613 commandements de la Thora ne peuvent être compris isolément d'une histoire et d'une philosophie. Le texte de la Thora tel que nous le connaissons a été rédigé (après avoir été expurgé, annoté, complété) lors de la reconstitution du royaume de David à partir de 538 avant J.-C., sous l'autorité de l'empereur perse Cyrus. Le gouverneur de Judée, Néhémie (qui est aussi prophète), et le scribe Ezra (Esdras) restaurent alors le sacerdoce. La récriture de la Loi marque le point de départ d'une extraordinaire aventure culturelle de vingt-cinq siècles, relatée avec érudition et esprit critique par Ilan Halévi et Maxime Rodinson.

Cette restauration s'accompagne d'une politique d'exclusion des étrangers et des métis. Il existe une explication théologique de la prohibition toujours actuelle des mariages mixtes. On en trouve dans le pamphlet de Robert Binisti une ferme contestation.

Réf.

Ilan Halévi, *Question juive, la tribu, la loi, l'espace*, Éd. de Minuit.

Maxime Rodinson, *Peuple juif ou problème juif ?* Petite collection Maspéro.

Robert Binisti, *Mariages judéo-chrétiens face à l'intégrisme rabbinique*, Éd. L'Harmattan.

Transgression

La transgression des interdits posés par les grandes religions peut s'expliquer par l'absence de croyance en ces religions ou alors par un attrait extraordinaire pour les actes prohibés. Le premier cas n'implique en aucune façon une transgression systématique, qui indiquerait encore une forme de croyance définie négativement, mais tout simplement l'organisation de la vie suivant d'autres valeurs, négligeant les interdits et récusant ceux qui veulent les imposer. Dans le deuxième cas se trouvent à la fois associées et opposées la plus extrême culpabilité et parfois de séduisantes subtilités théologiques sur la « rédemption du péché par le péché ».

Il existe un troisième cas de figure : la violation délibérée des tabous dans les sociétés « primitives » par des individus qui pensent devenir eux-mêmes dangereux par le contact avec le pire des dangers, et d'autant plus puissant que le tabou est fort. Cette magie transgressive, utilisée en particulier par les sorciers, emploie des matières organiques, fœtales ou cadavériques, et surtout du sang. L'inceste et le meurtre d'un consanguin sont les transgressions les plus extrêmes et les plus génératrices de pouvoir pour les audacieux qui survivent à ces actes.

Plus que la doctrine prônant une soumission absolue de l'Homme à un Dieu et à ses interdits, l'attitude magique, conquérante, « luciférienne », a été rapprochée de l'esprit prométhéen de l'homme moderne « maître et possesseur de la Nature ».

Réf.

Laura Lévi Makarius, *Le sacré et la violation des interdits*, Payot.

Usure

L'interdiction de l'usure, du prêt à intérêt, est certainement une des manifestations les plus positives pour les hommes que l'on puisse trouver dans toutes les religions monothéistes.

Dans l'Ancien Testament, il est interdit de prêter à intérêt à un coreligionnaire, mais pas à un étranger. Les interprétations malveillantes de ce fait n'ont pas manqué. Ce commandement s'applique pourtant de la même façon que tous les autres : aux seuls « prochains », ceux qui partagent la même religion. Abraham Léon a fait justice des délires antisémites utilisant la spécialisation fonctionnelle dans le prêt à intérêt à laquelle furent réduits certains juifs à certaines époques.

On sait que selon Jésus, *« il est plus facile à un chameau de passer par le trou d'une aiguille qu'à un riche d'entrer dans le Royaume de Dieu »*. Phrase qui exprime bien ses convictions : on ne peut servir à la fois Dieu et l'Argent. Ceci même si l'épisode des marchands du Temple est souvent mal interprété : ce n'est pas le commerce qui est blâmé mais le fait de commercer en ce lieu-là.

Les catholiques ont élaboré une doctrine sociale couronnée par l'encyclique *Centesimus annus* de Jean-Paul II, promulguée lors du centième anniversaire de l'encyclique *Rerum novarum* de Léon XIII (1891). Cette doctrine tente de réunir les classes sociales, définies comme complémentaires, autour de la notion de « bien commun ». Elle reste marquée par ses origines médiévales derrière un vocabulaire de troisième voie entre capitalisme et socialisme, alors même que de nombreux chrétiens sont engagés dans une lutte contre le capital financier, en particulier en Amérique latine.

Luther est l'auteur de nombreuses déclarations sans équivoque contre l'usure. Calvin condamne le prêt à intérêt aux pauvres. En revanche, il légitime le prêt à intérêt aux riches, ceux-ci utilisant l'argent pour générer un profit. Max Weber a établi une corrélation entre l'éthique protestante et l'esprit du capitalisme. Il ne s'agit pas d'une relation directe de cause à effet : le chrétien doit considérer son métier comme une vocation, l'oisiveté est condamnée. Ces dispositions d'esprit ont favorisé la création du mode de production capitaliste.

L'islam condamne nettement l'usure. Mais la période coloniale a favorisé la pénétration capitaliste dont la structure persiste donc plus que jamais, comme le prouve l'hégémonie du Fonds monétaire international dans de nombreux pays dits musulmans. Un réseau de banques islamiques, sans prêt à intérêt, s'est toutefois créé et semble prospérer : c'est au prix, semble-t-il, d'un jeu sur les mots, d'une astuce sémantique.

Réf.

Abraham Léon, *La conception matérialiste de la ques-*

tion juive (Préface de Maxime Rodinson), Études et Documentation Internationales (EDI).
CERAS, *Le discours social de l'Église catholique*, Éd. Le Centurion.
Antoine, Casanova, *Le Concile, 20 ans après*, Éd. Messidor.
Max Weber, *L'éthique protestante et l'esprit du capitalisme*, Presse-Pocket.
Maxime Rodinson, *Islam et capitalisme*, Éd. du Seuil.
Stéphanie Parigi, *Des banques islamiques*, Ramsay.

Versets sataniques

Le roman de Salman Rushdie, *Les versets sataniques*, a été publié le 26 septembre 1988 à Londres par les Éditions Viking Penguin. Les organisations islamiques d'Angleterre diffusèrent aussitôt les extraits censés être les plus blasphématoires aux ambassades des quarante-cinq pays de l'Organisation de la Conférence islamique. Le 5 octobre, le livre est interdit en Inde. Le 14 février 1989, l'imam Khomeiny prononce, en tant que jurisconsulte, une « *fatwa* ». Son décret est le suivant : « *Je veux informer tous les intrépides musulmans à travers le monde que l'auteur du livre intitulé* Versets sataniques, *ainsi que les éditeurs qui connaissent son contenu sont, par la présente, condamnés à mort. Je demande à tous les musulmans zélés de les exécuter, où qu'ils se trouvent, afin que personne n'ose insulter la sainteté islamique. Quiconque a accès à l'auteur du livre, mais n'a pas les moyens de l'exécuter, doit le déférer devant le peuple, afin qu'il soit châtié pour ses actes. Quiconque est tué ce faisant sera considéré comme un martyr et ira directement au ciel.* » Des émeutes provoquent des dizaines de morts à travers le monde, et les traducteurs italien et japonais seront assassinés.

Selon Rushdie lui-même, « Les versets sataniques *ne sont pas un roman antireligieux. C'est, par contre, une tentative d'écriture sur l'émigration, ses tensions et les transformations qu'elle entraîne* » (Revue *Sou'al* n° 9-10). Effectivement, comme le démontre Raphaël Aubert, on ne peut vraiment comprendre cet ouvrage que comme le troisième tome d'une « *trilogie portant avant tout sur la question des racines et de l'identité de l'individu exilé, écartelé entre plusieurs cultures* ». Les deux autres tomes, publiés en français par les Éditions Stock, sont *Les enfants de Minuit* (1981) sur l'Inde moderne et *La honte* sur le Pakistan. *La honte* est interdit au Pakistan, mais reçoit (le 3 janvier 1989 !) le prix du meilleur roman étranger décerné par le ministère iranien de la Culture et de la Guidance islamique.

La satire antireligieuse n'est pas absente dans *Les versets sataniques* : La Mecque est appelée « Ignorance », les femmes du Prophète, appelé toutefois Mamoun et non Mohamed, sont présentées comme des prostituées... Mais le titre renvoie bel et bien à un épisode de la vie de Mahomet. A l'époque où celui-ci tentait, depuis Médine, de conquérir La Mecque encore polythéiste, le diable lui aurait soufflé les versets suivants (Sourate de l'Étoile, LVIII, versets 19, 20) : « *Avez-vous considéré Al-Lât et Al-Ozzä et Manât, cette troisième autre ? Ce sont les sublimes déesses et leur intercession est certes souhaitée.* » Cette concession temporaire au paganisme est bien connue dans la tradition islamique, ces versets, étant immédiatement rectifiés par la suite du texte, n'ont pas suscité de controverse théologique notable.

En France, une édition pirate des *Versets* fut publiée par Jean-Edern Hallier et l'équipe de *L'Idiot international*. L'édition officielle est publiée, avec le soutien des éditeurs et du ministère de la Culture, par Christian Bourgois, qui avait déjà eu à affronter des croisés contre le blasphème (voir ce mot).

François Cavanna a pu, par ailleurs, publier en France une satire de la Bible, chef-d'œuvre d'humour et d'érudition, sans problèmes ni menaces.

Réf.

Salman Rushdie, *Les versets sataniques*, Éd. Christian Bourgois.
Raphaël Aubert, *L'affaire Rushdie*, Coll. Bref, Éd. du Cerf.
International Comittee for the Defence of Salman Rushdie and his Publishers, PO Box 49, London SE 11 LX.
F. Cavanna, *Les Écritures. Les Aventures de Dieu suivies des Aventures du petit Jésus*, Éd. Belfond et le Livre de Poche.

Vertu

On peut distinguer au moins quatre sortes de vertu :

— La vertu « morale », qui correspond à une certaine morale, dite « judéo-chrétienne », basée sur l'interdit général jeté sur la sexualité et l'érotisme.

— Les vertus « théologales » qui sont, selon saint Thomas, suivies par les chrétiens : la foi, l'espérance, la charité.

— Les vertus « cardinales » qui sont, selon Platon, suivies par les Anciens : le courage, la sagesse, la tempérance et la justice.

— La vertu « politique », liée aux précédentes. Venue de l'Antiquité, associée à la notion décisive de citoyen, elle fut remise à l'honneur par la Révolution française. Elle est, selon Montesquieu, le principe de la démocratie : « *On peut définir cette vertu : l'amour des lois et de la patrie.* »

Voltaire dans son *Dictionnaire philosophique* (article Vertu) réserve le mot aux deux dernières

(suite page 193)

Vendredi Saint (banquets du)

Si l'obligation de faire maigre le Vendredi Saint dut être transgressée bien souvent au fil des siècles, par les libertins, les esprits forts, les philosophes, la coutume de banqueter le jour de la Passion, à grands sons de trompe et autour d'une table garnie de viande ou de charcuterie est tardive. L'origine pourrait bien en être le fameux banquet offert par Sainte-Beuve à ses amis Ernest Renan, Gustave Flaubert, Hippolyte Taine, Edmond About, le prince Napoléon, le 10 avril 1868. Ce repas offert par le célèbre critique à de non moins illustres amis amena des commentaires scandalisés dans tous les journaux catholiques. Ce sont peut-être ces réactions indignées qui donnèrent aux libres penseurs et aux anticléricaux la conviction que le jour anniversaire de la mort du Christ pouvait être une excellente occasion de manifester leur hostilité à l'Église, à ses dogmes et ses commandements. En 1869, des banquets gras furent annoncés publiquement à Paris. En 1870, il s'en déroula à Paris, Lyon, Marseille, Dijon, Le Creusot, organisés par des militants libres penseurs qui étaient alors souvent en même temps membres de la Première Internationale. Après l'écrasement de la Commune, avec l'Ordre moral, plus question, bien sûr, de banquets du « *vendredi dit saint* ». Ceux-ci ne réapparurent qu'avec la victoire de la République des républicains qui permit la multiplication et l'implantation des sociétés de Libre Pensée.

A l'exclusion d'un seul organisé par une loge maçonnique, tous les banquets gras pour lesquels nous avons trouvé une trace, dans la presse, dans des archives départementales ou communales, avaient été préparés par une société ou une fédération de Libre Pensée. Nous en avons ainsi relevé 114 entre 1879 et 1939, la plupart d'entre eux s'étant tenus avant 1914. Ils se déroulaient un peu partout dans l'hexagone.

Les mets proposés étaient plus ou moins riches, plus ou moins abondants, ce qui faisait assez notablement varier les prix, de un à sept francs avant la Première Guerre. Parmi la charcuterie, ce qui dominait était le saucisson, d'où le terme de « saucissonniers » souvent donné aux libres penseurs par les cléricaux. Parmi les viandes, on trouve marcassin, lapin, veau, bœuf et gigot. Celui-ci semble avoir été tout particulièrement apprécié lors des agapes anticléricales : faut-il y voir une allusion sacrilège à l'agneau pascal ? Parfois, le menu était rédigé en termes parodiques qui devaient constituer un important élément de comique dans la sociabilité libre penseuse. En 1887, la société de Libre Pensée de Versailles avait ainsi conçu le sien : « *Potage calotin. Saucisson de vicaire. Lapin sauté aux champignons à la Freppel. Gigot de tonsuré. Haricots à la sauce Goux. Fromage à la tête de mort. Salade de capucin. Café au jus de chapeau de Léon XIII. Cognac de Lourdes. Une bouteille de vin de l'adoration perpétuelle par personne. Pain enchanté à discrétion.* »

L'explication fondamentale de ces banquets de la Passion se trouve néanmoins ailleurs. Pour l'Église, le Vendredi Saint est, par excellence, jour d'affliction et de repentir ; à l'obligation de l'abstinence, s'ajoutent des conduites de deuil. Le ciboire est retiré du tabernacle, les images saintes sont remplacées par la crécelle. En outre, dans la tradition populaire, ce jour garde quelque chose des éléments de malédiction qui, d'après les évangélistes Matthieu et Luc, s'abattirent sur la terre lorsque Jésus expira sur le Golgotha. Enfreindre les tabous attachés à un tel jour présentait donc un caractère dangereux. Pour les libres penseurs, il était d'un grand intérêt de s'y risquer ; ainsi l'on pourrait prouver que rien de dommageable n'était survenu et qu'aucune crainte n'était fondée. Les banquets du « *vendredi dit saint* » furent aussi conçus comme le moyen de « *provoquer un moment de réflexion dans les masses superstitieuses* ». Sainte-Beuve avait attribué à son repas du 10 avril 1868 une grande portée symbolique : « *Il n'est pas mal qu'il y ait des jalons pour marquer, de temps en temps, le retrait des religions en décours ? Notre innocent vendredi sera un de ces petits jalons.* » De manière plus superficielle, les libres penseurs voulaient aussi protester contre l'hypocrisie de riches catholiques qui, pour faire maigre, n'en consommaient pas moins de mets fins et recherchés tels que bouchées d'huîtres à la crème, carpe à la Chambord ou salmis de pluvier aux champignons.

La Libre Pensée organise chaque année une cinquantaine de banquets du « Vendredi-dit-Saint » qui rassemblent 4 à 5 000 personnes...

Jacqueline LALOUETTE

(suite de la page 191)

acceptions : *« Nous vivons en société ; il n'y a donc de véritablement bon pour nous que ce qui fait le bien de la société. Un solitaire sera sobre, pieux ; il sera revêtu d'un cilice : eh bien, il sera saint ; mais je ne l'appellerai vertueux que quand il aura fait quelque acte de vertu dont les autres hommes auront profité. »*

Il n'y a pas de citoyen sans vertu.

Réf.

Claude Mossé, *L'Antiquité dans la Révolution française*, Éd. Albin Michel.

Claude Nicolet, *Le métier de citoyen dans la Rome républicaine*, Coll. Tel, Éd. Gallimard.

Voltaire, *Dictionnaire philosophique*. Éd. Garnier. Flammarion (Éd. de poche).

Viande

Il est impossible de définir une philosophie unique, religieuse ou non, à partir du refus de consommer de la viande. L'interdit le plus connu est, bien sûr, celui posé en Inde, encore qu'il s'agisse là d'un modèle de comportement plus que d'une pratique stricte. En effet, si les brahmanes le respectent scrupuleusement, les membres des castes plus basses mangent parfois de la viande, sauf, bien sûr, de la vache qui, à travers les siècles, a focalisé sur elle l'interdit général pesant sur la viande. Les animaux étant censés abriter des âmes qui, après transmigration, pourront habiter des corps humains.

On connaît moins, en revanche, la protection accordée par les nazis avant-guerre aux associations de « Lebensreform » qui mêlaient végétarisme et réformes sociales et impulsèrent le premier grand réseau de distribution de produits « biologiques ». Antérieures (et postérieures) au nazisme, ces associations ne peuvent y être réduites ; toutefois, certains de leurs théoriciens furent de fervents partisans de l'Europe aryenne.

Gandhi et Hitler furent végétariens, ainsi que de nombreuses autres figures historiques : Cyrus, empereur de Perse ; les empereurs romains Marc-Aurèle et Julien ; Ovide ; saint Jean Chrysostome ; Léonard de Vinci ; Rousseau ; Michelet ; Wagner ; Byron ; Tolstoï ; Alexis Carrel... Les idéologies les plus opposées sont, on le voit, représentées.

Les anarchistes et libertaires jouèrent un rôle important dans la diffusion du végétarisme et, plus largement, du naturisme (qui ne se réduit pas au nudisme), philosophie complète qui réhabilite le corps et la nature face à la fameuse « morale judéo-chrétienne ». Les mouvements d'inspiration religieuse sont également très présents. Parmi les grandes références, les principales sont les philosophies spiritualistes de la Grèce antique : les écoles pythagoricienne et orphique. La diététique, au sens grec du terme, n'est pas seulement un mode alimentaire mais un genre de vie.

Les Esséniens, précurseurs des chrétiens, auraient été végétariens. Actuellement, les Adventistes du septième jour sont des militants actifs et organisés, à l'origine de l'invention et de la diffusion des « corn flakes » américains. Ils sont généralement qualifiés de secte, de même que bien d'autres végétariens : l'Association internationale pour la conscience de Krishna, l'Arche de Lanza del Vasto, les instinctothérapeuthes (les aliments, crus, sont choisis « instinctivement »), les adeptes de la macrobiotique qui, mêlant taoïsme chinois et bouddhisme japonais, distinguent les aliments yin et yang. Le végétarisme est très bien porté dans les milieux tenant de l'idéologie quelque peu confuse du Nouvel Age (d'après le découpage astrologique du temps, nous quittons l'Ère du Poisson pour entrer dans celle du Verseau).

Le végétarisme mérite réflexion. Du point de vue de l'hygiène, la carence en certaines vitamines, calcium et fer peut entraîner anémie ou même rachitisme, mais les « zoophages » sont plus soumis aux maladies cardio-vasculaires et à l'hypertension. Le végétarisme mal compris peut être dangereux : des instinctothérapeutes prétendent soigner des cancers, et l'écrivain Roger Ikor a vu une des causes du décès de son fils dans son régime macrobiotique (*Je porte plainte*, Le Livre de poche).

Réf.

Laurence Ossipow, *Le végétarisme*, Coll. Bref, Éd. du Cerf.

Gabriel Matzneff, *La diététique de Lord Byron*, Folio, Gallimard.

Ville interdite

L'empereur de Chine, Fils du Ciel, garant de la paix civile comme de la régularité des saisons, régnait depuis la Cité interdite, ville dans la ville de Pékin. Les merveilles qu'elle cachait sont maintenant accessibles au peuple chinois qui visite ce musée d'où ont disparu empereur, courtisans, harem et eunuques.

De nos jours, la ville interdite par excellence est La Mecque, dont l'accès est strictement prohibé aux non-musulmans. La Mecque est *« haram »*, c'est-à-dire à la fois *« sainte »* et *« interdite »*. C'est aussi le cas de Médine où se trouve le tombeau du prophète Mahomet, ainsi que de l'esplanade des deux grandes mosquées de Jérusalem.

L'Arabie Saoudite est d'ailleurs considérée par les autorités du pays comme une vaste mosquée. La pratique d'autres cultes que l'islam y est donc interdite, comme elle l'est dans les temples des autres religions ou dans l'enceinte de l'État de la Cité du Vatican.

Ces interdits ont connu quelques transgressions. L'explorateur européen le plus célèbre ayant visité clandestinement La Mecque se nomme Richard

Burton (sans lien de parenté avec l'acteur). D'autre part, les troupes américaines installées en Arabie Saoudite lors de la Guerre du Golfe furent dotées d'aumôniers chrétiens et juifs pratiquant donc leurs propres cultes.

Réf.
Slimane Zeghidour, *La vie quotidienne à La Mecque de Mahomet à nos jours*, Hachette.

Voile

Dans l'école publique française tout port d'insigne est interdit depuis la circulaire du 1er juillet 1936, ainsi que toute propagande politique et tout prosélytisme religieux en général depuis la circulaire du 15 mai 1937. Le moins qu'on puisse dire est que ces dispositions n'ont guère été respectées. Mais, en 1988, une tempête médiatique a subitement révélé la présence dans nos écoles de jeunes musulmanes portant le voile islamique (« *hidjeb* » en arabe, « *tchador* » en iranien). Cette règle musulmane est reprise de la même coutume, tombée en désuétude, dans le judaïsme (voir les portraits de Marie, mère de Jésus) et dans le christianisme (voir les religieuses). Selon l'épître de Paul aux Corinthiens : *« La femme doit porter sur la tête la marque de sa dépendance. »* Les mêmes faits ont provoqué la même émotion en Angleterre et en Belgique.

Ce débat sur le respect des cultures et l'égalité des sexes est en rapport direct avec le désir d'associations islamiques d'obtenir la reconnaissance légale de l'autonomie culturelle de la communauté musulmane. Gilles Kepel a reproduit le contenu très explicite d'un dépliant intitulé « The muslim vote », très largement distribué en Grande-Bretagne en juin 1987, au moment des élections à la Chambre des Communes. Il était édité en quatre langues (anglais, ourdou, gudjerati et bengali) par vingt-quatre associations islamiques. Cette « Charte des revendications musulmanes » comporte quatre points. Le premier (« Écoles musulmanes ») demande que soit préservé le droit des musulmans à créer des écoles privées, libres ou sous contrat. Le deuxième (« Pas d'éducation sexuelle ») souhaite *« sauvegarder le droit des parents musulmans à retirer leurs enfants des prétendus cours d'éducation sexuelle »*. Le troisième (« Statut personnel musulman ») demande *« la reconnaissance du mariage et du divorce musulmans, et des règles islamiques de l'héritage »*. Le quatrième (« Mesures à prendre dans les écoles publiques ») énumère neuf revendications : instruction religieuse islamique ; viande et nourriture halal ; lieux de prière ; piscine et éducation physique séparées pour filles et garçons ; dispense pour les cours de musique et de danse ; information aux parents sur toute activité extrascolaire afin qu'ils puissent empêcher leurs enfants de participer à des activités non islamiques ; affectation d'enseignants et de personnel administratif musulmans dans les écoles où il y a un nombre substantiel d'élèves musulmans ; exclusion de tout ouvrage ou de toute référence non authentique ou offensante lorsqu'on traite de l'islam ; non mixité dans les écoles.

Réf.
Gilles Kepel, *Les banlieues de l'islam*, Éd. du Seuil.

Professeur de philosophie, j'eus récemment l'une de mes étudiantes qui se présenta au cours le visage voilé. L'Université de Liège, comme l'ensemble des autorités belges, a décidé de laisser faire. Afin d'éviter un « interdit laïque » ? Soyons sérieux. Par lâcheté, les Belges ferment les yeux sur la domination que les mâles (pères, maris, frères, fils...) imposent aux femmes au nom d'un certain islam. C'est donc la loi, les libertés les plus élémentaires et les idéaux minimum de la laïcité qui se voient bafoués. Anne-Marie Lizin, qui fut secrétaire d'État à l'Europe, député-maire socialiste a décidé de prendre les choses en main. En liaison notamment avec des Algériennes, mais aussi d'autres femmes issues de la culture musulmane, elle vient de créer un comité de vigilance afin d'alerter l'opinion publique et d'obliger le monde politique à prendre ses responsabilités. « Si vous réussissez à créer un système où un homme peut mépriser sa femme, alors cet homme peut devenir fasciste. C'est-à-dire que si vous pouvez mépriser l'être qui vous est le plus proche, et si au lieu de le croire votre égal, vous le croyez votre inférieur, vous êtes mûr pour le fascisme. »

Pratiquement nous souhaitons une revendication précise pour bénéficier d'un budget d'aide englobant la Commission des communautés européennes et l'Union du Maghreb arabe, destinée à des projets d'éducation et de formation professionnelle pour les jeunes filles, ainsi qu'une aide pour la lutte contre l'analphabétisme des femmes et en particulier pour la mise en œuvre et l'application du planning familial. Finalement, j'ai pu convaincre mon étudiante, contre sa famille, de dévoiler sa (sainte) face. Mais sans pouvoir m'aider des autorités académiques, ou de la loi. Quid de demain, des écoles voisines ?

Janos Molnar de Parno

Comité de soutien aux femmes musulmanes
Cabinet de Madame le Maire, Hôtel de Ville, 4500 Huy Belgique.

Chroniques

coordonnées par Thierry Brésillon

Timor-Est : Échos d'une extermination silencieuse

par Gabriel Defert

« Ne faites pas attention à lui. C'est un Timorais. » Le jeune homme assis dans un coin de la pièce nous observe du coin de l'œil sans réagir à la réflexion du policier indonésien qui nous fait les honneurs de sa maison. Nous sommes dans la petite agglomération d'Ermera, à environ une heure trente de voiture de Dili, la capitale du Timor oriental. Le lendemain matin, après le départ de notre hôte pour le commissariat, nous retrouvons le jeune homme qui balaye l'arrière-cour. Il s'appelle José. En nous parlant, il prend le risque d'être convoqué pour un interrogatoire aux conséquences imprévisibles. Pourtant, après avoir observé calmement les alentours pour s'assurer qu'il était bien à l'abri des regards indiscrets, il évoque en quelques phrases sa situation. Il sert d'homme à tout faire au policier, en échange de quoi ses études dans le lycée technique sont prises en charge. Il ne perçoit pas d'autre rémunération, et comme la plupart de ses compatriotes, il n'a guère de moyens de s'intégrer aux circuits économiques. Il a perdu ses droits sur la terre et il sait qu'il n'y aura pas de place pour lui dans le commerce ou l'administration. Tous les postes sont tenus par des migrants originaires des autres îles de l'archipel indonésien. Bien qu'il n'éprouve pas d'antipathie particulière à l'égard de son employeur, José évoque avec amertume la brutalité des troupes d'occupation et leur mépris pour les Timorais que la crêpure des cheveux et la peau sombre désignent manifestement à leurs yeux comme des êtres inférieurs.

A première vue, on pourrait trouver des situations analogues à la plupart des périphéries des grandes nations du tiers monde. Le statut des minorités ethniques est rarement enviable dans des pays où les décisions se prennent généralement dans la capitale et où le développement se mesure au pouvoir d'achat des élites et au modernisme des industries symboles.

L'Indonésie est un archipel de 13 000 îles et de 180 millions d'habitants. Elle connaît une croissance économique relativement rapide, encouragée et parasitée par l'appétit des militaires au pouvoir depuis près de trente ans. Il n'est donc pas étonnant que, fiers de leur domination économique et politique, les Javanais, qui représentent plus de 60 % de la population, se permettent de traiter sans déférence les habitants de l'est de l'archipel. En marge des grandes routes commerciales asiatiques, ces derniers sont restés fidèles à leurs origines mélanésiennes et papoues dont les mœurs sont considérées à Jakarta comme frustes et arriérées.

Mais la situation dans la partie orientale de l'île de Timor va bien au-delà d'un conflit classique entre centre et périphérie : bien qu'envahie il y a maintenant dix-huit ans par l'armée indonésienne, cette partie de l'île reste juridiquement une colonie portugaise en attente d'un processus d'autodétermination sous l'égide des Nations unies. Avec plus de 250 000 victimes causées par l'invasion, soit environ 40 % de la population, la guerre de Timor constitue — en termes relatifs — le conflit le plus meurtrier depuis la Seconde Guerre mondiale. Devant l'Afghanistan, le Liban, le Cambodge...

Outre la brutalité des troupes d'occupation qui ont très souvent massacré les prisonniers après leur capture ou leur reddition, cette mortalité exceptionnelle est largement imputable à la politique menée dans les zones « pacifiées ». Au moment de l'invasion indonésienne, la population avait fuit massivement vers les montagnes escarpées du centre de l'île. Afin de couper la résistance de ses soutiens civils, les troupes indonésiennes utilisant parfois des défoliants chimiques, ont détruit les espaces cultivés, forçant ainsi les agriculteurs à se rendre. On les a ensuite internés dans des camps côtiers où ils n'ont pas bénéficié d'assistance alimentaire. N'étant pas autorisés à cultiver la terre, ils ont connu une famine que le délégué régional de la Croix-Rouge internationale a qualifiée de pire que celle qu'avait pu connaître le Biafra quelques années plus tôt.

En 1981, alors que pour la première fois depuis trois ans, les espaces mis en culture semblaient à peu près en mesure de nourrir la population, l'état-major indonésien a mis au point une opération ubuesque destinée à supprimer les derniers maquis nationalistes. Il s'agissait de mobiliser des hommes valides pour les forcer à former une vaste chaîne humaine supposée ratisser l'île d'est en ouest. Main dans la main, menacés par les fusils de l'armée indonésienne qui espérait capturer les résistants dans ces « nasses », les réquisitionnés, brutalisés et sous-alimentés, n'ont pas toujours résisté à l'effort. Et ceux qui sont revenus ont découvert leurs récoltes dévorées sur pied par les rongeurs.

Dans ces conditions, il n'est pas exagérément surprenant qu'une large majorité de la population soutienne la résistance par le biais d'un réseau très élaboré d'organisations clandestines. C'est notamment l'une d'entre elles qui a organisé la manifestation du 12 novembre 1991 à Dili, au cours de laquelle l'armée avait ouvert le feu, causant la mort d'environ 200 personnes.

En 1974, Nicolau avait trente-cinq ans. Employé de l'agence timoraise de la Banque nationale de l'outre-mer portugais, les jeunes « gauchistes » qui militaient pour l'indépendance l'inquiétaient et lorsqu'il s'est aperçu que le Portugal refuserait de maintenir plus longtemps sa présence, il a envisagé avec sérénité la perspective d'une intégration à l'Indonésie. Contrairement à la plupart de ses concitoyens, c'est donc sans répulsion particulière qu'il avait assisté aux préparatifs de l'invasion. Les Indonésiens qui disposaient de la liste des sympathisants de l'APODETI (Association populaire et démocratique timoraise, le petit parti qui leur est favorable), auraient pu compter sur lui, d'autant que le personnel qualifié, fût-il subalterne, n'était pas à négliger dans ce territoire qui fut le moins bien loti de l'empire colonial portugais. Mais dès le 7 décembre, alors que les troupes d'élite indonésiennes venaient à peine de prendre pied dans l'île, un commando de parachutistes a fait irruption dans la maison familiale qu'ils ont fouillée sans ménagement. Les soldats ont emporté les bijoux et les autres objets de valeur qu'ils ont pu trouver. Nicolau qui tentait de les en dissuader a été roué de coups. Plus tard, les militaires sont revenus le chercher. Détenu pendant plusieurs jours dans un centre de torture de Dili, Nicolau était accusé d'avoir reçu une lettre d'un de ses fils, enfui dans la montagne avec la Résistance comme environ la moitié de la population.

Sa belle-fille Thérésa a également été incarcérée. Ses seins ont été brûlés par les cigarettes de ses tortionnaires. Elle a été violée à de nombreuses reprises. Les soldats voulaient obtenir des renseignements sur la Résistance. En désespoir de cause, ils l'ont enfermée avec deux autres personnes pendant une semaine dans un cachot sans lumière d'un mètre sur un mètre cinquante où il était impossible de s'allonger. Il fallait donc dormir à tour de rôle roulé en boule sur le ciment humide et froid.

Thérésa a eu de la chance. Elle s'en est sortie, grâce à la protection d'un fonctionnaire indonésien. Pour survivre, elle a travaillé par la suite au bureau indonésien du planning familial. Elle a donc pris part aux grandes campagnes du milieu des années 80 au cours desquelles les services de santé procédaient à des injections contraceptives *(dépoprovera)*, sous couvert de vaccinations contre le tétanos. Aux yeux des autorités, en effet, les Timorais font trop d'enfants, que des dizaines de milliers de personnes aient disparu n'a changé en rien la politique du gouvernement. Les autorités continuent à encourager l'immigration, espérant ainsi à court terme marginaliser les Timorais dans leur propre pays.

Ce tableau qui évoque sommairement dix-sept ans de vie de la population timoraise n'est pas souvent exposé. L'Indonésie, actuelle présidente du Mouvement des non-alignés, est un partenaire de poids, habile à utiliser les pressions économiques et diplomatiques pour bloquer les velléités d'intervention de l'Organisation des Nations unies et de ses partenaires occidentaux. Même le Vatican, sensible au destin de l'influente minorité catholique indonésienne, évite de se prononcer sur la question.

Quant au gouvernement français, il est resté étrangement silencieux, maintenant, depuis 1981, les consignes d'abstention décidées par la majorité précédente pour les votes aux Nations unies. Pourtant, le Président Mitterrand avait déclaré, quelques mois après son élection, devant les caméras de la télévision portugaise que « *si aucune initiative n'était prise aux Nations unies pour la défense des droits des Timorais, la France assumerait ce devoir* ». Dans un contexte mondial plus ouvert que jamais, on pourrait espérer que la communauté internationale fasse enfin usage de son « devoir d'ingérence » pour assurer au peuple timorais la protection de ses droits élémentaires.

Gabriel DEFERT

Ex-RDA : des projets pour les jeunes

par Pascal Thibaut

Le développement de la xénophobie en Allemagne et particulièrement dans l'ex-RDA a été le moteur de nombreux projets qui sur le terrain essaient d'offrir une alternative aux jeunes tentés par la violence. Ce type de travail social est nouveau à l'Est et bénéficie du soutien des pouvoirs publics, à commencer par celui du ministère fédéral pour la Jeunesse. Un soutien qui n'est pas sans danger dans la mesure où il peut faire passer ce genre de projets pour une panacée universelle, évitant aux hommes politiques de s'interroger sur leur propre responsabilité comme sur les problèmes sociaux qui sont la cause des violences.

Ces projets n'appréhendent pas ces jeunes comme des criminels, que seule une sévère répression peut remettre « dans le droit chemin », mais plutôt comme des individus auxquels un travail social concret est susceptible de venir en aide. Pour ceux, surtout à gauche et parmi les travailleurs sociaux traditionnels, qui ne voient là que des néonazis à réprimer, la pilule est difficile à avaler. Mais cette critique de gauche a ses limites. Bien sûr, il existe des membres actifs de groupuscules d'extrême droite pour lesquels un travail social arrive souvent trop tard. Mais il y a aussi les autres, dans une mouvance nationaliste, dont les idées politiques sont loin d'être claires. Pour ces jeunes issus de familles déchirées, vivant désœuvrés dans des quartiers à côté desquels nos banlieues ressemblent à de délicieuses villégiatures et se considérant comme des citoyens de deuxième classe dans cette Allemagne réunifiée, les valeurs nationales constituent le fondement d'une culture jeune à la mode dont les cheveux ras, le bomber et les rangers constituent les signes extérieurs. Le groupe joue également un rôle important. C'est en son sein que les jeunes deviennent quelqu'un. A l'Est, où la dimension collective a marqué les esprits, il constitue un élément important, à l'heure où l'offre socio-culturelle s'est effondrée dans les quartiers défavorisés.

Les projets créés après la chute du mur sur un terreau qui lui était antérieur sont le plus souvent le fait d'Allemands de l'Est qui travaillaient au sein des œuvres sociales de l'Église protestante. Seul un travailleur social de l'Est peut comprendre comment ont vécu, et comment vivent les jeunes d'aujourd'hui, quelles sont leurs références, tant quarante années de développement séparé ont contribué à forger des individus différents.

L'un des premiers projets a été celui de Michaël Heinisch, un ancien diacre de l'Église protestante, à Berlin-Est. Un immeuble squatté du quartier de Lichtenberg accueille des jeunes d'extrême droite. Ils ont participé à la rénovation qui, arrivée à terme, offre aux jeunes sept appartements, un lieu où se retrouver qui leur assure une certaine sécurité matérielle et une occupation pour tenter d'influencer sur leurs comportements et leur permettre en dernier lieu de décider de leurs choix.

Le projet n'est pas allé sans heurts. Les relations avec des squatts d'extrême gauche dans la même rue n'ont pas toujours été paisibles. L'infiltration puis l'expulsion de dirigeants actifs de groupuscules extrémistes ont également perturbé le déroulement du projet. L'excessive camaraderie reprochée à Michaël Heinisch par ses détracteurs souligne, s'il en était besoin, les limites de tels projets. Autant une relation de confiance doit être créée, autant le travailleur social doit garder une certaine distance et ne pas tolérer certains comportements. Il n'est par exemple pas admissible que ces projets servent de base à des actions violentes. Ray Kokoschko qui dirige lui un projet dans une petite ville du Brandebourg ne se fixe pas d'ambitions exagérées. Les grands discours humanistes ou moralisateurs n'ont pas prise sur ces jeunes. Il s'agit avant tout d'influer sur leur temps libre, de leur offrir quelque chose à quoi s'identifier, de faire en sorte que la frustration qu'ils portes en eux s'exprime de façon positive. Abattre les préjugés contre les étrangers et réduire la prédisposition à la violence passe parfois par des actions plus spectaculaires comme des rencontres sportives avec des groupes d'extrême gauche. Souvent par ce rapprochement, les jeunes s'aperçoivent qu'ils se ressemblent beaucoup et viennent du même milieu. Les transfuges ne sont d'ailleurs pas rares qui passent d'un extrême à l'autre. Pour combattre l'ethnocentrisme, certains travailleurs sociaux organisent des rencontres avec des jeunes étrangers, notamment des Turcs, voire des déplacements à l'étranger pour que les jeunes concernés se retrouvent dans la situation de ceux auxquels ils s'attaquent.

Quels peuvent être les effets de tels projets ? Les travailleurs sociaux qui travaillent avec ces jeunes restent modestes. Ils connaissent les limites de leur travail, savent qu'il ne peut être efficace que s'il est relayé par les hommes politiques et par les différents corps intermédiaires qui contribuent à forger les nouvelles générations. Les plus expérimentés, ceux qui ont commencé à travailler avec les jeunes d'extrême droite il y a plusieurs années à l'Ouest, affirment pouvoir faire quelque chose auprès des plus jeunes dont l'imprégnation idéologique reste encore superficielle. Pour les plus âgés, particulièrement ceux qui sont devenus des membres actifs de groupuscules extrémistes, un retour en arrière se révèle souvent impossible. Il ne reste alors plus qu'à attendre qu'ils rangent leurs bombers au placard en rentrant dans la vie active et en fondant une famille. Mais cet épisode de leur existence qu'ils referment ainsi symboliquement n'aura-t-il pas laissé des traces indélébiles dans l'esprit de ces citoyens ?

Pascal THIBAUT

Difficile transition à Hong Kong

par Zhong Xiaofeng

Chris Patten, gouverneur de Hong Kong, rejoue-t-il, deux cents ans après, la scène d'un Lord Macartney, qui, envoyé dans l'Empire du Milieu par le roi George III d'Angleterre, refusa de se prosterner devant l'empereur Qianlong ? Son refus de se plier aux exigences de la Chine pourrait y ressembler, à ceci près que l'époque a changé et qu'il s'agit aujourd'hui de refermer la page coloniale du Royaume-Uni. Le 30 juin 1997 à minuit, le « Union Jack » devra cesser de flotter au vent du fameux Harbour. « *Je tiens à ce que le dernier chapitre de l'histoire de l'empire du Royaume-Uni soit fermé aussi décemment, proprement et honnêtement que possible* » : très imbu du sens de l'histoire, le gouverneur Chris Patten, ex-président du Parti conservateur et historien de Cambridge, ne mesure que trop bien la portée de sa mission — celle que son ami John Major lui a confiée. Quant à la colonie, elle paraît sensible au poids politique de son — en principe — dernier gouverneur, mais se demande tout de même à quoi cet honneur est dû.

C'est que John Major en avait assez du style du Foreing Office et surtout de ses « diplomates-sinologues » qui semblent se montrer souvent trop « mous et complaisants » à l'égard de l'ex- et futur État souverain de Hong Kong. Ainsi le gouverneur David Wilson — un des leurs — a dû faire ses valises à force de trop céder aux pressions chinoises. Tout candidat au poste enviable de gouverneur de Hong Kong devait donc satisfaire au moins à deux conditions : ne pas faire partie du « clan de sinologues » du Foreign Office et être capable de fermeté à l'égard de la Chine. Le Premier ministre John Major, dans le souci de répudier la politique d'« apaisement » vis-à-vis de la Chine, a songé à son ami Chris Patten, président battu du parti conservateur victorieux aux élections législatives d'avril 1992. La couleur annoncée, l'heure est à la fermeté, mais suffira-t-elle à changer le cours des choses ? Et surtout n'est-ce pas trop tard ?

Mettant en valeur un art consommé de la communication, le nouveau gouverneur fit une fracassante entrée en scène. Souffla sur la colonie le « Typhon Patten », comme la presse locale le décrit, charmant tout Hong Kong, même la province chinoise du Guangdong dont les populations, à en croire un sondage, connaissent mieux le gouverneur de Hong Kong que le leur. Bénéficiaire d'un large soutien populaire et impatient déjà devant la stratégie chinoise de « faire traîner les choses », le « Sûr et Serein » Patten — selon le nom chinois qui lui a été donné — se permet de « narguer » Pékin, voire de « râler » au sujet du titanesque nouvel aéroport (son coût est estimé à plus de 20 milliards de dollars) de Hong Kong : « *Je ne trouve pas juste de demander aux contribuables de Hong Kong de supporter toute la charge aujourd'hui, alors que tout le gain reviendra à la future Région administrative spéciale (RAS) demain. N'oublions pas qu'en 1997, la RAS recevra la plus grosse dot depuis Cléopâtre.* » Les mandarins chinois n'apprécient guère l'éclat humoristique de l'historien, se contentant néanmoins de le qualifier, non sans condescendance, de « *puéril* ». Ce fut le prélude d'une confrontation bien chargée de symboles : territoire et souveraineté, argent et honneur, histoire et revanche, colonialisme et nationalisme, démocratisation et réunification, capitalisme et communisme, culture occidentale et culture confucéenne...

Dans le discours-programme quinquennal qu'il a prononcé le 7 octobre 1992 devant le Conseil législatif, M. Patten a donné le ton : il s'agissait d'un plan de réforme audacieux, qui, respectant la lettre des accords signés et non pas leur esprit, exploite au maximum leurs « vides » en vue d'introduire un peu plus de démocratie à Hong Kong. Pékin, déjà irrité par diverses déclarations de Patten et furieux d'être « court-circuité » par le Gouverneur au cours des consultations menées en vue de l'élaboration du programme, l'accusait à présent de vouloir détruire la prospérité économique de Hong Kong en y posant la « bombe de la démocratie » à quelques années de sa rétrocession à la Chine, et de violer les accords sino-britanniques. La visite du Gouverneur à Pékin, le 23 octobre, fut une occasion pour Pékin de l'humilier : non seulement il ne put convaincre la nouvelle équipe chinoise fraîchement issue du 14e Congrès du bien-fondé de son programme de réforme démocratique, mais il n'eut pas droit à l'audience du Premier ministre chinois — un véritable affront pour un homme politique de son envergure, d'autant que ses deux prédécesseurs s'étaient vu accorder ce privilège ainsi que le titre de « *vieil ami du peuple chinois* ». A peine l'avion du gouverneur eut-t-il quitté Pékin que son interlocuteur chinois M. Lu Ping, longtemps enfermé dans un silence interprété à tort par le Britannique comme « *porteur d'espoir* », entra sur scène avec une déclaration d'une violence inouïe, causant une grosse déception parfaitement quantifiée par la chute de l'indice de la troisième Bourse du monde. La publication qui s'ensuivit de certaines correspondances confidentielles entre Londres et Pékin n'arrangeait personne, rendant au contraire plus difficile le dialogue. Le pauvre gouverneur, s'étant lourdement trompé sur le Mandarin lettré aux cheveux blancs, ne désespérait pas de miser sur un « Gorbatchev » chinois, M. Zhu Rongji, qu'il allait par ailleurs rencontrer dans une réception à Londres. La Bourse attendait dans l'euphorie la rencontre, grimpant ainsi jusqu'au taux le plus élevé depuis les événements du 4 juin 1989. Mais le protégé de M. Deng Xiaoping, le 16 novembre à Londres, balaya d'un revers de main les illusions, faisant chuter l'indice Hang Seng de près de 500 points, et l'« hémorragie » boursière s'accentua : l'indice perdit 1 000 points après que le gouvernement chinois eut annoncé le 30 novembre qu'après 1997, il ne reconnaîtrait pas les contrats, baux et accords signés ou certifiés par le gouvernement de Hong Kong sans l'assentiment de Pékin. La confusion fut telle qu'on allait même jusqu'à se demander si les contrats de mariage seraient encore valables...

Les journaux pro-Pékin orchestrent en même temps une campagne du style « Révolution culturelle », visant à dénoncer le « complot » du « politicien » Patten. Un article va jusqu'à comparer le gouverneur de Hong Kong à « *un rebelle* » de la Révolution culturelle chinoise : « *Ces jours-ci, on reparle de la Révolution culturelle à Hong Kong. Pourquoi ? Parce que des "rebelles" y sont apparus. Qui sont ces "rebelles" ? Le Pat-*

ten (...) et la petite poignée de gens (...) » (sic). Un véritable casse-tête chinois aux yeux du Britannique : « *Pour un non-spécialiste de la Chine, ce sont des mystères difficiles à comprendre* », avoue-t-il non sans se moquer des diplomates-sinologues, dont il s'éloigne volontiers. A l'orée de l'année du Coq, le « Sûr et Serein » Patten, très éprouvé, a dû subir une opération du cœur en raison du stress accumulé durant ses huit mois de fonction, la Bourse de même qu'une bonne partie du milieu des affaires applaudissant cruellement à cette nouvelle avec une hausse significative, et comme un malheur ne vient jamais seul, il vient de perdre un procès à Londres face au député travailliste Robert Wareing... Pourra-t-il faire preuve de la même intransigeance jusqu'en juin 1997 ?

Quant aux Hongkongais, ceux qui sont las des polémiques autour de l'avenir de la colonie, du stress, de l'inquiétude et de la peur, contribuent à rallonger les files d'attente devant les consulats étrangers — environ 60 000 habitants (1 % de la population) émigrent du territoire chaque année —, tandis que les plus démunis s'y résignent. Les plus nantis, un passeport dans la poche, choisissent la tactique de la meilleure défense : en misant sur le boom économique chinois, ils se ruent vers le continent en y faisant fortune. Hong Kong survivra-t-il à 1997 ou sombrera-t-il ? Une chose est sûre : les Britanniques quitteront Hong Kong, avec ou sans démocratisation, et le territoire changera avec la Chine, pour le meilleur et pour le pire !

Zhong XIAOFENG

Ces Messieurs Afrique, Le Paris-Village du continent noir

Stephen Smith, Antoine Glaser, Calmann-Lévy, 1992, 235 p.

En contrepoint de l'image véhiculée par les médias d'une Afrique laminée par la dette, la famine, la guerre, les épidémies, deux journalistes nous introduisent au cœur du « Paris-Village du continent noir ». Illustration du gigantesque tour de passe-passe auquel se livrent hommes d'affaires et hommes politiques pour tirer profit de tous les gros contrats passés dans cette partie du monde, *Ces Messieurs Afrique* sont l'objet d'une enquête minutieuse menée par deux spécialistes de ce continent : Antoine Glaser directeur de rédaction de la *Lettre du Continent*, bimensuel édité par le groupe Indigo Publications et Stephen Smith, responsable Afrique de *Libération*, coauteur avec Jean-Louis Gombeaud et Corinne Moutout de *La guerre du cacao* (Calmann-Lévy, 1990).

Onze hommes (parmi lesquels Jean-Pierre Prouteau, Martin Bouygues, André Tarallo, Paul Barril ou Jacques Vergès), onze chapitres : cette galerie de portraits « prétextes » met à nu les chasses gardées introduisant au passage d'autres personnages clés, tous judicieusement choisis pour couvrir le « pré carré » africain, l'ensemble des pays francophones, et plus particulièrement la Côte- d'Ivoire, le Cameroun et le Gabon, objets d'investigations menées pour l'essentiel en 1991.

Ce travail campe à merveille le décor et les personnages du « Paris-Village » : pertinente ouverture sur la cérémonie de consécration de la cathédrale de Yamoussoukro, la plus grande église chrétienne du monde, dans le village, devenu capitale de la Côte-d'Ivoire, où naquit le Président Félix Houphouët-Boigny. Suit, croqué sur le vif, le chapelet des personnalités qui mettent en lumière la complexité de réseaux tissés parfois depuis les indépendances de 1960 ; la stratégie de ces hommes se révélant de chapitre en chapitre.

Averti ou non, chacun sera séduit par le style qui se veut sobre et retenu mais ne se prive pas, en de nombreuses circonstances, de formules alertes, de descriptions piquantes ou d'allusions suggestives. Rien sur la vie privée des uns et des autres, la règle du jeu est clairement rappelée dans l'avertissement qui introduit le livre ; juste quelques flashes sur l'emploi du temps de ces *Messieurs Afrique :* des petits déjeuners confidentiels dans les beaux quartiers aux repas d'affaires très officiels, des mariages dans l'intimité presque familiale « du village » aux réceptions dignes de chefs d'État, rien là de très nouveau ni de très méchant, plus caustique est la liste (exhaustive ?) des night-clubs parisiens où se terminent les séances de travail.

Rencontrés dans le cadre d'un séminaire du GAP (Groupe Analyse et Perception) réuni en novembre 1992 dans les locaux de l'Acet, 10, cité d'Angoulême à Paris (XIe), Antoine Glaser et Stephen Smith n'ont pas manqué de souligner les difficultés rencontrées pour mener à bien leur enquête et les réticences de la presse à promouvoir un travail qui a tout lieu de déranger certains.

Agnès GUY

Le Centre d'Action Laïque (CAL) fédère l'ensemble de la communauté laïque en Belgique francophone depuis 1969.
Sa volonté de construire, en dehors de tout dogme et dans le respect de la personne d'autrui, une société juste, progressiste et fraternelle, assurant à chacun la liberté de pensée et d'expression et adoptant le libre examen comme méthode de pensée et d'action est mise en oeuvre notamment par l'action d'associations laïques oeuvrant en dehors de toute préoccupation politique ou religieuse, pour favoriser le rayonnement des idéaux de la laïcité dans les domaines philosophique, philanthropique, social, éducatif et culturel.
Le modèle laïque belge a sa spécificité : elle réside dans la réalisation d'un équilibre difficile entre, d'une part, une démarche «communautaire» visant un objectif de maximum d'autonomie et de liberté dans les choix personnels de l'individu et, d'autre part, l'organisation d'un mouvement qui permette aux non croyants de n'être pas des citoyens de seconde zone dans un environnement où les confessions religieuses, organisées elles aussi, domineraient cette société civile.

Le Centre d'Action Laïque mène son action sur divers fronts et ouvre des débats sur de nombreux sujets, notamment via son magazine mensuel, **Espace de Libertés** et plusieurs collections de livres. **Espace de Libertés** présente chaque mois un regard neuf sur l'actualité, publie des informations inédites, des reportages et des interviews, un dossier complet sur un sujet de société, des rubriques variées. Quant aux collections de livres, elles comprennent de nombreux titres sur des sujets aussi diversifié que la libre pensée ou le libre examen, des enquêtes sur l'extrême-droite ou les médecines parallèles, l'évolution du concept de famille,... Un catalogue complet est à la disposition des lecteurs de **Panoramiques** sur simple demande. Viennent de sortir de presse :

Blasphèmes et Libertés

Sous la direction de Patrice Dartevelle, Philippe Denis et Johannes Robyn

La question du blasphème ne relève pas d'un passé médiéval révolu. L'affaire Rushdie, celle du film **La dernière tentation du Christ** et quelques autres dans la plupart des pays d'Europe ont montré que la répression du blasphème reste d'une actualité brûlante.
L'acceptation ou le refus du blasphème est un reflet direct de nos positions sinon de nos réflexes fondamentaux en matière de libertés et de notre capacité à accepter une mise en cause irritante de nos convictions les plus chères.
La revendication d'une liberté extrêmement étendue dans la critique des *idées* n'est pas l'expression d'un quelconque fondamentalisme, mais bien une forme supérieure de respect de la *personne*, en même temps que la condition du progrès et du développement des idées dans la société.
La plupart des pays d'Europe occidentale maintiennent dans leur code pénal une loi réprimant le blasphème, qu'ils ne veulent ou ne peuvent abroger. Ce n'est pas innocent. Le péril n'est pas nul que s'instaure une meilleure protection des idées dominantes, du conformisme et du *statu quo* souhaités par les piliers de la société.

L'ouvrage comprend, en annexe, les textes juridiques de base concernant la répression du blasphème en Europe. Ont collaboré à ce volume : Alain Cabantous, Patrice Dartevelle, Guy Haarscher, Bernard Lauret, Gottfried Niemietz, Marco Pannella, Johannes Robyn et J.R. Spencer.
146 pages ● ISBN 2-930001-07-0 ● 13,5x21,5 ● 640FB ● Une coédition avec les éditions du Cerf (Paris)

Histoire de la Libre Pensée. Des origines à 1789
Raymond Trousson

Dès l'Antiquité se dégage une volonté de penser l'origine, l'organisation du monde et l'homme lui-même en dehors de la contrainte des schémas religieux.
Rationaliste, la libre pensée se construit au cours des siècles dans un combat incessant contre les Églises et les dogmes, pour le respect de l'autonomie de l'individu.
Elle est conquête et affirmation prométhéenne d'indépendance.
Raymond Trousson en retrace l'histoire, depuis son émergence en Ionie, au VIe siècle avant notre ère, jusqu'au seuil de la Révolution française, de Thalès ou Héraclite à d'Holbach et Diderot. C'est l'histoire d'une pensée d'opposition et d'une déviance féconde.
Né en 1936, Raymond Trousson est professeur à l'Université Libre de Bruxelles, où il enseigne la littérature française et la littérature comparée.

320 pages ● ISBN 2-930001-06-2 ● 16x24 ● 890FB ●

Abonnement annuel (10 livraisons) à **Espace de Libertés** : 900 FB. Pour les livres, verser la somme correspondante, majorée de 90FB de frais uniques de port, exclusivement par mandat-poste international libellé en francs belges.
Catalogue complet sur simple demande et tous renseignements : Centre d'Action Laïque, Campus de la Plaine ULB, CP 236, boulevard du Triomphe, B-1050 Bruxelles (Belgique). Tél : +32 2 647 52 39 - Fax : +32 2 647 61 21

Livres

Voyage au centre du malaise français
L'antiracisme et le nouveau roman national

Paul Yonnet, coll. Le Débat, Gallimard, 1993.

Si vous pensez qu'il est juste de dénoncer la manie américaine de la *political correctness* mais que la France est indemne de ce souci de purification philosophique, à propos des questions ethniques, ne lisez pas ce livre. Il vous déplaira. Son auteur est, en effet, un briseur de tabous qui pense qu'il ne suffit pas de mettre en avant un programme déclaré antiraciste pour échapper à des travers, des manipulations et des erreurs de raisonnement.

Sans partager forcément tous les aspects et toutes les dimensions de la démonstration (trop magistrale peut-être pour être parfaite) de l'auteur dans ce vaste règlement de comptes contre SOS Racisme et son président, on ne peut manquer, comme on dit, d'être interpellé par nombre de ses rapprochements, par plusieurs de ses intuitions et par la précision de certaines de ses références.

Il montre, me semble-t-il, fort bien comment ce qu'il appelle *le néo-antiracisme* a servi d'idéologie de substitution au PS et à la politique présidentielle quand il leur a fallu renoncer à celle du socialisme. Paul Yonnet écrit qu'il s'est produit alors une « *micorhization* » entre ce parti et SOS Racisme, du nom d'un mécanisme végétal qui fait qu'un arbre et un champignon se profitent mutuellement. (D'autres n'ont-ils pas révélé que le Front National a été délibérément encouragé en 1981 dans les médias alors qu'il ne faisait que 0,2 %, afin de diviser une droite que l'on savait majoritaire dans le pays ?)

Paul Yonnet a beau jeu aussi d'ironiser sur la politique de l'autruche qui a fait que l'on s'est longtemps efforcé de nier les faits et de les déguiser, faute de mettre en place une véritable politique de l'immigration, en culpabilisant les victimes à qui l'on tenait en somme ce raisonnement à propos du nombre des immigrés : « *Non ! Tu ne m'as pas prêté le chaudron. Je te l'ai rendu. D'ailleurs, il était percé.* »

Je ne sais pas s'il faut suivre jusqu'au bout l'auteur dans sa dénonciation de ce qu'il décrit comme une sorte d'autodéconstruction masochiste du « roman national ». Faut-il lire dans le front sacré du refus contre la réforme de l'orthographe, par exemple, un *phénomène de décompensation identitaire* ? Mais sur le premier livre de Paxton (il le trouve plus indulgent envers les réactions des Français qu'on ne le dit généralement), sur certains paradoxes de Vichy, sur ce qu'il nomme une « *hyperesthésie* qui a fait suite à une certaine amnésie à l'égard des persécutions antijuives, il énonce des vérités dont je ne vois pas comment on peut les récuser autrement que par des amalgames et de vaines dénégations.

Aussi bien sa démarche rejoint par bien des côtés celle de Pierre-André Taguieff qui a déjà mis en garde, dans *La force du préjugé* (La Découverte), contre des incohérences et des inconséquences de raisonnement dans tout un discours antiraciste bien-pensant mais irréel.

Tout au plus pourrait-on reprocher à Paul Yonnet d'avoir l'air d'imaginer que tout le tam-tam de SOS Racisme était purement artificiel : s'il a partiellement fonctionné, ce tam-tam, c'est qu'il répondait — même maladroitement — à des problèmes latents, quelles qu'aient pu être les — petites — manipulations factuelles qu'il stigmatise. Cela étant, Alfred Sauvy pensait, lui aussi, qu'un certain antiracisme faisait pire que mieux : le fait est qu'il a échoué.

Un tel livre, au lieu d'être dénoncé tout à fait abusivement comme « faisant le jeu de Le Pen », devrait au contraire être considéré comme un panneau de signalisation utile pour réorienter autrement *le débat* sur des questions plus complexes qu'on ne l'a cru en vue de mettre sur pied une véritable *politique de sédimentation* de tous les apports étrangers à la France et à l'Europe. Sinon, le spectre de Los Angeles nous guette.

Philippe MAILLAT

L'État importé — L'occidentalisation de l'ordre politique

Bertrand Badie, Fayard, 1992, 334 pages.

L'auteur des *Deux États* (Fayard, 1987) continue dans ce livre d'explorer, dans la perspective comparative, la dimension politique des rapports Nord-Sud. Une œuvre d'autant plus perspicace que la Guerre froide ayant été au fond une courte parenthèse, la dimension Nord-Sud acquiert encore plus d'acuité dans ce « nouveau désordre » international. L'Occident, conforté par sa récente victoire sur feu-l'URSS, retrouve un Sud devenu encore plus chaotique et problématique. Pourtant, l'uniformisation selon les modèles occidentaux semblait tellement impérieuse !

Mais, nous affirme l'auteur, si la diffusion à travers le monde des systèmes politiques occidentaux — qu'ils soient importés ou exportés par les uns et les autres — a bien eu lieu, leur universalisation a échoué : l'inadéquation entre les modèles occidentaux et les sociétés du Sud est flagrante ; la mondialisation accentue aussi l'exaltation de la singularité ; l'ordre international doté d'un centre et d'une périphérie devient conflictuel... Autant de conséquences imprévues de l'unification du monde, dont la dépendance culturelle constitue en réalité le principe le plus efficace. Cependant, nous suggère l'auteur, il convient de reconnaître la multiculturalité du monde tout en dédramatisant la différence.

Le vaste tableau, à la fois riche et rigoureux, que nous offre Bertrand Badie sur l'occidentalisation de l'ordre politique, serait sans doute encore plus somptueux si les dernières expériences de l'Asie orientale — on pense à la Corée du Sud, ou à Taiwan — avaient été davantage analysées.

Zhong XIAOFENG

Les tribulations de Bernard K. en Yougoslavie

Michel Floquet et Bertrand Coq, Albin Michel, 1993, 222 p.

Bernard Kouchner n'est pas la seule cible de cet ouvrage écrit par deux grands reporters présents sur le terrain du conflit yougoslave. Ce sont d'abord les dessous peu glorieux d'un engouement pour cette guerre « à deux heures de Paris », dévoilés jusqu'à écœurement. Mais surtout l'humanitaire tel qu'il est mis en œuvre dans l'ex-Yougoslavie.

Les procès sont nombreux. Alibi de la démission politique, cela commence à devenir une idée très discutée. Plus grave, alors que l'assistance aux villes assiégées n'a pas prouvé, loin de là, son efficacité, ni même parfois sa nécessité, l'évacuation des réfugiés semble avoir fait le jeu de la politique d'épuration ethnique que les nations européennes se sont donné pour tâche d'endiguer. Faute d'objectifs politiques, les perversités de ce genre sont inévitables et l'action condamnée à l'impuissance face à la montée des périls. Quant à Bernard Kouchner, héraut médiatique du droit d'ingérence humanitaire, il aurait servi de paravent à cette confusion mentale, annonciatrice du retour en vogue d'une bonne conscience coloniale.

T.B.

Les médias et la guerre du Golfe

Sous la direction de Béatrice Fleury-Vilatte, Presses universitaires de Nancy, coll. Persuasion, progagandes, 1992, 156 p.

Les onze contributions à une journée d'études organisée en mai 1991 à l'Université de Nancy et réunies dans cet ouvrage partagent toutes un même constat : la couverture médiatique de la guerre du Golfe s'avère, après coup, avoir davantage mystifié les opinions qu'elle ne les a informées. Les procédés mis en œuvre pour la théâtralisation du conflit, pour la diabolisation de Saddam Hussein, pour l'évacuation des aspects meurtriers, pour donner l'illusion de la proximité sont abordés pour la presse écrite puis pour la télévision.

Si le constat est unanime, les conclusions, en revanche, divergent sensiblement. Mensonge patriotique pour les uns, grave atteinte à la déontologie du journalisme — le mot n'apparaît qu'une fois — pour d'autres, la manipulation de la réalité visant à susciter l'adhésion est analysée comme l'effet d'un système d'information et le niveau de réflexion reste très en deçà d'une interrogation sur les intentions de ses promoteurs.

Attention médias ! Les médiamensonges du Golfe, Michel Collon, EPO, Bruxelles, 1992, 278 p., attaque la question d'une façon beaucoup plus polémique, et plus politique. Dans un ouvrage consistant, l'auteur a méthodiquement repris et confronté informations et témoignages, relevant les incohérences, les silences, voire les mensonges délibérés d'une version officielle dont les médias se sont fait les relais, selon lui complices. Démasquant les « médiamensonges », il entend ainsi dévoiler la véritable nature de la guerre.

T.B.

Villes du sud

Jean-Pierre Péroncel-Hugoz, Petite bibliothèque Payot, 404 p.

C'est toujours un bonheur de lire Jean-Pierre Péroncel-Hugoz. En raison de son style d'abord : alerte, vivace, à l'occasion gaulois. Chez lui, point d'obscure clarté, ni de jargon, ni de préciosités.

En raison de son non-conformisme ensuite, et surtout : avec lui, on ne sait jamais à quoi s'attendre. le prêt-à-porter idéologique ou autre lui est étranger. Il dit les choses comme il les sent, expose sa conception du monde et éventuellement de la vie comme il l'entend, sans jamais se préoccuper si elle correspond à l'air du temps ni à l'aune des géomètres parisiens.

De plus, il est fort difficile de le surprendre en flagrant délit d'erreur ou d'imprécision car ses références sont toujours sérieusement étayées.

On dit qu'il agace certains de ses lecteurs, notamment arabes : mais n'est-ce pas parce qu'il écrit noir sur blanc ce que plusieurs se confient entre eux en privé ?

Point de provocation vraiment dans ce tour du monde qui nous emmène visiter dix villes africaines, quatre villes américaines, quatorze villes arabes, onze asiatiques et neuf européennes. Vivifiant panoramique fouetté par le grand air du large, et des embruns chargés du sel de la vie. Agréable réédition chez Payot en poche d'une édition d'abord parue chez Balland.

Halim CHERGUI

Achevé d'imprimer par Corlet, Imprimeur, S.A. - 14110 Condé-sur-Noireau (France)
N° d'Imprimeur : 8356 - Dépôt légal : octobre 1993 - *Imprimé en C.E.E.*